LUCY ASTNER

Gott hat auch mal 'nen schlechten Tag

D1870077

GOLDMANN
Lesen erleben

Lucy Astner

Gott hat auch mal 'nen schlechten Tag

Roman

GOLDMANN

Sollte diese Publikation Links auf Webseiten Dritter enthalten,
so übernehmen wir für deren Inhalte keine Haftung,
da wir uns diese nicht zu eigen machen, sondern lediglich auf
deren Stand zum Zeitpunkt der Erstveröffentlichung verweisen.

Dieses Buch ist auch als E-Book erhältlich.

MIX
Papier aus verantwortungsvollen Quellen
FSC® C014496
FSC
www.fsc.org

Verlagsgruppe Random House FSC® N001967

1. Auflage
Originalausgabe April 2020
Copyright © 2020 by Lucy Astner
Copyright © dieser Ausgabe 2020
by Wilhelm Goldmann Verlag, München,
in der Verlagsgruppe Random House GmbH,
Neumarkter Str. 28, 81673 München
Dieses Werk wurde vermittelt durch die
Michael Meller Literary Agency GmbH, München.
Umschlaggestaltung: UNO Werbeagentur, München
Umschlagmotiv: GettyImages/Westend61 GettyImages/AF-studio
FinePic®, München
Redaktion: Anne Fröhlich
LS · Herstellung: ik
Satz: KompetenzCenter, Mönchengladbach
Druck und Bindung: GGP Media GmbH, Pößneck
Printed in Germany
ISBN: 978-3-442-48954-1
www.goldmann-verlag.de

Besuchen Sie den Goldmann Verlag im Netz

Für Lotti, Leni, Emil und Anton.
Und für Philipp.

Ihr seid mein alles – und ohne euch ist alles nichts.

»Komm schon, Kumpel, mach die Tür auf! Oder willst du, dass ich nebenan auf die Klobrille steige und zu dir rüberklettere?« Jacob rüttelte an der Klinke, aber hinter der Tür blieb es still.

Jimmy war schon immer ein ruhiges Kind gewesen, so ruhig, dass es Jacob manchmal unheimlich war. Wie konnte ein fünfjähriger Junge derart lange stillsitzen, ohne auch nur einen Mucks von sich zu geben? Kein Rascheln, kein Knacken, nicht einmal das Geräusch von Atemzügen drang aus der Kabine nach draußen. Wenn Jacob nicht die kleinen glänzenden Lederschuhe unter der Tür gesehen hätte, die Sarah ihrem Sohn für diesen Abend gekauft hatte, hätte er schwören können, die Kabine wäre leer.

Vor ein paar Wochen hatte Jimmy sich schon einmal im Bad eingeschlossen, allerdings zu Hause und nicht in einer Hoteltoilette, die nach einer aufdringlichen Mischung aus Zitrusfrüchten und Rosenwasser roch. Jacob hatte Karten für eine Motocross Show gehabt, zu der auch Markus mit seinem Sohn kommen wollte. Aber Jimmy hatte sich beharrlich geweigert, die Badezimmertür zu öffnen.

»Er fürchtet sich vor dem Motorenlärm«, hatte Sarah sich irgendwann eingemischt, obwohl er sie nicht darum gebeten hatte.

Motorenlärm? Unsinn! Welcher Junge begeisterte sich nicht für fliegende Motorräder, explodierende Auspuffrohre und Schlammspritzer im Gesicht? Sarah hatte keine Ahnung von den Bedürfnissen eines fünfjährigen Superhelden!

Dennoch war Jacob am Ende ohne Jimmy zu der Show gegangen. Markus hatte er erzählt, der Kleine läge krank im Bett …

Aber diesmal würde er nicht nachgeben!

»Also gut, Kumpel, du hast es nicht anders gewollt!« Zielsicher warf Jacob sein Sakko auf eines der Waschbecken und krempelte die Hemdsärmel hoch. »Ich komme jetzt rüber zu dir! Aber eins solltest du wissen: Meine Anzughose ist verdammt eng, und es könnte passieren, dass sie reißt, wenn ich jetzt über die Wand steige. Dann muss ich mit einem riesigen Loch am Hintern zur Preisverleihung!« Er lehnte sich an die Kabinentür. »Und so ziemlich die ganze Welt wird vor dem Fernseher sitzen und sehen, dass ich die Bärchenunterwäsche trage, die deine Großmutter mir zu Weihnachten geschenkt hat!«

Jacob hielt einen Moment inne – und tatsächlich, er hörte es. Leise nur wie ein Flüstern, aber: Jimmy lachte! Jetzt war der Rest ein Kinderspiel! »Glaubst du mir etwa nicht?« Beinahe musste auch er lachen, aber er bemühte sich um einen mahnenden Ton.

»Mm-mm.«

»Mm-mm? Soll das Nein *heißen? Du glaubst mir nicht, dass ich gleich zu dir rüberkomme?« Er klopfte an die Tür.*

»Ich glaub dir nicht, dass du die Bärchenunterhose anhast.«

»Wenn du die Tür öffnest, beweise ich es dir!«, witzelte Jacob. »Du musst nur den Riegel zurückschieben und …«

In diesem Moment wurde hinter ihm die Tür aufgestoßen. Für einen kurzen Augenblick flutete ein Gewirr von Stimmen und klingelnden Telefonen aus der Lobby zu ihnen herein. Als sich die Tür wieder schloss, blieb nur das Geräusch von hohen Absätzen auf Marmorfliesen.

Jacob musste sich nicht umdrehen, um zu wissen, dass es Sarah war. Als er es trotzdem tat, stellte er überrascht fest, wie umwerfend sie eigentlich aussah in ihrem kurzen schwarzen Kleid. Wären sie nicht verheiratet gewesen, hätte er ihr vielleicht ein Kompliment gemacht. Doch die Umstände waren anders. Sarah war nicht hier, um ihm zu gefallen, und Jacob kannte sie zu gut, um den Blick misszuverstehen, mit dem sie ihn jetzt ansah.

»Steckt er immer noch da drin?«, fragte sie, und die Kälte in ihrer Stimme versetzte Jacob einen Stich.

Er musste jetzt schnell sein, das wusste er, sonst würde Sarah die Sache mit Jimmy an sich reißen, und dazu hatte sie kein Recht, nicht heute und nicht hier! »Dir ist schon klar, dass das die Herrentoilette ist? Frauen haben hier keinen Zutritt!«

Sarahs Brust hob und senkte sich unter der feinen Spitze ihres Dekolletés. Sie schien etwas erwidern zu wollen, stieß dann aber nur einen resignierten Seufzer aus. »Der Empfang ist vorbei, die anderen sind schon unterwegs. Der Helikopter wartet auf dem Dach, und Meggie sagt …«

»Wir sind gleich so weit, okay?« Seine Worte klangen schroffer, als er es beabsichtigt hatte. Warum nur war alles so kompliziert geworden zwischen ihnen? Er atmete tief durch. »Tut mir leid. Jimmy und ich, wir … unterhalten uns gerade. Stimmt's, Kumpel?« Unsicher ließ er seine Hand über die Toilettentür wandern, aber aus der Kabine kam keine Antwort. Ungehalten blickte er zu Sarah. »Sag Meggie, wir kommen gleich rauf.«

Sarah nickte und wandte sich wieder zur Tür, doch dann schien sie es sich anders zu überlegen. »Jacob?« Auf einmal hatte ihre Stimme etwas Sanftes, das ihm merkwürdig fremd vorkam. »Wenn Jimmy nicht mitkommen will, dann …« Sie hielt inne. »Ich kann mit ihm im Hotel bleiben. Oder wir warten zu Hause auf dich.«

Jacob kniff die Augen zusammen. Warum musste sie ihn schon wieder wütend machen? »Natürlich will er mit! Ich bin sein Vater!«

»Und ich bin seine Mutter!«

»Es geht aber heute nicht um dich, sondern um mich!« Er zuckte erschrocken zusammen, als er merkte, wie laut er geworden war.

Sarah sah ihn überrascht an. »Du denkst, es geht hier um dich und mich?« Sie schüttelte den Kopf und lachte ungläubig.

»Was ist daran so lustig?«

»Gar nichts.« Plötzlich sah sie ihm direkt in die Augen.

Dieser Blick, der ihm früher das Gefühl von Geborgenheit vermittelt hatte, das Gefühl, nichts falsch machen zu können, bohrte sich jetzt wie eine Pfeilspitze in sein Herz. »Er hat Angst, Jacob. Die vielen Menschen machen ihm Angst.«

Als ob er das nicht wüsste! Kam sie sich wirklich so viel schlauer vor als er? Natürlich fürchtete Jimmy sich. Aber deswegen musste man ihn doch nicht auf Samthandschuhen durchs Leben tragen! Die Welt war kein sicheres Spielzimmer, sondern ein Wirbelsturm, und die Kunst bestand darin, mit beiden Beinen fest in seinem Auge zu stehen. Er selbst hatte das viel zu spät erkannt, und Jimmy sollte es besser haben. Er würde ihn Schritt für Schritt in den Sturm führen.

»Ich kümmere mich darum«, murmelte Jacob. »Kannst du das bitte mitnehmen?« Er deutete auf sein Sakko, das noch immer über dem Waschbecken hing. »Und dann sag Meggie, wir sind gleich da.«

»Wie du meinst.« Sarah seufzte und ging.

Als das Klappern ihrer Absätze verklungen war, legte Jacob noch einmal die Stirn an die Toilettentür. »Hey, Kumpel. Du bist doch noch da, oder?« Er klopfte dreimal und wartete. Es dauerte einen Moment, aber dann erwiderte Jimmy das Klopfen. Jacob war erleichtert. »Ein Glück! Ich hatte schon befürchtet, du wärst durch die Toilette verschwunden – dann hätte ich dir wohl oder übel hinterhertauchen müssen.«

Das leise Kichern aus der Kabine verriet ihm, dass er noch nicht verloren hatte. Er hatte noch eine Chance!

»Hör zu, Kumpel, ich …« Jacob hielt inne. »Ich weiß, dass du nicht gerne auf solche Veranstaltungen gehst. Und ich kann das verstehen, ehrlich. Ich finde diese vielen Leute selber ziemlich erschreckend.« Vorsichtig lehnte er sich mit der Schulter gegen die Tür. »Und genau deshalb brauche ich dich heute Abend, verstehst du? Ich kann da nicht einfach alleine hingehen und vor aller Welt diesen Preis entgegennehmen. Wenn wir vor dem Theater über den roten Teppich gehen, musst du an meiner Seite sein und meine Hand halten, damit ich mir nicht vor Aufregung in die Hose mache. Könntest du das tun?«

Einen Moment lang blieb es still in der Kabine, dann räusperte sich Jimmy. »Und Mama?«

»Was ist mit Mama?«

»Soll sie auch deine Hand halten?«

Jacob schwieg verblüfft. »Natürlich soll sie auch meine Hand halten«, sagte er dann. »Ich hab schließlich zwei davon, eine für dich und eine für Mama.« Er hörte, wie Jimmys Füße über den Boden scharrten, und dann, wie der Kleine tief Luft holte.

»Ich will nicht, dass du diesen Preis kriegst.«

»Was?« Damit hatte Jacob nicht gerechnet. Er versuchte zu lachen, kam sich dabei aber ziemlich hilflos vor. »Aber wieso denn nicht? Ich habe hart dafür gearbeitet, und nicht jeder Moderator kriegt …«

»Weil du dann nach Amerika gehst«, fiel Jimmy ihm ins Wort. »Und Mama und ich bleiben hier.«

Jacob spürte einen Knoten in der Brust. »Hat Mama das behauptet?«

Eigentlich hatten sie sich darauf geeinigt, Jimmy nichts zu sagen, bis eine Entscheidung getroffen war. Warum in aller Welt konnte Sarah sich nicht an ihre Abmachung halten?

»Ich habe gehört, wie ihr euch gestritten habt«, antwortete Jimmy leise. »Vor dem großen Saal oben.«

»Gestritten?«

»Du hast gesagt, dass du den Job in Amerika nicht ablehnen kannst, wenn du diesen Preis bekommst.«

Verdammt, das war es also! Jacob schloss die Augen und ließ seine Stirn erneut gegen die kalte Tür sinken. »Ich gehe nicht ohne euch, okay? Wenn ich diesen Job in New York annehme, dann kommt ihr mit. Wir sind eine Familie!«

»Ich will aber nicht nach Amerika.«

»Natürlich willst du nach Amerika«, erwiderte Jacob. »Amerika ist toll! Da gibt es Hamburger, die sind so groß wie Fußbälle.«

»Ich mag kein Fleisch, Papa.«

Wie bitte? Seit wann mochte Jimmy kein Fleisch?

Jacob räusperte sich. »Die haben sicher auch vegetarische Burger.«

»Ich will trotzdem nicht nach Amerika. Und ich will auch nicht, dass du gehst.«

Jacob blickte auf die Uhr: kurz nach acht. Eigentlich hätten sie schon vor fünf Minuten im Freihafen landen sollen …

»Also gut.« Er hatte noch den Geschmack des viel zu süßen

Champagners im Mund, den Markus auf dem Empfang ausgeschenkt hatte. »Wenn ich dir verspreche, dass ich nicht nach Amerika gehe, kommst du dann raus und begleitest mich zu dieser Preisverleihung?«

Jimmy zögerte. »Du versprichst es?«

»Ich verspreche es«, antwortete Jacob und wunderte sich, wie leicht es war zu lügen.

Aber was hieß hier schon lügen? Jimmy war ein Kind, er wusste nicht, was das Richtige für sie alle war. Jacob würde ihn schon noch überzeugen. Aber vorher musste er sich dieses Goldene Mikrofon *holen. Man hatte es ihm viel zu lange vorenthalten.*

Vorsichtig klopfte er ein weiteres Mal an die Tür. »Kommst du?«

Er hörte Jimmy seufzen, dann seine leisen Schritte und schließlich den Riegel, der zurückgeschoben wurde. Als die Tür aufging und sein kleiner Kopf zum Vorschein kam, musste Jacob lächeln. Er war eben doch sein Sohn. Allerdings sah der Kleine mächtig blass aus.

»Ich hab trotzdem ein bisschen Angst, Papa …«

»Ich weiß.« Jacob strich ihm eine dunkle Strähne aus dem Gesicht und legte dabei einige Sommersprossen frei. »Aber das brauchst du nicht. Weil ich nämlich bei dir bin.«

Jimmy verzog unsicher den Mund. »Du lässt mich nicht allein?«

»Ich lass dich nicht allein, versprochen«, flüsterte Jacob und ging vor ihm in die Hocke. Behutsam legte er die Hand auf

Jimmys Wange und sah ihm tief in die Augen. »Ich halt deine Hand, und du hältst meine.«

Als Jimmy zögernd nickte, nahm Jacob seinen Sohn auf den Arm und trug ihn hinaus. Und zum ersten Mal seit Langem hatte er das Gefühl, dass tatsächlich alles wieder gut werden konnte.

1

»Jacob? – Kann er mich hören?«

Jacob stöhnte leise auf. Eben erst war er in einen zugefrorenen Teich eingebrochen und quälend langsam unter der dünnen, lichtdurchlässigen Eisschicht ertrunken – und jetzt lauerte hier schon der nächste Traum? Was zum Teufel war nur los mit ihm?

Eigentlich war er nie ein großer Träumer gewesen, aber jetzt jagten plötzlich die wildesten Bilder über seine Netzhaut. Obwohl er viel schlief, war er müde. Seine Kehle war trocken und rau, seine Glieder schwer, und dabei fühlte er sich so seltsam leer, als wäre er nur eine Hülle seiner selbst.

Die Träume machten es nicht besser, im Gegenteil. Sie waren kalt und aufdringlich, und jedes Mal, wenn sie sich wieder verzogen, nahmen sie ein Stück von ihm mit. Wenn das so weiterging, wäre bald nichts mehr von ihm übrig …

»Jacob? Hörst du mich?«

Doch dieser Traum hier war anders.

Carlas Stimme war noch immer so weich und warm wie damals – wie eine Decke in der kalten Nacht. Er hatte sie seit Ewigkeiten nicht gehört. Siebzehn Jahre war es her, dass sie ihn verraten hatte, siebzehn Jahre, in denen er sich ein neues Leben aufgebaut hatte, eines, das viel besser war als alles, was die anderen ihm jemals zugetraut hatten. Carla gehörte nicht mehr zu diesem Leben, und das war gut so. Natürlich hatte sie zwischendurch versucht, Kontakt aufzunehmen, hatte angerufen und Briefe geschrieben, aber er hatte ihr mehr als deutlich gemacht, dass er nichts mehr mit ihr zu tun haben wollte. Und trotzdem spürte er nun ihre warme Hand auf seiner, als wären sie beide wieder Kinder.

Jacob musste schlucken. Wenn er nicht bald aufwachte, würde dieser Traum hier der schlimmste von allen werden.

»Es ist wie ein Wunder, so was haben wir hier noch nie erlebt.«

Die zweite Stimme gehörte einem Mann, den Jacob nicht kannte.

»Bis auf ein paar Schürfwunden und die Gehirnerschütterung ist er vollkommen unversehrt.«

Jacob spürte, wie Carlas Fingerkuppen kleine Kreise auf seinen Handrücken zeichneten.

»Mein Bruder war immer schon besonders. Wieso sollte es jetzt anders sein?«

Sie klang seltsam müde, und plötzlich zog sie ihre Finger zurück und ließ seine Hand los.

»Weiß er, was passiert ist?«

Im nächsten Moment glitt Jacob in einen neuen Traum

hinab. Er war laut und dunkel. Die Rotorblätter des Helikopters dröhnten über seinem Kopf, unter ihnen schlüpfte die Stadt unter die dünne Decke der Abenddämmerung. Während der Hubschrauber langsam höherstieg, spürte Jacob Sarahs Blicke auf sich lasten. Sie hatte vorne neben dem Piloten Platz genommen, sah aber unentwegt nach hinten. Vermutlich wollte sie wissen, ob es Jimmy gut ging, doch nebenbei musterte sie ganz offensichtlich auch Meggie. Jacobs Assistentin hatte links neben ihm Platz genommen, weil sie noch Details zum Ablauf mit ihm durchsprechen wollte, doch Jacob konnte ihr kaum folgen. Er verstand, was sie sagte, aber es drang trotzdem nicht zu ihm durch.

Das Dröhnen, Sarahs smaragdgrüne Blicke – und dann war da auch noch Jimmy auf seiner rechten Seite. Die Lärmschutzkopfhörer waren viel zu groß für ihn, seine schmalen Lippen bebten. Als Jacob seine feuchte Hand in seine nahm, stellte er überrascht fest, wie klein sie noch war.

Wenn das alles vorbei ist, erfülle ich ihm einen Wunsch, beschloss Jacob. Erst dann fiel ihm auf, dass er eigentlich keine Ahnung hatte, was Jimmy glücklich machte …

Plötzlich nahm Jacob keine Zusammenhänge mehr wahr, sondern nur noch Bruchstücke. Von vorne hörte er einen dumpfen Knall, dann schlug sein Körper schmerzhaft gegen Meggies Schulter. Jimmys Kopfhörer krachten gegen die Fensterscheibe. Schreie schrillten in Jacobs

Ohren, aber er konnte sie niemandem zuordnen. Sie vermischten sich miteinander, und doch stand jeder Schrei für sich. Jimmys Finger bohrten sich in Jacobs Arm, er rief nach Sarah. Jacob wollte ihn beruhigen, wollte ihm sagen, dass alles gut sei, aber er verlor nicht nur das Gleichgewicht, sondern auch all die Worte, die lose durch seinen Kopf jagten. Die Lichter der Stadt verschmolzen mit den ersten Sternen am Himmel. Plötzlich wusste er nicht mehr, wo oben und unten war. Das Dröhnen wurde immer lauter, die Motoren stotterten, der Sitz unter ihm bebte. Jacob verlor unter den schweren Stößen jeden Halt. Wenn er Jimmys Hand noch fester drückte, würde er ihm womöglich die Finger brechen. Welcher Vater wollte seinem Sohn schon wehtun?

Jacob bekam keine Luft mehr. Noch mehr Schreie, noch mehr Lärm. Doch der schlimmste Moment war, als er in Jimmys Augen sah.

Und plötzlich waren da nicht nur Schmerzen und Angst, sondern auch Wut, unbändige Wut! Wann hörten diese verdammten Albträume endlich auf?

Jacob versuchte zu schreien, in der Hoffnung, sich selber aufzuwecken. Er versuchte, Jimmy festzuhalten und den Traum zu verjagen, ihn mit Tritten und Fausthieben in die Flucht zu schlagen, aber er war gefangen in all diesen Bildern. Wie ein Pingpongball flog er zwischen den einzelnen Bruchstücken hin und her. Er schnappte nach Luft, schrie, ohne dass ein Laut über seine Lippen kam, und dann merkte er plötzlich, wie etwas in ihm zerbrach und er in sich zusammensackte.

Denn mit einem Mal erkannte Jacob, dass das hier kein Traum war.

Er war längst wach.

2

Das Problem mit den Fahrrädern, die Becky für sie besorgte, war, dass sie nie die richtige Größe hatten. Aber Lupi beschwerte sich nicht darüber. Sie war zwar erst acht, wusste aber genau, dass »besorgen« nur ein anderes Wort für »stehlen« war. Es stand ihr nicht zu, wählerisch zu sein, und sie wollte Becky auf keinen Fall das Gefühl geben, dass sie ihren Einsatz nicht zu schätzen wüsste.

Trotzdem konnte sie es kaum erwarten, größer zu werden – oder zumindest groß genug, um beim Fahren endlich auf dem Sattel sitzen zu können. Doch dafür reichte es noch lange nicht. Selbst wenn der Sattel ganz unten war, musste sie noch stehen, um in die Pedale treten zu können, und bei jedem Tritt stach ihr die abgewetzte Sattelspitze in den Rücken.

Außerdem war der Gepäckträger nicht mehr zu gebrauchen. Die Feder war so verrostet, dass Lupi es nicht schaffte, das Metallgestänge so weit nach oben zu ziehen, dass sie ihren Rucksack darunterklemmen konnte. Weil in ihrem Rücken aber der Sattel drückte, musste sie ihre Schultasche beim Fahren vor dem Bauch tragen.

Das alles störte Lupi nicht, sie hatte gelernt, mit Kompromissen zu leben.

Blöd waren nur die anderen Kinder.

Vor allem Vincent machte ihr das Leben schwer. Er war der »Chef« in ihrer Klasse. Becky hatte ihr schon früh erklärt, dass die meisten Chefs sich größer und stärker fühlten, indem sie die Menschen um sich herum kleiner machten. Wäre es nach Vincent gegangen, wäre Lupi vermutlich nicht größer als eine Rosine. Und obwohl sie sehr darauf achtete, ihm aus dem Weg zu gehen, fand er immer wieder etwas, worauf er herumhacken konnte, damit sie noch kleiner wurde, kleiner und kleiner, bis sie sich irgendwann in Luft auflösen würde. Vor ein paar Wochen hatte er es auf ihre Brille abgesehen, die seitdem am Nasenbügel nur noch von ein paar Klebestreifen zusammengehalten wurde. Und heute war also ihr Fahrrad dran …

Marcello und Vincent mussten irgendwie Wind davon bekommen haben, dass sie das alte Rad jeden Tag vorsorglich an der Mauer hinter der Turnhalle anschloss und nicht auf dem Schulhof. Die Schule war gerade erst vorbei, und Lupi stellte ihren Rucksack auf den Boden, um sich zum Fahrradschloss zu bücken, als sie Vincents Stimme hinter sich hörte.

»Soll das ein Fahrrad sein, oder hast du wieder im Müll gewühlt?«

Marcello lachte – wie immer, wenn er dachte, Vincent hätte etwas Witziges gesagt.

Lupi blinzelte die beiden konzentriert an. Sie wusste, dass sie am besten davonkam, wenn sie Vincents Gemeinheiten einfach ignorierte. Wenn sie erstmal auf ihrem Fahrrad saß, würde sie die Jungs schon hinter sich lassen, zumindest für heute.

Doch während sie den Schlüssel ins Schloss steckte, änderte Vincent plötzlich seine Strategie. »Was haben wir denn hier? Ist das nicht ein Fall für die Altkleidersammlung?« Er hob Lupis Rucksack vom Boden auf und hielt ihn wie einen stinkenden Putzlappen in die Luft.

Lupi kniff die Augen zusammen. »Gib mir meinen Rucksack zurück!«

»Das ist dein Rucksack?« Vincent schlug sich theatralisch die Hand vor den Mund. »Tut mir leid, das wusste ich nicht.«

»Gib ihn wieder her!«

Während Lupi nach ihrem Rucksack griff, nickte Vincent Marcello zu, und der packte sie von hinten. Lupi versuchte, sich freizustrampeln, aber gegen Marcello hatte sie keine Chance. Er war mindestens einen Kopf größer als sie und dreimal so breit.

»Ich will meinen Rucksack!«

»Keine Panik, du kriegst ihn ja wieder«, sagte Vincent und grinste. »Ich will nur schnell mein Autogramm draufschreiben.« Er ließ den Rucksack an der Mauer hinunterrutschen und öffnete den Reißverschluss seiner Hose.

Nein! Lupi konnte nicht hinsehen und schloss verzweifelt die Augen. Aber das leise Plätschern hörte sie trotzdem.

Erst als sie spürte, dass Marcello seinen Griff löste, traute sie sich, die Augen wieder zu öffnen. Die beiden Jungen liefen feixend davon.

Seufzend hob sie den tropfnassen Rucksack vom Boden auf.

Als sie vor ihrer Haustür vom Fahrrad stieg, war auch ihr T-Shirt nass. Vincent hatte ganze Arbeit geleistet und den Rucksack von allen Seiten vollgepinkelt, und Lupi war nichts anderes übrig geblieben, als ihn wie gewohnt vor dem Bauch zu tragen. Der Fleck auf ihrem Shirt sah aus wie ein riesiges Nashorn. Wieso hatte sie heute Morgen ausgerechnet ihr Lieblingsshirt angezogen? Jetzt würde sie es mindestens fünf Mal waschen müssen, bevor sie es wieder tragen konnte.

Mutlos schloss Lupi ihr Rad an und drückte die Haustür auf. Schon bevor sie den ersten Stock erreicht hatte, merkte sie, dass jemand vor der Wohnungstür wartete.

»Na endlich! Ich dachte schon, hier kommt heut kein Schwein mehr.«

Lupi blieb auf dem Treppenabsatz stehen. Sie konnte sich nicht mehr erinnern, wie der dicke, schwitzende Mann mit den strähnigen Haaren hieß. Was sie aber sehr wohl wusste, war, dass ihm die Wohnung gehörte.

»Hast du dir in die Hose gemacht?« Grinsend deutete er auf den Fleck auf Lupis Bauch. Sein Lachen klang wie ein rostiger Motor, der nicht anspringen wollte.

Lupi presste die Lippen zusammen und umklammerte den Griff ihres Rucksacks. »Wenn ich mir in die Hose gemacht hätte, wäre wohl kaum mein Shirt nass. Ich pinkele nämlich nicht gegen die Schwerkraft.«

Das Lachen des Mannes verebbte. Er schien zu überlegen, ob sie ihn damit irgendwie beleidigt hatte. Schließlich zuckte er mit den Schultern, kam ihr schnaufend ein paar Stufen entgegen und zog dabei einen Umschlag aus der Gesäßtasche. »Ist auch egal. Wichtig ist nur, dass ihr im Rückstand seid.«

»Rückstand?« Unsicher nahm Lupi den zerknitterten Umschlag entgegen. Das Papier war unangenehm warm.

»Mit der Miete«, murmelte der Mann und hustete. »Drei Monate, mehr mach ich nicht mit. Das hab ich deiner Mutter von Anfang an gesagt.« Er wischte sich mit dem Handrücken über den Mund. »Onkel Marnie ist vielleicht nett, aber kein Idiot! Bis nächste Woche seid ihr hier raus, sag das deiner Mama.« Mit diesen Worten drängte er sich an ihr vorbei und schob seinen wuchtigen Körper die Treppe hinab.

Lupi sah ihm verunsichert nach. »Ist … ist meine Mutter denn nicht zu Hause?«

»Sieht so aus«, antwortete Marnie. »In der Wohnung ist es jedenfalls ziemlich still.«

Lupi wartete, bis sie seine schlurfenden Schritte nicht mehr hörte, dann zog sie hastig ihren Schlüssel aus der Tasche. Becky *musste* zu Hause sein – sie war immer da, wenn sie aus der Schule kam! Auf einmal spürte sie einen Kloß in der Kehle. Konnte es etwa sein, dass sie Becky erwischt hatten? Hatte sie es diesmal zu weit getrieben?

Lupis Herz klopfte wie wild, als sie den Schlüssel im Schloss drehte und die Tür aufstieß. Nervös griff sie nach dem silbernen Anhänger an ihrem Hals. *Bitte lass alles gut sein!*

Unsicher drückte sie die Tür auf. »Becky …?«

Keine Antwort. Die Wohnung lag vollkommen still da, nur von draußen drang das gleichmäßige Dröhnen von den Pressluftbohrern einer Baustelle herein.

»Becky!« Lupi ließ ihren nassen Rucksack auf den Boden gleiten und warf einen Blick in die Küche – da fiel hinter ihr die Wohnungstür ins Schloss.

»Ist er weg?« Becky schob sich blitzschnell an ihr vorbei in die Küche und spähte hinter dem Vorhang hinaus auf die Straße. Sie musste die ganze Zeit hinter der Wohnungstür gestanden haben.

Eigentlich hätte Lupi ihr böse sein müssen, aber sie spürte nur Erleichterung. Becky war nicht weg, sie war hier, bei ihr! »Musstest du mich so erschrecken?«

Überrascht drehte Becky sich zu ihr um. Offenbar merkte sie erst jetzt, wie aufgewühlt Lupi war. »Tut mir leid.« Beinahe fürsorglich beugte sie sich zu ihr herunter und drückte ihr einen Kuss auf die Stirn. Dann fiel ihr Blick auf den nassen Fleck. »Was ist mit deinem Shirt passiert?«

»Ein kleines Missgeschick ...«, flunkerte Lupi. Sie wusste, dass die Wahrheit Becky nur wütend machen würde, und wenn Becky wütend war, tat sie in der Regel Dinge, die alles noch schlimmer machten.

Als Lupi ihr jetzt den Umschlag in die Hand drückte, stöhnte Becky auf.

»Du hättest ihn nicht annehmen dürfen! Was meinst du, warum ich eine halbe Stunde die Luft angehalten habe? Solange der Wisch nicht zugestellt wird, ist er nicht wirksam!«

»Was hätte ich denn machen sollen? Das Ding vor seinen Augen im Treppenhaus verbrennen?«

Becky grinste. »Zum Beispiel!« Mit zwei schnellen Schritten war sie an der Spüle und ließ den ungeöffneten Umschlag ins Becken fallen. Als sie den rechten Arm nach dem Oberschrank ausstreckte, wo die Streichhölzer lagen, zuckte sie auf einmal zurück und umklammerte die Schulter mit schmerzverzerrtem Gesicht.

»Was ist mit deinem Arm?«, fragte Lupi besorgt.

»Nichts.« Trotzig griff Becky mit dem linken Arm nach oben.

»Das sieht aber nicht nach nichts aus!« Lupi nahm ihr wütend die Streichholzschachtel aus der Hand. »Was ist passiert?«

Eine Weile versuchte Becky, ihrem Blick standzuhalten, doch dann knickte sie ein. »Ich habe Schmerzen in der Schulter.«

»Und warum?«

»Keine Ahnung! Seh' ich aus wie ein Orakel?« Becky versuchte, sich die Streichhölzer zu schnappen, aber Lupi zog die Schachtel weg und sah ihre Mutter durchdringend an.

Mit einem viel zu lauten Seufzen gab Becky schließlich nach. »Ich bin hingefallen! Bist du jetzt zufrieden?«

Zufrieden? Nein, Lupi war alles andere als zufrieden! »Wann ist das passiert?«

»Heute Vormittag«, gab Becky kleinlaut zu. »Ich musste mich beeilen, weil … na ja, es gab ein Problem. Und dann lag da plötzlich dieser Stein im Weg.«

Lupi runzelte die Stirn. »Ein Stein?« Dachte Becky ernsthaft, sie würde ihr diese Geschichte abkaufen? Ihre Mutter war viel zu geschickt, um über einen Stein zu stolpern, da war Lupi sich sicher.

Ertappt verzog Becky das Gesicht. »Vielleicht hat mich auch jemand am Arm zurückgerissen, als ich weggelaufen bin. Aber es ist alles gut gegangen, hörst du? Du musst dir keine Sorgen machen.« Unsicher ging sie vor Lupi in die Hocke und sah ihr in die Augen, so wie andere Mütter das auch immer taten, wenn sie ihre Kinder beruhigen wollten. Doch Lupi ließ sich davon nicht täuschen. Sie wusste, dass Becky nicht wie die anderen war – egal wie sehr sie sich das insgeheim wünschte …

»Wir sollten ins Krankenhaus fahren.«

»Unsinn!« Becky nahm ihr lachend die Streichhölzer

aus der Hand und zündete den Briefumschlag an. »Das hier ist nichts, ehrlich. Morgen ist alles wieder gut.«

Lupi blinzelte sie skeptisch an. »Wenn das alles nichts ist, dann streck mal den Arm nach oben.«

Becky zuckte die Achseln und ließ den linken Arm nach oben wandern.

»Den *rechten*!«, sagte Lupi streng.

Becky funkelte sie wütend an. Dann stöhnte sie. »Ist gut, du hast gewonnen! Wir fahren ins Krankenhaus. Aber vorher packen wir ein paar Sachen zusammen.« Als sie Lupis fragenden Blick bemerkte, wies sie mit einem Kopfnicken auf die glimmenden Reste des Umschlags im Spülbecken. »Es ist besser, wenn wir uns was Neues suchen.«

»Schon wieder?«

Becky zog die beiden Reisetaschen aus der Abstellkammer und warf Lupi eine davon zu. »Ich rufe Toni von unterwegs an. Vielleicht hat er kurzfristig was für uns. Das wird bestimmt super!« Dann verschwand sie aus der Küche.

Lupi hob die leere Reisetasche vom Boden auf. Alles, was wichtig war, würde hineinpassen, das wusste sie – schließlich lag der letzte Umzug erst vier Monate zurück. Und dennoch stieß sie einen leisen Seufzer aus und sah sich wehmütig in der Küche um.

Sie hing nicht besonders an der Wohnung, im Gegenteil. Die Wände waren feucht, die Nachbarn laut, und mit den alten Möbeln hatte sie sich nie richtig anfreunden können.

Trotzdem hatte sie insgeheim gehofft, irgendwann einmal irgendwo zu Hause zu sein.

3

Er musste weg von hier, und zwar so schnell wie möglich. Wie lange lag er schon in diesem verfluchten Bett? Zwei Tage? *Zwanzig?*

Jacob hatte jedes Zeitgefühl verloren, doch eines wusste er genau: Er würde das alles keinen Tag länger aushalten!

Sarahs Eltern saßen schon seit mindestens zwei Stunden an seinem Bett und hielten abwechselnd seine Hand. Wie fast immer, wenn Besuch kam, stellte er sich schlafend, aber das hieß ja nicht, dass er ihr Schluchzen nicht hörte, ihre Trauer, ihr Mitgefühl nicht spürte. All die unausgesprochenen Worte schienen ihn tiefer in die Matratze zu drücken und seine Glieder zu lähmen. Nur sein Verstand blieb hellwach – und gerade das machte es so unerträglich. Wie sollte ein einzelner Mensch all das aushalten können? Jacob wollte keine Tränen auf seinem Handrücken, er wollte kein Mitleid und auch keinen Trost. Nein, alles, was er wollte, war seine Ruhe.

Als Elisabeth und Wilhelm endlich gingen, verharrte er sicherheitshalber noch eine Weile in seiner Regungslosigkeit. Dann schlug er das Laken zur Seite und schwang die Beine aus dem Bett – zu schnell, wie sich im nächsten Moment herausstellte. Die Zimmerwände um ihn herum drehten sich, und alles schwankte bedrohlich. Verdammt!

Jacob kniff die Augen zusammen und konzentrierte sich. Er musste den Schwindel bezwingen, sonst würde er es nicht einmal ins Badezimmer schaffen. Vorsichtig tastete er nach den Elektroden auf seiner Brust, die die Schwester erst heute Morgen dort fixiert hatte, und löste sie. Sofort begann der Monitor neben seinem Bett Alarm zu schlagen.

Jacob konnte nicht einmal bis drei zählen, da wurde bereits die Tür aufgestoßen, und der Arzt mit der lächerlich großen Brille stürmte ins Zimmer. Als er Jacob mit freiem Oberkörper auf der Bettkante sitzen sah, hob er irritiert die Augenbrauen.

»Was tun Sie da?«

Jacob holte tief Luft und schloss abermals die Augen. Hinter seiner Stirn pochte plötzlich ein stechender Schmerz. Er musste einen klaren Kopf bekommen, um das hier vernünftig durchzuziehen.

»Ich gehe nach Hause.« Jacob zuckte zusammen, als er merkte, wie unwirklich seine eigene Stimme klang. War das alles überhaupt real?

Der Arzt runzelte die Stirn und schloss behutsam die Tür hinter sich. »Ich denke nicht, dass das eine gute Idee ist, Herr Chrissen.«

Keine gute Idee? Wie wollte dieser Kerl das beurteilen?

Was wusste er schon von seinem Leben? Jacob versuchte, die Schultern zu straffen. »Hören Sie, Doktor Meier …«

»Müller, mein Name ist Müller.« Der Arzt schob angespannt die Hände in seine Kitteltaschen.

»Sag ich doch …« Vorsichtig stieß Jacob sich an der Bettkante ab. Obwohl er in den letzten Tagen schon ein paarmal aufgestanden war, fühlte er sich immer noch unsicher auf den Beinen. Aber er durfte jetzt keine Schwäche zeigen. Je mehr Entschlossenheit er ausstrahlte, desto geringer würde der Protest ausfallen.

Doktor Müller räusperte sich. »Zu Hause ist doch niemand, der Sie versorgt.«

Jacob versuchte zu lachen, brachte aber nicht mehr als ein Husten hervor. »Ich brauche ganz sicher niemanden, der mir das Frühstück ans Bett bringt.« Benommen griff er sich einen der unzähligen Blumensträuße, die die Fensterbank zierten, und ließ ihn in den Mülleimer fallen. Der Geruch von Genesungswünschen und Beileidsbekundungen verursachte ihm schon seit Tagen Übelkeit.

»Sie sind abgestürzt, Herr Chrissen. Mit einem Helikopter.«

Jacob atmete tief ein. Die Worte des Arztes drangen zu ihm durch, aber trotzdem kamen sie ihm seltsam leer vor. Sie waren nur der Text von irgendeinem Theaterstück, ein Stück, das mit ihm selbst nichts zu tun hatte.

Teilnahmslos entsorgte er einen weiteren Strauß und blickte dann müde zu dem Arzt auf. »Sie haben gesagt, ich bin kaum verletzt. Die Gehirnerschütterung ist abgeklungen, und ein paar Kratzer rechtfertigen wohl kaum, dass Sie mich an ein Krankenhausbett fesseln.«

»Niemand will Sie fesseln, Herr Chrissen. Aber neben der körperlichen Unversehrtheit besteht durchaus die Möglichkeit, dass Sie Schäden anderer Art davongetragen haben.« Er rückte sich seine riesenhafte Brille zurecht. »Alles andere wäre sogar höchst unwahrscheinlich.«

Wie bitte? Hatte er sich verhört? Plötzlich musste Jacob lachen. »Sie denken, ich bin ein Fall für die Klapse?«

Der Arzt versuchte, seinem Blick standzuhalten, gab es aber schließlich auf. »Ich denke, dass Ihr Verhalten ungesund ist.«

»Ungesund?«

Doktor Müller seufzte. »Sie unterdrücken Ihre Gefühle. Seit Sie aus dem Koma erwacht sind, haben Sie nicht ein einziges Mal geweint oder geschrien, dabei haben Sie gerade erst Ihre …«

»Halten Sie den Mund!«, unterbrach Jacob ihn schroff. Er wunderte sich selbst, woher die Energie dazu auf einmal kam. *Ungesund!* Wenn dieser Kerl nicht endlich Ruhe gab, würde Jacob ihm schon zeigen, wie es war, wenn er sich wirklich ungesund verhielt!

Doktor Müller runzelte sorgenvoll die Stirn. »Ich sage das alles doch nicht, um Sie zu ärgern. Aber Sie müssen den Verlust verarbeiten, den der Tod Ihres Sohnes und Ihrer …«

»Ich habe gesagt, Sie sollen den Mund halten!« Ohne zu wissen, woher der Impuls kam, griff Jacob sich eine der Vasen vom Fensterbrett und schleuderte sie quer durch den Raum. Der Arzt zuckte zusammen, als das schwere Porzellan nur wenige Zentimeter neben seinem hageren Körper an der Wand zerschellte. Das Blumenwasser spritzte auf seinen Kittel und benetzte seine Brillengläser. Wieder musste Jacob ein Lachen unterdrücken. Selbst Jimmy hatte ein besseres Reaktionsvermögen als dieser Quacksalber! Dennoch bereute er augenblicklich, dass er sich nicht hatte beherrschen können. Woher kam plötzlich diese Wut? Fühlte er sich nicht eigentlich leer und ausgebrannt? Er musste jetzt vorsichtig sein, das wusste er, denn der Zorn, der unvermittelt und heftig in seinem Inneren aufloderte, konnte dazu führen, dass er die Kontrolle verlor. Und dann hätten sie erst recht einen Grund, ihn hierzubehalten.

Der Arzt stand noch immer wie angewurzelt im Blumenwasser und blinzelte ihn an. »Vielleicht sollte ich Ihre Schwester anrufen?«

Carla? Dachte dieser Kerl ernsthaft, Carla hätte irgendeinen Einfluss auf ihn? Beinahe belustigt schüttelte Jacob den Kopf. »Tun Sie, was Sie nicht lassen können«, murmelte er und musterte den nassen Doktor so lange mit finsterem Blick, bis er endlich den Raum verließ.

Müde massierte Jacob sich das Nasenbein. Sollte dieser Kerl ruhig Carla anrufen. Seine Schwester wusste besser als jeder andere, dass er sich von nichts und niemandem aufhalten ließ!

Vermutlich war sie ohnehin längst wieder abgereist. Er hatte ihr schnell signalisiert, dass er keinen Wert auf ihre Gesellschaft legte. Bei ihrem ersten Besuch war er immer wieder in seine Träume hinabgeglitten. Beim zweiten hatte er so getan, als würde er schlafen, und beim letzten hatte er sie rausgeschmissen, weil sich jedes Wort, das sie sagte, wie eine Lüge anhörte. Und das Einzige, was Jacob noch weniger brauchte als Leute, die ihm die Wahrheit sagten, waren Leute, die ihn anlogen. Wenn Carla wirklich so schlau war, wie ihr Doktortitel versprach, dann hatte sie ihn aufgegeben und war nach Hause gefahren – wo immer das auch sein mochte.

Und auch Jacob würde jetzt endlich nach Hause gehen!

Sein Handy war bei dem Absturz verschwunden, aber der Wohnungsschlüssel war auf wundersame Weise in der Schublade seines Nachttischs gelandet, ebenso wie seine Geldbörse mit den Kreditkarten. Er konnte sich also ein Taxi rufen.

Immerhin hatte Carla bei ihrem letzten Besuch ein paar Klamotten für ihn mitgebracht. Die Jogginghose mit dem Camouflage-Muster war nicht gerade das, was er sich selbst ausgesucht hätte, und der Kapuzenpullover roch nach aufdringlichem Waschpulver, aber um hier wegzukommen, würde es reichen. Vorsichtig streifte er die Sachen über und schlüpfte zuletzt in seine Lederschuhe, die einzigen Kleidungsstücke, die den Absturz ebenso unversehrt überstanden hatten wie er selbst. Dann schlich er zur Tür hinaus.

Die Anwesenheit anderer Menschen war wie ein Schlag in die Magengrube. Jacob hatte damit gerechnet, dass ein paar Leute auf den Fluren unterwegs sein würden, aber nicht damit, dass es so viele waren. Wieder begannen sich die Wände um ihn herum zu drehen, und der Boden unter seinen Füßen schien zu schwanken. Jacob stützte sich am Türrahmen ab. Er musste sich fest auf sein Ziel konzentrieren, sonst würde er es nicht schaffen. Hier zu bleiben war keine Option, er musste endlich weg, weg von den Ärzten, von den unliebsamen Besuchern – weg von allem! Er holte tief Luft. Am Ende des Flurs öffneten sich die Aufzugtüren.

Er musste einfach nur gehen, einen Schritt vor den anderen setzen.

4

Gammelshausen. Sommerloch. Kuhbier. Nie im Leben hätte Lupi gedacht, dass es Orte mit so lustigen Namen gab. Sie strich die Zeitung glatt und kicherte.

»Guten Tag, ich wohne in *Katzenhirn*«, murmelte sie leise und korrigierte sich sofort. »Nein, der Name war *Grünkraut*.«

Am schönsten aber fand sie *Busenberg. Busenberg in der Pfalz.* Ob es am Ortsrand wohl einen Berg gab, der aussah wie eine Brust? Oder gar zwei?

Plötzlich blieb eine Krankenschwester vor ihr stehen. Anscheinend hatte sie ihr kleines Selbstgespräch gehört. »Kann ich dir irgendwie helfen?«

Wie ertappt legte Lupi die Zeitung ab und rückte sich die Brille zurecht. »Ich warte nur auf meine Mutter«, erklärte sie und zeigte auf das gegenüberliegende Behandlungszimmer.

Die Schwester nickte freundlich. »Wir haben auch Kinderbücher hier. Und Comics, wenn du willst.«

»Danke, aber es dauert bestimmt nicht mehr lange.« Lupi wies auf den Stapel mit Zeitschriften und Zeitungen, die neben der Bank in einem Korb lagen. »Die hier reichen mir.«

»Wie du meinst.« Mit einem verblüfften Lächeln verschwand die Schwester durch den Flur.

Die meisten Erwachsenen konnten nicht verstehen, dass Lupi gerne Zeitungen las. Aber mit Comics und Pferdeheftchen hatte sie noch nie viel anfangen können. Solche Texte und Geschichten machten Kinder nicht schlauer, sie sorgten höchstens für Unterhaltung – und Unterhaltungsprogramm hatte sie wirklich schon genug in ihrem Leben.

Nein, das war nichts für sie. Am liebsten vertiefte sie sich in die Persönlichkeitstests in Frauenzeitschriften. *Bin ich bindungsunfähig? Passt mein Partner zu mir? Tigermama oder Zwerghamster – welches Herz schlägt in meiner Brust?* Durch diese Fragebögen hatte Lupi schon eine ganze Menge über Menschen gelernt. Vielleicht fand sie irgendwann sogar mal einen, der ihr half, Becky zu verstehen? Leider waren die Tests nur ganz selten auf Frauen wie ihre Mutter zugeschnitten. Becky Brockmann ließ sich eben nicht so leicht in eine Schublade stecken.

Lupi griff wieder nach der Tageszeitung. Ein Artikel über die *allgemeine Wegwerfmentalität* hatte ihr Interesse geweckt, und dann war sie über den kurzen Beitrag mit den lustigen Ortsnamen gestolpert. Flüchtig sah Lupi auf die Uhr. Becky war nun schon eine halbe Stunde im Behandlungszimmer, aber sie würde die Untersuchung sicher nicht unnötig in die Länge ziehen. Schließlich konnte sie Ärzte nicht ausstehen.

»Die stellen zu viele Fragen«, hatte sie Lupi auf dem Weg in die Klinik erklärt.

»Das müssen sie doch, um festzustellen, was dir fehlt«, hatte Lupi erwidert, aber Becky hatte nur trotzig den Kopf geschüttelt.

»Dann erklär mir mal bitte, warum es bei Hunden und Katzen auch ohne Fragen geht? Die geben schließlich auch keine Antwort!«

Mit Becky zu diskutieren ergab nur selten Sinn. Sie war ziemlich stur und meistens davon überzeugt, dass sie recht hatte. Deshalb hatte Lupi es auch diesmal wieder gleich sein lassen.

Gedankenversunken blätterte sie die Seite um und blieb mit dem Blick an einem Foto hängen. Es zeigte einen Mann mit einem kleinen Grübchen neben dem Mundwinkel. Die kurzen goldblonden Locken verliehen ihm etwas Kindliches. »*Das Wunder am Hamburger Großstadthimmel*«, lautete die Überschrift des Artikels. »*Fernsehmoderator Jacob Chrissen beinahe unversehrt.*«

Jacob Chrissen. Lupi hatte diesen Namen noch nie gehört, aber sie sah ja auch nie fern. Trotzdem zog der Text sie sofort in seinen Bann.

Der Mann war auf dem Weg zu einer Preisverleihung im Hafen mit dem Hubschrauber abgestürzt. Die Ursache für den Absturz war bisher ungeklärt. Sicher war aber, dass Jacob Chrissen den Fall vom Himmel nahezu unverletzt überstanden hatte. Lupi hielt die Luft an. Dieser Kerl hatte einen Helikopterabsturz überlebt? Aber … so was war gar nicht möglich! Lupi kannte die Gesetze der Schwerkraft, sie wusste, dass der menschliche Körper vielen Widerständen trotzen konnte, aber ganz sicher nicht einem Aufprall aus vielen hundert Metern Höhe!

Instinktiv griff sie nach ihrem Anhänger. War es etwa möglich, dass dieser Mann … gar kein normaler Mensch war?

Plötzlich fiel die Tür gegenüber mit einem lauten Knall ins Schloss. Lupi zuckte zusammen und blickte von der Zeitung auf. Beckys rechter Arm steckte jetzt in einer Schlinge. Sie sah etwas zerzaust aus, wirkte aber entschlossen.

»Los, wir gehen!«

»Kann ich das hier noch zu Ende lesen?«, bat Lupi, doch Becky schüttelte den Kopf und griff mit der linken Hand nach der Reisetasche, die vor Lupi auf dem Boden stand.

»Wir müssen los.«

»Aber da ist ein Mann vom Himmel gefallen und hat nicht mal …«

»Kannst du nicht Pferdehefte lesen wie jedes andere normale Mädchen?« Becky verdrehte die Augen.

»Klar!« Langsam wurde es Lupi zu bunt. »Sobald du dir einen Job, eine Wohnung und einen Mann suchst wie jede andere normale Mutter!«

Becky blinzelte sie sprachlos an. Dann fing sie an zu

lachen. »Nimm die Zeitung einfach mit«, schlug sie vor und drückte ihre Reisetasche an sich.

»Sie gehört uns aber nicht!«

»Irgendwas ist immer.« Mit einem frechen Achselzucken setzte sich Becky in Bewegung.

Lupi befolgte Beckys Ratschläge nicht gerne, vor allem, wenn es darum ging, Dinge mitzunehmen, die ihr nicht gehörten. Aber diese Geschichte in der Zeitung ließ sie einfach nicht los ... Unsicher blickte sie nach links und rechts. Dann trennte sie hastig die ganze Seite heraus, faltete sie sorgfältig zusammen und schob sie in ihre Hosentasche. Mit der kleinen, prallen Reisetasche über der Schulter folgte sie ihrer Mutter den Flur hinab.

»Was hat der Arzt gesagt?«, fragte sie, als sie Becky endlich eingeholt hatte.

»Nichts Neues. Die Schulter war ausgekugelt, aber er hat sie wieder eingerenkt. Jetzt soll ich den Arm ein paar Tage stillhalten. Das heißt, du musst dir deine Schulbrote selber schmieren.«

»Das mach ich doch sowieso«, protestierte Lupi.

Becky grinste schief. »Deshalb sag ich ja: nichts Neues!«

In diesem Moment hörte Lupi hinter sich jemanden rufen: »Frau Cigalla! Sie haben Ihre Versichertenkarte vergessen!«

Lupi sah sich um. Der Arzt war aus dem Behandlungszimmer getreten und wedelte nervös mit einer kleinen Plastikkarte.

Becky drehte sich nicht um, sondern packte Lupi am Handgelenk und zog sie durch eine Tür ins Treppenhaus.

»Wollten wir nicht den Aufzug nehmen?«

Hastig stürmte Becky die Stufen hinab. »Ach was, ein bisschen Bewegung kann uns nicht schaden.«

Lupi stöhnte auf. »Und warum hat der Arzt dich gerade *Frau Cigalla* genannt?«

»Hat er das?« Unbeeindruckt nahm Becky zwei Stufen auf einmal. Lupi geriet ins Schwitzen. Es war unmöglich, in diesem Tempo mit ihrer Mutter mitzuhalten!

»Ja, das hat er! Und deine Karte hatte er auch in der Hand.«

»Keine Ahnung«, erwiderte Becky, und Lupi konnte förmlich spüren, dass sie dabei grinste. »Deshalb sag ich immer: Trau niemals einem Arzt! Die haben nicht alle Tassen im Schrank!«

Als sie den ersten Stock erreicht hatten, öffnete Becky eine Seitentür, die vom Treppenhaus abging.

»Warte kurz hier«, befahl sie Lupi und verschwand.

Lupi war diese Pause ganz recht. Sie brauchte dringend einen Moment, um zu verschnaufen. Blöderweise war Becky schon nach wenigen Augenblicken wieder zurück – mit einem Stück Kuchen, das sie Lupi strahlend in die Hand drückte.

»Belohnung fürs Warten«, sagte sie zufrieden und setzte ihren Weg fort.

Lupi aber interessierte sich nicht für den Marmorkuchen, sondern für das, was Becky sich über die Schulter geworfen hatte. »Was ist das?«

»Kuchen«, erwiderte Becky, ohne sich umzudrehen. »Und dafür, dass du so schlau bist, ist das eine ziemlich dämliche Frage!«

Lupi hechtete hinter ihr her. »Du weißt genau, was ich meine! Der Arztkittel gehört dir nicht!«

»Ich leih ihn mir nur aus, okay?«, erklärte Becky. »Mit dem blöden Verband fühle ich mich total exponiert! Der Kittel verleiht mir etwas Würde.«

Lupi rollte mit den Augen. »Ausleihen setzt voraus, dass du vorhast, das Ding irgendwann zurückzugeben!«

»Woher willst du wissen, dass ich das nicht vorhabe?« Becky eilte unbeirrt weiter, aber jetzt schoss Lupi nach vorne, überholte sie und stellte sich ihr in den Weg.

»Okay, okay«, gab ihre Mutter endlich zu. »Vielleicht nicht morgen oder übermorgen, aber eventuell in ein paar Jahren!« Und bevor Lupi protestieren konnte, hatte sich Becky wieder an ihr vorbeigedrängt und eilte die letzten Stufen hinab.

Unten vor dem Haupteingang der Klinik hatten sich die Raucher versammelt und stießen ihre Nikotinwolken in den Himmel.

Becky warf Lupi einen ungeduldigen Blick zu, als sie endlich nach ihr durch die Tür stolperte. Dann ließ sie ihre Reisetasche auf den Boden fallen und winkte mit dem unverletzten Arm ein Taxi heran.

»Wollen wir nicht mit dem Bus fahren?«, schlug Lupi vor, aber Becky schüttelte den Kopf.

»Unsinn! Toni soll nicht denken, wir könnten uns kein Taxi leisten.«

»Aber wir können uns kein Taxi leisten!«

»Können wir wohl!« Becky zog grinsend einen Zwanzig-Euro-Schein aus der Kitteltasche.

Lupi starrte sie fassungslos an, wagte aber nicht, weiter zu diskutieren, weil in diesem Moment bereits ein Taxi vor ihnen hielt.

»Das nennt man Karma!« Becky strahlte und bückte sich nach ihrer Tasche. Doch als sie sich wieder aufrichtete und auf den Kofferraum zuging, drängte sich plötzlich ein Mann an ihr vorbei und steuerte direkt auf die Beifahrertür zu. Er trug eine ausgebeulte Armeejogginghose, feine Lederschuhe und einen Kapuzenpullover, der mindestens zwei Nummern zu groß war.

»Hey, das ist unser Taxi!«, protestierte Becky, aber der Kerl ließ sich unbeeindruckt auf den Beifahrersitz sinken.

»Tut mir leid, ich hab's eilig.« Energisch zog er die Tür ins Schloss.

»*Eilig?* Sie haben es wohl eilig, einen Arschtritt zu kassieren!«, brüllte Becky, aber da setzte sich das Taxi bereits in Bewegung und brauste davon.

Lupi schob sich verwundert die Brille zurecht, denn auf einmal beschlich sie ein merkwürdiges Gefühl. Hatte sie diesen Kerl nicht schon mal irgendwo gesehen ...? Aber selbst wenn – was änderte das schon? Während Becky noch fluchte, zog Lupi die Riemen ihrer Tasche fester über die Schulter und marschierte los.

»Wo willst du denn jetzt hin?«, rief Becky ihr nach, aber Lupi drehte sich nur kurz zu ihr um.

»Zur Haltestelle«, sagte sie und grinste müde. »Bus fahren ist sowieso viel besser für dein Karma.«

5

Eigentlich war Jacob zu erschöpft, um sich aufzuregen, aber der Taxifahrer entpuppte sich als echte Herausforderung. Unentwegt starrte ihn der Mann von der Seite an. Dachte er ernsthaft, Jacob würde seine aufdringlichen Blicke nicht bemerken?

Als er beinahe einen Radfahrer übersah und eine Vollbremsung hinlegen musste, konnte Jacob sich nicht länger zurückhalten. »Könnten Sie vielleicht auf die Straße schauen?«, fuhr er ihn an.

»Tut mir leid.« Mit einem gequälten Lächeln tippte der Kerl sich an die Schiebermütze, aber sein Blick klebte weiterhin an Jacob. »Sie … Sie sind es, oder? Dieser Moderator?«, stieß er schließlich hervor.

Verdammt! Jacob hatte sich in den letzten Jahren daran gewöhnt, auf der Straße erkannt zu werden, aber heute und hier hatte er nicht damit gerechnet.

»Ich lege viel Wert auf Diskretion«, raunte er schmallippig.

»Natürlich, ich bin sehr diskret«, versicherte ihm der Taxifahrer. »Kann schweigen wie ein Grab.« Er verschloss sich die Lippen mit einem imaginären Schlüssel und tat dann so, als würde er ihn zum Fenster hinauswerfen. Erst als die Autos hinter ihnen zu hupen begannen, merkte er, dass die Ampel bereits Grün zeigte.

Jacob schüttelte müde den Kopf. Er bezweifelte, dass dieser Typ das Wort *diskret* auch nur buchstabieren konnte. Und offenbar hatte er noch immer nicht verstanden, dass Jacob keine Lust auf Smalltalk hatte.

An der nächsten Straßenkreuzung legte er ihm völlig unerwartet die Hand auf die Schulter. »Tut mir echt leid.«

Jacob schüttelte die fremden Finger reflexartig ab. »Schon gut«, murmelte er gefasst. »Schauen Sie einfach auf die Straße.«

»Ich meine das mit Ihrer Familie …«

Jacob schloss die Augen. Ging das jetzt schon wieder los? Konnten ihn die Leute nicht einfach in Ruhe lassen? Schweigend lehnte er sich gegen die kalte Fensterscheibe und blickte hinaus. Vielleicht wurde es besser, wenn er nicht mehr hinsah. Wenn er so tat, als hätte er nichts gehört.

Aber der Kerl blieb hartnäckig. »Das muss echt schrecklich sein«, seufzte er viel zu laut, »die Frau und der eigene Sohn …«

»Könnten Sie einfach den Mund halten?« Jacob krallte die Finger in den Autositz. Er würde nicht wieder wütend werden. Nein, das würde er hinkriegen!

Der Fahrer hob entschuldigend die Hände. »Klar, ich wollte nicht …«, fing er an, doch als er Jacobs Blick sah, verstummte er für einen Augenblick. Dann öffneten sich seine Lippen wieder, und er strahlte vor Begeisterung. »Es ist ein Wunder, oder? Dass Sie das alles überlebt haben! Das muss sich anfühlen wie ein Wunder!«

»Ich hab gesagt, Sie sollen die Klappe halten!«, brüllte Jacob unvermittelt, und seine Stimme war so laut, dass es in seinen eigenen Ohren klingelte. »Kriegen Sie das hin oder nicht?«

Der Mann starrte ihn mit weit aufgerissenen Augen an, dann schluckte er und nickte.

Schwer atmend lehnte Jacob sich zurück. Er war nicht stolz darauf, schon wieder die Kontrolle verloren zu haben. Aber warum konnten die Leute nicht akzeptieren, dass er seine Ruhe haben wollte?

Erschöpft schaltete er das Radio ein, doch das verdammte Wort hatte sich trotzdem in seinem Kopf festgesetzt und ließ sich auch durch Musik nicht mehr vertreiben.

Wunder.

Es war eines der ersten Wörter gewesen, die er im Krankenhaus gehört hatte, als er noch dachte, er würde träumen. Die Ärzte hatten es benutzt, und Carla. Auch Sarahs Mutter hatte es zwischen einer Serie von Schluchzern hervorgebracht, als wäre es etwas Heiliges. Als wäre er, Jacob, ein Heiliger. Dabei hatte dieses Wort nichts Magisches, vielmehr lag es einem auf der Zunge wie ein schimmeliges Stück Käse.

Wunder.

Allein der Klang dieser beiden Silben verursachte Jacob Übelkeit. Er wollte nicht wissen, was mit den anderen passiert war – und noch viel weniger wollte er hören, dass er selbst überlebt hatte, was eigentlich nicht zu überleben war. Er wollte nicht darüber nachdenken. Am liebsten hätte er alles einfach vergessen. Vielleicht würde er dann plötzlich aufwachen und merken, dass alles nur ein schrecklicher Traum war?

Als er zu Hause den Schlüssel ins Schloss steckte und die Tür aufdrückte, überkam ihn eine Welle der Erleichterung. Merkwürdig, dabei hatte er sich in dieser Wohnung eigentlich nie wirklich wohlgefühlt … Schon seit drei Jahren hatte er Sarah damit in den Ohren gelegen, endlich umzuziehen, in eine größere Wohnung, eine schönere. Eine, die dem, was und wer er mittlerweile war, mehr entsprach. Er hatte ihr Penthouse-Wohnungen in der HafenCity gezeigt, Stadtvillen an den Alsterläufen, sogar einen Resthof vor den Toren der Stadt. Aber Sarah wollte nicht.

»Du bist doch ohnehin nie da«, hatte sie ihm immer wieder an den Kopf geworfen. »Und für Jimmy und mich ist das hier unser Zuhause!«

Dabei war Jacob sich insgeheim sicher gewesen, dass es ihr nur darum ging, ihm nicht zu geben, was er wollte. Sarah konnte unmöglich so an der Wohnung hängen!

Sie waren vor acht Jahren hier eingezogen, nachdem Jacob die Anstellung beim Sender bekommen hatte. Sarah hatte zu der Zeit noch studiert und Sorge gehabt, sie würden sich die Miete langfristig nicht leisten können. Dennoch hatte sie sich bei der Besichtigung auf den ersten Blick in die Wohnung verliebt.

Sie befand sich im Erdgeschoss eines hellblauen Jugendstilhauses und verfügte vorne über einen kleinen Garten. Die Nachbarschaft in Winterhude war in Ordnung, Lehrer, Ärzte, auch ein paar Anwälte, aber Jacob störte, dass sie zu dicht beieinander wohnten. Zumindest seit er nicht nur hinter, sondern auch vor der Kamera tätig war und überall erkannt wurde, war es ihm zu eng. Er hätte sich lieber etwas abgeschottet vom Rest der Welt, aber Sarah mochte es, mittendrin zu sein.

Dabei war die Wohnung eindeutig zu klein. Viereinhalb Zimmer auf gerade mal 108 Quadratmetern. Ein Zimmer gehörte Jimmy, und so blieben noch ein Wohnzimmer, ein Esszimmer, das sich an die Küche anschloss, ein Schlafzimmer sowie ein halbes Zimmer, in dem Jacob sich ein kleines, kaum brauchbares Büro eingerichtet hatte.

Das Problem war aber nicht die Anzahl der Räume, sondern ihre Größe. Kein Zimmer maß mehr als achtzehn Quadratmeter, und Jacob fehlte der Weitblick. Die Wände engten ihn mit jedem Tag mehr ein.

Einigermaßen wohlgefühlt hatte er sich in der Wohnung nur, wenn er von einer Geschäftsreise nach Hause kam und Sarah und Jimmy nicht daheim waren. Dann war es so still, dass er den Dielenboden leise ächzen hörte, und im Sommer zeichneten die Bäume draußen an der Straße ein tanzendes Schattentheater an die Zimmerwände.

So war es auch jetzt, als er die Tür hinter sich schloss und langsam durch den Flur ging. Stille. Keine Vorwürfe und Forderungen. Jacob hielt die Luft an. Konnte er sich nicht einfach einbilden, alles wäre wie immer? Jimmy und Sarah wären nur einen Moment einkaufen oder auf dem Spielplatz am Ende der Straße und würden schon bald zurückkommen? In einer Stunde vielleicht oder in zweien, und dann wäre es mit dem Frieden aus, und Jacob würde sich die Ruhe zurücksehnen und die verdammte Wohnung wieder verfluchen?

Aber nein, das hier war kein Traum. Jacob fuhr sich mit den Händen über das Gesicht. Dann wagte er sich vorsichtig ins Wohnzimmer vor.

Swetlana musste in der Zwischenzeit hier gewesen sein, denn nirgendwo lag Staub, und Jimmys Fisch erfreute sich noch immer bester Gesundheit.

»Hey …« Jacob klopfte behutsam mit dem Finger an die Scheibe des Aquariums und hoffte, dass Mister Bubble reagieren würde, aber der Goldfisch drehte nur weiter unbeeindruckt seine Runden. Das Tier interessierte sich nicht für ihn, und im Grunde beruhte das auf Gegenseitigkeit. Jacob konnte Fischen nichts abgewinnen, es sei denn, sie lagen roh auf einem Bett aus Sushireis.

Sarah hatte Jimmy eines Tages mit dem Aquarium

überrascht. Zwei Wochen zuvor hatte Jacob ihm nach einer Tierheim-Reportage einen Welpen mitgebracht, und Jimmy war förmlich an die Decke gesprungen vor Begeisterung. Aber Sarah hatte ihn wieder mal nur mit Vorwürfen überhäuft: »Wie kannst du so was tun, ohne vorher mit mir zu reden?«

»Er freut sich doch!«, hatte Jacob erwidert und auf Jimmy gedeutet, der mit dem Welpen durch den Garten getollt war.

Sarah hatte nur die Arme vor der Brust verschränkt und ganz langsam die Augen geschlossen. »Er hat eine Tierhaarallergie, Jacob!«

»Unsinn!«, hatte Jacob gelacht. »Schau doch mal, wie viel Spaß er hat! Du bist nur sauer, weil es meine Idee war und nicht deine.«

Sarah hatte ihn fassungslos angestarrt und war dann wortlos in der Küche verschwunden.

Zwei Tage später musste Jacob den Hund zurück ins Tierheim bringen. Jimmys Augen waren rot und juckten, und sein Atem rasselte. Am schlimmsten aber war der Aufstand, den er veranstaltete, als Jacob ihm das Tier abnahm und zum Wagen trug. Sarah brauchte danach drei Tage, um ihn dazu zu bewegen, wieder etwas zu essen. Erst als sie neun Tage später mit dem Aquarium und Mister Bubble nach Hause kam, war Jimmy wieder versöhnt gewesen. Seitdem hatte er den Fisch mit Hingabe gepflegt.

Jacob hingegen wusste nicht mal, wie man dem Ding Futter gab.

Dafür wusste er umso besser, dass er es keine Sekunde länger in diesen grässlichen Klamotten aushielt! Wo in Teufels Namen hatte Carla nur so geschmacklose Sachen aufgetrieben, noch dazu viel zu groß?

Mit einem Mal spürte Jacob, wie trocken seine Kehle war. Wann hatte er zuletzt etwas getrunken? Der heftige Durst trieb ihn in die Küche, doch er kam gar nicht bis zum Wasserhahn, denn vorher blieb sein Blick am Küchentisch hängen. Dort lag ein Zettel von Swetlana, mit der Nachricht, dass sie wiederkommen würde, sobald er sie anrief – und darunter ein Stapel Zeitungen. Nicht zwei, drei, nein, mindestens zwanzig Exemplare! Jacobs Pulsschlag beschleunigte sich. Die Putzfrau musste die Zeitungen gesammelt und hier auf dem Tisch drapiert haben. Jede einzelne hatte dasselbe Titelthema:

TV-Moderator überlebt Helikopterabsturz

Absturzdrama vor Preisverleihung: Alle sterben, einer lebt!

Jacob Chrissen – das Wunder hat einen Namen!

Da war es wieder, dieses Wort: *Wunder*.

Jacob musste sich an der Tischplatte abstützen. Mit einem Mal drehte sich wieder alles. Natürlich, er hatte gewusst, dass die Presseleute sich wie die Aasgeier auf die Tragödie stürzen würden. Trotzdem zogen ihm die Schlagzeilen nun den Boden unter den Füßen weg. Im

Krankenhaus hatte er ja mit so etwas gerechnet, aber hier war er verdammt noch mal zu Hause! Wo, wenn nicht in seiner eigenen Wohnung, hatte er ein Anrecht auf Ruhe, auf Sicherheit? Er wollte sich nicht mit Fragen auseinandersetzen, auf die er selber keine Antwort hatte. Die Frage zum Beispiel, wie er sich fühlte oder ob er reden wollte. Oder die Frage, warum er verdammt noch mal nicht endlich um seine Familie trauerte!

Und plötzlich war sie wieder da, die Wut. Lauerten denn überall stumme Vorwürfe? Konnte er sich nirgendwo auf der Welt vor all dem verstecken, vor den Fragen, den Anschuldigungen – vor sich selbst?

Jacob spürte, wie seine Hände vor Zorn zu zittern begannen. Entschlossen packte er den Zeitungsstapel und stampfte damit zur Wohnungstür hinaus. Sollten die Presseleute sich doch das Maul zerreißen! Sie konnten ruhig über ihn schreiben, sich in seinem Unglück suhlen und vor Mitleid zerfließen, Hauptsache, sie ließen ihn damit in Ruhe! Keiner von ihnen würde jemals verstehen, dass es kein *Wunder* war zu überleben.

Es war eine Strafe.

6

Toni liebte Männer, das wusste Lupi. Er trug schicke Hemden und Turnschuhe, die immer so weiß waren, als hätte er sie gerade heute zum allerersten Mal an. Seine Zähne strahlten wie die in der Zahnpastawerbung, und alle zehn Minuten schmierte er sich die Lippen mit einem Pflegestift ein.

»Lass das endlich«, hatte Becky ihn beim letzten Mal aufgezogen, »sonst halten dich die Leute für schwul!«

»Ich *bin* schwul«, hatte Toni achselzuckend erwidert.

»Aber das Geheimnis ist, dass das nicht jeder sofort wissen muss. Dann behandeln dich die Leute nämlich anders«, hatte Becky gesagt. Daraufhin hatte Toni gegrinst und genickt. »Du hast recht. Wenn die Leute wüssten, dass du in Wirklichkeit die Prinzessin von Polynesien bist, würden sie dich sicher auch auf Händen tragen!«

Becky hatte ihm einen warnenden Blick zugeworfen und dann lachend den Kopf geschüttelt. Als ob Lupi nicht genau wüsste, wer Becky in Wirklichkeit war. Und wer leider nicht …

Das Schöne an Toni war, dass er Frauen trotzdem mochte – zumindest Becky und Lupi. Wann immer Becky sich dazu durchringen konnte, ihn um Hilfe zu bitten, war

Toni für sie da. Die Klassenreise zu Beginn des Schuljahres hatte er bezahlt, und zweimal schon hatte er die beiden ein paar Tage in einer der Wohnungen übernachten lassen, die er pflegte. Toni war nämlich Housesitter. Das war so etwas wie ein Babysitter, nur dass er eben nicht auf Kinder aufpasste, sondern auf Häuser und Wohnungen von Leuten, die ein paar Wochen nicht zu Hause waren. Reiche Leute, teure Wohnungen. Natürlich war es eigentlich nicht erlaubt, Becky und Lupi in diesen Wohnungen unterzubringen. Aber Toni brachte es einfach nicht übers Herz, den beiden nicht zu helfen, und so hatte er auch dieses Mal zugestimmt, auch wenn er nicht begeistert davon war.

Während er die beiden in seinem schicken Wagen zu der Wohnung fuhr, blickte Lupi hinten aus dem Fenster. Draußen zogen hübsche, bunte Häuserreihen vorbei, Altbauten mit verschnörkelten Balkonen und kleinen Vorgärten. Lupi ertappte sich dabei, wie sie sich vorstellte, in einem dieser Häuser zu leben, in einer dieser Wohnungen. Nicht nur vorübergehend, sondern richtig. Wie ihr Leben wohl aussehen würde, wenn ihr Vater Becky nicht vor ihrer Geburt sitzen gelassen hätte und nach Spanien zurückgegangen wäre. Wie würde es sich wohl anfühlen, mehr von ihm zu haben als nur den Anhänger, den sie an ihrer Halskette trug? Wie wäre es, nachmittags in einem dieser Gärten zu spielen, vielleicht mit einem Bruder oder einer Schwester?

Als Lupi merkte, dass sich ihre Gedanken verselbständigten und in ihrem Kopf bunte, lebendige Bilder malten, schüttelte sie sie schnell ab. Becky hatte es nicht verdient, dass sie von einem anderen Leben träumte. Ihre Mutter gab ihr Bestes, und das Leben war eben kein Wunschkonzert.

Toni bog in eine Seitenstraße ein und schaltete das Radio aus. »Die Wohnung gehört einer Ärztin. Die Frau ist vier Wochen im Ausland, weil sie dort an einer Studie arbeitet. Ihr füttert die Katze und seht zu, dass ihr nichts kaputt macht, verstanden?«

»Aye, aye, Sir!« Becky salutierte auf ihrem Sitz.

Toni warf ihr einen ernsten Blick zu. »Wenn die Nachbarn fragen, wer ihr seid, gebt ihr ihnen unsere Karte.« Er griff in seine Hemdtasche und reichte Becky eine goldene Visitenkarte. »Aber vermutlich wird sich niemand für euch interessieren. Die Frau arbeitet viel und kennt kaum jemanden. Sie vertraut lieber uns einen Schlüssel an als ihren Nachbarn, also sollte es da keine Probleme geben. Vorausgesetzt natürlich, ihr fallt nicht negativ auf!« Wieder warf Toni Becky einen mahnenden Blick zu.

Becky zuckte unschuldig mit der unverletzten Schulter. »Wann sind wir schon jemals negativ aufgefallen?«

Toni sah sie so lange vielsagend von der Seite an, bis sie die Augen verdrehte. »Komm schon, das mit dem brennenden Briefkasten war nicht meine Schuld!«

Toni parkte den Wagen und warf einen Blick auf die Rückbank. »Kann ich mich auf dich verlassen?«

Lupi kicherte. »Ich bin in deinem Team!«

Dankbar streckte Toni die Hand nach hinten und gab ihr High Five. Dann grinste er Becky an und griff nach der Fahrertür. »Du kannst echt froh sein, dass du deine Tochter hast. Ohne Lupi würde ich dir nicht mal den Schlüssel zu meiner Firmentoilette anvertrauen.«

Becky wollte protestieren, aber Toni war bereits ausgestiegen. Deshalb sah sie Lupi an und seufzte. »Such dir niemals einen schwulen Freund. Die haben einfach keine Ahnung, warum Briefkästen manchmal brennen müssen!«

Lupi musste grinsen. Sie wusste, dass Toni und Becky sich mochten, deswegen musste sie sich auch keine Sorgen machen, wenn die beiden einander in einer Tour aufzogen. Schwungvoll nahm sie ihre Reisetasche vom Sitz und öffnete die Autotür.

Es war ein schöner Tag. Die Sonne stand schon etwas tiefer am Himmel und schien warm in Lupis Gesicht. In den Bäumen am Straßenrand zwitscherten die Vögel um die Wette, und in einer Hecke summten ein paar Bienen. Auf der anderen Straßenseite flitzten zwei Mädchen auf Rollern vorbei. Sie hatten Schwierigkeiten, das Gleichgewicht zu halten, weil sie jeweils ein großes Eis in der Hand hielten. Lupi atmete tief ein. Sie würde diese Wohnung hier auf jeden Fall mögen, das war klar. Die große Herausforderung war nur, sie nicht so sehr zu mögen, dass sie am Ende nicht wieder ausziehen wollte …

Wieder einmal griff sie unwillkürlich nach ihrem Anhänger. *Wende dich an Gott, und er wird dir ein Wunder schenken.* Das stand auf dem Silberamulett an ihrem Hals, wenn auch auf Spanisch. Und auch wenn Becky nicht an Gott glaubte – Lupi hielt daran fest. Natürlich fiel es ihr schwer, sich vorzustellen, dass irgendwo im Himmel ein dicker, alter Mann mit einem Rauschebart saß, der bestimmte, was unten auf der Erde geschah. Sie war schließlich kein Dummkopf. Und dennoch. Irgendwo da draußen musste es einen Gott geben, der ihr ein Wunder schenken konnte! Schließlich war der Glaube daran das einzige Geschenk, das ihr Vater ihr je gemacht hatte. Er war das Einzige, was ihr von ihm geblieben war. Wenn Lupi den Glauben an einen Gott verlor, dann würde auch ihr Vater endgültig und vollkommen aus ihrem Leben verschwinden, das wusste sie. Und es war eindeutig besser, an etwas Unwahrscheinliches zu glauben, als etwas Konkretes für immer zu verlieren – selbst wenn Becky sie dafür belächelte.

»Bist du zwischen den Pflastersteinen festgewachsen?« Becky und Toni hatten die Haustür bereits erreicht, und Becky forderte Lupi mit einem Nicken dazu auf, endlich zu kommen.

»Bin schon unterwegs.« Sie ließ die Autotür zufallen und warf sich die Reisetasche über die Schulter. Doch als sie die Hecke neben dem Hauseingang erreicht hatte, fiel ihr plötzlich ein seltsames Geräusch auf, ein Ächzen und

Krachen, und sie drehte sich noch einmal zur Straße um. Jetzt entdeckte sie, woher der Lärm kam: Ein Mann kämpfte vor dem Hauseingang gegenüber mit einer Mülltonne! Immer wieder drückte er wütend einen Stapel Zeitungen hinein, aber der Deckel ließ sich nicht schließen. Schließlich verlor er die Geduld und sprang selbst in die Tonne. Schimpfend trampelte er auf dem Müll herum, bis dieser deutlich abgesackt war. Ein paar Passanten auf dem Gehweg starrten ihn irritiert an und schüttelten im Vorbeigehen die Köpfe.

»Die Leute werden immer verrückter«, zischte eine ältere Frau ihrem Mann zu. Doch Lupi interessierte nicht, dass der Kerl vielleicht verrückt war, denn plötzlich erkannte sie ihn wieder: Das war doch der Mann, der ihnen vor der Klinik das Taxi vor der Nase weggeschnappt hatte! Er trug noch immer die Hose mit dem Armeemuster und den riesigen Pullover. Auf einmal regte sich wieder dieses merkwürdige Gefühl in ihr. Sie war sich ganz sicher, dass sie diesen Mann von irgendwoher kannte! Sein Gesicht war ihr sogar erst vor kurzer Zeit begegnet. Und dann, ganz plötzlich, wusste Lupi auch, wo.

Ungläubig griff sie in die Hosentasche und zog das zerknitterte Stück Zeitungspapier heraus, das sie im Krankenhaus eingesteckt hatte.

Nein, es bestand nicht der geringste Zweifel: Dieser Mann da drüben war Jacob Chrissen.

Der nächste Morgen fühlte sich an wie ein drückender Schuh. Lupi hatte ein ungutes Gefühl, das bei jedem Schritt noch ein bisschen stärker wurde.

»Mir geht es wirklich nicht gut. Kann ich heute nicht zu Hause bleiben?« Sie gab sich große Mühe, krank auszusehen, aber Becky schien das wenig zu beeindrucken. Sie tänzelte summend durch den Flur und balancierte mit der linken Hand Lupis Rucksack vor sich her, als wäre er ein kostbarer Schatz. Lupi hatte ihn gestern Abend noch gründlich gewaschen und in den Trockner gesteckt.

»Komm schon! Du willst doch den Ausflug nicht verpassen, oder?« Becky hängte ihr den Rucksack beschwingt über die Schulter und zwinkerte ihr zu. »Außerdem habe ich dir zwei Tüten mit Knabbersalami eingepackt.«

Lupi verzog das Gesicht. »Erstens hat Toni gesagt, wir sollen nichts aus der Speisekammer nehmen. Und zweitens weißt du genau, dass ich Vegetarierin bin!«

Becky verdrehte die Augen und ging vor Lupi in die Hocke. »Die Salami läuft nächste Woche ab, das heißt, im Grunde tun wir der Lady einen Gefallen! Was soll die denn in vier Wochen noch mit abgelaufenen Würstchen anfangen?« Sie grinste. »Und wenn du die Dinger selber nicht essen magst, kannst du sie ja deinen Freunden schenken.« Überschwänglich drückte sie Lupi einen Kuss auf die Stirn.

In diesem Moment fiel Lupis Blick auf Beckys nackte Füße. »Hast du dir die Nägel lackiert?«

Becky richtete sich hastig auf. Die rote Farbe glänzte frisch, war aber so unsauber aufgetragen, dass es an einigen Stellen aussah, als hätte sie ihre Füße in einen Küchenmixer gesteckt. Sie zuckte schnippisch mit der gesunden Schulter. »Hast du dir schon mal mit links die Fußnägel lackiert? Das ist echt nicht einfach!«

Lupi funkelte sie vorwurfsvoll an. »Wir sollen uns hier nichts nehmen, was uns nicht gehört, schon vergessen?«

»Wer sagt denn, dass der Nagellack nicht mir gehört?«, erwiderte Becky trotzig, aber Lupi starrte sie so lange an, bis sie schließlich einknickte. »Okay, okay, das Fläschchen stand im Bad! Aber glaubst du ernsthaft, die Lady merkt, dass ein paar Tropfen Nagellack fehlen?«

Seufzend ließ Lupi die Schultern hängen. Becky verstand einfach nicht, worum es hier ging. Es fing mit ein bisschen Nagellack und zwei Tüten Salami an, aber bald schon würde sie sich an den Kleiderschränken und in der Vorratskammer bedienen, würde Arbeitszimmer und Nachttischschubladen durchwühlen und schließlich irgendetwas tun, das sich nicht wieder rückgängig machen ließ. Wie oft würde Toni ihnen dann noch helfen? Wie lange konnte man Becky überhaupt noch helfen?

Lupi biss sich auf die Zunge. Sie wusste, dass sie mit Vorwürfen nicht weiterkommen würde, deswegen versuchte sie es mit einem Lächeln. »Ich könnte heute bei dir bleiben, und wir gehen zusammen einkaufen. Dann füttern wir die …«

»Nichts da!« Becky schob sie zur Tür. »Du gehst jetzt in die Schule und hast Spaß bei deinem Ausflug!«

»Aber …«

»Kein Aber! Spaß haben ist ein Befehl«, flüsterte Becky und schob sie sanft über die Türschwelle. »Und denk daran, auf dem Rückweg dein Fahrrad abzuholen. Du kannst ja nicht jeden Morgen mit dem Bus fahren.« Bevor Lupi etwas erwidern konnte, hatte sie die Tür bereits ins Schloss fallen lassen.

Einen Moment lang stand Lupi regungslos auf der Fußmatte. Obwohl es draußen sicher schon zwanzig Grad hatte, war es hier im Treppenhaus noch ziemlich kühl. Lupi merkte, wie sich die feinen blonden Härchen auf ihren Unterarmen aufstellten, als würden sie sich zu einem Protest erheben. *Geh heute nicht zur Schule,* schienen sie ihr warnend zuzuflüstern, *bleib heute hier und sorg dafür, dass nichts passiert!*

Dass sie Becky vor sich selbst beschützen wollte, war aber nur ein Teil der Wahrheit. Der andere Teil bestand darin, dass Lupi keine Lust hatte auf diesen Ausflug. Schlimmer noch: Sie fürchtete sich seit Wochen davor. Ein Tag am Badesee mochte ein Vergnügen sein – aber nur, wenn man schwimmen konnte!

Spaß haben ist ein Befehl.

Wie sollte Lupi auch nur an Spaß denken, wenn sie jeden Moment fürchten musste, dass ihr Geheimnis aufflog?

Missmutig schob sie sich an den Briefkästen vorbei und öffnete die Haustür. Von draußen schlug ihr nicht nur warme Sommerluft entgegen, sondern auch das Zwitschern der Vögel. Unsicher tastete Lupi nach dem Anhänger an ihrem Hals und atmete tief durch. Das warme Silber in ihrer Hand spendete ihr Trost. Sie hatte vielleicht keine Freunde, aber alleine war sie trotzdem nicht. Ihr Papa war bei ihr, und mit ihm das Versprechen, dass es irgendwo jemanden gab, der auf sie aufpasste.

Angetrieben von einem neuen Funken Hoffnung setzte Lupi sich in Bewegung. Als sie die Stelle erreichte, an der gestern Tonis Auto geparkt hatte, blieb sie stehen und blickte zur anderen Straßenseite hinüber.

Gestern Abend war sie noch kurz zu dem hellblauen Haus hinübergeschlichen und hatte sich davon überzeugt, dass sie richtiglag mit ihrer Vermutung. Der Name *Chrissen* stand tatsächlich am Klingelschild. Er lebte in der Wohnung im Erdgeschoss, dort hinter der schlecht gepflegten, wenig dichten Hecke, die den Vorgarten kaum von neugierigen Blicken abschirmte. Am späten Abend hatte Lupi sogar durch die Büsche hindurch beobachten können, wie ihr Nachbar haufenweise Zeug in seinen Vorgarten geworfen hatte.

Jetzt waren die Vorhänge im Erdgeschoss zugezogen. Von dem unruhigen Treiben war heute Morgen nichts mehr zu spüren, nur die Einrichtungsgegenstände lagen als stumme Zeugen im Garten.

Lupi überlegte kurz, noch einmal hinüberzugehen und durch die Hecke zu spähen. Aber nein, sie war ohnehin schon spät dran. Becky würde es nicht akzeptieren, wenn sie ihre Klasse verpasste. Vermutlich würde sie sie dann höchstpersönlich am See absetzen – und sich bei dieser Gelegenheit gleich noch Vincent vorknöpfen!

Lupi hatte ihr vor zwei Wochen trotz größter Bemühungen nicht verheimlichen können, dass es Vincent gewesen war, der ihr die Haare über der Stirn abgeschnitten hatte, und am nächsten Morgen hätte Becky ihn am liebsten in der Schulgarderobe an die Wand genagelt. Glücklicherweise hatte Lupi ihr weismachen können, Vincent sei für ein paar Tage mit seinen Eltern verreist.

Im Grunde wusste sie Beckys Empörung natürlich zu schätzen. Sie war eben doch ihre Mutter und wollte Lupi nicht nur beschützen, sondern auch verteidigen. Leider schoss sie dabei immer etwas über das Ziel hinaus, und darauf konnte Lupi heute gut verzichten.

Am Ende der Straße sah sie schon den Bus heranfahren. Wenn sie sich beeilte, war sie vielleicht noch rechtzeitig an der Haltestelle. Ihr Rucksack rutschte auf ihrem Rücken hin und her, und ihr linker Schnürsenkel löste sich beim Laufen, aber Lupi ließ sich nicht aufhalten. Kurz bevor der Busfahrer die Türen schloss, sprang sie an Bord. Atemlos setzte sie sich auf einen der Klappsitze gegenüber der Tür. Ihr Herz hämmerte. Lupi schloss die Augen und lehnte ihren Hinterkopf an die Scheibe. Sie hatte es geschafft!

»Kann ich mal deine Fahrkarte sehen?«

Im ersten Moment dachte sie, sie hätte sich verhört, doch als Lupi die Augen öffnete, stellte sie fest, dass es kein Traum war. Vor ihr stand ein hagerer Mann mit dünnem Oberlippenbart. In der Hand hielt er einen Ausweis, und er starrte sie ziemlich forsch an.

Mist! Unruhig rutschte Lupi auf ihrem Sitz hin und her. Dann öffnete sie ihren Rucksack. »Klar, ich muss nur …« Ihr Herzschlag beschleunigte sich erneut, und sie spürte, wie ihr Gesicht rot anlief. Hektisch wühlte sie in ihrem Rucksack. Vielleicht hatte Becky ihr ja doch Geld für eine Fahrkarte eingesteckt? Aber nein. Außer den zwei Tüten Salami, ihrem alten, ausgeleierten Badeanzug und einem Handtuch, das sie noch nie gesehen hatte, war der Rucksack leer.

Der Kerl mit dem Ausweis hob misstrauisch die Augenbrauen. »Was ist? Hast du nun eine Fahrkarte oder nicht?«

Lupi hielt die Luft an und sah ihn hilflos an. »Ich … ich hab …«

»Natürlich hat sie eine Fahrkarte!« Eine junge Frau, die auf einem der Plätze hinter der Tür saß, erhob sich und kam durch den schaukelnden Bus auf sie zu. Sie trug einen schicken Mantel und hatte kurze karamellbraune Haare. Ihre Stimme war weich wie Honig in der Sonne. Ohne Umschweife hielt sie dem Kontrolleur ihre Fahrkarte unter die Nase.

»Das ist eine Tageskarte«, stellte er fest, als er auf das Ticket hinabschielte.

»Richtig«, erwiderte die Frau. »Und soweit ich weiß, fahren bis zu drei Kinder kostenlos mit.«

Der Mann kräuselte die Stirn. »Die Kleine sieht aber nicht aus, als ob sie zu Ihnen gehören würde.«

Die Frau zog ihre Fahrkarte zurück und lächelte ihn freundlich, aber bestimmt an. »Und Sie sehen nicht so aus, als wollten Sie riskieren, dass ich Ihren Chef anrufe und mich über Sie beschwere.«

Einen Moment lang starrte der Mann sie verunsichert an, dann schüttelte er den Kopf und zog wortlos weiter.

Die Frau im Mantel klappte unbeeindruckt den Sitz neben Lupi hinunter und setzte sich. »Eigentlich hätte ich schon an der letzten Haltestelle aussteigen müssen, aber ich hab's verpennt. Jetzt fahre ich sicherheitshalber noch zwei Stationen mit.« Mit einem Augenzwinkern drückte sie Lupi ihre Tageskarte in die Hand. »Nur falls der Kerl noch mal umkehrt und auf blöde Ideen kommt!«

Lupi wusste nicht, was sie sagen sollte, und drehte das kleine Stück Papier nervös hin und her. »Danke, ich …«

»Kein Problem.« Die Frau lächelte und umfasste die Brötchentüte unter ihrem linken Arm fester. Das braune Papier raschelte.

Obwohl es Lupi unangenehm war, dass sie ihretwegen einen Umweg in Kauf nahm, blieb die Frau tatsächlich noch bis zur übernächsten Station sitzen. Lupi traute sich nicht, sie direkt anzusehen, blickte aber immer wieder verstohlen zu ihr hinüber. Sie war hübsch, und sie bemühte sich zu lächeln, aber irgendetwas in ihren Augen deutete darauf hin, dass sie sich insgeheim Sorgen machte.

Als sie schließlich ausstieg und Lupi ein letztes freundliches Lächeln zuwarf, hatte Lupi sogar das Gefühl, dass etwas Trauriges in ihrem Blick schlummerte. Aber nein, sie musste endlich aufhören, alle Dinge kaputt zu denken. Jetzt und hier zählte nur, dass die Frau sie mit der Fahrkarte vor weiteren Problemen bewahrt hatte.

Dankbar fasste sie an den Anhänger an ihrem Hals. Sie war nicht allein. Und vielleicht würde dieser Tag ja doch noch ganz gut werden.

7

Das Klingeln wurde lauter, scheppernd wie bei einem alten Wecker, der sich störrisch weigert, endlich den Geist aufzugeben. Jacob tastete blind nach allen Seiten, wollte das Ding packen und an die Wand schmettern, aber er fasste immer nur ins Leere. Schließlich rutschte er vom Sofa und landete unsanft auf dem Boden.

Während er sich aufrichtete, stellte er fest, dass es kein Weckton war, der ihn aus dem Schlaf gerissen hatte, sondern die Türklingel.

Verdammt. Langsam kehrte die Erinnerung an die letzte Nacht zurück in sein Gedächtnis. Er hatte keine Ruhe gefunden in der Wohnung und irgendwann angefangen umzuräumen und Gegenstände hinaus in den Garten zu werfen. Dort lag jetzt ein riesiger Haufen Dinge als Beweis für seine Verzweiflung – und für den Entschluss, den er in der letzten Nacht gefasst hatte.

Aber die verfluchte Klingel im Flur gab einfach keine Ruhe! Am liebsten hätte Jacob die Störung einfach ignoriert, aber von dem schrillen Läuten bekam er höllische Kopfschmerzen. Dieser Lärm musste aufhören, und zwar sofort!

Missmutig ging er in den Flur und riss die Wohnungstür auf. Als er erkannte, wer davorstand, verschlechterte sich seine Laune noch mal um ein Vielfaches.

Carla.

Trotz der sommerlichen Temperaturen trug sie einen Trenchcoat.

»Darf ich reinkommen?« Sie schob sich ihre riesige Sonnenbrille in das hellbraune Haar. Ihr Blick war viel zu sanftmütig.

Jacob spürte, wie sich all seine Muskeln anspannten. »Lässt du dich davon abhalten, wenn ich Nein sage?« Er zuckte kurz zusammen, als er seine raue Stimme hörte. War das wirklich er, der hier sprach? Es klang, als wäre er über Nacht zu einem Fremden geworden. Er war ein Fremder in seinem eigenen armseligen Leben.

Carla nutzte seine Verwunderung und drängte sich an ihm vorbei in die Wohnung. »Du kannst nicht einfach aus dem Krankenhaus abhauen, Jacob. Du hättest zumindest die Papiere unterschreiben müssen. Damit bringst du die Klinik wirklich in Schwierigkeiten.«

»Darum geht's dir also?« Jacob konnte sich ein bitteres Lachen nicht verkneifen. »Dass die Klinik keine Schwierigkeiten kriegt?«

Carla legte den Kopf schief und seufzte. »Lust auf Frühstück?« Sie hob die braune Brötchentüte an, die sie im Arm hielt, und verschwand wie selbstverständlich in der Küche.

Jacob wollte kein Frühstück. Das Einzige, was er wollte,

war seine Ruhe, um endlich alles in Ordnung zu bringen. Die einzige Ordnung, die ihm jetzt noch sinnvoll erschien. Gestern Nacht hatte er erkannt, dass es nur ein mögliches Ende für diese Geschichte gab – und Frühstück gehörte ganz sicher nicht dazu. Allein bei dem Gedanken an belegte Brötchen drehte sich ihm der Magen um …

In der Küche wurden Schränke geöffnet, Geschirr klapperte, und Wasser rauschte. Carla wollte das also wirklich durchziehen.

Jacob folgte Carla und lehnte sich an den Türrahmen. Seine Schwester schüttete gerade die Brötchen in einen Korb und drehte sich zu ihm um, als sie ihn hörte.

»Mir geht's nicht um die Klinik, Jacob. Mir geht's um dich. Du bist noch nicht so weit.«

»Woher willst du wissen, wie weit ich bin?« Jacob verschränkte die Arme vor der Brust. »Siebzehn Jahre, Carla! Du hast keine Ahnung, wer ich heute überhaupt bin!«

Carla sah ihn nachdenklich an. Dann nickte sie und strich sich die kurzen Haare hinters Ohr. »Egal, wer du bist: Du musst verarbeiten, was passiert ist.«

Natürlich! Aus ihren Briefen wusste Jacob, dass sie Psychologie studiert und einen Doktortitel gemacht hatte – und jetzt würde sie diese lächerliche Therapeutennummer mit ihm durchziehen. Beinahe belustigt schüttelte er den Kopf, griff sich eine Tasse aus dem Schrank und schaltete die Kaffeemaschine an. »Lass mich raten. Du willst mir anbieten zu reden?«

Carla sah ihn ernst an. »Möchtest du reden?«

Fassungslos starrte Jacob zurück. Das Brummen der Kaffeemaschine kam ihm vor wie das Geräusch eines Presslufthammers. Es war schwer, einen klaren Gedanken zu fassen.

Wie konnte sie ernsthaft davon ausgehen, dass er reden wollte – noch dazu mit ihr? Jacob hatte in der Klinik nicht reden wollen, und jetzt wollte er es erst recht nicht.

Das Dröhnen in seinem Kopf ließ auch dann nicht nach, als die Kaffeemaschine endlich verstummte. Erst als Carla ihm sanft die heiße Tasse in die Hand drückte, hörte es auf, und an seine Stelle trat Leere. Genau aus diesem Grund hasste er es, Menschen um sich zu haben. Mit ihrem Mitgefühl sorgten sie immer für diesen Lärm in seinem Kopf, der sich anschließend in Stille verwandelte, eine Stille, die wehtat.

Jacob merkte, dass Carla seinen Blick suchte. Aber er würde ganz sicher nicht mit ihr reden!

»Ich sehe, du hast ein bisschen umgeräumt«, brach sie schließlich das Schweigen und deutete durch das Fenster auf das Gerümpel im Vorgarten. »Das ist gut. Der Wunsch nach Veränderung ist nur verständlich in einer Situation wie deiner.«

Einer Situation wie seiner? Jacob presste die Lippen zusammen. Was hatte sie schon für eine Ahnung von seiner Situation?

Unbeeindruckt von seinem Schweigen öffnete Carla

den Kühlschrank und verzog das Gesicht. »Sieht aus, als wärst du auf Diät …«

»Die Putzfrau«, knurrte Jacob und trank einen Schluck Kaffee.

Carla sah ihn irritiert an. »Die Putzfrau hat dich auf Diät gesetzt?«

»Sie hat den Kühlschrank ausgeräumt!«, erwiderte Jacob ungehalten. »Vermutlich war das meiste Zeug abgelaufen, während ich …« Verdammt! Jacob biss sich auf die Zunge. Er wusste, dass er seine Schwester jetzt nicht anschauen durfte, denn dann würde sie ihn irgendwie dazu bewegen weiterzusprechen, und diesen Erfolg gönnte er ihr nicht – nicht jetzt, wo er endlich eine Ahnung davon hatte, wie diese Sache zu Ende gehen sollte.

Carla zuckte mit den Schultern. »Egal. Dann gehen wir eben in ein Café.«

»Ich gehe nirgendwo hin.«

»Als ich aus dem Bus gestiegen bin, hab ich ein nettes Lokal gesehen, da gibt es sicher …«

»Ich gehe nirgendwo hin!«, wiederholte Jacob und sah sie finster an.

Carla ignorierte seinen Blick, nahm ihm stattdessen seine Tasse aus der Hand und trank einen Schluck. Dann breitete sich plötzlich ein Lächeln auf ihrem Gesicht aus.

»Spielst du etwa immer noch mit Puppen?« Sie deutete auf eine Barbie, die auf der Fensterbank in einer leeren Obstschale saß.

Langsam reichte es Jacob. »Erstens habe ich nie mit Puppen gespielt! Und zweitens gehört die Jimmy.«

»Hat gehört.«

»Was?«

»Sie *hat* Jimmy gehört, Jacob.« Ihr Lächeln war verschwunden. »Jimmy ist tot, und du musst endlich …«

»Hör auf!« Jacob versuchte, sich zusammenzureißen, aber es ging nicht mehr. Wütend stieß er einen Stuhl um und schlug mit der flachen Hand auf den Esstisch. »Ich bin nicht dein Patient. Also hör verdammt noch mal auf mit deinem Psychoscheiß und verschwinde!«

Carla hielt seinem Blick ein paar Sekunden lang stand und nickte dann ernst. »Ist gut. Ich höre auf. Aber nur, wenn du jetzt mit mir frühstücken gehst.«

Jacob spürte, wie seine Wut schlagartig verpuffte. Irritiert sah er seine Schwester an. Sie würde ihn in Ruhe lassen? Sie würde gehen und ihn allein lassen? Allein mit seinen Gedanken und dem, was er vorhatte?

»Wir gehen frühstücken, und dann verschwindest du?«

Carla seufzte. »Wenn du darauf bestehst …«

»Das tue ich!«

»In Ordnung«, gab Carla nach. »Aber ich bestehe darauf, dass du dich vorher wenigstens rasierst!«

Jacob bereute sofort, dass er sich darauf eingelassen hatte, aus dem Haus zu gehen. Die Vögel waren zu laut, die Straßen zu voll, und die Sonne brannte in seinen Augen.

»Ich kann dir meine Sonnenbrille leihen«, schlug Carla vor, aber Jacob lehnte kopfschüttelnd ab.

»Damit ich aussehe wie Grace Kelly, oder was?«

»Ich bitte dich«, erwiderte Carla grinsend. »Meine Brille ist eindeutig eine Jackie Kennedy.«

Unter normalen Umständen hätte Jacob vielleicht gelacht, jetzt aber zog er nur wütend die Augenbrauen zusammen.

Am meisten beunruhigten ihn die Menschen. Nicht nur die, die mit ihm sprachen und ihn zu irgendetwas bewegen wollten. Nein, alle. Er war noch nie ein Herdentier gewesen, hatte zwar immer viele Bekannte gehabt, aber kaum Freunde. Und jetzt war es noch schlimmer. Jacob hatte das Gefühl, dass jeder Mensch, ob Mann, Frau oder Kind, zu ihm herüberstarrte. Selbst die Hunde kamen ihm verdächtig nahe.

»Das war eine beschissene Idee …«, murmelte er, ohne sich zu Carla umzudrehen. »Alle starren mich an.«

»Keiner tut das.« Sie legte ihm fürsorglich die Hand auf den Rücken. »Wenn überhaupt einer guckt, dann meinetwegen. Deine Schwester ist eben eine gutaussehende Frau.«

Ungläubig schüttelte Jacob den Kopf. Carla hatte schon immer ein unverschämtes Selbstbewusstsein gehabt. Die Natur hatte ihr dieses Geschenk einfach in die Wiege gelegt, während er selbst um jeden Funken Sicherheit hatte kämpfen müssen.

Und trotzdem musste er ihr recht geben: Sie war hübsch. Während die meisten Frauen mit Kurzhaarfrisur bedrohlich maskulin auf ihn wirkten, bekam Carla durch die kurzen Haare etwas Anmutiges. Ihr Gesicht war schmal, aber weich, und ihr Lächeln hatte stets etwas Liebevolles, auch wenn es manchmal zynisch war. Jacob fragte sich, ob seine Mutter wohl genauso ausgesehen hatte, als sie in Carlas Alter gewesen war. War es dieses Lächeln gewesen, in das sich sein Vater verliebt hatte?

Der flüchtige Gedanke an seinen Vater holte ihn augenblicklich auf den Boden der Tatsachen zurück, und seine Laune verschlechterte sich noch einmal erheblich.

»Wo ist jetzt dieses Café?«, fuhr er Carla ungeduldig an.

»Es ist nicht mehr weit. Bist du etwa doch hungrig?«

»Nein«, erwiderte Jacob. »Ich will es nur möglichst schnell hinter mich bringen.«

Als sie das Café endlich erreichten, schöpfte Jacob kurz Hoffnung: Sowohl drinnen als auch draußen waren alle Plätze besetzt. »Das nennt man wohl Schicksal«, sagte er und musste sich ein Grinsen verkneifen. »Sieht so aus, als könnten wir wieder nach Hause gehen.«

Doch just in diesem Moment stand ein junges Pärchen von seinem Tisch unter einem Sonnenschirm auf und verschwand turtelnd die Straße hinab. Carla schlüpfte geschickt zwischen den Stühlen hindurch und besetzte den frei gewordenen Tisch mit ihrer Handtasche. Zufrieden wandte sie sich an Jacob. »Nenn es Schicksal oder Glück, aber nach Hause gehen wir ganz sicher nicht.«

Resigniert kämpfte Jacob sich zu seinem Platz vor und setzte sich. Aber als Carla ihm die Speisekarte zuschob, winkte er ab. »Hab keinen Hunger.«

»In Ordnung«, sagte Carla und schob ihre Karte ebenfalls beiseite. »Dann reden wir einfach.«

Jacob stöhnte. »Also gut, dann esse ich eben was!« Er nahm die Karte und tippte auf das Erstbeste. »Rührei klingt super.«

»Davon wirst du doch nicht satt. Am besten nimmst du noch ein Sandwich dazu und einen Obstsalat.« Als Carla seinen Blick bemerkte, hob sie entschuldigend die Hände. »Meinetwegen. Rührei ist ein guter Anfang.«

»Scheiße!« Jacob schnappte sich noch einmal die Speisekarte und tauchte zügig dahinter ab.

Carla versuchte irritiert, einen Blick auf sein Gesicht zu erhaschen. »Was ist denn? Das Rührei wird schon in Ordnung sein ...«

»Ich spreche nicht vom Ei«, zischte er. »Da hinten kommt ein Kollege von mir!«

Es gab keinen Zweifel. Richards Visage hätte er unter tausenden Menschen erkannt. Sie hatten ungefähr zeitgleich beim Sender angefangen, aber während Jacob zuerst nur hinter der Kamera im Einsatz gewesen war, hatte Richard sich von Beginn an ins Rampenlicht gedrängt.

Seitdem war die Zusammenarbeit mit ihm ein einziger Hahnenkampf. Wer bekam die besseren Storys? Wer scharte auf den Partys die meisten Frauen um sich? Wen lud Markus im Sommer auf sein Boot ein? Erst mit dem Jobangebot in New York und der Bekanntgabe, dass er das *Goldene Mikrofon* gewinnen würde, schien Jacob in den letzten Wochen die Oberhand gewonnen zu haben. Warum musste diese Arschgeige ausgerechnet heute Morgen hier vorbeispazieren?

»Jacob?«

Verdammt! Langsam ließ er die Speisekarte sinken. Das Versteckspiel hatte nichts gebracht. »Richard …«

»Ich glaub's nicht!« Richard fuhr sich durch die dunkelbraune Mähne und stieß aufgeregt den unförmigen Kerl mit der Fotoausrüstung an, der neben ihm stand. »Das ist Jacob, Jacob Chrissen! Du weißt schon, der mit dem Heli abgestürzt ist.« Dann wandte er sich wieder Jacob zu. »Tom und ich sind gerade auf dem Weg zu einem Interview. Mann, ich dachte, du bist abgetaucht. Markus versucht seit Tagen, dich anzurufen!«

Jacob versuchte, tief durchzuatmen. »Hab mein Handy verloren.«

Im Grunde war er froh, dass sein Telefon beim Absturz verschollen war. Die meisten Leute kannten nur seine Mobilfunknummer, kaum jemand wusste, dass er auch einen Festnetzanschluss besaß.

Auch Richard schien plötzlich klar zu werden, dass das

Handy nicht einfach so verloren gegangen war. »Verstehe, Mann. Aber wo ich dich gerade sehe …« Er zögerte einen Augenblick und verzog dann die Mundwinkel zu einem Grinsen. »Markus will dich auf dem Bildschirm sehen.«

Überrascht runzelte Jacob die Stirn. »Ich soll wieder moderieren?«

»Nein.« Richard lachte. »Ich soll dich interviewen! Über den Absturz und so. Eine Sondersendung, nur über dich und …«

»Das kommt gar nicht in Frage!«

Jacob brauchte einen Moment, um zu realisieren, dass es Carla war, die sich eingemischt hatte. Unterdessen begann sein Herz zu hämmern, die kleinen, harten Schläge klopften ihm den letzten Rest Sauerstoff aus der Lunge. Eine Sondersendung? Über ihn und …?

Erst jetzt schien Richard zu merken, dass Jacob nicht alleine am Tisch saß. Nachdem er Carla von oben bis unten gemustert hatte, breitete sich ein schmieriges Grinsen auf seinem Gesicht aus. »Jacob, Jacob! Hast dir gleich Ersatz gesucht, was?«

Am liebsten hätte Jacob ihm die Faust ins Gesicht geschlagen, aber er konnte sich nicht bewegen. Das Blut rauschte durch seinen Körper wie ein Wildwasserbach. Er konnte weder denken noch sprechen, selbst das Atmen fiel ihm plötzlich schwer.

»Ich bin seine Schwester«, übernahm Carla das Ruder. »Und ich denke, es wäre besser, wenn Sie jetzt gehen.«

»Natürlich.« Richard setzte einen betroffenen Blick auf und nickte Jacob zu. »Das muss wirklich hart sein. Du hast ja nicht nur Sarah verloren, sondern auch Meggie.«

Carla sah ihn verwundert an.

Jacob spürte, wie seine Hände anfingen zu zittern. Sein ganzer Körper schien zu vibrieren. Er wusste nicht, woher er die Kraft nahm sich zusammenzureißen, aber er schaffte es tatsächlich, ein paar Worte hervorzupressen. »Halt den Mund, Richard. Halt den Mund und verschwinde!«

Richard tat so, als hätte er ihn nicht gehört. »Und dann die Sache mit deinem Jungen …«

»Halt endlich dein verdammtes Maul!« Diesmal blieb Jacob nicht leise. Er sprang auf und stieß Richard mit der flachen Hand vor die Brust. Die Leute an den Nebentischen drehten sich zu ihnen um, als sie Richards erstickten Schrei hörten. Der plumpe Tom zückte seinen Fotoapparat wie eine Waffe, jederzeit bereit zum Abschuss.

Carla legte Jacob eine Hand auf den Arm und versuchte, ihn zu beruhigen. »Lass dich nicht provozieren, es ist gut.«

»Nichts ist gut.« Richards Stimme klang beinahe versöhnlich. »Er hat jeden Grund, wütend zu sein, immerhin ist sein Sohn tot.« Dann kniff er die Augen zusammen und blickte Jacob direkt ins Gesicht. »Das muss schlimm sein, oder? Zu wissen, dass er ohne dich und diesen Preis noch leben würde?«

Als Jacob später von der Polizei vernommen wurde, erinnerte er sich nicht mehr daran, was als Nächstes geschehen war.

Er wusste nicht mehr, wie der Stuhl in seiner Hand gelandet war, und wie er mit dem Ding auf Richard eingeschlagen hatte.

Er erinnerte sich nicht daran, dass Carla sich an seinen Rücken geklammert hatte, um ihn zurückzuziehen, oder dass die Gäste um ihn herum angefangen hatten zu schreien.

Er wusste nicht mehr, dass er auch dann noch auf Richard eingeschlagen hatte, als der schon längst am Boden gelegen und der Barista aus dem Café sich schützend vor ihn geworfen hatte.

Das Einzige, woran Jacob sich erinnerte, war das leise Klicken des Fotoapparates, das trotz des Dröhnens in seinen Ohren zu ihm durchdrang, während er von der Polizei abgeführt wurde. Dieses Klicken und die plötzliche Gewissheit, dass das, was er schon längst geahnt hatte, wahr war: In seinem Leben gab es nichts mehr zu verlieren.

Weil er bereits alles verloren hatte.

8

Lupi hatte sich die ganze Sache schlimmer vorgestellt. Bisher war noch kein Unglück passiert – die anderen Kinder schienen überhaupt nicht bemerkt zu haben, dass sie nicht ins Wasser ging. Vielleicht war heute ja wirklich ein guter Tag.

Ihr Klassenlehrer, Herr Gros, hatte sie am Morgen zwar angeraunzt, weil sie so spät dran war, aber danach war der Ausflug reibungslos verlaufen. In der Bahn hatte Lupi eine ganze Sitzbucht für sich allein gehabt, die Jungs rund um Vincent saßen am anderen Ende des Waggons. Ganz kurz hatte sich sogar Rosa zu ihr gesetzt und sie merkwürdig angesehen, aber dann hatten Maja und ihre Freundinnen sie zu sich gerufen, und sie war wieder verschwunden.

Rosa war neu in der Klasse, hatte aber nicht lange gebraucht, um sich beliebt zu machen. Ihr Vater war reich und besaß eine Firma, die Gummibärchen herstellte. Wer konnte unter dieser Voraussetzung unbeliebt sein? Nein, Rosas Leben war süß wie eine bunte Mischung Bonbons und weich wie Zuckerwatte, da war Lupi sich sicher.

Während ihre Mitschüler am See direkt in ihre Badesachen geschlüpft und ins Wasser gesprungen waren, hatte

Lupi sich nur Schuhe und Strümpfe ausgezogen, das fremde Handtuch aus ihrem Rucksack geholt und es im Schatten eines Baumes ausgebreitet. Sie hatte das Gefühl, dass sie selbst zu einem Schatten wurde, während sie hier saß, unsichtbar und leicht, und irgendwie gefiel ihr dieser Gedanke. Nicht mal Herr Gros nahm Notiz von ihr, weil er die ganze Zeit mit Frau Kress auf einer Bank in der Sonne saß und lachte und plauderte.

Lupi bedauerte nur, dass sie kein Buch dabeihatte. Wenn sie lesen könnte, würde die Zeit sicher viel schneller vergehen, und der Ausflug wäre überstanden, bevor er doch noch zu einer Bedrohung werden konnte.

In diesem Moment fiel Lupi ein, dass sie sehr wohl etwas zum Lesen dabeihatte. Umständlich rutschte sie auf ihrem Hosenboden hin und her und fischte den Zeitungsartikel aus ihrer Gesäßtasche. Sie hatte gestern ganz vergessen, ihn herauszunehmen. Nun faltete sie das warme Stück Papier sorgsam auseinander und strich mit dem Finger über das Foto.

»Jacob Chrissen«, murmelte sie. Passte dieser Namen zu seinem Besitzer? Jacob Chrissen war kein gewöhnlicher Mann, daran gab es keinen Zweifel. Welcher Mensch überlebte unversehrt einen Sturz vom Himmel, noch dazu einen, bei dem alle anderen starben? Nein, nichts an Jacob Chrissen war normal …

Mist! Erst jetzt, da ihr ein Schwall Wasser ins Gesicht spritzte und die Brille herunterriss, bemerkte sie Vincent und seine Freunde. Hilflos rieb sie sich das Wasser aus den Augen. »Spinnt ihr? Was soll das?«

»Du bist die Einzige, die überhaupt nicht nass ist.« Vincent lachte und richtete seine Wasserpistole erneut auf sie. »Dabei ist das doch ein Badeausflug!«

»Ich hab keine Lust zu baden«, erwiderte Lupi und versuchte, möglichst selbstbewusst zu klingen. In Wirklichkeit aber schlug ihr das Herz bis zum Hals. »Wenn ihr nicht aufhört, rufe ich Herrn Gros!«

»Mach doch!«, grunzte Marcello und deutete mit seinem fleischigen Arm auf die Bank, auf der eben noch die beiden Lehrer gesessen hatten.

Ohne Brille konnte Lupi zwar nur verschwommen sehen, aber es reichte, um zu erkennen, dass Herr Gros und Frau Kress verschwunden waren. Lupi musste schlucken. Hastig tastete sie nach ihrer Brille – aber zu spät! Einer der Jungs schnellte vor und nahm sie vom Handtuch.

»Vielleicht hast du ja doch noch Lust auf eine Runde im See.« Vincent nickte dem Jungen zu, und der rannte mit ihrer Brille in der Hand in Richtung Wasser. Es musste Julian sein, denn er war ziemlich schnell und hatte wahnsinnig dünne Beine. Die anderen Jungs folgten ihm grölend.

Lupi verzog das Gesicht. Sie wusste, dass sie nicht den Hauch einer Chance hatte. Trotzdem konnte sie ihre Brille nicht einfach kampflos aufgeben. Was würde Becky sagen, wenn sie ohne Brille nach Hause kam? Und wer sollte dann in Zukunft den Überblick behalten?

Wankend kam sie auf die Beine. Sie kniff die Augen zusammen und verfolgte, wie die Jungs auf den Steg zurannten. Sie selbst würde nicht laufen, das hatte keinen Sinn. Vermutlich würde sie nur stolpern, und dann wäre die ganze Sache noch viel schlimmer. Nein, sie würde ganz in Ruhe hinter ihren Mitschülern hergehen und sie dann in ebensolcher Ruhe auffordern, die Brille wieder herauszurücken. Vielleicht hatte sie Glück, und Herr Gros wäre wieder an seinem Platz, bevor es zu spät war.

Schritt für Schritt marschierte sie auf den Steg zu. Mit jedem Meter, den sie sich den lachenden Jungs näherte, versuchte sie, ihre Schultern noch ein bisschen mehr zu straffen. Dann spürte sie das feuchte Holz unter ihren Füßen und zuckte zusammen. Je weiter der Steg aufs Wasser hinausführte, desto unbehaglicher fühlte sie sich. Was, wenn Vincent es gar nicht auf ihre Brille abgesehen hatte?

Im nächsten Augenblick sprangen bereits Hugo und Marcello auf sie zu und packten ihre Arme. Lupi wagte nicht, sich zu wehren, sie hatte zu viel Angst, das Gleichgewicht zu verlieren. Unter keinen Umständen durfte sie mit den beiden Jungs ins Wasser fallen! Jetzt nahm Vincent Julian die Brille ab. Er stellte sich an den Rand des Stegs und hielt sie über das Wasser.

»Du hast die Wahl«, rief er und feixte. »Entweder deine Brille macht einen Tauchgang oder du!«

Lupi biss sich auf die Lippe. Die Jungs ahnten nicht, dass sie nicht schwimmen konnte. Sicher fanden sie nur die Vorstellung lustig, dass sie in klatschnassen Klamotten nach Hause fahren musste.

»Ich zähle bis drei, dann musst du dich entscheiden!«, drohte Vincent.

Lupis Herz pochte so wild, dass sie kaum denken konnte. Sie hatte keine Ahnung, was sie jetzt tun sollte. Wie tief war das Wasser an dieser Stelle? Konnte sie sich vielleicht an den Stützen des Steges festhalten, bis ihr jemand heraushalf, oder würde sie abrutschen und wie ein Stein auf den Grund sinken? Wie würde es sich anfühlen zu ertrinken?

Plötzlich musste sie wieder an Jacob Chrissen denken. Für ihn wäre diese Sache hier kein Problem. Er würde wahrscheinlich ganz einfach unter Wasser atmen können. Vielleicht konnte er sogar über den See laufen?

Vincent blieb offenbar nicht verborgen, dass sie mit den Gedanken abschweifte. »Du denkst wohl, ich bluffe, was?«, rief er höhnisch und begann laut zu zählen. »Eins …«

Jetzt versuchte Lupi sich doch noch zu befreien, aber Hugo und Marcello hatten sie fest im Griff.

Vincent hatte gerade »zwei!« gerufen, da erklang plötzlich eine Stimme am anderen Ende des Steges. »Gib ihr sofort die Brille zurück!«

Nicht nur Lupi zuckte überrascht zusammen, auch die Jungs drehten sich erschrocken um. Obwohl Lupi nur verschwommen sehen konnte, erkannte sie an den dunklen geflochtenen Zöpfen, dass es Rosa war, die sich über den Steg auf sie zubewegte.

Vincent war genauso verwundert wie sie. »Misch dich nicht ein!«, rief er. »Das hier geht dich nichts an!«

Rosa zeigte sich von seiner Drohung reichlich unbeeindruckt. »Ich hab gesagt, du sollst ihr die Brille zurückgeben!«

Vincent lachte, aber Lupi konnte hören, dass er verunsichert war. »Und warum sollte ich auf dich hören?«

»Weil ich sonst das hier im See versenke.« Rosa hielt einen kleinen schwarzen Gegenstand über den Rand des Steges.

Vincent schnappte nach Luft. »Woher hast du mein Handy?«

»Ist doch egal«, zischte Rosa. »Wichtig ist nur, dass das Ding im Wasser landet, wenn du Lupi die Brille nicht zurückgibst.«

Vincent schien einen Moment abzuwägen, wie ernst Rosa es meinte, aber dann nickte er Marcello und Hugo zu, und die beiden ließen Lupi los. Die Jungs trotteten fluchend über den Steg zurück, aber Vincent wartete noch einen Augenblick. Dann ging er auf Rosa zu und drückte ihr die Brille in die Hand.

»Warum hilfst du der Brillenschlange?«

»Das geht dich nichts an«, antwortete Rosa ruhig und gab ihm sein Handy zurück.

Erst als auch Vincent den Steg verlassen hatte, kam sie auf Lupi zu und reichte ihr die Brille. »Du solltest besser auf deine Sachen aufpassen«, erklärte sie. Obwohl Rosa einen halben Kopf kleiner war als Lupi, kam sie ihr plötzlich unfassbar groß vor. Die dunkelbraunen Zöpfe umrahmten ihr Gesicht und ließen ihre Haut beinahe unwirklich weiß erscheinen.

Lupi war sonst nicht auf den Mund gefallen, jetzt aber wusste sie nicht, was sie sagen sollte.

»Danke …«, murmelte sie schließlich und setzte die Brille auf.

Das Mädchen blickte ihr nur ein paar Sekunden in die Augen, aber Lupi kam es vor wie eine Ewigkeit.

»Das hier heißt nicht, dass wir Freunde sind«, stellte Rosa klar. Dann drehte sie sich um und ging davon.

Obwohl sie die Tageskarte in der Tasche hatte, ging Lupi nach dem Ausflug zu Fuß zu ihrer alten Wohnung. Der Schreck des Vormittags steckte ihr noch immer in den Gliedern. Dabei wusste sie nicht einmal, was sie mehr aufgewühlt hatte: dass ihre Brille und ihr Leben in Gefahr gewesen waren, oder dass Rosa sich für sie eingesetzt hatte. Natürlich war sie nicht ihre Freundin. Aber warum hatte sie es dann getan?

Unbewusst griff Lupi nach ihrem Anhänger. Er fühlte sich tröstlich warm an zwischen ihren Fingern. Becky mochte sie dafür auslachen, aber für Lupi stand fest: Es gab Wunder! Wie sonst hätte sie die Ereignisse des Tages erklären können? Erst die Frau im Bus mit der Fahrkarte, und dann auch noch Rosa. Die Menschen taten niemals etwas Gutes ohne Grund. Wenn es also eindeutig keinen gab, dann musste eine höhere Macht dahinterstecken.

»Du bist doch sonst so ein Blitzkopf«, zog Becky sie manchmal auf. »Wie kannst du da ernsthaft daran glauben, dass irgendein Gott existiert, der mit Wundern um sich wirft?«

Und sie hatte ja recht. Lupi war schlau, deutlich schlauer als andere Achtjährige, und manchmal sogar schlauer als der eine oder andere Erwachsene. Sie wusste, dass die Welt, in der sie lebten, auf Gesetzmäßigkeiten beruhte. Gesetzmäßigkeiten, die schon seit Millionen von Jahren regelten, wie Leben entstand und wieder verging. Die Frau war nicht aus der Rippe des Mannes gemacht worden, und niemand hatte jemals die Sonne an den Himmel gezaubert, als hätte er eine Lampe angeknipst.

Und dennoch: Zwischen all den Naturgesetzen gab es Dinge, die die Menschen nicht verstanden. Eine Kraft, die das erklärte, wofür es sonst keine Erklärung gab.

Jacob Chrissen war der Beweis dafür, und nicht nur das: Lupi spürte, dass er sogar noch viel mehr war. Welcher normale Mensch überlebte schon einen Helikopterabsturz, fiel mehrere hundert Meter vom Himmel und überstand die Sache unversehrt?

Seit Lupi von diesem Mann gehört hatte, fühlte sie sich

ihrem unbekannten Vater näher als je zuvor. Er hatte ihr nicht nur ein Schmuckstück geschenkt, bevor er sie und Becky verlassen hatte, er hatte ihr noch etwas viel Größeres hinterlassen – und Lupi hielt sich hoffnungsvoll daran fest.

Als sie ihr Fahrrad vor der alten Wohnung entdeckte, seufzte sie. Insgeheim hatte sie gehofft, dass es über Nacht auf wundersame Weise verschwunden war. Anscheinend waren sich selbst Diebe zu fein für das rostige Gestell.

Während Lupi sich hinunterbeugte, um es aufzuschließen, hörte sie, dass ein Auto am Straßenrand hielt. Zwei Türen wurden nacheinander zugeschlagen. Erst als sie das schwere Schloss gelöst und sich wieder aufgerichtet hatte, bemerkte sie die zwei Polizisten. Mittlerweile standen sie vor ihrer alten Haustür und drückten auf einen der Klingelknöpfe. Lupi musste nicht lange hinsehen, um zu erkennen, auf welchen.

Augenblicklich schoss ihr das Blut in den Kopf. Bei dem hektischen Versuch, ihr Kettenschloss am Lenker zu befestigen, stellte sie sich so ungeschickt an, dass es abrutschte und auf den Asphalt rasselte. Die beiden Polizisten drehten sich fast zeitgleich zu ihr um.

»Wohnst du hier?«, fragte der eine.

Lupi starrte die beiden erschrocken an. »Nein, ich …« Sie biss sich wie ertappt auf die Zunge.

»Und warum steht dein Rad vor der Tür?« Der Polizist kam lächelnd auf sie zu. Er sah freundlich aus, und trotzdem hatte Lupi das Gefühl, dass eine Bedrohung von ihm ausging.

»Ich … hab hier mal gewohnt.« Sie bemühte sich zu lächeln, ärgerte sich aber augenblicklich, dass sie nicht wenigstens versucht hatte zu lügen.

»Dann kennst du vielleicht eine Rebecca Brockmann?« Der Polizist zeigte auf den Briefumschlag in seiner Hand. »Die soll hier wohnen mit ihrer Tochter. Vielleicht hast du sie mal gesehen?«

Lupi zuckte zusammen. Was hatte Becky jetzt schon wieder angestellt? Hatte das vielleicht etwas mit ihrer verletzten Schulter zu tun? Dass die Polizei die Aufgabe des Briefträgers übernahm, war jedenfalls kein gutes Zeichen. Hastig wickelte sie das Kettenschloss um ihre Lenkstange. »Nein … tut mir leid.«

Bevor die beiden noch etwas erwidern konnten, schwang sie sich auf ihr Rad und fuhr los. Bei jedem Tritt in die Pedale bohrte sich die Sattelspitze in ihren Rücken, aber sie konnte jetzt nicht langsamer fahren. Sie musste schleunigst weg von hier, weg von dem Brief und zurück zu Becky.

Was um Himmels willen hatte ihre Mutter jetzt schon wieder ausgefressen? Warum suchte die Polizei nach ihr? Lupi spürte Angst in sich hochsteigen. Erst vor zwei Wochen hatte Becky Hausverbot beim Supermarkt um die Ecke bekommen. »Die haben sich aufgeregt, weil mir ein Apfel in die Jackentasche gerutscht ist!«, hatte sie sich hinterher empört. »Ein blöder Apfel! Was kann der schon kosten? Fünfzig Cent?«

Aber Lupi hatte gleich gewusst, dass es nicht nur um den Apfel ging. Bei Becky ging es niemals um solche Kleinigkeiten, sondern immer ums Prinzip: das Prinzip, dass sie sich nehmen durfte, was das Leben ihr verwehrte.

»Versprich mir, dass du dich an das Hausverbot hältst«, hatte sie von ihrer Mutter gefordert, und Becky hatte es versprochen. Aber Lupi wusste nur zu gut, dass ein Versprechen von Becky ungefähr so viel wert war wie ihr rostiges Fahrrad.

Lupi trat so heftig in die Pedale, dass ihr der Schweiß von der Stirn lief und in den Augen brannte. Ein paarmal rutschte sie ab und verlor beinahe das Gleichgewicht, aber darauf konnte sie jetzt keine Rücksicht nehmen.

Sie musste zurück zu Becky und nachsehen, ob alles in Ordnung war.

9

»Wer ist Meggie?« Carla konnte nicht einmal abwarten, bis sich die Wohnungstür hinter ihnen geschlossen hatte, da begann sie schon wieder, in seinem Leben herumzuwühlen. Jacob schnaubte. Sie hatte kein Recht, ihm Vorwürfe zu machen. Nicht nach dem, was sie ihm angetan hatte.

»Geht dich nichts an«, knurrte er und streifte sich die Schuhe von den Füßen.

Als er ins Wohnzimmer verschwinden wollte, hielt Carla ihn am Handgelenk fest. »Wer ist Meggie?«, wiederholte sie.

»Meine Assistentin.« Energisch riss Jacob sich los. »Meggie ist … sie *war* meine Assistentin!«

»Und warum hat der Kerl sie in einem Atemzug mit Sarah genannt?«

»Weil er ein Arsch ist!« Stöhnend ging Jacob auf das Aquarium zu und klopfte an die Scheibe. Mister Bubble nahm keine Notiz von ihm.

Carla folgte ihm. »Er hat auf eine Anzeige verzichtet.«

»Und was willst du damit sagen?«, fuhr Jacob sie an. »Etwa dass er doch kein Arsch ist?«

»Natürlich ist er ein Arsch«, murmelte sie. »Aber ich frage mich gerade, ob du nicht auch einer bist.«

War das ihr Ernst? Jacob stieß ein bitteres Lachen aus. »Daran hast du noch Zweifel? Natürlich bin ich einer, vermutlich der größte von allen! Und wo du das jetzt kapiert hast, kannst du auch endlich verschwinden, oder?«

Er spürte Carlas Blicke auf sich lasten, während er auf das Sofa sank.

»Du willst wirklich, dass ich gehe?«

»Das war der Deal! Wir waren im Café, und jetzt verschwindest du!«

Doch Carla machte keine Anstalten zu gehen. Sie stand regungslos im Türrahmen, als hätten ihre Beine Wurzeln in den Dielenboden geschlagen. Erst als ein Handy in ihrer Tasche piepte, erwachte sie aus ihrer Erstarrung und warf ungehalten einen Blick auf das Display. »Na super, das hat uns gerade noch gefehlt.« Ohne dass Jacob sie darum gebeten hätte, kam sie auf ihn zu und hielt ihm das Telefon unter die Nase.

»Was ist das?«

»Das hat Clemens mir gerade geschickt.«

»Wer zum Teufel ist Clemens?«

»Mein Freund.«

Jacob runzelte verblüfft die Stirn. »Du hast einen Freund?«

»Es geht hier nicht um mich, Jacob! Dieser Tom hat die Fotos verkauft.«

Jetzt schielte Jacob doch auf das Display. Offenbar hatte Carlas Freund einen Screenshot von einem Onlineartikel gemacht. *Ist das dein Bruder?*, stand unter dem Foto, auf dem man sah, wie Jacob mit dem Stuhl zuschlug.

Jacob zuckte teilnahmslos mit den Schultern. »Fotografen leben von so was.«

Carla starrte ihn ungläubig an. »Du tust so, als wäre dir das egal!«

»Was hast du denn gedacht? Dass er die Bilder nur macht, um damit sein Familienalbum zu verschönern? Mein Gott, Carla, seit wann bist du so naiv?«

Einen Moment lang schien es, als hätte es ihr die Sprache verschlagen, dann aber sammelte sie sich. »Du musst ein paar Tage untertauchen. Du könntest mitkommen zu mir, und ...«

»Ich gehe nirgendwo hin«, unterbrach Jacob sie.

»Aber die werden dich zerfleischen! Wenn eine Zeitung das Bild hat, werden es bald alle haben!« Jetzt war ihr Blick besorgt. »Das schaffst du nicht, Jacob. Die werden dich kaputtmachen.«

Kaputtmachen? Jacob schüttelte spöttisch den Kopf. »Geh endlich.«

»Aber ...«

»Verschwinde, verdammt!«

Carla zuckte zusammen, als er mit der Faust auf den Couchtisch schlug. Wortlos blickte sie ihn an, aber anscheinend hatte sie keinen Zweifel daran, dass er es ernst meinte.

In der Wohnzimmertür drehte sie sich noch einmal zu ihm um. »Bist du sicher, dass du klarkommst?«

Jacob verkniff sich eine Antwort. Stattdessen hielt er ihrem Blick stand, bis sie endlich aufgab und sich zum Gehen wandte.

Erst als er hörte, wie die Wohnungstür ins Schloss fiel, wich die Anspannung aus seinem Körper. Das Schlimmste an der ganzen Sache war nicht, dass er alles verloren hatte. Viel schlimmer war, dass er nichts dabei fühlte als Wut. Müsste er nicht eigentlich schreien vor Verzweiflung? Müsste er nicht weinen, weil ihm nichts geblieben war? Aber das einzige Gefühl, das sich in ihm ausbreitete, wenn der Zorn verschwand, war Leere, und dafür hasste er sich noch mehr.

Ob er klarkommen würde? Meinte sie das wirklich ernst? Mit was sollte er bitte klarkommen, wenn er doch eigentlich längst tot war? Für Jacob stand schon seit letzter Nacht fest, wie es weitergehen würde. Er musste die Sache nur noch zu Ende bringen.

Diesmal nahm er sich kein Taxi, und auch seinen eigenen Wagen ließ er stehen. Stattdessen stieg er einfach in die Bahn. Er hatte seit Ewigkeiten keine öffentlichen Verkehrsmittel mehr benutzt, und während draußen vor dem Fenster Tunnelwände und Haltestellen vorbeizogen, musste er plötzlich an einen Spruch denken, den Sarah vor vielen Jahren irgendwo aufgeschnappt hatte. *Geld macht nicht glücklich. Aber es ist trotzdem schöner, in einem Taxi zu weinen als in der U-Bahn.*

Sarah …

Jetzt, wo es zu Ende ging, musste er doch irgendetwas fühlen! Krampfhaft kniff Jacob die Augen zusammen und versuchte, Bilder heraufzubeschwören, Erinnerungen, irgendetwas, das ihn Schmerz empfinden ließ, aber es funktionierte nicht. Es war, als wären die Türen zu seinen Gefühlen fest verschlossen, als wäre er nur ein Zaungast, der einen flüchtigen Blick über eine Mauer wirft, ohne etwas dabei zu spüren. War das hier nicht sein Leben, verdammt? Warum um Himmels willen fühlte es sich dann nicht so an?

Wenigstens erkannte ihn hier im Zugabteil niemand. Jacob hatte sich Sarahs korallenrote Schirmmütze tief in die Stirn gezogen und trug eine der Sonnenbrillen, die sie sich vor drei Jahren für eine Faschingsparty zugelegt hatten. Sie waren als Blues Brothers gegangen, und Sarah hatte sich dazu einen seiner Anzüge geliehen. Er erinnerte sich so genau daran, weil es die letzte Party gewesen war, die sie auch gemeinsam verlassen hatten. Was wirklich zählte, war nicht, mit wem man eine Party besuchte, sondern mit wem man sie beendete.

Am Hauptbahnhof stieg Jacob aus.

Vor ein paar Monaten hatte Markus ihm eine Reportage über Untergrundkriminalität aufs Auge gedrückt. Jacob hatte den Auftrag trotz massiver Proteste nicht abwenden können. Heute war er froh darüber, schon einmal einen Abstecher in die Szene gemacht zu haben. Wie sonst hätte er jetzt so genau wissen können, wo er finden würde, was er suchte?

Jacob stellte seinen Jackenkragen auf und zog den Kopf ein, aber wieder einmal erwies sich seine Sorge, erkannt zu werden, als unbegründet. Kein Mensch würdigte ihn auch nur eines Blickes, kein Schwein drehte sich nach ihm um.

Nachdem er etwa fünf Minuten durch das Bahnhofsviertel gelaufen war, erreichte er sein Ziel. Das Lokal lag in einer Seitenstraße im Souterrain eines heruntergekommenen Altbaus. Die kleinen Fenster und die Außenwände waren mit Plakaten zugeklebt, sodass man nicht erahnen konnte, was einen hinter der Fassade erwartete. Aber kaum hatte Jacob die drei Stufen nach unten genommen und die Tür aufgedrückt, schlug ihm der Geruch des Verbotenen entgegen. Vielleicht war es auch einfach nur der Gestank von abgestandenem Schweiß und Zigarettenrauch, aber Jacob spürte sofort, dass er hier auf der dunklen Seite des Lebens gelandet war, und das fühlte sich irgendwie richtig an.

Dafür, dass es erst früher Nachmittag war, war das Lokal erstaunlich gut besucht. An einem Tisch auf der linken Seite saßen drei Männer und spielten Karten. Rechts saß ein Pärchen – sie mit schlecht frisierter Dauerwelle und Zigarette zwischen den Lippen, er mit großen Fettflecken auf dem Sweatshirt. Sie wechselten kein Wort miteinander, verweilten nur still am Tisch, als gehörten sie ebenso zum Inventar wie die hässlichen Plastikfische an der Wand. Ein paar junge Männer mit schwarzen Wollmützen standen um einen Kicker herum und schossen unter Gebrüll den kleinen Ball zwischen den Drehfiguren hin und her.

Jacob schob sich zwischen den Tischen bis zur Bar vor.

Der einzige Gast am Tresen war eine hagere Frau. Sie trug ein Kleid mit tiefem Rückenausschnitt und hielt eine Zigarette zwischen den schlanken Fingern. Als Jacob neben ihr stand, warf sie ihm einen vielsagenden Blick zu, und er erkannte, dass sie in Wirklichkeit ein Er war.

»Willst du mir einen Drink spendieren?«

Jacob schüttelte irritiert den Kopf und winkte den Kerl hinterm Tresen zu sich heran. »Ich will zu Plauze«, sagte er ohne Umschweife, als der Tresenmann vor ihm stand.

»Und wer bist du?«

»Das spielt keine Rolle. Entscheidender ist, was ich dabeihabe.« Jacob griff in seine Jackentasche und zog ein Bündel Geldscheine hervor. Der Mann schien abzuwägen, ob das Argument gut genug war, und winkte ihn dann zu sich hinter die Bar.

Damals hatte man ihn nicht nach hinten geführt. Er hatte sich mit Plauze vorne an einem der Tische unterhalten, natürlich nur unter der Voraussetzung, dass in der Reportage weder Namen noch Adressen genannt wurden.

Jetzt war Jacob erstaunt, wie sauber und ordentlich es

im Hintergrund war. Jacob hatte eine Küche erwartet, die vor Schmutz starrte, aber das Gegenteil war der Fall: nicht ein Staubkorn, kein einziger Fettfleck weit und breit.

Das Büro, das sich an den Küchenbereich anschloss, war ebenfalls tadellos sauber. Der Tresenmann verschwand wortlos hinter der Tür. Nach einer Minute kam er wieder heraus und ließ Jacob eintreten, bevor er selbst an die Bar zurückeilte.

Plauze hatte sich kaum verändert. Vor allem sah er noch immer nicht wie ein Mann aus, der sich »Plauze« nannte. Er war nicht dick, und er hatte auch nichts Ungepflegtes. Er sah eher aus wie ein Staubsaugervertreter, der von Tür zu Tür geht, um ahnungslosen Hausfrauen zu erzählen, dass beutellose Staubsauger ihr Leben schöner machen. Plauze wirkte so harmlos und normal, dass Jacob ihm vermutlich sogar ein Zeitschriftenabo abgekauft hätte.

»Was verschafft mir die Ehre?«, fragte er nun und stand von seinem Schreibtisch auf, um Jacob die Hand zu reichen.

Jacob zog das Bündel mit den Geldscheinen hervor. »Ich will eine Pistole.«

»Eine Pistole?« Plauze runzelte überrascht die Stirn.

Jacob hatte erwartet, dass es Diskussionen geben würde und der Kerl Fragen stellte, und wollte ihm deshalb von vornherein den Wind aus den Segeln nehmen. »Ich weiß, dass Sie Waffen hier hinten haben, und dass Sie sie verkaufen. Ich habe Geld und weiß, was ich tue, also versuchen Sie gar nicht erst, mir einzureden, dass ich hier falsch bin!«

Plauze blickte ihn einen Moment nachdenklich an und nickte dann. »Sie sind hier genau richtig.«

»Wirklich?« Damit, dass es so einfach war, hatte Jacob nicht gerechnet.

Plauze wies ihn an, Platz zu nehmen, und zog eine schmale Schachtel aus einer Schublade. Während er sich selbst wieder setzte, forderte er Jacob mit einem kaum merklichen Kopfnicken auf, das Geld auf den Schreibtisch zu legen. Dann schob er ihm die Schachtel zu.

Jacob nahm das Kästchen unsicher an sich. »Und … das war's?«

Plauze rieb die Geldscheine zwischen den Fingern und zuckte mit den Schultern. »Sie sagen ja, Sie wissen, was Sie tun.«

»Richtig.« Mit klopfendem Herzen wog Jacob die Schachtel in seiner Hand, dann stand er auf und ging zur Tür. Als er die Klinke bereits in der Hand hatte, drehte er sich noch einmal zum Schreibtisch um. »Woher wissen Sie, dass ich Sie nicht verpfeife?«

Plauze zögerte. »Ich erinnere mich an Sie. Sie sind dieser Fernsehheini, der mit dem Heli abgestürtzt ist.« Er tippte auf der Tastatur seines Computers und drehte den Bildschirm zu Jacob.

Jacob brauchte keine Brille, um zu erkennen, dass er

den Artikel aufgerufen hatte, der erst heute Vormittag erschienen war: *Jacob Chrissen prügelt auf Kollegen ein.*

»Sie sind nicht hier, um mich anzuschwärzen«, fuhr Plauze fort. »Es gibt nur zwei Möglichkeiten, warum Sie gerade jetzt eine Waffe brauchen. Entweder, Sie wollen Ihrem Kollegen eine Kugel in den Kopf jagen, und damit hab ich kein Problem. Meine Frau steht auf den Kerl, aber ich konnte den Lackaffen noch nie ausstehen.«

Jacob schluckte. »Und die zweite Möglichkeit?«

Plauze lehnte sich in seinem Sessel zurück und lächelte nachsichtig. »Sie wollen das tun, was ich tun würde, wenn ich Frau und Kind verloren hätte.«

10

Die ganze Nacht hatte Lupi kein Auge zugetan. Sie hatte Becky auf die Sache mit der Polizei angesprochen, aber wie erwartet hatte ihre Mutter sie gar nicht ernst genommen, sondern nur gelacht. Diesmal habe sie wirklich nichts verbrochen, hatte sie gesagt.

»Vielleicht wollten die zwei mir nur einen Lottogewinn vorbeibringen, der uns unfassbar reich macht! Dann kaufen wir uns ein Boot und ein Schloss und vielleicht sogar ein Einhorn!« Dafür, dass Becky nicht an Wunder glaubte, hatte sie verdammt wundersame Vorstellungen.

Der Blick auf die Fenster gegenüber hatte Lupi auch nicht viel Ablenkung gebracht. Irgendwann am späten Nachmittag war Jacob Chrissen nach Hause gekommen, mit einer kleinen Schachtel unter dem Arm und einer roten Schirmmütze auf dem Kopf. Er hatte auch eine Sonnenbrille getragen, die sein halbes Gesicht verdeckte, aber Lupi hatte ihn trotzdem sofort erkannt.

Danach war es für den Rest des Tages ruhig geblieben in seiner Wohnung auf der anderen Straßenseite. Nicht mal nach Einbruch der Nacht waren drüben die Lichter angegangen, und so hatte Lupi ins Bett gehen müssen, ohne ihre Neugier befriedigen zu können. Dort hatte sie dann wachgelegen, Stunde um Stunde, während in ihrem Kopf die Gedanken herumsprangen wie kleine, wilde Gummibälle.

Als sie am nächsten Morgen in der Schule verschlafen durch den Kunstraum schlurfte, stand plötzlich der Schulleiter in der Tür. Herr Doktor Dosetier, den alle nur *Dosenbier* nannten. Lupi hatte bisher kaum etwas mit ihm zu tun gehabt. Jetzt aber ließ er seinen Blick über die Köpfe der Kinder schweifen und nickte der Kunstlehrerin zu. Frau Kress nickte zurück, als hätte sie nur auf seinen Auftritt gewartet. Dann wanderte ihr Blick zu Lupi. »Würdest du bitte mit Herrn Dosetier gehen? Da ist jemand im Büro, der dich gern sprechen möchte.«

Sofort fing Lupis Herz an zu pochen wie ein entzündeter Zahn. Sie wollte mit niemandem sprechen, und sie wollte auch nicht mit dem Direktor mitgehen. Aber würde es etwas ändern, wenn sie einfach Nein sagte?

Doktor Dosetier rang sich ein Lächeln ab, das mit Sicherheit freundlich wirken sollte, aber für Lupi sah es eher so aus, als hätte er schlimme Bauchschmerzen. Trotzdem setzte sie sich in Bewegung, als er sie aus dem Zimmer winkte. Der Weg über den Flur kam ihr endlos vor.

»Und? Wie hat dir der Ausflug gestern gefallen?« Doktor Dosetier lächelte sie aufmunternd von der Seite an.

»Gut«, murmelte Lupi. Plötzlich kam ihr ein beunruhigender Gedanke. Steckte Rosa vielleicht hinter der ganzen Sache? War ihre Rettungsaktion nur ein Ablenkungsmanöver gewesen, um Lupi in noch größere Schwierigkeiten zu bringen?

Als sie das Büro des Direktors endlich erreichten, sprang eine junge schlanke Frau von ihrem Stuhl auf und kam auf Lupi zu. »Mein Name ist Larissa Hofmeyer. Und du bist sicher Lupi, nicht wahr?« Mit einem viel zu breiten Lächeln auf den rot geschminkten Lippen reichte sie ihr die Hand.

Lupi erwiderte den Gruß kraftlos und nickte.

»Du musst dir keine Sorgen machen«, fuhr Frau Hofmeyer fort, während Lupi sich an den Tisch setzte. »Es ist nichts Schlimmes passiert. Ich habe nur ein paar Fragen an dich.« Wie zum Zeichen ihrer friedlichen Absichten schob sie Lupi eine kleine Schale mit Keksen zu. »Nimm ruhig. Die sind wirklich lecker!«

Lupi schüttelte dankend den Kopf. »Ich hab schon gefrühstückt.«

Als Frau Hofmeyer selbst in die Schale griff und in einen Keks biss, sah Lupi Spuren von rotem Lippenstift auf ihren Zähnen. Offenbar hatte sie die Farbe etwas überstürzt aufgetragen.

»Was hast du denn gefrühstückt?«

Lupi zögerte. »Einen Apfel. Und Müsli.«

Frau Hofmeyer nickte anerkennend und schlug ein kleines Schreibheft auf. »Apfel und Müsli, das klingt sehr gesund!«

Irritiert sah Lupi zu, wie sie etwas in ihrem Heft notierte.

»Und, Lupi, du hast doch sicher auch ein Pausenbrot dabei, oder?«

Was in aller Welt sollte das denn werden? Hatte die Frau sie ernsthaft ins Büro zitiert, um sich nach ihrem Mageninhalt zu erkundigen?

Lupi blinzelte sie skeptisch an. »Natürlich hab ich ein Pausenbrot. Wollen Sie mal abbeißen?«

Frau Hofmeyer sah einen Moment überrascht von ihrem Heft auf und begann dann, hysterisch zu lachen. »Sie ist lustig!«, sagte sie glucksend zu Herrn Dosetier, als wäre Lupi gar nicht da. »Ist sie im Unterricht auch so aufgeweckt?«

Doktor Dosetier lächelte bemüht. »Durchaus. Sie ist wirklich … sehr lebhaft.«

Lupi musste sich ein Grinsen verkneifen. Der Direktor hatte keinen blassen Schimmer, wer und wie Lupi eigentlich war – und noch dazu war er ein schlechter Lügner.

Frau Hofmeyer kicherte, bis sie sich an einem Kekskrümel verschluckte. Dann widmete sie sich hustend ihrem Heft. »Und dieses Pausenbrot macht dir sicher deine Mama, oder?«

Lupi horchte auf. Becky hatte ihr noch nie ein Brot geschmiert, aber irgendetwas verriet ihr, dass sie mit dieser Information vorsichtig umgehen musste. »Manchmal …«

»Manchmal?« Neugierig hob Frau Hofmeyer die Augenbrauen.

Lupi zuckte mit den Schultern und versuchte, dabei

möglichst lässig zu wirken. »Manchmal mach ich es auch selber. Unsere Lehrer sagen immer, wir sollen selbstständig sein und Verantwortung übernehmen. Das steht sogar im Kodex der Schulordnung.«

Erwartungsvoll lächelte sie Herrn Dosetier zu. Der lief vor Überraschung rot an. »Richtig, das steht in unserem Kodex.«

Wieder machte sich Frau Hofmeyer eine Notiz. »Das ist wirklich beeindruckend, Lupi.«

Lupi musste grinsen. »Dass ich mir mit acht Jahren Butter auf ein Brot schmieren kann?«

Jetzt war es der Schulleiter, der auflachte. Als Frau Hofmeyer zu ihm herüberblickte, tat er so, als hätte auch er sich verschluckt. Langsam fühlte Lupi sich sicherer.

Frau Hofmeyer verzog die Lippen zu einem falschen Lächeln und räusperte sich. »Und was ist mit deinem Papa?«

Lupi hielt die Luft an. Instinktiv griff sie nach ihrem Anhänger. »Mein Vater hat uns verlassen, schon vor meiner Geburt.«

»Aber du hast doch sicher Großeltern?«

»Natürlich«, antwortete Lupi wahrheitsgemäß, »sonst gäbe es schließlich meine Eltern nicht.« Sie musste ja nicht erwähnen, dass sie sie bisher nicht kennengelernt hatte, weil Becky keinen Kontakt wollte.

Mittlerweile schrieb Frau Hofmeyer so eifrig, dass sie es kaum noch schaffte, zwischendurch von ihren Notizen aufzusehen. »Und deine Großeltern – kümmern die sich auch gelegentlich um dich?«

Lupi wendete den Blick nicht ab. »Meine Mama kümmert sich um mich.«

Jetzt schaute Frau Hofmeyer doch von ihrem Heft auf, sah Lupi eindringlich an und legte ihren Stift beiseite. »Was ist denn mit deiner Brille passiert?« Sie lächelte wieder genauso freundlich wie am Anfang, aber Lupi traute dem Frieden nicht mehr.

»Die ist mir vor ein paar Wochen runtergefallen.«

»Und warum hast du noch keine neue bekommen?«

Lupi biss sich ertappt auf die Lippe. Plötzlich rauschte das Blut in ihren Ohren, lauter und immer lauter. Angestrengt presste sie die Lippen zusammen. »Ich … wir haben …« Mist! Sie musste sich konzentrieren, musste eine gute Antwort finden. Eine, die nicht verriet, dass sie kein Geld hatten für eine neue Brille, und dass die Versicherung Probleme machte. Eine Antwort, die klarstellte, dass andere Dinge wichtiger waren, weil man doch noch ganz gut durch die Gläser sehen konnte, auch wenn der Bügel gebrochen war. Warum um Himmels willen fiel ihr nicht endlich etwas ein?

»Ich glaube, das reicht fürs Erste«, mischte sich auf einmal Herr Dosetier ein. Lupi spürte seine Hand auf ihrer Schulter. »Du kannst jetzt zurück in den Unterricht.«

Frau Hofmeyer sah ihn verblüfft an, nickte dann aber und schenkte Lupi ein letztes aufgesetztes Lächeln.

Als Lupi vor die Tür trat, stieg plötzlich Empörung in ihr auf. Es war wie ein klitzekleiner Riss, der sich immer mehr ausbreitete, bis schließlich ihr ganzer Körper von dem Gefühl der Wut und Hilflosigkeit durchzogen war. Was fiel dieser Frau eigentlich ein? Wer war sie, dass sie sich erlauben durfte, sich in Lupis Leben einzumischen? Warum interessierte sie sich für ihr Pausenbrot und ihren Papa und ihre Brille? Musste man denn immer alles ersetzen, was nicht ganz perfekt war?

Lupi hatte gerade die ersten Treppenstufen genommen, als ihr plötzlich ein Gedanke kam. Vermutlich war es nicht besonders schlau umzukehren, aber sie konnte dem Impuls nicht widerstehen. Entschlossen marschierte sie zurück zum Büro. Sie würde dieser Frau Hofmeyer schon erklären, warum sie keine neue Brille trug. Sie würde ihr erzählen, dass die Menschheit dem Untergang geweiht war, wenn immer alles weggeschmissen wurde, was nicht mehr einwandfrei war. Sie würde ihr von dem Artikel berichten, den sie neulich im Krankenhaus gelesen hatte, der, in dem sich viele berühmte Wissenschaftler darüber beschwert hatten, dass die Welt sich zu einer Wegwerfgesellschaft entwickelte. Sie würde ihr um die Ohren hauen, dass es nicht schlimm war, wenn eine Brille ein bisschen kaputt war, und wenn man keinen Papa hatte und sich das Pausenbrot selber machte, weil es nämlich viel wichtigere Dinge im Leben gab!

In Windeseile stand sie wieder vor dem Büro des

Direktors. Doch als sie die Türklinke hinabdrücken wollte, stellte sie fest, dass die Tür gar nicht richtig zu war. Sie war nur angelehnt. Und dann hörte Lupi Frau Hofmeyers Stimme aus dem Büro.

»Ich muss natürlich noch mit dem Klassenlehrer sprechen. Wir müssen die Situation von allen Seiten betrachten, bevor wir eine Entscheidung treffen.«

Eine Entscheidung? Alarmiert hielt Lupi den Atem an.

»Sind Sie denn ganz sicher, dass die Anschuldigungen stimmen?«, hakte Herr Dosetier nach.

»Keine Sorge, wir gehen mit solchen Fällen niemals leichtfertig um.« Lupi konnte Frau Hofmeyer bis hier draußen seufzen hören. »Frau Brockmann hat sich so viele Fehltritte geleistet, dass es leider keinen Zweifel gibt. Wiederholter Ladendiebstahl, Versicherungsbetrug – und jetzt hat sie offenbar erneut den Wohnort gewechselt, ohne uns darüber zu informieren. Zum dritten Mal in einem halben Jahr! Das arme Kind hat gar keine Konstante im Leben.«

Armes Kind? Lupi war vielleicht nicht steinreich, aber ein armes Kind war sie ganz sicher nicht!

»Sie geht immerhin seit drei Jahren auf diese Schule«, wandte Herr Dosetier ein. »Und ich bin mir sicher, Lupi kann uns ganz genau sagen, wo sie wohnt, falls das weiterhilft.«

»Doktor Dosetier.« Es quietschte, als Frau Hofmeyer ihren Stuhl vom Tisch wegrückte. »Man merkt, dass Ihnen etwas an Ihren Schülern liegt, und das ist toll! Aber auch uns liegt etwas an den Kindern. Und deshalb ist es manchmal notwendig, Entscheidungen zu treffen, die auf den ersten Blick ein wenig unbequem sind. Wenn Frau Brockmann ihr Verhalten nicht maßgeblich ändert, dann müssen wir in Erwägung ziehen, dass Lupi in einer Pflegefamilie vielleicht besser aufgehoben ist.«

Hinterher wusste Lupi nicht mehr, wie sie den restlichen Schultag überstanden hatte. Irgendwie hatte sie es wohl geschafft, sich zurück in den Kunstraum zu schleppen und dann ein Blatt Papier mit dem Pinsel zu bearbeiten. Sie hatte eine Sportstunde und zwei Stunden Deutsch an sich vorbeiziehen lassen. Die Zeit hatte sich angefühlt wie Kleister, der zäh unter ihren Schuhsohlen klebte und dafür sorgte, dass sie keinen Schritt vorankam. Die Gedanken aber, die ihr durch den Kopf schossen, waren schnell und rastlos, und als Lupi nach Schulschluss endlich zu ihrem Fahrrad eilte, hatte sie nicht nur Kopfschmerzen, sondern auch Angst.

Pflegefamilie.

Das Wort hatte sich in ihr festgesetzt und ließ sich einfach nicht abschütteln.

Warum sollten wildfremde Menschen für sie sorgen? Sie hatte doch eine Familie, sie hatte Becky! Natürlich, Becky war nicht wie andere Mütter. Sie war keine Hausfrau und ging auch nicht arbeiten, zumindest nicht regelmäßig. Aber sie sorgte dafür, dass Lupi immer das hatte, was sie brauchte – und eine Pflegefamilie gehörte ganz sicher nicht dazu!

Lupi brauchte Zeit zum Nachdenken. Anstatt nach Hause zu radeln, ließ sie ihren Rucksack auf dem Rücken und schob ihr Rad die Straße entlang.

Die Luft war warm, und überall hörte man leises Vogelzwitschern. Als Lupi ein Stück gegangen war, flatterte ihr ein Schmetterling entgegen. Mit seinen leichten Flügelschlägen drehte er ein paar Runden um ihren Kopf und verabschiedete sich dann in den Sommerhimmel. Nichts von alledem spiegelte wider, wie sie sich fühlte, im Gegenteil. Es müsste regnen und stürmen, und Blitze müssten auf die Erde herabschießen, fand Lupi. Das wäre das Mindeste, was sie von einem Tag wie diesem erwartete, einem Tag, der das Ende der Welt ankündigte. Ihrer Welt.

Aber sie durfte sich jetzt nicht unterkriegen lassen, sie durfte nicht aufgeben! *Wenn Frau Brockmann ihr Verhalten nicht ändert,* hatte Frau Hofmeyer gesagt, und das hieß, dass es immer noch Hoffnung gab. Es gab noch eine Chance, all das abzuwenden, und Lupi würde diese Chance nutzen. Sie würde mit Becky reden und ihr alles erklären, und dann …

Nein! Becky würde das nicht verstehen. Vermutlich würde sie erst einmal fluchen und alle zum Teufel wünschen, und dann würde sie dafür sorgen, dass Lupi die Schule wechselte, alle Verbindungen kappte. Aber das durfte nicht passieren, denn es würde alles nur schlimmer machen. Sie musste irgendwie anders erreichen, dass Becky sich änderte.

Unsicher glitt ihre Hand zu dem kleinen silbernen Anhänger, der an ihrem Hals baumelte.

Sie brauchte ein Wunder, um Becky zu retten, nicht mehr und nicht weniger. Während sie das Amulett langsam zwischen ihren Fingern rieb, kam ihr plötzlich ein Gedanke. Sie kannte nur einen Menschen auf der Welt, der nachweislich ein Wunder vollbracht hatte. Einen, der Armeehosen trug und in Mülleimer sprang. Einen, der unversehrt vom Himmel fiel, als wäre er Gott höchstpersönlich.

Natürlich, sie kannte Jacob Chrissen nicht wirklich. Aber machte das einen Unterschied? Lupi schluckte. Dieser Mann war ihre einzige Chance, ihre letzte.

Und die würde sie nicht einfach verstreichen lassen.

11

Es war nicht so, dass Jacob sich mit dem Sterben leichttat, im Gegenteil. Eigentlich war er fest entschlossen, die Angelegenheit sofort hinter sich zu bringen. Aber als er die Wohnungstür hinter sich ins Schloss gezogen hatte, war die Wut, die ihn die letzten Stunden angetrieben hatte, plötzlich verschwunden und hatte nichts zurückgelassen als eine kraftlose Hülle seiner selbst. Die Sonne zeichnete mal wieder tanzende Blätter und Zweige an die Wände, und auf einmal fühlte sich Jacob, als wäre er in der Zeit zurückgefallen. Jimmys Turnschuhe lagen noch immer im Flur – und war das nicht frische Erde unter den Sohlen?

Müde schlurfte Jacob ins Wohnzimmer, legte die Schachtel auf dem Couchtisch ab und betrachtete Mister Bubble.

Vielleicht sollte ich warten, schoss es ihm plötzlich durch den Kopf. Er wusste nicht genau, auf was, aber sterben konnte er ja auch morgen noch. Das würde ihm nicht davonlaufen, er hatte schließlich alles, was er dazu brauchte.

Er würde erst einmal Mister Bubble füttern. Der arme Kerl war sicher hungrig. Jacob hatte keine Ahnung, wann Swetlana zuletzt da gewesen war – in den letzten beiden Tagen hatte der Goldfisch jedenfalls nichts zu fressen bekommen. Es dauerte einen Moment, bis Jacob das Futter in der alten Kommode gefunden hatte, dann ließ er die feinen Flocken auf die Wasseroberfläche rieseln. Mister Bubble schoss auf die Flöckchen zu und beendete ihren federleichten Tanz.

Jacob verweilte vor dem Aquarium, bis auch die letzte Futterflocke in Mister Bubbles Maul verschwunden war, dann setzte er sich aufs Sofa und starrte auf die kleine Schachtel. Als er sie schließlich öffnete, wickelte er vorsichtig die Waffe aus dem Tuch. Sie wog seltsam schwer in seiner Hand. War es normal, dass sie sich so verdammt kalt anfühlte? Außerdem mochte er die Farbe nicht. Und wieso roch das Ding eigentlich so merkwürdig? Jacob stöhnte.

Als die Nacht hereinbrach, saß er noch immer regungslos auf dem Sofa, und plötzlich war ihm alles viel zu dunkel. Ohne Licht konnte er kaum etwas sehen. Und sowieso: War es nicht rücksichtslos, sich mitten in der Nacht eine Kugel in den Kopf zu jagen? Er würde vielleicht die Nachbarn wecken. Sarah hatte ihm erzählt, das Pärchen aus dem zweiten Stock habe gerade erst ein Baby bekommen, und das würde sicher aufwachen durch den Knall. Er erinnerte sich noch genau daran, wie glücklich er und Sarah in den ersten Wochen mit Jimmy gewesen waren, wenn das Baby endlich geschlafen hatte. Nein, er würde diese Leute garantiert nicht um ihre Nachtruhe bringen, die Sache musste bis morgen warten.

Als Jacob am nächsten Morgen die Augen aufschlug, stellte er erschrocken fest, dass die Uhr unter dem Aquarium schon Viertel vor zwölf zeigte. Wie gerädert fuhr er sich mit der Zunge über die trockenen Lippen und verzog das Gesicht. Er hatte das Gefühl, als hätte er mit einem toten Tier im Mund geschlafen. Mit diesem Geschmack auf der Zunge konnte er unmöglich sterben!

Nachdem er in der Küche seinen Kopf unter den Wasserhahn gehalten und etwas getrunken hatte, nahm er erneut auf dem Sofa Platz.

Mister Bubble schien sich nicht dafür zu interessieren, dass Jacob heute sterben würde. Und plötzlich kam ihm ein Gedanke, der ihn noch viel mehr ärgerte: Mister Bubble schien sich auch nicht daran zu stören, dass Jimmy weg war. Nach all der Liebe und Fürsorge, die Jimmy ihm entgegengebracht hatte, fand Jacob das nicht nur undankbar, nein, es war eine Beleidigung! Er überlegte gerade, ob er nicht lieber den Fisch erschießen sollte anstatt sich selbst, als plötzlich das Telefon im Flur zu klingeln begann.

Erschrocken zuckte er zusammen. Er hatte dieses Klingeln eine Ewigkeit nicht gehört. Normalerweise riefen die Leute auf dem Handy an. Er hatte nicht einmal daran gedacht, den Anrufbeantworter abzuhören, nachdem er aus dem Krankenhaus nach Hause gekommen war.

Sicher war es Carla. Sie musste mittlerweile wieder daheim sein und konnte es nicht ertragen, ihn in Ruhe zu lassen. Doch im nächsten Augenblick stellte er fest, dass es nicht Carlas Stimme war, die jetzt auf den Anrufbeantworter sprach.

Es war Sarahs Mutter.

»Jacob, ich …« Elisabeths Stimme klang müde. »Im Krankenhaus sagen sie, du bist wieder zu Hause, und dann diese Nachrichten von dir in der Zeitung … Das klingt alles nicht gut, und … Ich weiß auch nicht. Aber wir müssen dringend mit dir über die Beisetzung reden. Wenn du das also hörst … Ruf an, ja?« Es tutete noch dreimal in der Leitung, und die Stille kehrte zurück.

Beisetzung? Jacob musste sich krampfhaft ermahnen weiterzuatmen. Sie wollten über die *Beisetzung* reden? Er war nicht bereit zu reden, und erst recht nicht über irgendeine Beisetzung. Was dachten die denn von ihm? Glaubten sie ernsthaft, er könnte Sarah und Jimmy in einem feuchten Haufen Erde verscharren? Nein, niemals!

Mit einem Mal stand er nicht mehr neben sich, sondern wieder mitten in seinem Leben – oder zumindest dem, was davon übrig geblieben war. Von irgendwoher tief in seinem Inneren rollte eine neue Welle der Wut und Entschlossenheit herauf. Es brachte nichts zu zögern. Er musste der Sache jetzt endlich ein Ende setzen.

Er nahm die Pistole vom Couchtisch und öffnete das Patronenlager. Soweit er es beurteilen konnte, war die Waffe einsatzbereit. Ohne zu zögern, setzte er sich den Lauf an die Schläfe, kniff die Augen zusammen, weil man das in Filmen auch immer so machte, und legte den Finger an den Abzug – doch dann fiel ihm etwas ein. Als er damals über Untergrundkriminalität berichtet hatte, hatte man ihm von einem Kerl erzählt, der sich lieber die Kugel geben wollte, als sich der Polizei zu stellen. Auch er hatte seine Waffe an der Schläfe angesetzt, aber der Schuss war so unglücklich durch seinen Kopf gejagt, dass der Mann nicht gestorben war, sondern seitdem als sabbernder Krüppel in einem Pflegeheim dahinvegetierte. Das kam für Jacob nicht in Frage.

Zu Plauze hatte er zwar gesagt, er wüsste, was er tat, aber in Wirklichkeit hatte er keine Ahnung. Es dauerte zwei Stunden, bis er auf Sarahs iPad recherchiert hatte, wie er am besten vorgehen musste. Doch als er die Waffe hob, um sie an seinen Mund zu führen, klingelte es wieder. Diesmal war es nicht das Telefon, sondern die Türklingel.

Jacob spürte Wut in sich aufsteigen. Konnte er nicht endlich in Ruhe sterben? Er versuchte, die Störung zu ignorieren und sich auf sein Vorhaben zu konzentrieren, aber leider gab der ungebetene Gast vor der Tür keine Ruhe. Die Klingel schrillte ununterbrochen, laut und erbarmungslos. Wer konnte nur so verdammt hartnäckig sein? Jacob fielen auf die Schnelle nur zwei Möglichkeiten ein: Entweder war es seine Schwester, die sich nicht damit abfinden konnte, dass er sie nicht sehen wollte, oder es waren irgendwelche Ex-Kollegen, die über ihn herfallen wollten wie die Hyänen, um seine Geschichte auszuschlachten. Sarahs Eltern kamen nicht in Frage. Elisabeth und Wilhelm waren zurückhaltende Leute, sie hatten Hilfe angeboten, drängten sich aber niemals auf. Zu ihrer Mutter hatte Sarah ein enges Verhältnis gehabt, und trotzdem hatte sich Elisabeth niemals eingemischt. Nein, Sarahs Eltern riefen vielleicht an und hinterließen Nachrichten auf dem Anrufbeantworter, aber sie würden nicht unangekündigt auftauchen und ihn mit einem Staccato von Klingeltönen vom Sterben abhalten.

Jacob hielt das Klingeln kaum noch aus. Wütend stand er auf und stürmte zur Wohnungstür. Dann hämmerte er so lange auf die Anlage neben dem Türrahmen ein, bis der Alarm endlich verstummte.

Jacob atmete tief durch und entspannte sich etwas. Der Triumph über die Türklingel fühlte sich gut an, ein kleiner Sieg auf dem Weg zum Ziel. Mit neuer Entschlossenheit ging er zurück ins Wohnzimmer. Mittlerweile war es schon fast halb zwei, die Sonne stand hoch am Himmel und schickte ihre warmen Strahlen durch die beiden Wohnzimmerfenster. Jacob schloss die Augen. Das hier war ein guter Moment!

Fast automatisch nahm er die Waffe und hob sie an. Wenn er nicht hinsah, war es vermutlich am einfachsten. »Jetzt …«, flüsterte er, als wollte er Mister Bubble warnen, doch im nächsten Moment wurde die Stille durch ein ohrenbetäubendes Krachen unterbrochen.

Es schepperte und klirrte, und Jacob zuckte zusammen, als er feststellte, dass der Lärm nicht von seiner Pistole kam. Als er die Augen öffnete und ins Gegenlicht blinzelte, sah er, dass das rechte der beiden Fenster zerbrochen war. Die Scherben glitzerten auf dem Wohnzimmerboden, und vor seinen Füßen lag ein Ziegelstein.

Ungläubig sah Jacob zu, wie ein Mädchen hinter dem zerbrochenen Fenster auftauchte und unglücklich das Gesicht verzog. Ihre Lippen bebten vor Aufregung.

»Ich … hab an der Tür geklingelt, aber da hat niemand aufgemacht.«

Was zur Hölle …? Jacob rieb sich fassungslos die Augen, als könnte er die Kleine damit aus seinem Sichtfeld wischen, aber sie blieb, wo sie war, und fixierte ihn durch ihre merkwürdige Brille. Das musste ein Scherz sein, ein ganz, ganz schlechter Scherz.

»Nur weil die Klingel nicht funktioniert, schmeißt du einfach einen Stein durchs Fenster?«

»Eigentlich wollte ich nur anklopfen, aber dann …« Der Blick der Kleinen wanderte zu der Waffe. Verdammt! Sie musste ihn durch das Fenster beobachtet haben.

Hastig schob Jacob die Pistole unter ein Sofakissen, aber da stemmte sich das Mädchen bereits am Fensterrahmen hoch und kletterte ungeschickt ins Wohnzimmer.

»Hey! Was machst du da?« Entschlossen ging er auf sie zu. »Du kannst hier nicht einfach reinmarschieren!«

Mit einem ungelenken Satz sprang die Kleine vom

Fensterbrett und landete zwischen den Scherben. Unruhig trat sie von einem Fuß auf den anderen, und ihre Schultern zitterten. Aber darauf konnte Jacob jetzt keine Rücksicht nehmen. Er musste das Mädchen loswerden – und zwar so schnell wie möglich!

»Verschwinde! Sonst rufe ich deine Eltern an! Oder die Polizei!« Hilflos wedelte er mit den Händen, wie um sie wegzuscheuchen, doch die Kleine wich ihm aus und schob sich nur unbeholfen ihre seltsame Brille zurecht.

»Ich weiß, was du vorhast!«, stieß sie schließlich hervor. »Ich hab es gesehen! Aber du darfst das nicht tun!« Ihre Augen weiteten sich, und sie schüttelte flehend den Kopf.

Jacob blieb nicht nur die Luft weg, ihm fehlten auch die Worte. Was bildete sich diese Kleine ein? Nicht nur, dass sie einen Stein durch das Fenster warf und in seine Wohnung einstieg – jetzt mischte sie sich auch noch in seine Angelegenheiten ein! Und dabei konnte sie höchstens sieben, acht Jahre alt sein!

»Was ich vorhabe oder nicht, geht nur mich was an!«

»Eben nicht!« Ihre dünne Stimme bebte. »Die Welt braucht dich noch! Hast du dich mal umgesehen? Es gibt noch so viel zu tun!«

Was? Jacob starrte sie einen Augenblick verständnislos an, dann streckte er wütend die Hand nach ihr aus. »Das Einzige, was hier zu tun ist, ist, dich rauszuschmeißen und dann das Chaos zu beseitigen, das du angerichtet hast!«

Aber die Kleine war schneller. Wie der Blitz schoss sie

an ihm vorbei und auf das Sofa zu. Während Jacob ihr noch ungläubig nachsah, hatte sie sich schon die Pistole geschnappt, stolperte hastig weiter zum Aquarium und versenkte die Waffe im Wasser.

Mit einem Ausdruck der Erleichterung drehte sie sich zu Jacob um. »Das Ding da kannst du erstmal vergessen.«

Jacob war sprachlos. Wie konnte sie nur …? Was fiel ihr eigentlich ein? Schluss jetzt! Er musste diesen kleinen Teufelsbraten loswerden, koste es, was es wolle! Wütend stürmte er auf sie zu und packte sie am Arm. Die Kleine strampelte und wehrte sich, doch Jacob zerrte sie an das kaputte Fenster.

»Du verschwindest jetzt, verstanden? Sonst rufe ich die Polizei!«

»Aber das geht nicht!«, schrie die Kleine, und Jacob merkte, dass sich ihre Stimme überschlug.

»Und ob das geht! Ich kann die Polizei auch jetzt gleich rufen!«

»Du darfst aber nicht sterben!«, heulte das Mädchen und klammerte sich krampfhaft an ihm fest. »Die Menschen brauchen dich noch. Ich brauche dich! Du bist schließlich Gott!«

Jacob war so überrascht, dass er seinen Griff lockerte und sie losließ. Gott? Hatte sie gerade *Gott* gesagt?

Eigentlich war diese Angelegenheit kein bisschen witzig, aber Jacob konnte sich ein fassungsloses Auflachen nicht verkneifen. »Du glaubst, ich bin *Gott?*«

Das Mädchen blickte ihn ernst an und blinzelte ein paar Tränen weg. Als hätten sie beide ein Geheimnis, flüsterte sie: »Ich weiß, dass du es bist.«

Jetzt musste Jacob laut lachen. Er hatte ja vermutet, dass die Kleine nicht ganz richtig tickte, aber dass sie derart verrückt war, hatte er nicht geahnt. Ungehalten fuhr er sich mit der Hand durch die Haare. »Hör mal, es gibt keinen Gott! Und selbst wenn es einen gäbe, dann wäre das ganz sicher nicht ich! Ich bin nur ein gewöhnliches Arschloch.«

»Du bist Jacob Chrissen.«

»Genau. Jacob Chrissen – und nicht Gott.«

»J. C.«, murmelte das Mädchen bedeutungsvoll. »Wie Jesus Christus. Denkst du, das ist mir nicht aufgefallen?«

Jacob starrte sie einen Moment fassungslos an. Dann schüttelte er den Kopf. »Aber Jesus ist nicht Gott! Und ich bin weder der eine noch der andere!«

»Diese Übereinstimmung kann kein Zufall sein«, erwiderte sie ernst.

Langsam wurde es Jacob zu bunt. »Es gibt hunderttausend Menschen auf der Welt, die diese Initialen haben!«

»Aber nur einer davon hat einen Hubschrauberabsturz überlebt.«

Jacob starrte sie sprachlos an. Das ging eindeutig zu weit. Sie konnte doch nicht ernsthaft glauben, dass er Gott war! Doch aus ihren großen blassblauen Augen sprach die pure Überzeugung. Er atmete tief ein und rieb sich das Nasenbein. »Also gut. Du denkst also wirklich, ich bin Gott?«

Sie nickte entschlossen.

»Würde Gott denn so etwas tun?« Er schnappte sich eine der Vasen, die Sarah auf die Kommode gestellt hatte, und schmetterte sie auf den Boden. Wie zuvor die Fensterscheibe zerbrach sie in tausend Einzelteile.

Das Mädchen zuckte gleichgültig mit den Schultern. »Klar.«

Jacob blinzelte sie ungläubig an. Dann fuhr er sich mit der Hand übers Gesicht und ließ seinen Blick durch das Wohnzimmer schweifen. Mit zwei großen Schritten war er beim Couchtisch. »Aber das hier, das würde Gott sicher nicht machen!«, zischte er, hob den Tisch an und schleuderte ihn ein Stück durch den Raum.

Glas zerbrach, Holz splitterte. Das Mädchen zuckte kurz zusammen, rückte sich dann aber unbeeindruckt die Brille zurecht. »Wieso nicht?«

»*Wieso nicht?*« Jacob konnte es kaum glauben. Hatte er nicht so schon genug Probleme? Brauchte er jetzt wirklich noch ein fremdes Kind, das ihn in den Wahnsinn trieb? »Also gut«, murmelte er und raufte sich die Haare. »Dann werde ich dir jetzt beweisen, dass ich nicht Gott bin. Du hast es nicht anders gewollt!«

Ohne zu zögern, marschierte er auf das Aquarium zu. Mit dem kleinen Kescher, den Jimmy immer beim Reinigen benutzt hatte, fischte er Mister Bubble aus dem

Becken. Er packte den zappelnden Fisch an der Schwanzflosse und hob ihn in die Luft. »Würde Gott auch das hier tun?« Mit diesen Worten ließ er Mister Bubble in seinen Mund gleiten und schluckte ihn herunter. Dann blickte er dem Mädchen in die Augen und wiederholte seine Frage, diesmal leise und eindringlich: »Würde Gott so etwas tun?«

Die Kleine biss sich auf die Lippe und zögerte einen Moment. »Na ja«, sagte sie schließlich, zuckte die Achseln und grinste verlegen. »Gott hat auch mal 'nen schlechten Tag.«

12

Gott. Es hatte sich merkwürdig angefühlt, das Wort auszusprechen. Natürlich war Lupi sich nicht sicher, ob Jacob Chrissen wirklich Gott war. Ohne Zweifel war er nicht der Gott, an den die Menschen glaubten, die in die Kirche gingen und Esspapierscheiben lutschten, um sich besser zu fühlen. Er war nicht der Gott, der von oben auf die Menschheit herabsah und mit Strafen oder Vergebung um sich warf. Lupi hatte schon immer Schwierigkeiten gehabt, dieser Vorstellung von einem Gott zu folgen. Aber vielleicht hatte sie ja Glück, und Jacob Chrissen war genau die Art Gott, auf die sie hoffte?

Wenn sie vorhin an seinem Wohnzimmerfenster nicht eingeschritten wäre, hätte sie jedenfalls keine Gelegenheit mehr gehabt, das herauszufinden. Noch nie zuvor hatte Lupi mit Absicht etwas kaputt gemacht, aber was hatte sie schon für eine Wahl gehabt? In dem Moment, als sie Jacob Chrissen durch das Fenster gesehen hatte, waren bei ihr alle Sicherungen durchgebrannt. Er durfte sich nicht einfach eine Kugel in den Kopf jagen – erst recht nicht, wenn er vielleicht der Einzige war, der ihr ein Wunder schenken konnte! Und deshalb durfte sie auch jetzt nicht lockerlassen! Im Moment war er vielleicht noch zu perplex, um es direkt wieder zu versuchen, und die blöde Pistole hatte sie ja auch erstmal außer Gefecht gesetzt. Aber sobald sich seine Aufregung etwas gelegt hätte, würde er sicher einen zweiten Versuch unternehmen. Sie musste also an ihm dranbleiben, schließlich hatte sie lang genug auf ein Wunder gewartet und brauchte es nun dringender denn je.

Darum hatte sie zum Abschied auch angekündigt, dass sie am nächsten Tag zum Aufräumen kommen würde. Immerhin war sie an dem Chaos in seinem Wohnzimmer nicht ganz unbeteiligt. Na klar, er selbst hatte den Tisch zerschlagen und die hübsche Vase zerschmettert, aber das Fenster ging eindeutig auf ihr Konto.

Am meisten tat ihr die Sache mit dem Goldfisch leid. Als sie abends im Bett lag, fragte sie sich, ob ihr das wohl einen Minuspunkt auf ihrer Reine-Seele-Liste einbringen würde. Schließlich war der arme Kerl nur gestorben, weil Jacob Chrissen sie hatte loswerden wollen. Aber dann hatte sie sich doch selbst verziehen. Sogar einer wie Gott war nicht frei von Fehlern, das hatte er ja heute bewiesen. Wie sollte sie es da sein?

Trotzdem konnte sie nicht einschlafen. Sie brauchte einen Plan – einen guten Plan.

Jacob Chrissen war zurzeit vielleicht etwas durch den Wind, aber dumm war er nicht, und wenn er die Sache mit dem Sterben ernst meinte, würde er einen Weg finden. Was, wenn Lupi dann nicht gerade zufällig vor dem Fenster stand, um ihn davon abzuhalten?

Nein, sie musste ihn irgendwie dazu bringen, dass er das Leben wieder mochte. Dass er spürte, was er in der Welt bewirken konnte, was er für die Menschen tun konnte, und für sie. Wenn Gott jetzt ging – wer sollte dann verhindern, dass Becky es wieder vermasselte? Dass Lupi in eine Pflegefamilie abgeschoben wurde und alles verlieren würde, was sie liebte?

Pflegefamilie. Wieder hallte dieses Wort durch ihren Kopf wie das dunkle Echo, das von einem Albtraum blieb, selbst wenn man schon längst aufgewacht war.

Normalerweise legte Lupi ihre Halskette am Abend ab, aber heute konnte sie es nicht. Noch nie zuvor hatte sie die Anwesenheit ihres Vaters so stark gespürt. Das, was er ihr mit dem Anhänger geschenkt hatte, war auf einmal ein lebendiger, greifbarer Teil von ihm. Und diesen Teil durfte sie nicht wieder verlieren!

Mit pochendem Herzen stand Lupi auf und schlich ins Wohnzimmer. Becky hatte sich schon früh schlafen gelegt. Die Schulter machte ihr offenbar Probleme, auch wenn sie das nicht zugab. Immerhin hatte sie die Katze gefüttert und die Wohnung sauber gehalten. Sie hatte sogar Lupis Lieblingsshirt gewaschen und ordentlich auf dem Sofa zusammengelegt. Lupi strich über den ungebügelten Stoff und musste lächeln. Am zuverlässigsten war Becky immer dann, wenn das Leben nicht so lief, wie sie es sich vorstellte. Vielleicht entpuppte sich die ausgerenkte Schulter ja noch als Segen …

Lupi setzte sich auf den Sessel am Fenster. Sie ließ das Licht aus, denn wenn es hier im Zimmer dunkel blieb, konnte sie besser sehen, was in der Wohnung gegenüber vor sich ging. Erleichtert stellte sie fest, dass in der Küche Licht brannte. Jacob Chrissen war also mit großer Wahrscheinlichkeit noch am Leben!

Leise kletterte Lupi vom Sessel und holte ihren Rucksack aus dem Flur. Sie öffnete den kleinen Reißverschluss an der Seite und zog den Artikel aus dem Krankenhaus heraus. Er war nass geworden, als Vincent sie mit seiner Wasserpistole bespritzt hatte, das Papier war ganz wellig. Aber den Text konnte man noch immer gut lesen.

Jacob Chrissen war vom Himmel gefallen. Er hatte seine Frau und seinen Sohn verloren, selbst aber überlebt. *Beinahe unversehrt,* stand da. Nachdenklich ging Lupi ans Fenster zurück. Jetzt erkannte sie drüben in der Küche seinen Schatten. Jacob Chrissen konnte kein normaler Mensch sein. Er hatte die Fähigkeit zu überleben und Wunder zu vollbringen, auch wenn er seine eigene Familie nicht hatte retten können. Andere Menschen aber konnte er vielleicht noch retten, und Lupi würde auf keinen Fall zulassen, dass er diese Chance vertat! Sie brauchte ihn – mehr, als sie jemals irgendetwas gebraucht hatte.

Irgendwie musste sie ihn doch davon überzeugen können, dass er weiterleben musste! Vielleicht sollte sie ihm all die Dinge zeigen, die das Leben lebenswert machten? Blumen, Schokolade, Eis essen in der Sonne? Aber nein, sie kannte ihn ja gar nicht. Sie wusste nicht, was ihm gefiel und was ihm Spaß machte. Das Einzige, was sie sicher wusste, war, was er nicht mochte: achtjährige Mädchen, die eins seiner Fenster einschlugen und in sein Wohnzimmer einstiegen! Aber dieses Wissen würde ihr nicht weiterhelfen …

Lupi spürte, wie sich ihr Magen zusammenzog. Jacob Chrissen war ihre einzige Chance. Aber wie konnte sie erreichen, dass auch er das verstand? Unwillkürlich griff sie nach ihrem Anhänger. Sie brauchte ein Zeichen, einen Hinweis, irgendwas.

Sie seufzte tief. Und dann fiel ihr Blick auf die Rückseite des Artikels.

Das konnte doch nicht sein! Ungläubig strich Lupi das wellige Papier glatt, und plötzlich musste sie lachen. Zwei Tage trug sie den Zeitungsartikel nun schon mit sich herum, aber nicht ein einziges Mal hatte sie auf die Rückseite gesehen! Der kurze Artikel war an den Seiten abgerissen, und der Überschrift fehlten ein paar Buchstaben, aber trotzdem konnte Lupi alles problemlos lesen: *In zehn Tagen zurück zum Glück – wie Sie in kleinen Schritten lernen, das Leben zu lieben.*

Das konnte kein Zufall sein! Die Lösung war hier, direkt vor ihrer Nase. Und endlich hatte auch Lupi sie erkannt.

Der Vormittag in der Schule fühlte sich leicht und unbeschwert an. Lupi ertappte sich ein paarmal dabei, wie sie vor sich hinlächelte, und war jedes Mal erleichtert, dass es keiner bemerkte. In der großen Pause verzog sie sich mit ihrem Apfel auf die Bank hinter den Tischtennisplatten. Ihr Buch hatte sie absichtlich im Klassenraum gelassen. Sie würde sich heute ohnehin auf nichts anderes als ihren Plan konzentrieren können. Der Apfel schmeckte süß und sommerlich – egal, ob Becky ihn bezahlt oder einfach eingesteckt hatte.

Heute war ein guter Tag, daran konnten auch die anderen Kinder nichts ändern. Als Lupi sich nach Schulschluss auf ihr Rad schwang, hatte sie sogar das Gefühl, dass es gar nicht mehr so groß war. Mit jedem Tritt in die Pedale fühlte sie sich leichter.

Vor dem Haus von Jacob Chrissen wurde gerade der Müll abgeholt. Lupi wartete, bis die Männer von der Stadtreinigung die Tonnen an ihren Platz zurückgerollt hatten und das Müllfahrzeug weiterfuhr. Dann schloss sie ihr Rad an einer Laterne an und schlüpfte zwischen den Büschen hindurch in den Vorgarten.

Die Türklingel war kaputt, das hatte sie gestern mitbekommen, und Lupi ging nicht davon aus, dass Jacob Chrissen sie über Nacht hatte reparieren lassen. Sie nahm lieber gleich den direkten Weg.

Im Vorgarten lag noch immer das ganze Zeug, das sie schon gestern umrundet hatte. Sie mussten die Sachen wieder in die Wohnung räumen, bevor sich der nächste Regenschauer ankündigte. *Ordnung schaffen* war ein wichtiger Schritt auf der Liste *Der Weg zum Glück,* aber mit dem Kram hier draußen hatte es noch Zeit. Ein Wetterumschwung wurde in den nächsten Tagen nicht erwartet.

Als Lupi durch das zerbrochene Fenster sah, setzte ihr Herzschlag für einen kurzen Moment aus. Jacob Chrissen lag regungslos auf dem Sofa, den linken Arm weit von sich gestreckt. Sein Mund stand offen, und sein Gesicht war zu einer merkwürdigen Fratze verzogen. Im nächsten Augenblick aber stieß er ein Grunzen aus und drehte sich zur Seite.

Lupi atmete erleichtert auf. Er schlief nur! Vorsichtig stemmte sie sich am Fenstervorsprung hoch und kletterte ins Innere der Wohnung. Am Boden des Aquariums lag noch immer die Pistole. Das war gut.

Weniger gut war, dass Jacob Chrissen immer noch nicht angefangen hatte aufzuräumen. Überall auf dem Boden lagen Scherben verstreut. Behutsam setzte Lupi einen Fuß vor den anderen und zuckte jedes Mal zusammen, wenn es trotzdem unter ihren Sohlen knirschte. Dann hatte sie das große Sofa, auf dem Jacob Chrissen schlief, endlich erreicht. Vorsichtig beugte sie sich über ihn und rümpfte die Nase. Er hatte sich gestern Abend ganz offensichtlich nicht die Zähne geputzt. Und eine Rasur hatte er auch dringend nötig!

Gerade als sie sich noch ein Stück tiefer beugte, schlug Jacob Chrissen die Augen auf. Mit einem Schrei fuhr er nach oben und stieß dabei mit der Stirn an Lupis Kinn.

Sie verlor das Gleichgewicht und landete mit einem Aufschrei auf dem Boden.

Mit schmerzverzerrtem Gesicht funkelte Jacob Chrissen sie an. »Bist du verrückt geworden?«

Lupi rieb sich empört das Kinn. »Ich hab mir auch wehgetan, okay?«

»Aber du kannst nicht einfach hier reinspazieren und dich an mich ranschleichen!« Er schwang benommen die Beine von der Couch. »Außerdem habe ich gesagt, ich will dich nie wieder sehen!«

»Und ich habe gesagt, dass ich heute zum Aufräumen komme«, erwiderte Lupi sachlich und richtete sich langsam vom Boden auf. Ihr linker Handballen schmerzte. Mist! Offenbar war sie auf eine Glasscherbe gefallen.

Jacob Chrissen schüttelte verärgert den Kopf. »Ich brauche niemanden zum Aufräumen.«

»Das sieht für mich aber anders aus.« Demonstrativ ließ Lupi den Blick durch den Raum schweifen.

Jacob Chrissen presste wütend die Lippen zusammen. »Verschwinde, hörst du? Jetzt sofort!«

Erst als sein Blick auf Lupis blutigen Handballen fiel, wich der Zorn aus seinem Gesicht, und er ließ müde die Schultern sinken. »Komm mal mit ins Bad ...«

Das Badezimmer war nicht besonders groß. Jacob Chrissen wies Lupi an, sich auf den Badewannenrand zu setzen, und riss nacheinander die Schränke auf.

Lupi beobachtete ihn. Er hatte offenbar keine Ahnung, wo er finden sollte, was er suchte. »Hast du noch nie ein Pflaster für deinen Sohn gebraucht?«

Jacob Chrissen wühlte sich durch den Schrank unter dem Waschbecken. »Das macht immer meine Frau.«

»Du meinst, das *hat* deine Frau gemacht«, korrigierte Lupi ihn vorsichtig. »Sie ist leider tot, genau wie dein Sohn.«

Jacob Chrissen starrte sie derart fassungslos an, dass sie befürchtete, er würde sie nun doch gleich zur Tür hinausjagen. Aber sie hatte keine Wahl. Sie konnte ihm nur helfen, wenn sie ihm bewies, dass sie etwas von der Sache verstand. Deshalb redete sie schnell weiter. »Der erste Schritt, mit der Vergangenheit klarzukommen, ist, sie zu akzeptieren – auch wenn es vielleicht wehtut! Das habe ich neulich in einer Zeitung gelesen.« Lupi schluckte. »Ich lese nämlich ziemlich viel.«

Jacob Chrissen schien etwas erwidern zu wollen, doch dann schüttelte er nur ungläubig den Kopf und nahm eine Pinzette und ein Stück Verband aus dem Schrank.

Schweigend ließ Lupi ihn die Glassplitter aus der Wunde ziehen. Sie biss die Zähne zusammen, denn er stellte sich nicht besonders geschickt an. Becky konnte das viel besser, und irgendwie freute Lupi sich über diese Erkenntnis. Es tat gut zu wissen, dass ihre Mutter doch nicht in allen Dingen schlechter abschnitt als andere.

»Das müsste reichen«, verkündete er schließlich, nachdem er den Verband um ihre Hand gewickelt und mit einer stümperhaften Schleife befestigt hatte.

Lupi nickte. »Dann können wir jetzt ja aufräumen.«

»Falsch«, widersprach er. »Du kannst jetzt gehen – und zwar für immer! Lass dich hier ja nie wieder blicken!« Er verstaute die Pinzette und knallte ärgerlich die Schranktür zu.

Lupi seufzte. Sie hatte ja geahnt, dass es nicht einfach werden würde, aber dass er derart stur war, überraschte sie dennoch. »Ich verspreche dir, dass ich verschwinde und nie wieder auftauche«, sagte sie schließlich und schob sich die Brille zurecht. »Aber nur, wenn du mir vorher zehn Tage schenkst!«

»Zehn Tage?« Jacob Chrissen blinzelte sie irritiert an.

»Es ist ganz einfach: Du versprichst mir, dass du zehn Tage nicht versuchst zu sterben«, erklärte Lupi ihm bereitwillig. »Und in der Zeit zeige ich dir, warum die Welt nicht auf Gott verzichten kann.«

»Ich bin nicht Gott!«, gab er genervt zurück.

»Meinetwegen, dann sage ich eben nicht Gott zu dir. Kann ich dich J.C. nennen?«

»Nein!«

»Herr Chrissen?«

»Jacob! Nenn mich einfach Jacob, verdammt!«

»Wenn du darauf bestehst«, antwortete Lupi und lächelte. »Darf ich davon ausgehen, dass du auf mein Angebot eingehst, Jacob?«

Er schüttelte energisch den Kopf. »Ich gehe auf gar nichts ein! Warum sollte ich auch?«

»Weil ich dich hinterher in Ruhe lasse!«

Jacob lachte auf. An seinem Blick erkannte Lupi, dass er sie nicht ernst nahm. Aber sie musste trotzdem bei ihrem Plan bleiben – schließlich hatte sie keinen anderen. Feierlich hob sie ihre unverbundene Hand. »Ich schwöre es! Wenn du das Leben nach zehn Tagen immer noch nicht magst, darfst du meinetwegen sterben.«

Jacob starrte sie fassungslos an. Auf einmal wirkte er eher erschöpft als wütend. »Das ist aber großzügig von dir.«

»Find ich auch«, antwortete Lupi schnell und lächelte vorsichtig.

13

Auch wenn Jacob von Kindern nicht allzu viel verstand, in einem war er sich sicher: Dieses Mädchen war nicht bei Sinnen!

Während die Kleine die Fensterscherben zusammenfegte, betrachtete Jacob sie unverhohlen. Sie war älter und größer als Jimmy und deutlich kräftiger gebaut, auch wenn er sie keinesfalls als dick bezeichnet hätte. Ihre Brille war am Nasenbügel mit Klebestreifen fixiert, und außerdem hatte sie eine schrecklich ungünstige Frisur: Der Pony war viel zu kurz und eindeutig schief.

All das verlieh ihr zwar eine merkwürdige Lebendigkeit, ließ die Kleine aber auch deplatziert wirken, nicht nur hier in seinem Wohnzimmer, sondern überall auf der Welt.

Aus seiner Welt musste sie jedenfalls schleunigst verschwinden, so viel stand fest!

Als hätte sie seine Gedanken gehört, hielt sie plötzlich inne und drehte sich zu ihm um. »Wäre schon cool, wenn du mithelfen würdest.«

Jacob zuckte trotzig die Achseln. »Der Deal lautet, dass du mir zeigst, wie schön die Welt ist. Von Putzen war keine Rede!«

Die Kleine rückte sich wieder einmal die Brille zurecht. »Dann mach dich bereit für Lektion Nummer eins: Vom Zugucken wird die Welt nicht besser!« Sie grinste und deutete mit der verbundenen Hand in Richtung Küche. »Der Handfeger liegt unter der Spüle.«

Jacob stieß entrüstet die Luft aus. »Ich weiß, wo der Handfeger liegt!«

»Tust du nicht«, erwiderte das Mädchen und fegte seelenruhig weiter.

Jacob konnte nicht sagen, was ihn mehr verunsicherte: dass die Kleine sich ihrer Sache so sicher war, oder dass sie mit ihrer Vermutung richtiglag. Er hatte wirklich keinen blassen Schimmer, wo in diesem Haushalt das verdammte Putzzeug war …

»Und bring den Mülleimer mit!«, rief sie ihm hinterher, als er in die Küche verschwand, »dann kannst du die Scherben gleich wegschmeißen!«

Jacob stöhnte auf. Er musste die Kleine loswerden – und zwar so schnell wie möglich! Wie kam er dazu, sich von einem Kind herumkommandieren zu lassen? Und wie kam sie dazu, ihm zu untersagen, sein Leben zu beenden?

Das war doch lächerlich! Nein, auf keinen Fall würde er sich an ihren bescheuerten Deal halten!

Als er sich den Handfeger unter den Arm klemmte und den Mülleimer hervorzog, klingelte das Telefon im Flur. Jacob zuckte zusammen. Reichte es nicht, dass sich dieses

Kind in sein Leben einmischte? Mussten ihm jetzt auch noch andere Leute auf die Nerven gehen?

Und wenn schon, sollten sie doch! Er würde nicht rangehen, nicht heute und auch an keinem anderen Tag. Stattdessen würde er einfach den Stecker aus der Buchse ziehen, und dann würde endlich Ruhe herrschen, genug Ruhe, um zu beenden, was er angefangen hatte.

Aber im nächsten Moment hörte er die Stimme der Kleinen im Flur. »Hallo?«

Erschrocken hielt Jacob inne. War sie etwa …?

Mit drei großen Schritten war er im Flur und blieb wie angewurzelt stehen. Sie war tatsächlich ans Telefon gegangen!

»Nein, er räumt gerade auf«, sagte sie, während sie sich den Hörer ans Ohr klemmte. »Aha. – Okay. – Gut. – Ja, wirklich. – Nein, ich sag's ihm, versprochen.« Dann steckte sie das Telefon zurück auf die Station.

Jacob brauchte einen Moment, bis er seine Fassung wiedererlangte. »Bist du wahnsinnig geworden? Was fällt dir ein, einfach ans Telefon zu gehen?«

Das Mädchen zuckte unschuldig mit den Schultern. »Es hat geklingelt.«

»Na und? So was macht man nicht! Man geht nicht an fremder Leute Telefone, hörst du?«

»Willst du nicht wissen, wer dran war?«

Nein, das wollte er nicht! Jacob marschierte wütend ins Wohnzimmer.

Die Kleine folgte ihm unbeeindruckt. »Es war Carla«, berichtete sie ungefragt, »deine Schwester.«

»Ich weiß, wer Carla ist!«, zischte er. »Aber ich will nicht hören, was sie gesagt hat!«

»Ich erzähl's dir trotzdem«, erwiderte das Mädchen. »Weil ich es nämlich versprochen habe, und ein Versprechen muss man halten.« Noch bevor Jacob weiter protestieren konnte, fing die Kleine an, munter drauflos zu plappern. »Erst wollte sie wissen, wie es dir geht, und als ich gesagt habe, dass alles in Ordnung ist, hat sie gemeint, ich soll dir ausrichten, dass sie für dich da ist, wenn du sie brauchst. *Sag ihm, ich lass ihn nicht allein,* hat sie gesagt. Klingt schon ein bisschen schnulzig – aber sie meint es sicher gut! Klang jedenfalls sehr nett, diese Carla …«

Ich lass ihn nicht allein?

Jacob stockte der Atem. Obwohl er eben noch mit einem Wutausbruch gerungen hatte, zogen ihm die Worte des Mädchens nun den Boden unter den Füßen weg. Er fühlte sich, als hätte jemand einen Stecker gezogen, den Stecker, von dem sein Herzschlag abhing. Völlig unvermittelt stieg eine Erinnerung in ihm auf und traf ihn wie ein Faustschlag.

Ich lass dich nicht allein.

Genau das hatte er zu Jimmy gesagt an jenem Abend in der Hoteltoilette.

Ich lass dich nicht allein, versprochen.

Jacob war wie gelähmt. Die Welt um ihn herum schien

stillzustehen, bis im nächsten Augenblick ein gewaltiges Erdbeben losging, ein Beben, das drohte, ihn von den Beinen zu reißen. Sein Magen zog sich zusammen, und sein Herz hämmerte wie ein Vorschlaghammer gegen seine Rippen. Als sich die Wände zu drehen begannen, entglitten ihm Handfeger und Mülleimer, und er sackte auf dem Sofa zusammen.

Ich lass dich nicht allein!

Ich lass dich nicht allein!

Ich lass dich nicht allein!

Die Worte klangen in seinem Kopf nach, als hätte er sie gegen eine Bergwand gebrüllt und würde nun mit voller Wucht von ihrem Echo überrollt.

Und plötzlich spürte Jacob, dass etwas in ihm aufwallte, etwas, das er nicht einordnen konnte und das ihn von innen zu ersticken drohte, gewaltig und erbarmungslos. Als er nach Luft rang, stellte er fest, dass es Tränen waren, die heiß seine Kehle hinaufdrängten und ihm den Blick verschleierten.

Aber er durfte jetzt nicht weinen! Nicht hier, nicht vor dem Kind! Deshalb kämpfte er gegen das Beben an, er kämpfte und strauchelte, und gerade als er dachte, er könnte nicht mehr, ließ der Aufruhr in seinem Inneren endlich nach.

»Ich hab mir immer eine Schwester gewünscht, obwohl ein Bruder natürlich auch okay wäre …«

Erst als sich sein Herzschlag beruhigt hatte, merkte

Jacob, dass die Kleine immer noch sprach. Mittlerweile saß sie neben ihm. Ihre Hand lag auf seinem Rücken, doch er hatte keine Kraft, sie abzuschütteln. Genau genommen hatte er nicht mal mehr die Kraft, wütend zu sein.

»Wie heißt du eigentlich?«, murmelte er, auch wenn es kaum mehr als ein Flüstern war.

Das Mädchen verzog überrascht das Gesicht. »Tut mir leid, ich habe total vergessen, mich vorzustellen.« Sie wischte sich die Hand an ihrem Knie ab und streckte sie ihm entgegen. »Lupi.«

»Lupi?« Jacob runzelte die Stirn.

»So heiße ich.«

»Ein ziemlich ungewöhnlicher Name«, stellte er müde fest.

»Ich bin ja auch ein ungewöhnliches Mädchen«, erwiderte sie.

Als Jacob in ihr grinsendes Gesicht blickte, entglitt ihm ein erschöpftes Lächeln. Und er musste sich eingestehen, dass sie irgendwie recht hatte.

Nachdem das Mädchen gegangen war, warf Jacob sich wieder auf das Sofa und beobachtete, wie sich die Schatten, die die Sonne an die Wohnzimmerwände zeichnete, veränderten.

Sie hatten das kaputte Fenster mit zwei Rollen festem Packpapier abgedeckt und an den Seiten mehrfach mit Klebeband fixiert. Die Scherben hatten sie zusammengekehrt und entsorgt und den Couchtisch zurück auf die Beine gestellt. Ein Tischbein war angeknackst, und die Glasplatte hatte einen Sprung, aber für die wenige Zeit, die ihm noch blieb, würde es reichen.

Nachdenklich wanderte Jacobs Blick zu seiner Waffe. Er überlegte kurz, sie aus dem Aquarium zu fischen und an der Sonne trocknen zu lassen, ließ es dann aber doch sein. Sie sah irgendwie friedlich aus, wie sie dort am Grund des Beckens schimmerte.

Nur Mister Bubble fehlte.

Schuldbewusst betrachtete Jacob das Aquarium.

Jimmy hätte ihm die Sache mit dem Fisch auf jeden Fall übelgenommen, und vermutlich hätte er auch die Pistole im Wasser nicht gut gefunden. Schließlich hatte er sich nie etwas aus Waffen gemacht. Einmal hatte Jacob ihm einen Säbel aus Holz mitgebracht, aber Jimmy hatte ihn nur achtlos unter sein Bett geschoben. Ob er dort noch immer lag?

Obwohl Jacob sich davor fürchtete, das Kinderzimmer zu betreten, konnte er dem Impuls nicht widerstehen nachzusehen. Als er die Tür zu Jimmys kleinem Reich aufstieß, stockte ihm der Atem. Er kannte dieses Zimmer überhaupt nicht, es war ihm fremd. Sarah war es gewesen, die abends Jimmys Hand gehalten hatte, Sarah hatte mit dem Kleinen auf dem Teppich gespielt und mit Fingerfarben die Fenster bemalt. Hatte er denn überhaupt ein Recht, diesen Raum zu betreten?

Jacob schloss die Augen und atmete tief durch. Er würde ja nicht lange bleiben. Er würde nicht herumstöbern und auch sonst nichts durcheinanderbringen, dazu fehlte ihm ohnehin der Mut. Was sollte es jetzt noch bringen, seinen Sohn kennenzulernen? Dafür war es längst zu spät. Nein, er würde nur kurz nach dem Säbel sehen.

Und tatsächlich! Unter dem Lattenrost, halb verdeckt von einer einzelnen kleinen Socke und einer dicken Staubschicht, lag die Spielzeugwaffe noch immer. Vorsichtig zog Jacob sie hervor und setzte sich damit auf Jimmys Bett. Mit dem Finger fuhr er über das Holz. Für ein Kinderspielzeug fühlte es sich erstaunlich rau an.

Jimmy.

Krampfhaft versuchte Jacob, das Beben wieder heraufzubeschwören, das ihn vorhin gepackt hatte – er wollte, nein, er *musste* es noch einmal spüren!

Ich lass dich nicht allein.

Ich lass dich nicht allein.

Ich lass dich nicht allein!

Warum zur Hölle funktionierte es nicht? Auf einmal klangen die Sätze fremd und leer, sie berührten ihn nicht mehr. Verdammt! Warum konnte er nicht weinen, warum nicht wenigstens schreien? Als das Mädchen hier gewesen war, hatte es doch auch geklappt! Jetzt aber war sie weg, und die Schleusen hatten sich wieder geschlossen. Er war wieder nur ein Fremder in seinem eigenen Leben.

»Lupi …«, flüsterte Jacob und sank auf das Bett zurück.

Was für ein bescheuerter Name! Welche Mutter kam auf die Idee, ihre Tochter Lupi zu nennen?

Wenn Jimmy ein Mädchen geworden wäre, hätte Sarah es Ava genannt. Sie hatten diese Vereinbarung getroffen, dass Sarah den Mädchen- und Jacob den Jungennamen auswählen durfte. Insgeheim hatte Sarah sich eine Tochter gewünscht, auch wenn sie es niemals zugegeben hätte. Aber Jacob hatte gemerkt, dass sie kurz verstummt war, als der Arzt einen Jungen angekündigt hatte, und dieser Augenblick hatte sie verraten.

Jacob hingegen hatte sich von der ersten Sekunde an gefreut. Ava. Das klang nachdenklich und sensibel – Jimmy hingegen war frech und mutig.

Erst ein paar Jahre später hatte er realisiert, dass nachdenklich und sensibel wohl doch besser gepasst hätte. Und obwohl das Bett viel zu klein für ihn war, zog Jacob die Beine auf die Matratze, presste den Säbel an sich und schlief erschöpft ein.

14

Der Müllsack war ziemlich schwer, aber Lupi hatte trotzdem darauf bestanden, ihn auf dem Weg nach Hause mit hinaus zu nehmen. Mühsam hievte sie den unhandlichen Beutel über den Rand der Mülltonne und drückte nach, bis sich der Deckel wieder schließen ließ.

Als sie sich wieder zur Straße wandte, bemerkte sie ein Auto, das am Rand parkte. Der rothaarige Mann hinter dem Steuer blickte neugierig zu ihr herüber, und als sie ebenso aufdringlich zurückstarrte, winkte er sie vorsichtig zu sich.

»Wohnst du in diesem Haus?«, flüsterte er, als wäre das, was sie hier taten, etwas Verbotenes.

Lupis Blick fiel auf den riesigen Fotoapparat, der auf dem Beifahrersitz lag. »Kann schon sein«, sagte sie unsicher.

»Dann kennst du doch sicher den Mann, der im Erdgeschoss wohnt, oder? Den Moderator?«

»Jacob Chrissen«, erwiderte sie zustimmend. »Aber der wohnt nicht unten, sondern im zweiten Stock.«

Der Mann blickte überrascht am Haus hinauf, und Lupi spürte instinktiv, dass es richtig gewesen war zu lügen.

»Im zweiten …«, murmelte der Kerl, als würde er sich im Kopf eine Notiz machen. »Und hast du ihn heute schon gesehen?«

Erst wollte Lupi den Kopf schütteln, aber dann überlegte sie es sich anders und nickte stattdessen. »Heute Morgen.«

Die Augen des Mannes weiteten sich. »Heute Morgen?«

»Ja«, fuhr Lupi nüchtern fort. »Er wollte, dass wir seinen Briefkasten leeren. Weil er nämlich zu seiner Schwester gefahren ist.«

»Zu seiner Schwester? Und du weißt nicht zufällig, wo die wohnt?«

»In Busenberg«, antwortete Lupi wie aus der Pistole geschossen und konnte sich nur mit Mühe ein Grinsen verkneifen.

»Busenberg?«

Lupi nickte eifrig. »Hab ich mir gemerkt, weil es doch ein ziemlich lustiger Name ist. *Busenberg!* Als ob da überall Brüste rumlaufen. Wollen Sie vielleicht in einem Ort wohnen, der Busenberg heißt?«

Der Mann runzelte die Stirn und zückte sein Handy. Lupi sah, wie er »Busenberg« eintippte und darauf wartete, dass die Seite lud.

»Das ist in der Pfalz«, erklärte sie und lächelte.

»Also gut«, sagte der Mann schließlich. »Wenn dir noch was einfällt … oder wenn Herr Chrissen nach Hause kommt, dann kannst du mich vielleicht anrufen, okay?«

Er zog eine Visitenkarte aus dem Handschuhfach und reichte sie Lupi. Dann legte er sein Handy beiseite, startete den Motor und fuhr davon.

»Christian Korb, freier Journalist …«, las Lupi leise. Ohne zu zögern, zerknüllte sie die Karte in der Hand und wechselte auf die andere Straßenseite.

Becky hatte gekocht, und am meisten erstaunte Lupi, dass es nicht mal schlecht schmeckte.

»Diese Frau Doktor hat einen Haufen Kochbücher, ich werde hier noch zur Profiköchin!« Becky führte sich die Gabel mit der linken Hand zum Mund und verlor unterwegs die Hälfte. »Vielleicht kann ich hinterher in einem Restaurant anheuern, das wär doch was, oder?« Sie grinste.

Lupi lächelte zurück und spießte ein paar Nudeln auf. Sie wollte lieber nicht wissen, wie es in der Küche aussah, wenn Becky nicht einmal in der Lage war, die Gabel richtig zu halten. Aber das spielte jetzt keine Rolle. Das alles hier fühlte sich seltsam normal an, und Lupi konnte sich im Moment nichts Schöneres vorstellen.

Als sie sich Wasser nachschenkte, hielt Becky plötzlich beim Kauen inne und starrte auf Lupis Verband. »Was ist mit deiner Hand passiert?«

Lupi zuckte ertappt zusammen. Sie hatte ihre Verletzung vollkommen vergessen. »Ich … hab mich an einer Scherbe geschnitten.«

Becky zog misstrauisch die Augenbrauen zusammen. »War das etwa wieder dieser Victor?«

Lupi schüttelte den Kopf. »Erstens heißt er Vincent. Und zweitens hat er nichts damit zu tun.« Hastig trank sie einen Schluck Wasser und war froh, dass sie nicht einmal hatte lügen müssen.

Becky blieb trotzdem skeptisch. Entschlossen legte sie ihre Hand auf Lupis Arm und sah ihr in die Augen. »Wenn dich jemand ärgert oder verletzt … dann bin ich da! Das weißt du, oder?«

Lupi erwiderte ihren Blick und nickte dann nachdenklich. »Ich weiß. Aber Vincent hat wirklich nichts damit zu tun.«

Becky gab nach und deutete seufzend mit der Gabel auf den stümperhaften Verband. »Nach dem Essen guck ich mir das noch mal an. Vielleicht finde ich was zum Desinfizieren.«

Lupi lächelte und lud noch ein paar Nudeln auf ihren Teller. »Wie geht's deiner Schulter?«

»Wird immer besser«, antwortete Becky mit vollem Mund und tippte sich an die Schlinge. »Nächste Woche nehme ich das blöde Ding ab. Ich fühle mich damit wie ein Hund an der Leine.«

Instinktiv verzog Lupi das Gesicht. Eigentlich fand sie den Gedanken, dass ihre Mutter sich nicht frei bewegen konnte, ganz beruhigend. Aber bevor sie noch etwas einwenden konnte, preschte Becky bereits mit ihrer nächsten Idee vor.

»Was hältst du davon, wenn wir morgen einen Ausflug machen?«

»Einen Ausflug?« Lupi konnte sich nicht erinnern, wann sie das letzte Mal einen Ausflug gemacht hatten.

»Vielleicht gehen wir in den Zoo. Oder wir schnappen uns eine Decke und machen ein Picknick im Park!«

Lupi zögerte. Sie hatte wirklich Lust, etwas mit Becky zu unternehmen – aber gerade morgen?

»Morgen hab ich leider schon was vor …«

Becky blickte sie überrascht an. »Jetzt sag bloß nicht, dass du wieder für die Schule lernen musst?«

Lupi nickte gequält.

Stöhnend schob Becky ihren Teller von sich. »Es ist Wochenende, die Sonne scheint! So wichtig kann diese Schulsache doch gar nicht sein!«

»Ist sie aber«, erwiderte Lupi zerknirscht. Wenn Becky nur wüsste! Jacob Chrissen war nicht nur wichtig, nein, er war mit Abstand die wichtigste und schwerste Sache, die Lupi jemals hatte bewältigen müssen!

»Kannst du das nicht auf einer Decke im Park erledigen?«, wagte Becky einen letzten Vorstoß, aber Lupi schüttelte entschuldigend den Kopf und begann den Tisch abzuräumen.

Sie war beinahe gerührt, als ihr in der Küche auffiel, dass Becky schon wieder die Katze versorgt hatte. Vielleicht lag es an der Wohnung, vielleicht auch an etwas, das irgendwie in der Luft lag, aber auf einmal hatte Lupi das beruhigende Gefühl, dass sich alles in die richtige Richtung entwickelte. Vorsichtig tastete sie nach dem gefalteten Zeitungsartikel in ihrer Hosentasche.

Sie hatte einen Plan. Und alles würde gut werden.

15

Jacob fiel unsanft aus Jimmys Bett, als am nächsten Morgen jemand von außen gegen das Zimmerfenster klopfte. *Lupi* … Insgeheim hatte er gehofft, die ganze Sache wäre nur ein dummer Traum gewesen, aber nun stand sie hier, leibhaftig und ziemlich lebendig, und sah ihn erwartungsvoll durch die Scheibe an.

Jacob stöhnte und richtete sich mühsam vom Boden auf. Als er das Fenster öffnete, lächelte sie dankbar und kletterte ins Zimmer. Sofort wanderte ihr Blick an Jacobs Arm hinab. »Dir ist schon klar, dass Gewalt keine Lösung ist?«

Erst als Jacob ihrem Blick folgte, verstand er, wovon sie sprach: Er hielt noch immer Jimmys Holzsäbel in der Hand.

Müde warf Jacob die Spielzeugwaffe aufs Bett. »Musst du nicht in die Schule?«

»Heute ist Samstag. Das heißt, ich habe zwei volle Tage Zeit für dich!« Mit einem breiten Grinsen verschwand die Kleine in den Flur. Jacob folgte ihr resigniert.

In der Küche zog sie zielsicher ein paar Schubladen auf, schnappte sich ein Geschirrtuch und eine Schere und dirigierte ihn auf einen der Stühle. »Sitz still, dann kann ich gleich anfangen.«

»Anfangen womit?«, fragte er unsicher. Ihm fiel auf, dass sein Verband von gestern weg war und stattdessen ein kleines, sauberes Pflaster auf ihrer Hand klebte.

»Du brauchst eine neue Frisur«, erklärte sie.

»Was?« Jacob versuchte aufzustehen, aber Lupi drückte ihn wieder auf den Stuhl und band ihm das Geschirrtuch um den Hals.

»Stillhalten!«

Entrüstet drehte er sich zu ihr um. »Vergiss es! Du schneidest mir ganz sicher nicht die Haare!«

Lupi legte ihm die Hand auf die Schulter. »Keine Angst, ich kann das!«

»Das seh ich an deinem Pony!«, erwiderte Jacob und versuchte, das Handtuch zu lösen.

»Den hab nicht ich gemacht, okay?«

Jacob konnte sich nicht verkneifen, laut aufzulachen. »Klar, das war bestimmt die Zahnfee!«

»Nein, das war Vincent.«

»Vincent wer?«

»Ist doch egal.« Sichtlich genervt drückte Lupi ihn ein weiteres Mal nach unten. »Halt still und lass dir die Haare schneiden. *Glück kommt von innen – aber manchmal folgt innere Veränderung auch auf äußere!*«

Jacob runzelte die Stirn. Fing sie jetzt etwa an, irgendwelche dämlichen Kalendersprüche zu zitieren? Nachdem er sie ein paar Sekunden mit seinem finsteren Blick durchbohrt hatte, stieß sie ein Seufzen aus und zuckte mit den

Schultern. »Außerdem wär's gut, wenn man dich nicht sofort erkennt. Gestern stand schon einer von der Zeitung vor der Tür und hat nach dir gefragt.«

Jacob hielt überrascht inne. »Und … was hast du gesagt?«

»Dass du zu deiner Schwester gefahren bist. Nach Busenberg.«

Jacob sah sie sprachlos an. »Busenberg?«

Grinsend hob Lupi die Schere. »Bis der merkt, dass du nicht in der Pfalz bist, ist mindestens eine Woche vergangen. Aber wir müssen trotzdem vorsichtig sein, vielleicht kommen noch mehr von denen. Du lässt dir am besten den Bart wachsen, dann können wir ungestört vor die Tür gehen.«

Jacob war viel zu perplex, um weiter zu protestieren. Sie warteten vor der Tür auf ihn? Natürlich, Carla hatte ihn gewarnt, und er selbst hatte auch gewusst, dass sie kommen würden – aber irgendwie war er nicht davon ausgegangen, dass er dann noch am Leben wäre.

Regungslos saß er da und ließ zu, dass Lupi mit der Schere seinen Kopf bearbeitete.

»Ich gehe nicht vor die Tür«, stellte er klar, als sie ihm das Geschirrtuch schließlich wieder abnahm.

»So schlimm sieht es nun auch wieder nicht aus!« Sie lief in den Flur und kam mit dem kleinen Spiegel zurück, den Sarah über das Schuhregal gehängt hatte. Jacob schob ihn zur Seite, ohne hineinzublicken.

»Ich gehe nicht vor die Tür!«, wiederholte er entschlossen.

»Aber du hast mir zehn Tage versprochen!«, protestierte Lupi. »Wie soll ich dich denn von irgendwas überzeugen, wenn wir hier drinnen versauern?«

»Es war nie die Rede davon, dass wir rausgehen!« Trotzig verschränkte er die Arme vor der Brust.

Lupi betrachtete ihn sprachlos. Dann legte sie entmutigt die Schere weg und ließ sich auf einen Stuhl sinken. Offenbar hatte sie nicht damit gerechnet, dass es so kompliziert werden würde.

In diesem Moment begann plötzlich Jacobs Magen zu knurren, und auf Lupis Gesicht zeichnete sich augenblicklich ein Grinsen ab. »Du hast Hunger«, stellte sie fest.

»Hab ich nicht«, behauptete er, aber sein Magen strafte ihn Lügen, indem er ein zweites Mal knurrte.

Lupi sprang auf und riss die Kühlschranktür auf. Beim Anblick seines Inhalts verschwand ihr Lächeln. »Wann hast du das letzte Mal was gegessen?«

Jacob zuckte die Achseln. Er konnte sich nicht erinnern, nach Verlassen der Klinik überhaupt noch etwas zu sich genommen zu haben. Bisher hatte ihn das nicht gestört, er hatte nicht einmal daran gedacht. Jetzt aber konnte er seinen leeren Magen plötzlich kaum noch ertragen.

Verdammt! Warum versagte sein Wille immer genau dann, wenn dieses komische Mädchen hier war? Zum dritten Mal krampfte sich sein Magen zusammen und knurrte.

Lupi schloss die Kühlschranktür. »Du kommst mit zu mir.«

»Auf keinen Fall!«, protestierte Jacob.

»Ist es dir lieber, wenn wir in ein Restaurant gehen?«

Jacob zuckte zusammen. Unter keinen Umständen würde er noch mal in ein Lokal gehen. Die Begegnung mit Richard hatte ihm gereicht. »Ich will nirgendwo hingehen, und ich brauche auch nichts zu essen!«

Lupi rückte sich die Brille zurecht. »*Gesunde Ernährung ist wichtig für Ihr inneres Gleichgewicht.*«

Na toll! Jacob rollte mit den Augen. Schon wieder so eine dämliche Glückskeksweisheit.

Lupi presste die Lippen zusammen. »Du hast mir versprochen, dass du zehn Tage am Leben bleibst. Wenn du nicht bald was isst, bist du so gut wie tot. Also los! Bei mir gibt es Brot und Käse. Und du willst mir doch nicht erzählen, dass du es nicht mal über die Straße schaffst?« Auf einmal wirkte sie ernsthaft verärgert.

»Kannst du mir nicht einfach was holen?«, fragte Jacob. Als er Lupis strengen Blick sah, stöhnte er. Sie würde ihm nichts holen, so viel war klar. »Also gut«, gab er mit einem Seufzen nach. »Dann gehen wir eben zu dir.«

Obwohl er wieder Sarahs Schirmmütze trug, blendete ihn das helle Licht draußen. Jacob sehnte sich mit jeder Faser seines Körpers nach der schützenden Abgeschiedenheit seiner eigenen vier Wände zurück.

Wenigstens hatte Lupi nicht gelogen. Ihre Wohnung lag tatsächlich schräg gegenüber. Mit hochgezogenen Schultern und gesenktem Kopf eilte Jacob über die Straße und folgte ihr in den Hauseingang. »Bist du sicher, dass deine Eltern nichts dagegen haben?«

»Meine Mutter ist im Park.« Lupi drehte den Schlüssel im Schloss.

»Und dein Vater?«, hakte Jacob nach, während sie gemeinsam in das kühle Treppenhaus schlüpften.

»Der ist nicht da.« Hastig ging sie weiter zu ihrer Wohnungstür.

Jacob nahm sich seine Kappe vom Kopf und zuckte zusammen, als sein Blick dabei die schmalen Spiegelfliesen an der Wand streifte. Aber die neue Frisur sah tatsächlich nicht so schlimm aus, wie er befürchtet hatte.

Lupi winkte ihn an die Wohnungstür im Erdgeschoss. Bevor sie ihn in den Flur zog, erhaschte er einen Blick auf das Schild unter dem Türspion.

»*Dr. Vogler*«, las er und blickte Lupi anerkennend an. »Jetzt weiß ich, warum du so eine Klugscheißerin bist.«

Lupi runzelte verständnislos die Stirn.

»Das Namensschild«, erklärte Jacob, aber sie verdrehte nur die Augen und schloss die Wohnungstür hinter ihm. Schnell zog sie ihn mit sich in die Küche.

Er sah sich neugierig um. Die Küche war modern und ohne Frage äußerst kostspielig eingerichtet. Lupi öffnete die Tür des riesigen Kühlschranks und lud sich die

Arme zielstrebig mit Butter, Käse und Gemüse voll. Zuletzt holte sie Brot aus einem Korb und drückte es Jacob in die Hand.

»Messer und Teller findest du in dem Schrank dort. Ich muss dringend aufs Klo.« Sie verschwand in Richtung Bad.

Jacob blieb einen Moment regungslos stehen. Obwohl sein Magen noch immer knurrte, keimte mit einem Mal Neugier in ihm auf. Das Mädchen war seltsam, keine Frage. Aber vielleicht würde er ja hier erfahren, was es mit ihr auf sich hatte? Wie kam ein Kind auf die Idee, sich derart in das Leben eines Fremden einzumischen? Und wie schaffte die Kleine es immer wieder, ihn zu Dingen zu bewegen, die er eigentlich auf keinen Fall tun wollte?

Ein paar Sekunden lang versuchte er, dem Impuls zu widerstehen. Doch dann legte er das Brot ab und schlich hinaus in den Flur. Nun, da er schon mal hier war, würde er einen kurzen Blick in die anderen Zimmer werfen, was sollte das schon schaden?

Behutsam setzte er einen Fuß vor den anderen. Lupis Eltern hatten eindeutig Geschmack – warum in aller Welt ließen sie ihre Tochter dann so merkwürdig herumlaufen?

Als er im Schlafzimmer stand und das ungemachte Bett betrachtete, hörte er plötzlich ein Geräusch hinter sich. Es war weder die Toilettenspülung noch Lupi. Nein, es klang eher wie ein Schlüssel, der sich im Schloss drehte.

Verdammt! Panisch wollte Jacob zurück in die Küche

eilen, doch da öffnete sich bereits die Wohnungstür, und eine Frau wirbelte in den Flur.

Jacob wollte etwas sagen, war aber viel zu überrascht von ihrer Erscheinung. Sie war schlank und hübsch und hatte wilde rotbraune Locken, die in alle Richtungen von ihrem Kopf abstanden. Ihr rechter Arm steckte in einer Schlinge. Sie hatte nicht besonders viel Ähnlichkeit mit Lupi, und sie sah überhaupt nicht aus wie die Frau Doktor, die er sich vorgestellt hatte.

Offenbar war sie von seiner Erscheinung ebenso überrascht, denn es dauerte einen Moment, bis sie sich aus ihrer Schockstarre löste und finster die Augen zusammenkniff. »Sie sind doch die Arschgeige aus dem Krankenhaus!«

Jacob runzelte die Stirn. Er hatte mit allem Möglichen gerechnet, aber das hier konnte er nicht einordnen. *Arschgeige?* Und was hatte das alles mit dem Krankenhaus zu tun …?

»Hören Sie, Frau Vogler, das ist ein Missver…«, setzte er hilflos an, aber da hatte Lupis Mutter bereits mit der linken Hand in die Tasche gegriffen und eine faustgroße Spraydose hervorgezogen. Noch bevor Jacob realisieren konnte, um was es sich handelte, drückte sie auf den Sprühkopf.

Und im nächsten Moment brannten seine Augen, als hätte er direkt ins Höllenfeuer geblickt.

16

»Bist du verrückt geworden? Du kannst ihn doch nicht umbringen!«

Lupi hatte Beckys Schlüssel im Schloss gehört und sich auf das Schlimmste gefasst gemacht, aber das hier übertraf all ihre Befürchtungen: Jacob lag wimmernd am Boden und rieb sich die Augen.

Atemlos beugte Lupi sich über ihn. »Jacob? Ist alles in Ordnung?« Doch statt einer Antwort stieß er nur einen weiteren Schrei aus und presste sich die Handflächen gegen die Lider.

Becky hielt immer noch die Spraydose auf ihn gerichtet und zog Lupi zurück. »Geh weg von ihm! Du weißt nicht, ob er bewaffnet ist!«

Jetzt reichte es ihr. Verärgert schob Lupi das Pfefferspray zur Seite. »Natürlich weiß ich das! Ich hab ihn schließlich hergebracht!«

»Was?« Fassungslos ließ Becky die Dose sinken. »Du hast den Kerl hier reingelassen?«

Lupi presste wütend die Lippen zusammen. Jetzt war nicht die Zeit für große Diskussionen. Sie musste Jacob retten! Hektisch beugte sie sich zu ihm hinunter und tätschelte seine Wange. »Ich hole Wasser, Jacob, hörst du?«

Becky starrte sie ungläubig an und folgte ihr dann in die Küche. »Woher kennst du seinen Namen?«

Lupi ignorierte ihre Frage und riss stattdessen einen Küchenschrank auf, doch Becky packte sie energisch am Arm. »Woher du seinen Namen kennst!«

»Er hat mir gesagt, wie er heißt, okay?« Lupi machte sich aus ihrem Griff los. »Aber das hätte er sicher nicht getan, wenn er gewusst hätte, dass du ihm dafür die Augen verätzt!« Sie konnte nicht glauben, dass Becky wieder mal alles kaputt machte. Es war ja schon wenig ratsam, einem ganz normalen Menschen das Augenlicht zu rauben, aber *Gott*? Damit hatte sie auf einen Schlag einen gewaltigen Haufen *Fahr-zur-Hölle*-Punkte gesammelt, einen Haufen, der höher war als der Mount Everest! Wütend zog Lupi einen Topf aus dem Schrank.

Becky brauchte einen Moment, um ihre Verblüffung abzuschütteln. »Vergiss es, Lupi, du schuldest mir eine Erklärung! Ich komme nach Hause und entdecke einen wildfremden Mann in unserem Flur!«

»Er war dir nicht fremd«, erwiderte Lupi trotzig und füllte den Kochtopf mit kaltem Wasser. »Ich hab durch die Klotür gehört, dass du ihn erkannt hast!«

»Ja!«, gab Becky schnaubend zu. »Ich hab in ihm ein rücksichtsloses *Arschloch* wiedererkannt, das plötzlich mitten in unserer Wohnung stand! Was hätte ich denn tun sollen?«

»Guten Tag sagen, zum Beispiel?« Lupi drehte den

Hahn ab und hievte den schweren Topf aus dem Spülbecken.

»Guten Tag?«

»Wäre zumindest besser gewesen, als ihn blind zu machen!« Mühevoll schleppte sie den Topf in den Flur. Jacob lag noch immer stöhnend auf dem Boden. Als das kalte Wasser in sein Gesicht spritzte, hustete er und wimmerte dann nur noch leise.

»Was … was war das, verdammt?« Keuchend wischte er sich mit dem Handrücken über die feuerroten Lider und richtete sich auf.

Lupi ließ den leeren Topf auf den Boden krachen, öffnete die Badezimmertür und warf ihm gleich darauf ein Handtuch zu. »Tut mir leid. Pfefferspray muss man mit viel Wasser ausspülen.«

»Pfefferspray?« Vorsichtig rieb sich Jacob mit dem Handtuch über das Gesicht und versuchte, zwischen seinen geschwollenen Lidern hindurchzublinzeln.

In diesem Moment kam Becky herbeigeschossen und entriss ihm das Handtuch. »Sie verschwinden jetzt! Sofort!«

Ungläubig deutete Jacob auf sie. »Sie … Sie haben mich angegriffen!«

»Und ich werde es wieder tun, wenn Sie Ihren Puderzuckerarsch nicht augenblicklich hier rausbewegen!« Drohend griff sie ein weiteres Mal nach dem Pfefferspray und wedelte damit vor Jacobs Gesicht herum.

Lupi sprang zornig dazwischen und schlug ihr die Dose aus der Hand. »Lass den Blödsinn! Geht man so etwa mit Gästen um?«

»Gäste?« Becky blies sich eine wilde Locke aus dem Gesicht. »Der Kerl ist kein Gast, sondern ein Eindringling!«

Lupi stieß einen Seufzer aus und blickte entschuldigend zu Jacob. »Darf ich vorstellen: Das ist Becky, meine Mutter.«

Jacob versuchte nach wie vor, die Augen zu öffnen, aber es schien nicht zu klappen. Wie auch? Seine Lider sahen aus wie dicke rote Schlauchboote.

Lupi reichte ihm erneut das Handtuch. »Sie hat dich für einen Einbrecher gehalten. Es tut ihr leid!«

»Tut es nicht!«, erwiderte Becky trotzig.

Jacob starrte sie einen Moment an, als wäre sie ein seltenes Ausstellungsstück, dann stieß er ein heiseres Lachen aus.

»Was ist denn bitte so lustig?«, blaffte Becky, doch als Jacob sich mit dem Handtuch über die Augen fuhr, verging ihm das Lachen, und er verzog das Gesicht vor Schmerz.

»Ich könnte Sie verklagen!«

Becky runzelte die Stirn. »Verklagen? Dafür, dass Sie in meine Wohnung eingedrungen sind?«

Natürlich war das hier nicht ihre Wohnung, aber Lupi verzichtete darauf, sie auf diesen Umstand hinzuweisen. Stattdessen stellte sie sich zwischen die beiden. »Keiner verklagt hier irgendwen! Lasst uns einfach noch mal von vorne anfangen!«

»Du meinst da, wo dieser Lackaffe uns das Taxi vor der Nase weggeschnappt hat?«, hakte Becky nach.

Jacob machte ein fragendes Gesicht. Offenbar hatte er noch immer keinen blassen Schimmer, wovon Becky sprach. »Nimmt deine Mutter vielleicht Tabletten?«, fragte er. »Sollten wir einen Arzt rufen? Offensichtlich sind ein paar Sicherungen in ihrem Kopf durchgebrannt!«

»Sicherungen?« Becky schnappte empört nach Luft und sammelte sich für einen neuen Angriff.

»Schluss jetzt, es reicht!« Lupi stampfte mit dem Fuß auf. »Wollen wir uns nicht endlich wie Erwachsene verhalten?« Sie blickte zwischen Jacob und ihrer Mutter hin und her, bis Letztere mit der unverletzten Schulter zuckte.

»Meinetwegen. Wenn wir alle so wahnsinnig erwachsen sind, erklär mir doch bitte, was ein wildfremder Mann in unserem Flur macht! Ich dachte, du wolltest für die Schule lernen?«

»Lernen?« Jacob lachte auf. »Sie hat mir erst die Haare geschnitten und mich dann in diese Falle gelockt!«

»Er hatte Hunger«, gab Lupi zurück. »Und sein Kühlschrank war leer.«

»Heißt das etwa, du warst bei dem Kerl zu Hause?«, fragte Becky fassungslos.

Zerknirscht senkte Lupi den Blick. Sie wusste, dass es schwer werden würde, ihrer Mutter die ganze Wahrheit zu erzählen. »Jacob ist kein Fremder. Er ist so was wie ... mein Freund.«

»Dein Freund?« Ungläubig starrte Becky sie an. »Ein Freund sollte doch zumindest ansatzweise in deinem Alter sein! Der Kerl hier ist mindestens fünfzig!«

»Fünfunddreißig!«, korrigierte Jacob sie schmallippig. »Und außerdem bin ich nicht ihr Freund! Sie hat vorgestern einen Ziegelstein durch meine Fensterscheibe geschmissen!«

Lupi merkte, dass er die Verblüffung genoss, die Becky ins Gesicht geschrieben stand.

»Stimmt das?« Becky fasste an Lupis Kinn und sah ihr in die Augen.

»Ich ... hab es nicht absichtlich gemacht«, flunkerte sie kleinlaut.

Jacob lachte auf. »Natürlich hast du das! Absichtlicher ging es nicht!«

Becky sah sie eindringlich an, und ihre Augen schienen Funken zu sprühen. Am liebsten wäre Lupi jetzt wie früher hinter ihren blonden Ponysträhnen verschwunden, aber Vincent hatte ihr die Haare über der Stirn viel zu kurz geschnitten. Resigniert ließ sie die Schultern hängen und nickte vorsichtig. Aber bevor Becky nachhaken konnte, redete Jacob weiter: »Sie denkt, ich wäre Gott!«

Becky sah sie überrascht an. Mit einem Mal schien sie nicht mehr wütend zu sein, sondern wirkte betroffen. »Hat das was mit deinem Anhänger zu tun?«, fragte sie.

Lupi biss sich auf die Lippe. Becky hielt nicht viel von dem kleinen silbernen Schmuckstück, das immer um ihren Hals baumelte, und von Gott hielt sie noch viel weniger. Lupi hatte längst aufgegeben, mit ihr darüber zu diskutieren, woran sie glaubte oder nicht. Noch viel schlimmer aber war die Vorstellung, ihr erklären zu müssen, warum sie diesen Gott gerade jetzt dringender brauchte als je zuvor. *Pflegefamilie!* Allein bei dem Gedanken geriet ihr Herzschlag aus dem Takt. Sie wollte nicht in irgendeiner fremden Familie landen, nein, sie wollte bei Becky sein! Aber wie um Himmels willen sollte sie ihrer Mutter all das erklären, ohne die Situation noch schlimmer zu machen?

»Ob das was mit deinem Anhänger zu tun hat«, wiederholte Becky jetzt etwas schroffer und ging vor ihr in die Hocke. Lupi spürte, dass die Luft dünner wurde.

In diesem Moment mischte sich Jacob ein. »Was denn für ein Anhänger?«

Von einer Sekunde auf die andere kehrte Beckys ganzer Zorn zurück, und sie richtete sich auf. »Raus hier. Raus!« Sie deutete auf die Tür.

Jacob zuckte zusammen, dann schüttelte er betont gleichmütig den Kopf und legte das Handtuch auf die Kommode. »Ich wollte sowieso gerade gehen.«

»Gut!«, giftete Becky hinter ihm her. »Und wehe, Sie kommen wieder, dann hetze ich Ihnen nämlich die Bullen auf den Hals!«

Jacob stieß ein heiseres Lachen aus und griff nach der Türklinke. »Die machen mir auch nicht mehr Angst als Sie!«

Aber Becky war noch nicht fertig. »Und lassen Sie ja die Finger von Lupi!«

»Wie bitte?« Fassungslos drehte Jacob sich zu ihr um.

»Ich will Sie nie wieder in der Nähe meiner Tochter sehen, sonst mach ich Ihnen die Hölle heiß!«

Auf einmal hatte Lupi das Gefühl, als rutsche ihr Herz wie ein schwerer, nasser Putzlappen auf den Boden. Becky wollte ihr den Umgang mit Jacob verbieten? Ausgerechnet jetzt? Nein, das durfte nicht sein! Die Gedanken sprangen durch ihren Kopf wie tausend kleine Flummis, doch als Lupi endlich einen von ihnen zu fassen bekam und protestieren wollte, packte Becky sie am Arm und brachte sie mit einem eisigen Blick zum Schweigen.

Jacob betrachtete Becky finster. »Glauben Sie mir: Ich will nichts mit Ihrer Tochter zu tun haben. Ich wünschte sogar, sie wäre nie in mein Leben getreten.« Mit diesen Worten verschwand er im dunklen Treppenhaus und zog energisch die Tür hinter sich ins Schloss.

17

Seine Augen brannten wie ein Feuerwerk. Bei den Schmerzen war es schwer, einen klaren Gedanken zu fassen – aber wie sollte er diese Sache vernünftig zu Ende bringen, wenn er nicht Herr all seiner Sinne war?

Jacob ging ans Fenster und zog mit einem Ruck die Vorhänge zu. Das Sonnenlicht war unerträglich. *Sieh her,* schien es ihn zu verhöhnen, *ist das Leben nicht wunderbar?*

Wunderbar? Tss! Jacob schleppte sich am Couchtisch vorbei und ließ sich aufs Sofa fallen. Wunderbar war nur, dass er das Mädchen endlich los war! Die verrückte Mutter mit den wilden Locken hatte ihm die Aufgabe abgenommen, an der er selbst gescheitert war, und jetzt war er endlich frei – frei, das zu tun, was er sich vorgenommen hatte. Das alles hier musste aufhören!

Wenn nur seine Augen nicht so höllisch brennen würden!

Was hatte er sich bloß dabei gedacht, mit Lupi mitzugehen? Und viel mehr noch: Was fiel diesem Kratzbesen von Mutter eigentlich ein, ihn mit Pfefferspray außer Gefecht zu setzen?

Vorsichtig betastete Jacob seine Lider. Verdammt!

Musste er auf seinen letzten Metern wirklich noch solche Schmerzen haben? Stöhnend fuhr er sich mit der Hand durch die Haare und hielt erschrocken inne, als er die raspelkurzen Stoppeln unter seinen Fingerkuppen spürte. In all der Aufregung hatte er glatt vergessen, dass Lupi ihm eine neue Frisur verpasst hatte. Er musste an ihre Glückskeksweisheit denken: *Manchmal folgt innere Veränderung auch auf äußere.* Wenn es nach Sarah gegangen wäre, hätte sich an ihrem gemeinsamen Leben niemals etwas geändert, ob es um Haarschnitte ging oder um neue Möbel, von Umzügen ganz zu schweigen. Oftmals war Jacob schier verzweifelt an ihrem Wunsch nach Beständigkeit, an ihrer Sehnsucht, an Dingen festzuhalten, als könnte man damit verhindern, dass sie sich änderten. Dabei war Veränderung doch der Motor des Lebens! Nur Bewegung sorgte für Fortschritt und Erfolg! Warum wollte sie das nicht verstehen? Warum ließ sie nicht zu, dass sich das Leben weiterentwickelte?

»Wenn du unbedingt nach New York willst, musst du eben ohne uns gehen.« Das hatte sie kurz vor dem Empfang im Hotel zu ihm gesagt, und Jacob hatte sich gefühlt, als hätte sie ihm einen nassen Waschlappen ins Gesicht geklatscht. Für einen Moment war ihm die Luft weggeblieben. Ohne seine Familie nach Amerika, ohne Jimmy?

»Willst du etwa, dass wir uns trennen?«, hatte er ungläubig gefragt und dabei beobachtet, wie ihre schlanken Finger unsicher über die roten Flecken an ihrem Hals strichen. Dann hatte sie ihm plötzlich direkt in die Augen gesehen.

»Ich will, dass du endlich eine Entscheidung triffst, Jacob.«

Und irgendwie war er in diesem Moment das Gefühl nicht losgeworden, dass es dabei nicht nur um New York ging.

Jacob atmete tief durch. Was sollten diese ganzen Gedanken jetzt noch? Er durfte sich jetzt nicht von alten Erinnerungen lähmen lassen, die würden ihn nur unnötig lange von seinem Vorhaben ablenken. Er musste jetzt sofort handeln!

Entschlossen hob er die Hände und kniff sich so fest in die Augenlider, dass ihn der Schmerz zwang, vom Sofa aufzuspringen. Jedes Gefühl war besser als keines, denn es gab ihm Antrieb. Beinahe war er der irren Lockenfrau von gegenüber dankbar, dass sie ihn mit ihrem blöden Spray attackiert hatte!

Der beißende Schmerz trieb Jacob in die Küche. Er würde sich ein Kühlpaket auf die Augen legen, den Schmerz lindern und dann endlich einen vernünftigen Plan schmieden.

Als er die Kühlfachtür aufriss, fiel ihm ein mit Fruchtsaft gefüllter Joghurtbecher entgegen. Jimmy hatte große Freude daran gehabt, sich selber Eis zu machen, und für dieses hier hatte er offenbar einen klebrigen gelben Saft benutzt. An der Oberfläche hatten sich Eiskristalle gebildet, und Jimmy hatte einen Kaffeelöffel als Stiel in den Becher gesteckt. Jacob fuhr vorsichtig mit der Zunge über die Kristalle.

Mango, es war eindeutig Mangosaft … Angewidert stellte er den Becher auf die Anrichte neben der Spüle und steckte den Kopf tiefer ins Eisfach. Broccoli, Blumenkohl, eine angebrochene Packung Fischstäbchen – aber weit und breit kein Kühlpaket. Dass sie für den Notfall nicht ausgerüstet war, sah Sarah überhaupt nicht ähnlich.

In der allerhintersten Ecke entdeckte Jacob eine kleine Plastikdose, verloren wie ein Kind, das vergeblich darauf wartet, von der Schule abgeholt zu werden. Jacob wollte das Kühlfach schon wieder schließen, doch dann siegte die Neugier. Was um alles in der Welt hatte Sarah hier wohl eingefroren?

Vorsichtig nahm er die Dose heraus und schloss das Tiefkühlfach. Als er sie behutsam schüttelte, klapperte etwas darin. Mit zwei Fingern fuhr Jacob unter den zugefrorenen Deckel und löste ihn.

Im nächsten Moment stockte ihm der Atem. Im Inneren der Dose befand sich ein kleines Buch – und obwohl seine Augen brannten und sein Blick verschwommen war, erkannte er es sofort. Er hatte es schon lange nicht mehr gesehen. Damals hatte er die wichtigsten Telefonnummern aus seinem Handy darin notiert, für den Fall, dass das Gerät einmal verloren ging. Nummern von Leuten, die ihm wichtig erschienen, die er von Partys oder Presseevents kannte, mit ein paar Notizen dazu. Und auch die Nummern einiger Frauen, denen er auf seinem Handy keinen Platz einräumen wollte, weil er befürchtete, dass Sarah das Telefon irgendwann in die Hände bekommen und Fragen stellen würde.

Meggies Nummer stand auch darin.

Er hatte Meggie auf einer Filmpremiere kennengelernt und sofort gemerkt, dass sie auf einer Wellenlänge waren. Natürlich, sie war auch hübsch und jung und witzig, aber Jacob hatte sich eingeredet, es sei ihr herausragender Abschluss in Kommunikationswissenschaften, der ihn beeindruckte. Bei Markus hatte er sie umgehend als seine persönliche Assistentin ins Gespräch gebracht. Doch bevor er sie zum Bewerbungsgespräch hatte einladen können, war das kleine Notizbuch plötzlich verschwunden.

Sarah hatte ihn dabei erwischt, wie er hektisch die Schmutzwäsche im Bad nach dem Buch durchwühlte, und als er irgendwas von wichtigen Telefonnummern gemurmelt hatte, war wieder mal ein lächerlicher Streit zwischen ihnen entbrannt.

»Kennst du eigentlich meine Handynummer?«, hatte Sarah ihn gefragt und dabei energisch die Tür der Waschmaschinentrommel zugestoßen.

»Natürlich«, hatte Jacob erwidert, »ich ruf dich doch ständig an!«

»Ja, weil die Nummer in deinem Handy gespeichert ist. Aber kennst du sie auch auswendig?«

»Auswendig?« Jacob hatte zunächst gelacht, an Sarahs Blick aber gemerkt, dass sie die Situation kein bisschen witzig fand. »Warum ist es denn so wichtig, dass ich deine Nummer auswendig kenne?«

»Weil ich die Eine bin, Jacob«, hatte sie nach einer kurzen Pause leise erwidert. »Die Eine, die du kennen solltest.« Dann war sie aus dem Badezimmer verschwunden.

Jacob hielt die Luft an, während er durch die kalten Seiten des Buches blätterte. Bei Meggies Nummer hielt er inne.

Sie hatten trotzdem noch zueinandergefunden, denn ein paar Tage später war sie ihm zufällig vor dem Sender über den Weg gelaufen. Markus hatte nichts dagegen gehabt, sie vom Fleck weg einzustellen. Und sie war tatsächlich so talentiert gewesen, wie es ihr Abschluss versprochen hatte, voller Esprit und aufregender Ideen. Vor allem aber war sie so unfassbar leicht zu beeindrucken. Es hatte sich gut angefühlt, jemanden an seiner Seite zu wissen, der nicht ständig auf Probleme hinwies, sondern offen war für Lösungen – seine Lösungen.

Meggie.

Und Sarah …

Jacob und sie hatten nie wieder über die Angelegenheit gesprochen, Sarah hatte ihn nicht noch einmal gefragt, ob er ihre Nummer kannte, und Jacob hatte die Sache schnell vergessen.

Jetzt aber ließ ihn das alles auf einmal nicht mehr los.

Sarah hatte das Buch gekannt, und mehr noch: Sie hatte es weggepackt und eingefroren, dort, wo Jacob es niemals hätte finden sollen.

Wieso hatte sie es nicht einfach weggeworfen? Warum hatte sie ihn nicht zur Rede gestellt?

Gedankenversunken ließ er das Buch ins Spülbecken fallen und ging hinaus auf den Flur. Als er den Telefonhörer nahm, merkte er, dass seine Hände feucht waren und seine Finger zitterten. Einen kurzen Moment verharrte sein Zeigefinger über der Zwei, der Kurzwahltaste, unter der Sarahs Handynummer gespeichert war, bevor er sie drückte. Dann wartete Jacob, bis die Mailbox ansprang.

Der Klang ihrer Stimme zog ihm den Boden unter den Füßen weg. Sie war hell und aufgeschlossen, fröhlicher sogar, als er sie in Erinnerung hatte, vor allem aber war sie lebendig.

Jacob musste schlucken. Wie lange würde es dauern, bis die Telefongesellschaft die Nummer neu vergab? Müsste er denen womöglich melden, dass Sarah … In diesem Moment verkündete der schrille Signalton, dass er nun eine Nachricht hinterlassen konnte.

Jacob hielt die Luft an. Wie oft hatte er an dieser Stelle gesprochen, ohne weiter darüber nachzudenken? Meistens hatte er gesagt, dass er später kommen würde, dass ihm noch etwas dazwischengekommen sei. Manchmal hatte er auch eine Nachricht für Jimmy hinterlassen, weil der Junge wissen sollte, dass sein Vater da war, auch wenn er nicht nach Hause kam.

Jacob wollte auflegen, aber er konnte es nicht. Seine Lippen waren rau und rissig, und seine Zunge fühlte sich plötzlich an, als hätte er seit Tagen nichts mehr getrunken. Er spürte, dass der Schmerz an seinen Augen nachgelassen hatte, ja, er fühlte nichts mehr von dem Brennen. Stattdessen war da plötzlich ein anderer Schmerz, irgendwo tief in seinem Brustkorb, ein Schmerz, den kein Kühlpaket je würde lindern können.

Und dann auf einmal, ohne dass er hätte sagen können, woher die Kraft dazu kam, öffnete er die Lippen. Langsam und deutlich sprach er die elf Ziffern auf Sarahs Mailbox, die er schon immer auswendig gekannt hatte, auch wenn sie nie wieder darüber gesprochen hatten.

Elf Ziffern in der richtigen Reihenfolge – einer, die er niemals würde vergessen können.

Sarahs Nummer.

Weil sie endlich wissen sollte, dass sie die Eine war.

18

Die Sache war beschissen gelaufen, anders konnte man es nicht nennen, auch wenn Lupi keine Freundin von Kraftausdrücken war. Selten hatte sie Becky so wütend erlebt.

»Wie kannst du mich anlügen und dich dann mit diesem Pavianarsch rumtreiben?«

»Er ist kein Pavianarsch«, versuchte Lupi die Wogen zu glätten, »er ist Fernsehmoderator und hat gerade …«

»Du wirst ihn nie wiedersehen, hast du verstanden?«, fiel Becky ihr ins Wort und erstickte damit jede weitere Diskussion im Keim. »Nie. Wieder.«

Lupi zog sich mit einem trotzigen Türenknallen in ihr Zimmer zurück. Warum konnte nicht ein einziges Mal alles nach Plan laufen? Wieso musste Becky immer jeden Fortschritt zunichtemachen? Spürte sie denn nicht, dass hier etwas Großes in der Luft lag, etwas Wichtiges?

Seufzend nahm Lupi den Zeitungsartikel und ihre Liste aus der Nachttischschublade. Die wichtigsten zehn Punkte hatte sie sich aus dem Artikel über den Weg zum Glück herausgeschrieben. Das half dabei, den Überblick nicht zu verlieren.

- *Glück kommt von innen, aber manchmal folgt innere Veränderung auf äußere.*
- *Finden Sie etwas, das Ihnen Spaß macht!*
- *Ausgewogene Ernährung ist der Grundstein für Ihr seelisches Gleichgewicht.*
- *Suchen Sie sich eine Aufgabe!*
- *Wer sich gebraucht fühlt, sieht eher einen Sinn im Leben.*
- *Bewegung tut nicht nur dem Körper gut, sondern auch der Seele.*
- *Ordnung schaffen!*
- *Reden Sie über Ihre Gefühle.*
- *Geben statt nehmen!*
- *Frieden schließen mit der Vergangenheit, denn nur dann kann es auch eine Zukunft geben!*

Natürlich, die meisten Sätze klangen kitschig und ein bisschen banal. Aber lag nicht auch in den einfachsten Weisheiten ein kleiner Funken Wahrheit? Die neue Frisur jedenfalls war ein guter Anfang gewesen. Und nach ein bisschen Murren hatte Jacob sogar das Haus verlassen! Waren das nicht die Beweise dafür, dass es klappte?

Nein, Lupi würde jetzt auf keinen Fall lockerlassen! Sie brauchte Jacob, und deshalb musste sie so schnell wie möglich weitermachen.

Den Rest des Tages warf Becky ihr immer wieder argwöhnische Blicke zu. Erst beim Abendessen schien sich ihre Stimmung ein wenig aufzuhellen. Sie hatte Kartoffeln gekocht, die wegen der Armschlinge nur halbherzig geschält waren, aber Lupi tat trotzdem so, als hätte sie nie etwas Besseres gegessen.

Zwischen zwei Bissen blickte Becky plötzlich verstohlen zu ihr herüber. »Du weißt, dass ich dich lieb habe, oder?«, sagte sie.

Lupi nickte überrascht. Ja, sie wusste, dass ihre Mutter sie liebte – auch wenn sie manchmal eine seltsame Art hatte, ihr das zu zeigen.

Doch Becky schien noch immer nicht beruhigt. »Ich mache das alles nicht, um dich zu verletzen. Ich will dich nur schützen.« Behutsam legte sie ihre Hand auf Lupis. »Nicht alle Menschen haben es verdient, gemocht zu werden.« In ihrem Blick lag plötzlich keine Wut mehr, sondern Sorge.

»Ich weiß«, flüsterte Lupi und drückte nachdenklich Beckys Hand.

Eine halbe Stunde, nachdem Becky die Lichter in der Wohnung gelöscht hatte, schlich Lupi hinaus.

Es war bereits kurz vor Mitternacht, und Jacobs Wohnung war vollkommen dunkel. Einen Moment zog Lupi in Erwägung, es doch erst mit der Haustür zu versuchen. Aber nein, die Klingel war bestimmt noch immer kaputt, und im schlimmsten Fall würde sie nur die Aufmerksamkeit der Nachbarn erregen.

Wie eine Einbrecherin schob Lupi sich durch die Hecke und schlich zu dem Fenster, hinter dem sich das Kinderzimmer befand. Hier hatte Jacob heute Morgen gelegen. Jetzt war das kleine Bett leer.

Lupi klopfte trotzdem an die Scheibe. Vielleicht würde er sie ja hören und käme, um ihr zu öffnen? Aber hinter der Fensterscheibe rührte sich nichts. Ihr blieb also nichts anderes übrig, als es im Wohnzimmer zu probieren.

Hinter dem heil gebliebenen der beiden Fenster waren die Vorhänge zugezogen, und sie hatte keine Ahnung, was sie dort drinnen erwartete. Sie hielt den Atem an und klopfte mit dem Fingerknöchel gegen das Glas, doch auch jetzt tat sich nichts.

Lupi seufzte. Wenn sie ohne viel Aufsehen in die Wohnung gelangen wollte, musste sie wohl oder übel das Fenster mit dem Packpapier öffnen. Zum Glück fand sie unter dem Berg von Gegenständen, die Jacob in den Garten geworfen hatte, einen schmalen kupferfarbenen Brieföffner. Wie mit einem Skalpell zog sie einen feinen Schnitt am unteren Fensterrahmen entlang. Sie wollte nicht zu viel kaputt machen, schließlich war es nicht einfach gewesen, das Fenster mit dem Papier abzudecken. Als die Metallspitze einmal um die Ecke gefahren war, warf Lupi den Öffner zurück auf den Rasen, hievte sich auf den Fenstervorsprung und schlüpfte durch das lose Papier ins Innere der Wohnung. Vorsichtig schob sie die Vorhänge zur Seite. Das Wohnzimmer war leer.

Mist! Insgeheim hatte Lupi gehofft, dass Jacob wieder auf der Couch eingeschlafen war, aber hier war weit und breit keine Spur von ihm. Sie holte tief Luft und horchte. Die Wohnung wirkte seltsam verlassen, aber das konnte nicht sein. Irgendwo hier musste Jacob stecken!

Angespannt ging Lupi weiter. Obwohl sie von draußen schon gesehen hatte, dass er nicht im Kinderzimmer schlief, warf sie einen Blick hinein, aber hier war er genauso wenig wie im Schlafzimmer. Auch die Küche und das angrenzende Esszimmer waren leer.

Langsam beschlich Lupi ein ungutes Gefühl. Hatte Jacob die Wohnung etwa verlassen? Und wenn ja: Wo war er hingegangen – und warum kam er nicht zurück?

Sie hörte das Blut in ihren Ohren rauschen. Ihr Herz klopfte laut und kräftig. Besorgt öffnete sie auch alle anderen Türen in der Wohnung, doch von Jacob fand sich keine Spur.

Mit einem Mal spürte Lupi, dass Wut in ihr aufstieg. Wut auf Becky, aber auch auf sich selbst! Warum hatte sie ihre Mutter nicht aufgehalten? Warum hatte sie Jacob nicht daran gehindert zu gehen? Sie selbst war schuld daran, dass er nun verschwunden war, und jetzt hatte sie keine Ahnung, ob sie ihn jemals wiedersehen würde!

Zornig marschierte sie zurück ins Wohnzimmer. Sie musste raus hier, brauchte frische Luft! Vielleicht fand sie draußen ja irgendeinen Hinweis darauf, wohin Jacob verschwunden war?

Schwer atmend schob sie sich durch das zerschnittene Papier hinaus in den Vorgarten. Die Luft war noch immer warm, viel zu warm für Lupis Geschmack. Ihre Finger waren feucht, und der Kragen ihres Shirts schien ihr plötzlich viel zu eng.

Wo war Jacob? Was um Himmels willen hatte er vor? Sicher war er nicht einfach nur in eine Kneipe gegangen! Lupi musste ihn finden, sie musste einfach, er war ihre einzige Chance!

Gerade als sie zwischen den Büschen zurück auf die Straße schlüpfen wollte, hörte sie ein Geräusch. Lupi konnte nicht feststellen, was es war, aber es kam eindeutig von oben. Und schon während sie den Kopf hob, um angestrengt in die Dunkelheit zu starren, fiel es ihr wie Schuppen von den Augen: Er musste auf dem Dach sein!

Wie von der Tarantel gestochen kletterte sie durch das Fenster zurück und hastete durch die Wohnung ins kühle Treppenhaus. Schneller, sie musste schneller sein! Wenn sie mit ihrer Vermutung richtiglag, zählte jetzt jede Sekunde! Der Moment eines Wimpernschlags konnte ihre Welt zum Einsturz bringen, sie durfte nicht zu spät kommen, nicht jetzt, wo sie so nah dran war!

Während sie die Treppe hinaufrannte, spürte sie erste Seitenstiche, und ihre Lunge brannte. Aber darauf konnte sie jetzt keine Rücksicht nehmen. Als sie endlich die Tür zum Dachboden aufstieß, blieb sie mit der Schuhspitze an einer alten Fußmatte hängen und fiel auf die Knie. Atemlos richtete sie sich wieder auf – und dann sah sie es: das Fenster! Es stand tatsächlich offen …

Mit einem Mal verließ sie der Mut. Was, wenn es schon zu spät war? Was, wenn sie zu lange gebraucht hatte? Ihr Herz pochte wilder als je zuvor, während sie einen Fuß vor den anderen setzte. Die alten Dielen knarzten unter ihren Sohlen. Lupi griff nach ihrem Anhänger. *Bitte lass mich nicht zu spät sein!*

Als sie den Kopf durch das Fenster streckte, schloss sie die Augen und zählte bis drei. *Bitte, bitte, bitte!* Dann öffnete sie ängstlich ihr linkes Auge und stieß einen erleichterten Seufzer aus. Er war da, er war noch am Leben!

Mit angezogenen Knien saß er etwa einen Meter neben dem Fenster auf dem schräg abfallenden Dach. Sein Blick war starr auf den Nachthimmel gerichtet.

Der Stein, der Lupi vom Herzen fiel, war mindestens so schwer wie ein Sack voller Wassermelonen. Natürlich, die Gefahr war noch immer nicht gebannt – schließlich saß Jacob ungesichert in schwindelerregender Höhe! Aber sie hatte noch nicht verloren. Sie hatte noch eine Chance! Jetzt musste sie vorsichtig vorgehen. Auf gar keinen Fall durfte sie ihn erschrecken oder wütend machen.

Sie atmete zweimal tief durch und wartete darauf, dass sich ihr Herzschlag beruhigte. Dann öffnete sie den Mund. »Hey …«

Obwohl es kaum mehr als ein Flüstern war, zuckte Jacob erschrocken zusammen. Als er ihr den Kopf zuwandte, konnte sie einen Ausdruck von Überraschung auf seinem Gesicht ausmachen, doch dann verhärtete sich sein Blick wieder.

»Verschwinde«, knurrte er und starrte wieder in die Ferne.

Verschwinden? Lupi dachte gar nicht daran! »Ich gehe erst, wenn du mitkommst«, erklärte sie mit fester Stimme.

Jacob schüttelte nur den Kopf und stieß ein seltsames Lachen aus. Waren das etwa Tränen, was da auf seinen Wangen glitzerte? Lupi wurde unsicher. »Wir könnten etwas essen gehen. Du hast bestimmt noch Hunger, oder?«

Jacob fuhr sich mit dem Handgelenk über die feuchten Wangen. »Deine Mutter will nicht, dass du hier bist, schon vergessen?«

»Mir ist egal, was meine Mutter will«, erwiderte Lupi und merkte, dass sie dabei eine Spur zu trotzig klang.

Trotzdem sah Jacob sie nicht an. »Du verschwindest jetzt besser«, murmelte er. »Ich muss etwas zu Ende bringen.«

Lupis Kehle schnürte sich zusammen. Zu Ende bringen? Nein, sie würde ihn jetzt auf keinen Fall aufgeben!

»Und was ist mit unserem Deal?« Obwohl sie nur geflüstert hatte, hatte Jacob ihre Worte verstanden.

»Den Deal kannst du vergessen.«

»Aber du hast mir zehn Tage versprochen! Und heute ist erst Tag zwei!« Ihre Stimme überschlug sich, obwohl sie angestrengt versuchte, die Fassung zu bewahren. Sie konnte nicht zulassen, dass er jetzt alles beendete. Sie hatte einen Plan, einen guten Plan! Sie hatte Punkte auf einer Liste, die sie abarbeiten mussten, damit alles wieder gut wurde!

Plötzlich hörte sie in ihrem Kopf wieder Frau Hofmeyers Stimme, und ihr Herz zog sich zusammen.

Pflegefamilie.

Pflegefamilie.

Pflegefamilie.

Sie würde Becky verlieren und mit ihr alles, was ihr wichtig war. Nein, das durfte nicht passieren. Lupi brauchte Jacob! »Bitte …«, flüsterte sie und streckte ihm die Hand entgegen.

Tatsächlich wandte Jacob ihr kurz das Gesicht zu und blickte auf ihre Finger. Doch dann schüttelte er müde den Kopf.

Lupi spürte, dass ihr Tränen in die Augen stiegen. Plötzlich wurde ihr kalt. Sie zitterte. »Bitte!«, wiederholte sie leise.

Jacob sah ihr in die Augen und zögerte. Sie hörte, wie er trocken schluckte. »Nenn mir einen Grund. Nur einen Grund, warum ich deine Hand nehmen sollte.« Seine Stimme klang heiser und unendlich erschöpft.

Lupi hielt die Luft an. Sie musste etwas sagen, jetzt sofort! Sie wollte ihm tausend gute Gründe nennen – warum um Himmels willen konnte sie plötzlich keinen klaren Gedanken mehr fassen? Sein Schicksal lag in ihrer

Hand, sie konnte bestimmen, wie es weiterging, wenn sie nur endlich die richtigen Worte fand! Doch in ihrem Kopf war nichts, was sich greifen ließ, und ihre Zunge war wie gelähmt. Sie würde verlieren – nicht nur ihn, sondern alles. Plötzlich konnte Lupi die Tränen nicht mehr zurückhalten. Sie schluchzte auf und schnappte nach Luft, und auf einmal konnte sie doch noch sprechen.

»Weil du es verdient hast, gemocht zu werden!« Beinahe wurde ihre Stimme von den Tränen erstickt, aber Jacob hörte sie offenbar trotzdem.

Überrascht drehte er sich zu ihr. »Was hast du gesagt?«

Heiß strömten die Tränen über Lupis Wangen. Eigentlich wollte sie nicht, dass er sie so sah, aber sie konnte sich nicht länger zusammenreißen. Zitternd wischte sie sich mit dem Unterarm über das Gesicht.

»Ich mag dich«, flüsterte sie und blickte ihm ängstlich in die Augen.

Natürlich, im Grunde kannte sie ihn kaum, sondern hoffte einfach darauf, dass er ihr ein Wunder schenken konnte. Aber wenn sie tief in sich hineinhorchte, stellte sie fest, dass das nicht alles war. »Ich mag dich wirklich«, wiederholte sie schniefend und streckte erneut den Arm aus. »Vielleicht ist das ja ein Grund, meine Hand zu nehmen?«

19

Verdammt, was passierte hier gerade mit ihm? Jacob ahnte, dass er die ganze Sache spätestens in ein paar Stunden bereuen würde. Er hätte einfach an seinem Vorhaben festhalten und die Sache beenden sollen! Doch mit einem Mal fehlte ihm die Kraft dazu.

Nachdem Sarahs Mailbox ihn aus der Leitung geworfen hatte, war doch alles so klar gewesen! Mit einem Mal hatte er genau gesehen, wie das letzte Kapitel seiner Geschichte aussah. Er würde fallen, jawohl, er *musste* fallen! So wie er schon vor ein paar Wochen gefallen war – nur dass es diesmal kein Erwachen geben würde.

Das Dach war die einzige Lösung, die einen Sinn ergab. Sarahs Stimme und die Erinnerung an das, was für immer vorbei war, hatten sich wie ein Eispickel in sein Herz gebohrt. Er würde sich all den Fragen und Vorwürfen, die plötzlich wie Aasgeier über ihm kreisten, niemals stellen. Wofür auch? War es nicht ohnehin längst zu spät?

Und dann war die Kleine aufgetaucht. Erst hatte Jacob gedacht, sie wäre nur Einbildung, ein Streich, den ihm seine brennenden Augen spielten. Aber sie war echt – und egal, was er sagte, sie verschwand einfach nicht.

Als er jetzt durch das Fenster zurück auf den Dachboden kletterte, schlang sie schluchzend die Arme um ihn. Ein Teil von ihm wollte sie wegstoßen und schreien. Stattdessen legte er sanft die Hände auf ihre zitternden Schultern.

Ich mag dich, hatte sie gesagt und damit einen Punkt in ihm berührt, an dessen Existenz er schon lange nicht mehr glaubte. Wann hatte das zuletzt jemand zu ihm gesagt und es auch wirklich so gemeint?

Lupi meinte es ernst, daran ließen die verweinten Augen hinter ihrer kaputten Brille keinen Zweifel.

Du kennst mich doch gar nicht, wollte er zuerst erwidern, doch dann fehlte ihm die Kraft dazu. Stattdessen nickte er nur stumm und ließ die Kleine in seinen Armen weinen.

Wie konnte sie ihn mögen, wo er sich selbst so sehr verabscheute?

Keine halbe Stunde später ging er neben ihr her an der dunklen Straße entlang. Obwohl es bereits nach Mitternacht war, bestand die Kleine darauf, dass er noch etwas aß.

»Du siehst aus, als wolltest du ein Altersheim überfallen«, sagte Lupi und deutete mit einem vorsichtigen Lächeln auf die Schirmmütze und die Sonnenbrille, die er trotz der Dunkelheit trug.

»Ich will nicht erkannt werden«, erwiderte Jacob und schob sich die Hände in die Hosentaschen. »Und außerdem überfällt man keine Altersheime, sondern Banken.«

»Nur wenn man ein Idiot ist«, widersprach Lupi. Es klang, als hätte sie ihr Selbstbewusstsein wiedergefunden. »Becky sagt immer: Wer schlau ist, überfällt Altersheime, da rechnet nämlich keiner mit Überfällen, und die alten Leute haben haufenweise teure Sachen rumliegen.«

Jacob blieb fassungslos stehen. Er schob seine Brille hoch und blickte sie derart empört an, dass ihr Grinsen langsam erlosch.

Schuldbewusst verdrehte sie die Augen. »War nur ein Spaß, okay?«

»Es ist aber nicht witzig, alte Leute zu überfallen!«

»Es ist auch nicht witzig, Gott zu sein und einfach alle hängen zu lassen!«

Jetzt fing sie schon wieder mit dieser albernen Geschichte an ... Mit einem Stöhnen schob Jacob sich die dunkle Brille wieder auf die Nase und setzte seinen Weg fort. »Ich bin nicht Gott und werde es auch nie sein, und wenn du noch so lange darauf beharrst.«

»Ich beharre auf gar nichts.« Lupi schloss hastig zu ihm auf. »Ich helfe dir nur dabei, den Schleier der Depression abzulegen, damit du endlich siehst, was du noch alles für uns tun kannst!«

»Den *Schleier der Depression?*« Jacob konnte sich ein ungläubiges Lachen nicht verkneifen. »Du liest eindeutig zu viele Schundromane!«

»Das stand nicht in einem Schundroman, sondern in einer psychologischen Abhandlung über schwere depressive Phasen. Und da stand auch, dass der erste Schritt, eine Depression abzulegen, darin besteht, sie anzuerkennen.«

Wieder blieb Jacob stehen und blinzelte sie sprachlos an. Meinte die Kleine das wirklich ernst? Ihr Blick jedenfalls ließ keinen Zweifel daran.

»Okay, okay«, lenkte er ein und fuhr sich durch die kurzen Haare. »Du meinst also, Gott hat eine schwere Depression?«

Lupi nickte ernst.

»Und was willst du dagegen tun? Ihn auf eine rote Samtcouch legen und seine Seele massieren, bis wieder Wein aus seinen Fingern fließt?«

Die Kleine schien einen Moment darüber nachzudenken, schüttelte dann aber den Kopf und grinste. »Nein. Es reicht, wenn du erstmal etwas isst.«

Jacob kannte den griechischen Imbiss nicht, und er wäre auch im Leben nicht darauf gekommen, hier freiwillig einzukehren, aber es war klar, dass Lupi keine Ruhe geben würde, bevor etwas Essbares in seinem Magen gelandet war. Außerdem hatten alle anderen Restaurants, an denen sie vorbeigekommen waren, längst geschlossen.

Zum Glück konnten sie wenigstens an einem der billigen Plastiktische vor dem Laden Platz nehmen und mussten sich nicht dem Gestank von Frittierfett und Knoblauch im Verkaufsraum aussetzen. Als der kleine untersetzte

Imbissbesitzer ihnen einen Teller mit labbrigen Pommes und fettigem Gyrosfleisch vor die Nase stellte, blinzelte er Jacob einen Moment unschlüssig an und sah dann zu Lupi. »Warum trägt dein Papa denn diese merkwürdige Brille?«

Dein Papa? Hatte der Kerl Tsatsiki auf den Augen? Es war doch wohl mehr als offensichtlich, dass zwischen ihm und der Kleinen keinerlei Verwandtschaftsverhältnis bestand!

Aber bevor Jacob protestieren konnte, räusperte sich Lupi bereits. »Weil er blind ist«, antwortete sie nüchtern und machte dabei ein bedauerndes Gesicht.

Sprachlos fuhr Jacob zu ihr herum. Das musste ein Scherz sein, oder?

Den Imbissmann schienen ihre Worte schwer zu beeindrucken. Betroffen blickte er Jacob an. »Blind? Du meinst so richtig blind?« Er bewegte die Hand vor Jacobs Gesicht wie einen Scheibenwischer.

»Blind wie ein Maulwurf …« Lupi stieß ein extralautes Seufzen aus. »Deshalb muss ich ihn ja begleiten. Tagsüber klappt es ganz gut mit dem Essen, aber wenn er müde wird, landet mehr Tsatsiki in seinen Ohren als in seinem Mund.« Als hätte sie ihr Leben lang nichts anderes getan, stippte sie eine Fritte in den Knoblauchquark und schob sie Jacob in den Mund.

Jacob war so perplex, dass ihm nichts Besseres einfiel als zu kauen. Der Imbissbesitzer hob mitfühlend die buschigen Augenbrauen, lächelte Lupi anerkennend zu und verschwand wieder in seinem Laden.

Kaum war er außer Hörweite, spuckte Jacob den Bissen zurück auf den Teller. »Was fällt dir ein, so einen Blödsinn zu erzählen?«

Lupi blickte angewidert auf das halb zerkaute Pommesstäbchen und zuckte die Achseln. »Wäre es dir lieber gewesen, ich hätte die Wahrheit gesagt? *Er trägt diese bekloppte Brille, weil er der berühmte Jacob Chrissen ist, der gerade einen Absturz überlebt hat und jetzt nicht erkannt werden möchte?*«

Fassungslos sah Jacob zu, wie Lupi sich grinsend eine Fritte von der anderen Seite des Tellers schnappte. »Siehst du? Das hab ich mir gedacht!« Genüsslich begann sie zu kauen.

Unglaublich! Dieses Mädchen war einfach … zum Verrücktwerden! Jacob vergrub sein Gesicht in den Händen. Sie war nicht normal, nein, und mit ihrer merkwürdigen Art würde sie ihm noch den letzten Nerv rauben! Aber nützte es etwas, jetzt mit ihr zu diskutieren?

Jacob wog den Gedanken ab und schob sich ein Stück Gyrosfleisch in den Mund. Es war kalt und hatte die Konsistenz von Kaubonbons.

»Ich find das übrigens nicht in Ordnung«, brach Lupi auf einmal das Schweigen.

Was meinte sie jetzt schon wieder? Jacob sah sie verständnislos an.

»Dass du einfach aufs Dach gestiegen bist! Wir haben schließlich einen Deal, und du hast versprochen, dich daran zu halten. Dafür lass ich dich nicht allein.«

Jacob hörte erschrocken auf zu kauen. *Ich lass dich nicht allein* – da war es wieder ...

Wie schaffte es dieses seltsame Kind, immer wieder einen Finger in die Wunde zu legen? Er hatte ihr zugesagt, sich an ihren blöden Deal zu halten, das stimmte. Aber doch nur, damit sie Ruhe gab und er zu Ende bringen konnte, was unumgänglich war! Dachte sie denn ernsthaft, sie könnte ihm etwas zeigen, was seine Meinung ändern würde? Das Pfefferspray ihrer Mutter hatte jedenfalls nicht dazu geführt, dass er die Welt nun schöner fand, im Gegenteil! Er sah ja nur noch einen Bruchteil davon ...

Und trotzdem hallten ihre Worte wieder einmal in seinem Kopf nach wie ein lästiges Echo.

Ich lass dich nicht allein.

Jimmy und Sarah.

Sarah und Jimmy ...

Doch bevor es wieder anfangen konnte wehzutun, riss Lupi ihn mit einem Räuspern aus seinen Gedanken. »Ich finde, wir sollten ein Spiel spielen«, sagte sie.

»Vergiss es.« Erschöpft nahm Jacob sich ein weiteres Stück Fleisch. Er durfte ihr keine falschen Hoffnungen machen, das würde zu nichts führen. »Ich spiele nicht.«

Lupi zuckte mit den Schultern. »Na gut, dann nutzen

wir die Zeit eben und reden über deinen Unfall. Oder über deine Frau und …«

»Okay, okay!«, unterbrach sie Jacob. »Du hast gewonnen! Dann spielen wir eben ein Spiel.«

»Super!« Zufrieden strich sie sich eine blonde Strähne hinters Ohr. »Du nennst mir jetzt fünf Dinge, die dir Spaß machen!«

»Solche Spiele kann ich nicht spielen«, erwiderte er, während er die letzten Fleischstücke aufpickte.

»Wieso nicht?«

»Weil mir dazu nichts einfällt.«

Die Kleine blinzelte ihn überrascht an. »Es gibt nichts, was dir Spaß macht? Nichts, was dich zum Lachen bringt?«

Jacob schüttelte entschieden den Kopf. Was bildete sie sich nur ein? Dachte sie ernsthaft, er würde nicht merken, was sie mit ihren kindischen Spielchen bezweckte? Er war vielleicht gerade etwas angeschlagen, aber blöd war er ganz sicher nicht! Er spürte, dass die Wut zurückkam.

»Wie du willst. Dann machen wir eben morgen weiter.« Lupi seufzte und hielt ihm erwartungsvoll die offene Hand hin. »Wenn du mir Geld gibst, gehe ich rein zum Zahlen, damit der Kerl keine Fragen mehr stellt.«

Geld? Jacobs Zorn verflog schlagartig. Überrascht blickte er sie an. Er hatte nicht damit gerechnet, dass er für den Spaß auch noch bezahlen musste. Hatte sie nicht darauf bestanden, dass sie essen gingen?

Wie auch immer. Murrend wischte er sich die fettigen Finger an einer Serviette ab. »Du musst es mir auslegen, ich gebe es dir zu Hause zurück.«

Lupi sah ihn erschrocken an. »Ich hab aber kein Geld dabei.«

Wie bitte? Jacob hielt einen Moment ungläubig inne, dann fuhr er sich in die Hosentaschen. Verdammt. »Ich hab auch keins!«, zischte er und bemerkte die Panik, die plötzlich in ihren Augen aufblitzte.

»Ich dachte, du bist steinreich?«, flüsterte sie vorwurfsvoll.

»Und ich dachte, du kümmerst dich um die praktischen Dinge!«

Mit einem Stöhnen ließ Lupi sich auf dem Plastikstuhl zurücksinken. »Dann haben wir wohl beide falsch gedacht …«

»Und was machen wir jetzt?«

Unglücklich warf Lupi einen Blick in den Imbiss. Jacob merkte, dass es hinter ihrer Stirn arbeitete, dass sie Gedanken abwog und wieder verwarf, als wären sie schwer wie Ziegelsteine. Dann nickte sie nachdenklich, holte Luft und beugte sich zu Jacob vor. »Auf drei, okay?«

»Was *auf drei*?«

In diesem Moment tauchte der verschwitzte Kopf des Imbissmanns hinter dem Tresen auf, und Lupi sprang hektisch von ihrem Stuhl.

»Drei!«, brüllte sie – und dann rannte sie los!

Jacob sah ihr verständnislos hinterher. »Hey! Wo willst du denn hin?«

Doch anstatt zu antworten, schrie Lupi nur drei schrille Worte durch die Nacht: »Lauf los, Mann!«

20

Es dauerte offenbar eine Weile, bis Jacob verstanden hatte, was sie meinte, aber dann hörte sie endlich, wie sein Plastikstuhl zu Boden polterte und er zu rennen begann.

Leider waren seine Schritte nicht die einzigen, die sie hinter sich auf dem Asphalt wahrnahm. Der kleine unbeholfene Imbissbesitzer schien ihre Verfolgung aufgenommen zu haben. »He! Stehen bleiben!«, brüllte er in die Dunkelheit, doch Lupi merkte, dass er schon nach ein paar Schritten völlig außer Atem war. »Ihr müsst noch bezahlen!«

Lupi und Jacob rannten und rannten, bis sie sich sicher waren, dass er ihre Spur verloren hatte.

Keuchend taumelten sie auf einen verlassenen Spielplatz und ließen sich nebeneinander in eine große Netzschaukel fallen. Lupi rang nach Luft, und auch Jacob brauchte ein paar Minuten, bis er wieder ein Wort über die Lippen brachte.

»Dir ist schon klar, dass man so was nicht macht, oder?«, japste er und sah Lupi vorwurfsvoll an. »Einfach abhauen, ohne zu bezahlen?«

Lupi nickte atemlos. Natürlich machte man so etwas nicht – zumindest, wenn man höhere moralische Ansprüche hatte als Becky! Nein, es war nicht in Ordnung gewesen, den Mann um sein Geld zu prellen. Aber was hätte sie denn sonst tun sollen?

Keuchend wischte sie sich ein paar Schweißtropfen von der Stirn, dann wandte sie ihm den Kopf zu und lächelte vorsichtig. »Was soll mir schon passieren? Ich hab schließlich Gott auf meiner Seite – höchstpersönlich.«

Jacob nahm die lächerliche Sonnenbrille ab und starrte sie an. Seine Augen waren immer noch gerötet, und Lupi erwartete insgeheim, dass er jetzt wieder schimpfen und ihr Vorwürfe machen würde – stattdessen verzog er plötzlich das Gesicht und begann zu lachen.

Er lachte aus vollem Herzen!

Lupi konnte es kaum glauben. Erst klang es kehlig und heiser, aber dann wurde sein Lachen voller und schien immer tiefer aus seinem Bauch zu kommen. Schließlich klang es so ansteckend, dass Lupi mit einstimmen musste.

Sie lachten, bis Jacob sich verschluckte und hustend aus der Schaukel fiel. Nun setzte Lupi sich auf und blickte grinsend auf ihn hinab. Gedankenversunken griff sie nach ihrem Anhänger.

»Ist das das Ding, von dem deine Mutter geredet hat?« Jacob klopfte sich den Sand von der Hose und richtete sich neugierig neben der Schaukel auf.

Erschrocken schob Lupi den Anhänger zurück unter ihr Shirt. »Kann sein …«

Erst dachte sie, er würde weiter nachbohren, aber stattdessen setzte Jacob sich zurück auf den Rand der Schaukel und starrte schweigend in die Dunkelheit.

Als Lupi schon befürchtete, dass er heute Nacht gar nicht mehr reden würde, räusperte Jacob sich plötzlich. »Manchmal hat Sarah gesungen«, sagte er leise.

Überrascht sah sie ihn von der Seite an. »Gesungen?«

Jacob zuckte die Achseln. »Du wolltest doch wissen, was mir Freude macht«, flüsterte er. »Zumindest hat es das früher getan. Sie hat keinen einzigen Ton getroffen.« Er grinste gedankenversunken. »Das hat mich jedes Mal zum Lachen gebracht.«

Lupi biss sich aufgeregt auf die Unterlippe. Das war gut, er öffnete sich endlich, und das bedeutete, dass es noch Hoffnung gab!

»Und … gibt es noch was?«, hakte sie möglichst beiläufig nach. »Irgendwas, das dich sonst noch glücklich macht?«

Jacob zögerte, dann huschte ein erschöpftes Lächeln über sein Gesicht. »Ich mochte, wie Jimmy meine Locken um seine Finger gezwirbelt hat.«

Schuldbewusst blickte Lupi auf Jacobs neuen Haarschnitt. »Du hättest was sagen sollen. Dann hätte ich die Haare nicht so kurz geschnitten …«

Jacob schüttelte den Kopf. »Schon gut, es gefällt mir. Wirklich.«

Lupi tat die ganze Sache trotzdem leid. Sie hatte ja nicht ahnen können, dass er ausgerechnet mit seinen Haaren eine schöne Erinnerung verband!

Bevor sie nachforschen konnte, ob es noch mehr Dinge gab, die ihn glücklich machten, Dinge, die sie vielleicht noch nicht ruiniert hatte, hörte sie plötzlich ein seltsames Geräusch.

»Was war das?« Unsicher sah sie sich auf dem Spielplatz um.

»Ich hab nichts gehört.«

Doch! Da war es wieder! »Klingt nach einer Katze«, stellte Lupi fest und zog Jacob von der Schaukel und auf die Straße.

Sie mussten nur ein paar Meter gehen, bis sie das Tier am Ende einer Einfahrt hoch oben in einer Baumkrone entdeckten. »Die Arme! Sie sitzt da oben fest!«

Jacob zuckte mit den Schultern. »Wenn sie da hochgekommen ist, kommt sie auch wieder runter.« Er griff nach Lupis Ellenbogen, aber sie machte sich los und sah ihn auffordernd an.

»Du musst sie da runterholen!«

»Was?« Jacob lachte ungläubig auf, doch Lupi sorgte mit einem strengen Blick dafür, dass er augenblicklich wieder ernst wurde. Wie konnte er das für einen Scherz halten?

»Wir können die arme Katze nicht die ganze Nacht da oben sitzen lassen!«

»Es ist spät, Lupi. Du müsstest längst im Bett sein«, versuchte Jacob, sie zur Vernunft zu bringen. »Außerdem hab ich keine Ahnung, wie man so ein Tier überhaupt anfasst.« Er drehte sich zur Straße um, doch Lupi hielt ihn fest. Das hier war nicht nur eine Chance für die Katze, es war ganz sicher auch eine Chance für Jacob! Lupi rief sich ihre Liste vor Augen.

»*Wer sich gebraucht fühlt, sieht eher einen Sinn im Leben*«, erklärte sie.

Jacob stöhnte leise auf. »Wenn es dir so viel bedeutet, können wir ja die Feuerwehr rufen! Die kommt mit ihrer Leiter und holt sie runter.«

Feuerwehr? So ein Blödsinn! Lupi funkelte ihn entschlossen an. Vielleicht widerstrebte ihm der Gedanke jetzt noch, aber sobald er das hilflose Tier aus seiner ausweglosen Situation befreit hätte, würde er wissen, wie es sich anfühlte, etwas Gutes getan zu haben! Dann würde er endlich merken, dass er tatsächlich etwas bewirken konnte in der Welt!

Im Moment allerdings schien er noch nicht sonderlich begeistert von der Idee. Sie musste ihn motivieren, ja, sie musste ihn dazu bewegen, es selber zu wollen! Energisch schob sie sich die Ärmel hoch. »Wenn du nicht helfen willst, dann mache ich es eben selbst!«

Lupi trat an die Mauer heran, die das kleine Privatgrundstück umgab, und zog sich mühsam daran hoch. Jacob schien langsam zu kapieren, was hier gerade geschah. »Spinnst du?«, rief er hinter ihr her. »Komm sofort wieder runter!«

Endlich stand Lupi oben und konnte die Baumkrone

erreichen. »Erst, wenn ich die Katze gerettet habe!«, erwiderte sie und griff nach einem Ast.

Es war eine wackelige Angelegenheit, und Lupi fühlte sich alles andere als wohl, aber darauf konnte sie jetzt keine Rücksicht nehmen. Stück für Stück zog sie sich an dem Ast hoch.

Jacob am Boden wurde immer nervöser. »Du kommst jetzt sofort zurück! Ich zähle bis drei!«

Aber Lupi dachte gar nicht daran. Sie durfte sich jetzt nicht ablenken lassen, diese Angelegenheit erforderte ihre ganze Aufmerksamkeit!

Mühevoll gelang es ihr, ein Bein über den Ast zu schwingen. Zentimeter für Zentimeter rutschte sie auf dem Hosenboden weiter.

»Komm«, flüsterte sie der verängstigten Katze zu, »komm her zu mir!« Obwohl ihr Herz vor Panik flatterte, streckte sie die Hand nach dem Tier aus. Sie musste weitermachen, der Katze zuliebe, aber viel mehr noch wegen Jacob. Wenn er sehen würde, was ein normales Mädchen wie sie zustande bringen konnte, müsste er doch endlich aufwachen und sich seiner eigenen Verantwortung bewusst werden!

Als hätte die Katze ihre Gedanken gelesen, miaute sie plötzlich und schlich dann auf Samtpfötchen auf sie zu.

Lupi atmete erleichtert auf, nahm die Katze auf den Arm und vergrub die Nase in ihrem gescheckten Fell. »Siehst du, es war ganz einfach«, rief sie Jacob zu und fühlte sich dabei, als hätte sie soeben den Nobelpreis gewonnen. Doch als sie sich mit dem Tier im Arm aufrichten und sich auf dem Ast zurückschieben wollte, verlor sie auf einmal das Gleichgewicht.

Sie schrie auf und tastete mit der rechten Hand um sich, während sie die Katze mit dem linken Arm fest umklammert hielt. Tatsächlich bekam sie einen der umliegenden Äste zu fassen, doch der gab ihr nicht genügend Halt. Sie hörte, wie es knackte, und dann rutschten auch schon ihre Füße ab!

Im nächsten Moment hing Lupi wie ein zappelnder Regenwurm in der Luft, klammerte sich krampfhaft an dem Ast fest, um nicht in die Tiefe zu stürzen, und blickte panisch zu Jacob hinab.

Und dann hörte sie einen Hund unter sich bellen.

21

Nein, nein, nein! Das hier wurde mit jeder Minute schlimmer. Wieso saß er nicht immer noch zu Hause auf dem Dach, mit den Gedanken bei Sarah und all dem, was er ihr nie gesagt hatte?

Jacob hätte sich die Haare gerauft, wären sie dafür nicht zu kurz gewesen. Er hatte die Kleine ja gewarnt! Warum hatte sie nicht einfach auf ihn gehört und die Feuerwehr gerufen? Jetzt hing sie hilflos mit dieser Katze in der Luft und drohte jeden Moment in die Tiefe zu stürzen. Und mit ihrem Schrei hatte sie auch noch diesen dummen Hund auf den Plan gerufen! Kläffend war er plötzlich herangeschossen und sprang nun unter dem Baum auf und ab.

Jacob atmete tief durch. Jetzt musste es schnell gehen! Auch wenn die Kleine ihn gehörig nervte und immer wieder all seine Pläne durchkreuzte, konnte er nicht zulassen, dass sie als Mitternachtssnack für diesen Köter endete. Ohne lange zu zögern, zog Jacob sich an der Mauer empor und hangelte sich an einem Ast bis in die Baumkrone hinüber. Er war seit seiner Kindheit nicht mehr auf Bäume geklettert und wunderte sich, dass er es in all den Jahren nicht verlernt hatte. In wenigen Augenblicken hatte er Lupi erreicht, seinen Arm um ihre Hüfte geschlungen und sie mitsamt der Katze auf dem rettenden Mauerabsatz abgestellt.

»Los, weg hier!«, zischte er und wollte sie an der Mauer hinablassen, da tastete Lupi erschrocken an ihrem Hals.

»Meine Kette!«

Obwohl es stockfinster war und seine Augen nach wie vor schmerzten, konnte Jacob sehen, dass sie plötzlich kreidebleich war. »Was ist los?«

»Meine Kette ist weg!« Panisch ließ Lupi die Katze auf die Mauer springen und kniete sich hin, um den Rasen unter dem Baum zu inspizieren. Der Hund sprang immer noch laut kläffend um den Stamm herum.

»Vergiss die Kette!«, flüsterte Jacob und packte sie an der Schulter. »Wir müssen hier weg, bevor er die ganze Nachbarschaft weckt.«

Aber Lupi schüttelte hektisch den Kopf. »Ich geh nicht ohne meinen Anhänger!« Und schon deutete sie auf einen winzigen Gegenstand, der unten auf dem Rasen im Mondlicht glitzerte.

»Du kannst aber nicht da runter!« Langsam wurde Jacob ungehalten. »Der Köter zerlegt dich in tausend Einzelteile!« Doch als er ihren entschlossenen Blick sah, wurde ihm klar, dass sie sich nicht davon würde abbringen lassen.

Auch das noch! Jacob stöhnte. Verärgert drückte er Lupi seine Schirmmütze und die Sonnenbrille an die Brust.

»Ich hol dir das Ding«, stieß er hervor. Vorsichtig ging er auf der Mauer in die Hocke und sprang auf die andere Seite. Wie erwartet kam der Hund auf ihn zugeschossen, doch als Jacob sich vom Boden aufrichtete und drohend die Hände hob, blieb der Köter verunsichert stehen.

Auf einmal schien auch Lupi auf der Mauer aus ihrer Schockstarre zu erwachen. »Du musst ihm zeigen, wer der Chef ist«, wies sie ihn an. »Mach ihm klar, dass du das Alphatier bist!«

»Das Alphatier?« Jacob konnte sich ein Lachen nicht verkneifen, auch wenn es vermutlich zynisch klang. »Ich dachte, ich bin Gott?«

Lupi ging nicht auf seinen Einwand ein. »Du darfst auf keinen Fall den Blick abwenden«, zischte sie. Dann dirigierte sie ihn Schritt für Schritt zu ihrer Halskette. »Links. Noch ein bisschen, genau.«

Jacob spürte, wie das Adrenalin durch seinen Körper strömte. Warum hatte er sich bloß auf diesen Wahnsinn eingelassen? Der Hund behielt ihn bei jeder Bewegung genau im Blick. Er knurrte leise und fletschte die Zähne. Sicher war es nur eine Frage der Zeit, bis er vorschießen und seine Reißzähne in Jacobs Fleisch schlagen würde.

»Jetzt musst du in die Hocke gehen«, flüsterte Lupi von der Mauer her, »die Kette liegt neben deinem Fuß.«

Jacob nickte. »Brav, Hundchen«, murmelte er und beugte sich langsam in Richtung Rasen. »Bist ein ganz liebes Hundilein, bald gibt's Fressi-Fressi.«

Hastig tastete er den Boden ab – und dann spürte er endlich den Anhänger zwischen seinen Fingern. »Volltreffer!« Siegessicher richtete er sich auf und strahlte Lupi an.

Doch Lupi schüttelte entsetzt den Kopf, und als der Hund erneut zu kläffen begann, merkte Jacob, dass er einen Fehler gemacht hatte. Wie von der Tarantel gestochen schoss der Köter los und sprang auf Jacob zu.

Jacob stieß einen Schrei aus und rannte zur Mauer. Als er den oberen Rand unter seinen Händen fühlte, spürte er, wie der Köter den Stoff seiner Hose zu fassen bekam – aber Jacob war schneller! Mit einem entschlossenen Ruck stemmte er sich in die Höhe und schwang sich hinüber. Ächzend ließ er sich auf der anderen Seite zu Boden gleiten. Das war knapp gewesen …

Jacob wusste nicht, ob er lachen oder weinen sollte. Mit einem Mal klang das Kläffen unter dem Baum, als käme es aus einer anderen Welt, einer Welt, die nichts mit ihm und seinem Leben zu tun hatte. Das Blut rauschte in seinen Ohren, und die dunkle Einfahrt schien zu schwanken wie ein Boot auf hoher See.

Endlich ließ sich auch Lupi von der Mauer herab und kniete sich neben ihn. »Ist alles in Ordnung?«

Jacob hätte ihr am liebsten die Ohren langgezogen, aber dafür fehlte ihm jetzt die Kraft. Stattdessen packte er ihre Hand und ließ die Kette hineingleiten.

Als sie endlich wieder vor Jacobs Haustür standen, war es

bereits kurz vor zwei. Die Kleine hatte den Rest des Heimwegs betreten geschwiegen, doch als Jacob nun seinen Schlüssel aus der Jackentasche zog und im Hauseingang verschwinden wollte, griff sie plötzlich nach seinem Handgelenk.

»Er ist von meinem Papa«, sagte sie leise.

Jacob sah sie verständnislos an.

»Der Anhänger«, flüsterte sie und senkte den Blick. »Mein Papa hat ihn mir geschenkt, bevor er Becky verlassen hat.«

Obwohl es spät war und er sich erschöpft fühlte, musste Jacob grinsen. »Sag bloß, ihn hat sie auch mit Pfefferspray zur Hölle gejagt?«

Die Kleine sah ihn nur ernst an und schwieg.

»Tut mir leid«, murmelte er. »Lebt dein Papa auch in Hamburg?«

Lupi setzte sich auf den schmalen Treppenabsatz vor der Tür und zuckte gleichgültig mit den Schultern. »Nein, er ist irgendwo in Spanien. Becky hat ihn beim Studium kennengelernt, er war ein Austauschstudent.«

»Ein Spanier?« Wieder musste Jacob unbeabsichtigt lachen.

Lupi sah ihn verständnislos an. »Was ist so lustig daran?«

»Na ja.« Müde, wie er war, fiel es ihm schwer, die richtigen Worte zu finden. »Du siehst nicht gerade spanisch aus …«

Verärgert kniff Lupi die Augen zusammen. »Und wie sieht *spanisch* deiner Meinung nach aus? Bräuchte ich dafür einen Schnurrbart und müsste mit Paella-Pfannen jonglieren?«

Jacob hob entschuldigend die Hände und ließ sich neben ihr auf den Stufen nieder. »Ich wollte dir nicht zu nahe treten. Deiner Mama siehst du auch nicht besonders ähnlich, deshalb dachte ich … egal.«

Lupi allerdings schien die Sache nicht egal zu sein. Einen Moment lang schob sie nachdenklich ihre kaputte Brille hin und her, dann seufzte sie. »Jedenfalls ist er drei Monate vor meiner Geburt wieder zurückgegangen.«

Überrascht runzelte Jacob die Stirn. »Heißt das, du kennst ihn gar nicht?«

Sie schüttelte den Kopf. »Er hat nur einen Briefumschlag zurückgelassen, als er gegangen ist, und darin war der Anhänger. ›Für meine Tochter‹ stand auf dem Umschlag. Becky hat ihn mir gegeben, als ich fünf war.«

Jacob sah zu, wie Lupi andächtig über das silberne Schmuckstück strich. Plötzlich tat sie ihm unfassbar leid. »Wie heißt das auf Spanisch?«

Lupi blickte ihn irritiert an.

»›Für meine Tochter‹«, fuhr er fort. »Wie heißt das auf Spanisch? Dein Vater hat es doch sicher nicht auf Deutsch geschrieben, oder?«

Wieder runzelte Lupi unsicher die Stirn. Statt zu antworten erhob sie sich und klopfte sich den Staub von der

Hose. »Jetzt weißt du jedenfalls, warum der Anhänger mir so wichtig ist.«

Jacob betrachtete sie einen Augenblick und richtete sich dann ebenfalls auf. »Du bist wirklich ein sonderbares Kind.«

Lupi zögerte kurz, dann nickte sie und schlang plötzlich die Arme um ihn. »Danke«, flüsterte sie.

Unbeholfen sah Jacob auf sie hinab. Doch bevor er etwas sagen konnte, löste sich die Kleine aus der Umarmung und verschwand in der Dunkelheit.

22

Als ihr Wecker am nächsten Morgen klingelte, fühlte Lupi sich, als hätte sie unter einer Betonwalze geschlafen. Ihre Lider ließen sich kaum öffnen, und selbst als sie ihre Brille aufgesetzt hatte, sah sie noch immer nicht klar. In ihrem Kopf pochte ein dumpfer Schmerz, und sie hatte Muskelkater. Selten war sie so viel gelaufen wie in der letzten Nacht …

Trotzdem konnte sie jetzt nicht einfach liegen bleiben. Die Zeit war knapp. Morgen war wieder Schule, und dann hatte sie nur noch den halben Tag Zeit, um sich um Jacob zu kümmern. Sie musste jetzt jede Minute nutzen!

Lupi schlüpfte in ihre Klamotten vom Vortag und zog nachdenklich den Anhänger aus der Hosentasche. Heute Abend würde sie die Kette reparieren, bis dahin musste ihr Glücksbringer auf dem Nachttisch auf sie warten.

Zum Glück hatte Becky bereits Pläne für heute, und in diesen Plänen spielte Lupi keine Rolle. Sie konnte also ohne Probleme zu Jacob hinübergehen.

Als sie durch das aufgeschnittene Packpapier in sein Wohnzimmer stieg, stellte sie überrascht fest, dass er bereits unter der Dusche stand. Für einen kurzen Moment bildete sie sich sogar ein, dass er dabei sang. Aber nein, sie hatte sich sicher nur getäuscht.

Als er endlich mit einem Handtuch um die Hüften aus dem Bad trat und Lupi im Flur entdeckte, sah er überrascht aus. »Schläfst du nicht mal am Sonntag aus?«, grummelte er, aber Lupi fand, dass sein Versuch, dabei mürrisch zu klingen, ziemlich schwach war. Vielmehr hatte sie das Gefühl, dass er sich insgeheim über ihren Besuch freute.

»Ich hab mir gedacht, wir machen einfach da weiter, wo wir gestern Abend aufgehört haben«, sagte sie.

Jacob verschwand im Schlafzimmer. »Du willst weiter über deinen Vater reden?«

Lupi rollte mit den Augen. »Wir machen uns nützlich!«, erwiderte sie und dachte an die Liste mit dem Glücksweg, die zu Hause auf ihrem Nachttisch lag. »Das mit der Katze war doch schon mal ein guter Anfang!«

»Ein guter Anfang?« Ungläubig streckte Jacob seinen Kopf aus dem Schlafzimmer. »Hast du den Teil mit dem Hund vergessen? Ich weiß wirklich nicht, was daran gut gewesen sein soll!«

»Na, dass du mich vor ihm gerettet hast!« Lupi musste grinsen. Die Sache mit der Katze war zwar nur ein Zufall gewesen, aber sie hatte gezeigt, dass der Plan funktionierte! Jacob hatte sie nicht hängen lassen, er hatte sie gerettet und etwas Gutes getan. Und genau da mussten sie jetzt weitermachen.

- *Suchen Sie sich eine Aufgabe!*
- *Wer sich gebraucht fühlt, sieht eher einen Sinn im Leben.*
- *Geben statt nehmen.*

Je öfter er das Gefühl hatte, nützlich zu sein, desto klarer musste er doch sehen, dass Sterben keine Lösung war!

Und heute war sie bestens vorbereitet. Sogar an ein Frühstück hatte sie gedacht! Beim Bäcker an der Ecke hatte sie zwei Croissants und eine belegte Laugenstange gekauft, und Jacob schien tatsächlich Hunger zu haben.

Als sie die Wohnung gemeinsam verließen, bestand er zwar darauf, seine alberne Sonnenbrille aufzusetzen, aber wenigstens verzichtete er auf die Schirmmütze. Lupi spürte trotzdem, dass er angespannt war.

Als sie ein Stück gegangen waren, räusperte er sich. »Und wo führst du mich heute hin? Soll ich ein paar Nashörner vor dem Aussterben retten?«

Lupi musste lachen. »Das mit den Nashörnern kannst du dir für später aufheben. Wir fangen lieber klein an.«

»Und was soll das bitte heißen?« Jacob vergrub die Hände in den Hosentaschen.

Lupi blieb stehen und wies nach vorne. »Das heißt, dass wir uns heute um die da kümmern.«

Als Jacobs Blick ihrem ausgestreckten Zeigefinger folgte, sah er plötzlich so aus, als hätte er ein Gespenst gesehen.

»Auf keinen Fall! Das kann ich nicht, Lupi!« Er

versuchte, auf der Stelle umzukehren, aber Lupi klammerte sich an seinem Unterarm fest. »Stell dich nicht so an! Du wirst sehen, dass du dich hinterher viel besser fühlst!«

Einen Moment lang versuchte er, sich aus ihrem Griff zu befreien, aber dann gab er resigniert auf. »Können wir nicht einfach wieder ein paar Katzen retten?«

Lupi schüttelte den Kopf. »Katzen können dir nicht sagen, wie dankbar sie dir sind. Aber die Männer und Frauen da vorne können das!« Sie deutete auf die lange Schlange von Obdachlosen, die sich vor dem *Suppenkeller* eingefunden hatten und auf Einlass warteten.

Jacob seufzte und fuhr sich über das unrasierte Kinn. Es war offensichtlich, dass ihm das hier nicht leichtfallen würde. »Ich … ich hab's einfach nicht so mit Menschen«, flüsterte er und sah mit einem Mal hundeelend aus.

Fast tat er Lupi ein bisschen leid. Aber darauf konnte sie jetzt keine Rücksicht nehmen. »Du bist Moderator. Du triffst doch ständig Menschen!«

Hilflos trat er von einem Bein aufs andere. »Aber die Leute, die ich treffe, sind … das sind *andere* Menschen.«

»Andere Menschen?« Lupi runzelte die Stirn.

»Vor der Kamera … spiele ich doch nur eine Rolle. Ich bin nicht echt, und die anderen sind nicht echt. Aber die hier …« Unsicher schob er sich die Sonnenbrille aus dem Gesicht. Lupi konnte die Panik sehen, die in seinen müden Augen aufflackerte. »Ehrlich, Lupi. Was ist, wenn einer von ihnen weiß, wer ich bin? Was, wenn sie Fragen stellen?

Oder wenn wir … uns eine Krankheit einfangen? Ein paar von denen haben bestimmt Tripper und so!«

Jetzt musste Lupi lachen. Sie beugte sich zu ihm hinüber und flüsterte: »Keine Sorge, du bist hier, um Frühstück auszuteilen, und nicht um Sex mit jemandem zu haben!«

Jacob starrte sie entgeistert an.

Beschwichtigend legte sie die Hand auf seinen Arm. »Tripper gehört zu den Geschlechtskrankheiten. Solange du also nicht vorhast, dich auszuziehen und bestimmte Dinge zu tun, musst du auch nicht befürchten, dich mit irgendwas anzustecken.« Und bevor er noch etwas erwidern konnte, packte sie ihn am Handgelenk und zog ihn in Richtung Suppenküche.

Auch als sie an der langen Schlange von Obdachlosen vorbei ins Haus gegangen waren, entspannte Jacob sich nicht. Stocksteif begrüßte er den Mitarbeiter, der ihnen den Ablauf der Essensausgabe erklärte. Als der Mann sich zurückzog, um die Obdachlosen einzulassen, schob Jacob sich hastig die Sonnenbrille zurück ins Gesicht. Lupi betrachtete ihn nachdenklich von der Seite. Was hatte er nur? Hier waren doch keine Löwen, die ihn auffressen wollten. Schließlich waren sie hier, um etwas Gutes zu tun!

»Du solltest die Brille abnehmen«, sagte sie vorsichtig und hoffte, dass seine Stimmung durch ihren Vorschlag nicht ins Gegenteil umschlug.

Jacob presste die Lippen zusammen. »Ich … fühl mich einfach nicht wohl, wenn …« Dann versagte ihm die Stimme wieder. Lupi konnte sehen, dass er wirklich litt.

War ihr Plan etwa eine Schnapsidee? Vielleicht war Jacob noch nicht so weit, vielleicht verlangte sie tatsächlich zu viel von ihm? Brauchte er mehr Zeit, um alles zu verdauen?

Aber nein. Lupi schob ihre Zweifel beiseite. Wenn sie eins nicht hatten, dann war es Zeit! Heute war schon Tag drei von zehn. Erst letzte Nacht hatte sie ihn auf dem Dach überrascht! Je eher sie ihn davon überzeugte, das Gute in sein Leben zu lassen, desto eher würde er dem Tod eine Absage erteilen. Sie brauchte Jacob, sie brauchte ihn dringend!

Vorsichtig griff sie nach seiner Hand. »Ich glaube nicht, dass sie dich erkennen.«

Jacob zuckte zusammen.

»Diese Leute leben auf der Straße«, fuhr sie leise fort. »Sie haben keinen Fernseher und lesen keine Zeitung.« Sie lächelte ihm aufmunternd zu. »Und selbst wenn sie das tun würden: Die haben zu viele eigene Probleme, um sich für deine zu interessieren.«

Jacob schwieg. Lupi konnte sehen, wie er ihre Worte abwog. Aber dann schüttelte er müde den Kopf. Offenbar war er noch immer nicht überzeugt.

Lupi biss sich auf die Lippe. »Könntest du dir nicht einfach vorstellen, dass du es für … deine Familie machst?«

»Was?« Beinahe erschrocken hob Jacob den Kopf.

»Für Sarah und für deinen Sohn«, fuhr sie schnell fort. »Die beiden fänden es sicher gut, wenn du etwas Nettes tust.«

Mit einem Mal stand Jacob da wie erstarrt. Er sagte nichts und rührte sich nicht vom Fleck. Lupi war sich nicht einmal sicher, ob er noch atmete.

In diesem Augenblick drängten sich die Obdachlosen in den Saal, sie unterhielten sich, und einige lachten. Aber Jacob regte sich noch immer nicht.

Enttäuscht ließ Lupi seine Hand los. Offenbar war es doch noch zu früh für diese Aktion. »Wir können auch wieder gehen. Wenn du wirklich nicht hier sein willst …«

Doch in diesem Moment schob Jacob sich plötzlich die Brille aus dem Gesicht. Lupi bildete sich ein, dass seine Augen feucht waren. Er atmete tief durch und straffte die Schultern. »Gut, wir gehen. Aber vorher versorgen wir die Leute hier noch mit Frühstück.«

Lupi traute ihren Ohren kaum. Dann machte sich Erleichterung in ihr breit. Sie wollte nach ihrem Anhänger greifen, aber der lag ja zu Hause neben ihrer Glücksslegliste – der Liste, die alles änderte. Ihr Plan funktionierte!

Lupi spürte, welche Überwindung es Jacob kostete, die Sache durchzuziehen. Jedes Mal, wenn er einen Teller mit Aufschnitt und Butter belud, war sein Gesicht hochkonzentriert, und er schaffte es nicht zu lächeln, wenn jemand ihm ein »Danke« entgegenmurmelte. Aber er machte weiter.

Als keine neuen Menschen mehr in den Saal drängten und nur noch wenige Hungrige in der Schlange standen, hörte Lupi, wie er tief durchatmete. Sie war unfassbar stolz auf ihn. Doch gerade, als sie dachte, sie hätten es geschafft, war eine ältere Dame an der Reihe und blieb vor Jacob stehen. Als er ihr den Teller zurückreichen wollte, packte sie unvermittelt sein Handgelenk.

Nein, nein, nein! Musste jetzt etwa im letzten Augenblick noch etwas schiefgehen? Beunruhigt sah Lupi Jacob an. Er rührte sich nicht und starrte auf die schmutzigen Finger der Alten, die sich fest um sein Handgelenk schlossen. Dann hob er langsam das Kinn und sah ihr in die Augen.

»Kann ich … Ihnen helfen?« Seine Stimme klang rau.

Die Alte hielt einen Moment inne, doch im nächsten Moment schenkte sie ihm ein breites, zahnloses Lächeln.

»Danke«, flüsterte sie. »Sie sind ein guter Mensch.« Mit ihrem Frühstücksteller in der Hand ging sie weiter und setzte sich an einen der Tische.

Jacob sah ihr ungläubig nach.

Und Lupi spürte, wie sich in ihrem Bauch ein warmes Gefühl ausbreitete.

23

Auf dem Heimweg sprachen sie kein Wort. Jacob hatte seine Sonnenbrille einem der Obdachlosen geschenkt, und jetzt fühlte er sich seltsam nackt. Am meisten jedoch überraschte ihn, dass Lupi recht gehabt hatte: Keiner erkannte ihn. Die Leute im *Suppenkeller* hatten sich nicht dafür interessiert, wer er war, solange er nur genug Aufschnitt auf ihre Teller gelegt hatte, und auch jetzt, hier auf der Straße, sah niemand zu ihm herüber. Nur Lupi blickte ihn immer wieder verstohlen von der Seite an. Dachte sie etwa, er würde das nicht bemerken?

Sie war ein merkwürdiges Kind, das stand fest. Aber dennoch schaffte sie es immer wieder, etwas in ihm zu berühren, besonders dann, wenn er am wenigsten damit rechnete.

Er war ganz sicher kein guter Mensch. Er trennte ja nicht einmal seinen Müll! Trotzdem hatte ihm die zahnlose Alte genau das attestiert, und ihr Lächeln hatte keinen Zweifel daran gelassen, dass sie es auch so meinte.

Sie sind ein guter Mensch.

Wenn die wüsste! Jacob versuchte, sich an den Hass zu erinnern, den er seit Tagen auf sich selbst hatte, und die Abscheu wieder heraufzurufen, die er für sich selbst empfand. Es gelang ihm nicht. Was machte dieses Mädchen nur mit ihm?

Als sie seine Wohnung beinahe erreicht hatten, fing er auf einmal an zu reden. Er wusste nicht, woher der Impuls kam, aber plötzlich strömten die Worte wie von selbst aus ihm heraus. »Sarah hatte mir vor ein paar Jahren schon mal von dieser Suppenküche erzählt …«

Lupi sah ihn überrascht an.

»Sie hatte vorgeschlagen, dass wir dort mal Essen austeilen, weil immer helfende Hände gebraucht werden«, fuhr er gedankenverloren fort.

Lupi hielt beinahe erschrocken inne. »Tut mir leid«, sagte sie zerknirscht. »Du hättest mir ruhig sagen können, dass du schon mal dort warst. Ich kann verstehen, dass es schwer ist, wenn dich alles an deine Familie erinnert …«

An seine Familie erinnern? Beinahe hätte Jacob gelacht, obwohl das alles kein bisschen witzig war. Sie schätzte die Sache falsch ein, ganz und gar falsch.

»Ich war noch nie dort«, gab er leise zu.

Lupi sah ihn verständnislos an. »Aber eben hast du doch gesagt …«

»Sarah hat es vorgeschlagen, ja«, stellte er richtig. »Aber ich wollte nicht.«

Lupi nickte, als würde sie verstehen, was er meinte, doch ihr Gesichtsausdruck verriet das Gegenteil. »Warum wolltest du nicht?«

Jacob seufzte. »Weil ich einfach nicht der Typ für so was bin.«

»Wer sagt das?«, fragte die Kleine. Sie waren vor seiner Haustür stehen geblieben, und sie sah ihn neugierig an.

War das nicht vollkommen egal? »Keine Ahnung«, antwortete er unwillig. »Ich vermutlich.«

Lupi hob verblüfft die Augenbrauen. Einen Moment lang wirkte sie wie versteinert, aber dann zuckte sie plötzlich mit den Schultern und lächelte. »Dann hattest du wohl keine Ahnung, wer du in Wirklichkeit bist.« Mit diesen Worten drehte sie sich um und verschwand in den gegenüberliegenden Hauseingang.

Kaum hatte er die Wohnungstür hinter sich geschlossen, eilte Jacob ins Bad und drehte den Wasserhahn auf. Plötzlich spürte er das unbändige Bedürfnis nach kaltem Wasser. Was passierte hier mit ihm? *Sie sind ein guter Mensch*, hörte er noch die Worte der Alten, und egal wie viel Wasser er sich ins Gesicht klatschte, die Stimme verstummte einfach nicht.

Und dann mischten sich auch noch Lupis Worte darunter.

Wer du in Wirklichkeit bist …

Das war doch lächerlich! Dachte sie ernsthaft, er wäre ein anderer Mensch, nur weil er Sonntagsbrötchen an Obdachlose verteilte? Das zeigte doch nur, dass sie keine Ahnung von ihm hatte!

Aber warum versagte plötzlich sein Hass auf sich selbst? Er wusste doch genau, wer er war. Er wusste, dass es nichts änderte, wenn er etwas Gutes tat. Wieso fühlte er sich dann jetzt tatsächlich leichter?

Jacob richtete sich auf und betrachtete sein tropfendes Gesicht im Spiegel. Die letzten Tage hatten ihn verändert. Er sah erschöpft aus, aber das war ja kein Wunder – immerhin hatte er letzte Nacht kaum geschlafen. Es überraschte ihn, dass ihm seine neue Frisur gefiel. Ohne die Locken wirkte er irgendwie erwachsener, reifer – wie jemand, der mit sich selbst zufrieden ist. Sarah hatte ihm oft vorgeworfen, dass er nie zufrieden war. Mit dem, was er erreicht hatte – dass er immer nach mehr strebte. Damals hatte er nicht verstanden, was an dieser Eigenschaft verwerflich sein sollte, und auch jetzt fand er grundsätzlich nichts Schlimmes daran. Dennoch war es auch einmal reizvoll, nichts Neues zu wollen und in sich selbst zu ruhen. Er konnte nur nicht einschätzen, ob diese Ruhe ein Fortschritt war oder nur auf der schlichten Einsicht beruhte, dass er nichts mehr zu verlieren hatte.

Sarah …

Seit er die Nummer auf ihre Mailbox gesprochen hatte, war seine Frau seltsam präsent. Insgeheim fragte Jacob sich, ob er ihr nicht sogar näher war als je zuvor. Vielleicht war es ja doch an der Zeit, sich seinen Gefühlen zu stellen? Vielleicht hatte Lupi recht, und es gab doch noch einen anderen Weg als das Ende …?

Ein lautes Klopfen riss ihn aus seinen Gedanken. Jacob seufzte. War Lupi etwa schon wieder zurück? Erschöpft ging er ins Wohnzimmer – doch als er sah, wer dort hinter dem linken Fenster stand, war er plötzlich hellwach. Carla. Wieso musste sie denn gerade jetzt hier auftauchen? Er brauchte Ruhe, Ruhe, um über alles nachzudenken!

Resigniert öffnete er das Fenster.

Carla fackelte nicht lange, sondern drückte ihm eine weiße Plastiktüte in die Hand und kletterte über den Fenstervorsprung ins Wohnzimmer. »Ich hab es an der Haustür probiert, aber irgendwie funktioniert die Klingel nicht«, erklärte sie.

Jacob spürte, dass Ärger in ihm aufstieg. »Hättest du nicht anrufen können?«

»Wärst du denn drangegangen?« Carla nahm ihm lächelnd die Tüte aus der Hand. »Ich hab Mittagessen mitgebracht!«

»Ich hab keinen Hunger«, erwiderte Jacob, aber das schien seine Schwester nicht zu interessieren. Ungefragt ließ sie sich auf dem Sofa nieder und packte zwei Boxen mit Bratnudeln auf dem Couchtisch aus.

»Was ist mit dem Fenster passiert?«, fragte sie.

Jacob verschränkte die Arme vor der Brust. Er hatte nicht vor, ihr irgendwelche Antworten zu geben.

Unbeeindruckt nahm Carla eine Plastikgabel und fing an zu essen. Mit vollem Mund nickte sie ihm zu. »Gefällt mir übrigens.«

»Dass ich dich ignoriere?«

»Deine neue Frisur.« Sie stellte ihre Nudelbox auf dem Couchtisch ab. »Warst du beim Friseur?«

Er schüttelte wortlos den Kopf.

Carlas Augen blitzten überrascht. »Sag bloß, du hast dir selbst die Haare geschnitten?«

»Was spielt es für eine Rolle, wer meine Haare geschnitten hat?« Jacob zuckte zusammen, als er merkte, wie wütend er plötzlich klang. Carlas Anwesenheit brachte ihn in Rage. Verdammt! Eben war er doch noch ganz ruhig gewesen.

Sie gehörte einfach nicht hierher, das war das Problem. Und dass sie nun lächelte, als wäre das alles ein heiterer Plausch, machte ihn noch wütender.

»Dann spielt es sicher auch keine Rolle, wer da neulich bei dir ans Telefon gegangen ist?«

Jacob nickte stumm. Richtig, es spielte keine Rolle – und viel wichtiger noch: Es ging sie schlicht und ergreifend nichts an!

Mit einem Mal wanderte Carlas Blick zum Aquarium, und ihre Augen weiteten sich. »Ist das eine Pistole?«

Auch das noch! Jacob hatte vergessen, dass das Ding noch immer auf dem Grund des Wasserbehälters lag. Jetzt sprang Carla auf und fischte es heraus. Sie trocknete es an ihrer Bluse ab und sah Jacob erwartungsvoll an.

»Ist nur ein Spielzeug«, murmelte er und versuchte dabei, möglichst desinteressiert zu klingen.

Carla aber entsicherte die Waffe blitzschnell, richtete ihren Lauf auf das angeknackste Tischbein und drückte ab.

Jacob hatte nicht damit gerechnet, dass das Ding noch funktionierte, aber es gab einen ohrenbetäubenden Knall. Ächzend krachte der Couchtisch zusammen.

Vor Schreck vergaß Jacob beinahe zu atmen.

»Nettes *Spielzeug*«, sagte Carla, entlud die Waffe gekonnt und ließ sie in ihre Handtasche gleiten.

»Seit wann kannst du schießen?« Tatsächlich war Jacob mehr beeindruckt davon, dass sie das schmale Tischbein getroffen hatte, als von dem eigentlichen Schuss.

Carla strich sich die kurzen Haare hinters Ohr. »Clemens nimmt mich manchmal mit zum Schießstand. Er ist Polizist.«

Irritiert hob Jacob die Augenbrauen. »Clemens ...?«

»Mein Freund, du erinnerst dich? Der, der dir die Klamotten fürs Krankenhaus geliehen hat.« Auf einmal klang ihre Stimme gereizt.

Mit einem Schnauben durchquerte Jacob den Raum und ließ sich aufs Sofa fallen. »Wenn du wegen der Klamotten hier bist – die sind irgendwo im Bad.«

Carla schloss die Augen und schüttelte ungläubig den Kopf. Dann atmete sie zweimal tief durch und sah ihn ernst an. »Ich bin nicht wegen der Sachen da.« Sie zögerte. »Sarahs Eltern haben mich angerufen ...«

»Was?« Jacob starrte sie erschrocken an. Sarahs Eltern

hatten seine Schwester angerufen? Das musste ein Irrtum sein!

»Guck nicht so entsetzt«, sagte Carla. »Vermutlich hat Sarah ihnen irgendwann mal meine Nummer gegeben. Oder sie haben im Netz nach mir gesucht – ich heiße schließlich auch Chrissen.«

Jacob schwieg einen Augenblick, dann schüttelte er den Kopf. »Unsinn. Warum sollten sie dich anrufen?«

»Weil du nicht erreichbar bist.« Plötzlich veränderte sich Carlas Blick. Sie wirkte unsicher. »Sie wollen Sarah und Jimmy beisetzen, aber ohne dich geht das nicht.«

Wie bitte? Jacob fühlte sich, als hätte Carla gerade eine zweite Kugel abgefeuert – mitten in seine Brust! Seine Kehle schnürte sich zusammen. Er bekam keine Luft mehr.

»Geht's dir nicht gut?« Carla eilte auf ihn zu und legte ihre Hand auf seinen Arm.

Jacob schüttelte sie ab und versuchte zu atmen, aber es ging nicht. Auf einmal begann sich das Zimmer um ihn herum zu drehen. Vor seinen Augen flimmerten Lichter, und in seinen Ohren dröhnte der Lärm der Rotorblätter. *Lichter, Schreie, Lärm. Jimmys Finger auf seiner Hand.*

»Willst du dich hinlegen?« Carla schob den Tisch beiseite und bückte sich, um Jacobs Beine anzuheben, aber er stieß sie von sich. »Verschwinde!«

»Jacob, du …«

»Ich habe gesagt, du sollst verschwinden!« Plötzlich spürte er, dass ihm Tränen in die Augen stiegen. Obwohl sich noch immer alles um ihn herum drehte, kämpfte er sich zurück auf die wackeligen Beine.

Carla griff nach seinem Ellenbogen. »Ist alles in Ordnung? Du musst …«

»Wann verschwindest du endlich?« Jacob riss sich los. Sein Gesicht war heiß und nass von Tränen, und in seinem Kopf lärmten noch immer die Motoren. *Jimmy. Sarah. Sarah! Jimmy!* Wann hörte das endlich auf, verdammt?

Carla versuchte, ihn an sich zu drücken, aber er schlug schreiend um sich, und schließlich weinte auch sie. »Sie sind tot, Jacob! Du musst dich endlich deinen Gefühlen stellen!«

Doch das einzige greifbare Gefühl, das Jacob in diesem Moment verspürte, war Wut. »Geh jetzt!«, brüllte er und wies Carla den Weg zur Tür. »Ich will dich nie wiedersehen, hast du verstanden? Nie wieder!«

Carla stand regungslos da, als hätte er nichts gesagt.

Jacob griff sich die Nudelbox, die halb vom Couchtisch gerutscht war, und schmetterte sie an die Wand. »Hau ab und kümmere dich um deinen eigenen Scheiß!«

Endlich erwachte Carla aus ihrer Erstarrung. Sie schüttelte ungläubig den Kopf, umklammerte ihre Handtasche und verschwand.

Insgeheim rechnete Jacob damit, dass sie noch einmal etwas sagte, dass sie an die Tür klopfte, um noch einmal hereinzukommen in seine Wohnung und in sein Leben, aber nichts davon geschah.

Alles war still, selbst das Dröhnen in seinem Kopf war plötzlich verstummt. Nur Carlas warme Stimme hallte weiter in seinen Ohren.

Ist alles in Ordnung? In Ordnung? In Ordnung …?

Wie hatte sie nur so etwas fragen können? Jacob versuchte, die Hände zu Fäusten zu ballen, aber ihm fehlte die Kraft dazu. Gerade erst hatte er einen Zugang zu Sarah gefunden – und jetzt wollten Wilhelm und Elisabeth sie und Jimmy tief unter der Erde vergraben? Und schlimmer noch: Er sollte dabei zusehen?

Nichts war in Ordnung, gar nichts!

Und plötzlich wurde Jacob klar, dass es das nie wieder sein würde, egal was er tat. Egal, wie sehr er sich mit seinen Gefühlen auseinandersetzte.

Es würde nie wieder gut werden.

Und daran konnte auch ganz sicher ein achtjähriges Mädchen nichts ändern.

24

Lupi wusste gar nicht, was sie mit so viel freier Zeit anfangen sollte. Becky war noch immer ausgeflogen, und Jacob hatte sie um Ruhe gebeten. Sie würde das respektieren, auch wenn es ihr schwerfiel. Der Vormittag war gut gelaufen, Jacob war über seinen Schatten gesprungen und nicht einmal wütend geworden. Lupi spürte es ganz deutlich: Ihr Plan ging auf – sie waren auf dem richtigen Weg.

Nachdem sie die Katze gefüttert hatte, reparierte sie ihre Kette. Als sie mit den Fingerkuppen über die feine Gravur des Anhängers fuhr, fielen ihr plötzlich Jacobs Worte von letzter Nacht wieder ein.

Er hat es doch sicher nicht auf Deutsch geschrieben.

Du siehst nicht gerade spanisch aus.

Heißt das, du kennst ihn gar nicht?

Nein, sie kannte ihren Vater nicht – wie auch? Becky erzählte ja nichts und wurde wütend, sobald Lupi Fragen stellte. Woher sollte sie wissen, wie er aussah, oder ob er den Umschlag auf Spanisch beschriftet hatte? Sie wusste ja nicht mal, wie er hieß.

Lupi versuchte, sich mit ein paar Fachbüchern aus dem Regal der Ärztin abzulenken, aber es klappte nicht. Immer wieder kehrten ihre Gedanken zu ihrem Papa zurück.

Warum war er gegangen? Hatte er wirklich nie nach ihr gesucht? Und in welcher Sprache hatte er den Umschlag beschriftet?

Als sie endlich Beckys Schlüssel im Schloss hörte, war sie fest entschlossen, der Sache auf den Grund zu gehen. Sie hatte ein Recht darauf zu wissen, wer sie war!

Becky trug Lupis Rucksack über der unverletzten Schulter und strahlte sie an. Sie hatte einen leichten Sonnenbrand auf der Nase und summte eine Melodie, die Lupi nicht kannte.

»Hey, wie war dein Tag?« Grinsend drückte sie Lupi einen Kuss auf die Stirn und tänzelte in die Küche.

»Gut«, murmelte Lupi und folgte ihr.

»Magst du Spargel?« Becky öffnete den Rucksack. »Ich hab ihn selbst gestochen. Das war gar nicht so einfach mit einer Hand!« Sie lachte und riss eine Schublade auf.

Lupi seufzte und öffnete eine andere, um den Spargelschäler herauszuholen. »Ich mach das für dich.«

Becky lächelte zufrieden. »Es ist doch okay, dass ich mir deinen Rucksack geliehen hab, oder? Das Wetter ist wirklich herrlich heute. Ich hoffe, du hast nicht den ganzen Tag drinnen gesessen?«

Lupi gönnte ihr ein müdes Lächeln und setzte sich an den Tisch. Während sie den Spargel schälte, setzte Becky Wasser auf und summte dabei vor sich hin.

Jetzt, dachte Lupi und musste schlucken, *jetzt ist der richtige Zeitpunkt!*

»Hast du … irgendwann mal was von meinem Papa gehört?«, flüsterte sie.

»Was?« Becky drehte sich zu ihr um, als wäre sie nicht sicher, ob sie Lupi richtig verstanden hatte. Ihr Lächeln war verschwunden.

Lupi holte tief Luft und fuhr fort: »Hat er sich mal bei dir gemeldet? Nach meiner Geburt?«

»Nein!« Beckys Gesichtsausdruck verhärtete sich schlagartig. Lupi spürte, dass sie jetzt besser aufhören sollte – doch sie konnte nicht anders, als weiterzufragen. »Du bist dir aber sicher, dass er nach Spanien zurückgegangen ist?«

»Wo sollte er denn sonst hin?«, blaffte Becky. »Denkst du, er ist auf den Mond gezogen?«

»Hat er es denn auf Deutsch geschrieben oder auf Spanisch?«, fragte Lupi leise.

»Was?« Becky sah sie verständnislos an.

»*Für meine Tochter*. Auf dem Umschlag, in dem der Anhänger …«

»Verdammt, Lupi!«, unterbrach Becky sie und stampfte wütend in Richtung Flur. »Er wollte nichts von dir wissen, wann verstehst du das endlich?« Mit einem Knall zog sie die Küchentür hinter sich ins Schloss.

Und obwohl Lupi oft genug gehört hatte, dass ihr Vater keinen Wert darauf legte, mit ihr Kontakt aufzunehmen, versetzte ihr die Wahrheit in all ihrer Deutlichkeit wieder mal einen Stich ins Herz.

Den ganzen Abend über redete Becky kein Wort mehr mit ihr, und auch Lupi hatte keine Lust auf weitere Gespräche. Erst als sie am nächsten Morgen ihren Rucksack für die Schule packen wollte und ihn nirgendwo finden konnte, kam sie um einen kurzen Wortwechsel nicht herum.

»Der war innen ganz dreckig vom Spargel«, gab Becky widerwillig zu. »Ich hab das Ding in die Waschmaschine gesteckt.«

Tatsächlich fand Lupi ihren Rucksack in der Waschtrommel, allerdings war er noch immer pitschnass. So konnte sie ihn heute leider nicht benutzen, und für den Trockner war es auch zu spät. Kurzerhand nahm sie sich einen Plastikbeutel aus der Abstellkammer und packte ihre Schulsachen hinein.

Dummerweise blieb dieser Umstand nicht lange unbemerkt. Vincents Aufmerksamkeit war sofort erregt, als Lupi mit dem Einkaufsbeutel das Klassenzimmer betrat.

»Warst du heute Morgen schon Flaschensammeln?«, brüllte er durch den Raum, sodass auch der letzte ihrer Mitschüler auf Lupis Tasche aufmerksam wurde. Lupi war zu müde, um zu reagieren, und ignorierte ihn einfach, aber als er auf sie zusprang und ihr die Tüte aus der Hand reißen wollte, fuhr plötzlich eine unerwartete Kraft in sie. Sie riss selbst so energisch am Beutel, dass Vincent zurücktaumelte und mit dem Hinterkopf an eine Stuhllehne schlug.

Herr Gros war natürlich nicht sonderlich begeistert und bestellte beide nach dem Unterricht ins Büro von Doktor Dosetier.

»Er hat mir meine Tasche weggenommen«, versuchte Lupi sich zu verteidigen, aber Vincent schüttelte unschuldig den Kopf. »Ich konnte ja nicht wissen, dass dieser Plastiksack ihre Schultasche ist!«

Doktor Dosetier stieß einen Seufzer aus und bat die beiden, sich beieinander zu entschuldigen. Als sie das getan hatten, durfte Vincent gehen, aber Lupi sollte noch einen Augenblick dableiben.

»Stimmt das?«, fragte Herr Gros besorgt, als Vincent die Tür hinter sich geschlossen hatte. »Ist diese Tüte dein Schulranzen?«

»Natürlich nicht!«, antwortete Lupi. »Mein Rucksack ist gerade in der Waschmaschine.« Doch ihr Klassenlehrer warf dem Direktor einen vielsagenden Blick zu. Offenbar hatten die beiden ihre eigene Theorie …

Als Lupi nach Schulschluss nach Hause radelte, fühlte sie sich unsagbar müde. Am liebsten hätte sie sich zu Hause unter der Bettdecke verkrochen und den Rest des Tages verschlafen, aber das kam leider nicht in Frage. Sie musste sich um Jacob kümmern! Heute war bereits Tag vier, und auch wenn er die letzten beiden Tage Fortschritte gemacht hatte, war für große Verschnaufpausen keine Zeit.

Erschöpft schloss sie ihr Rad vor seiner Haustür an

und schlüpfte durch die Hecke. Doch als sie durch das Wohnzimmerfenster blickte, war sie auf einen Schlag hellwach. Was zum Teufel war hier passiert?

Der Couchtisch war auf einer Seite zusammengebrochen – und dann entdeckte sie Jacob! Er lag regungslos auf dem Boden. Panisch wanderte Lupis Blick zum Aquarium.

Die Waffe war nicht mehr da!

Lupis Herzschlag beschleunigte sich. Hastig zwängte sie sich durch den Schlitz im Packpapier und stürzte kopfüber ins Wohnzimmer. Als sie zitternd wieder auf die Beine kam, tastete sie nach ihrem Anhänger. Das musste ein böser Traum sein! Gestern war doch noch alles gut gewesen!

Vorsichtig setzte sie einen Schritt vor den anderen. Jacob rührte sich nicht. Verzweifelt biss Lupi sich auf die Lippe. Warum war sie nicht früher gekommen? Wieso hatte sie ihn gestern nicht doch noch mal besucht? Und weshalb um Himmels willen hatte sie die verfluchte Pistole nicht längst mitgenommen?

Auch als sie Jacobs leblosen Körper endlich erreichte, konnte sie die Waffe nirgendwo entdecken. Was hatte er getan? Im nächsten Augenblick fiel ihr die kleine Schachtel auf, die neben seinem Knie lag: *Zolpidem – zur kurzzeitigen Behandlung von Schlafstörungen*. Die Packung war leer.

Schlaftabletten! Hatte er eine ganze Packung Schlaftabletten geschluckt? Lupi zitterte. Die ganze Anspannung und Angst der letzten Tage entlud sich jetzt und brachte ihren ganzen Körper zum Beben. Sie hatte versagt! Ihr Plan hatte nicht funktioniert …

Schluchzend sank sie neben Jacob zu Boden, rollte sich ein wie ein Igel, wollte kleiner und immer kleiner werden, in der Hoffnung, am Ende ganz zu verschwinden – da spürte sie plötzlich eine Hand auf ihrer Schulter.

Erschrocken riss sie die Augen auf und stieß einen Schrei aus. Jacob! Er lebte!

»Was hast du denn?« Seine Stimme klang heiser. Während er sich benommen aufrichtete, sprang sie auf.

»Bist du verrückt geworden?«, kreischte sie und klatschte ihm links und rechts ins Gesicht. »Ich dachte, du bist tot!« Vorwurfsvoll hielt sie ihm die Packung Schlaftabletten unter die Nase.

Jacob rieb sich die unrasierte Wange und verzog das Gesicht. Bevor Lupi ein weiteres Mal zuschlagen konnte, packte er ihr Handgelenk. »Es waren nur noch zwei Tabletten in der Packung, okay? Davon stirbt man nicht! Ich wollte einfach mal in Ruhe schlafen …«

Nur zwei Tabletten? Woher sollte sie wissen, dass er die Wahrheit sagte? Lupi zögerte. »Und wo ist die Waffe?« Noch immer zitternd deutete sie auf das leere Aquarium.

Jacob erhob sich mühsam. »Die ist weg.«

»*Weg?*«

»Ja. W.E.G.« Mit einem erschöpften Stöhnen ließ er sich aufs Sofa fallen.

Lupi starrte fassungslos auf das Chaos am Boden. »Und was ist mit dem Tisch passiert?«

»Carla …« Jacob schloss müde die Augen.

Lupi hielt überrascht die Luft an. »Deine Schwester war hier?«

»Leider.« Jacob verzog gequält das Gesicht, und Lupi konnte sich nicht länger zusammenreißen. Erleichtert stürmte sie auf ihn zu und warf sich an seine Brust.

»Ich dachte, du bist … Ich hab gedacht, du hast …« Sie hatte keine Ahnung, wie sie es ausdrücken sollte, ohne taktlos zu klingen, aber Jacob schien zu verstehen, was sie meinte. Er klopfte ihr ein paarmal unbeholfen auf den Rücken und schob sie dann vorsichtig von sich.

»Hör zu, Lupi.« Sie merkte, dass er Schwierigkeiten hatte, ihr in die Augen zu sehen. »Ich weiß, dir gefällt nicht, was ich gleich sage, aber … das hier muss aufhören.«

»Was?«

»Deine Besuche. Dass du einfach so herkommst.«

Lupi wischte sich irritiert die Tränen aus dem Gesicht. »Du meinst, ich soll nicht mehr unangekündigt vorbeikommen?«

Jacob holte tief Luft. »Ich meine, dass du gar nicht mehr kommen sollst.«

»Aber wir haben einen Deal!« Lupi rückte von ihm ab. Jacob fuhr sich mit den Fingern durch die Haare, als hätte er vergessen, dass sie jetzt kurz waren.

»Dieser Deal war ein Fehler«, sagte er schließlich leise.

»Weil ich etwas versprochen habe, das ich nicht halten kann.«

Lupi musste schlucken. »Natürlich kannst du das. Du hast versprochen, dass du zehn Tage lang nicht stirbst«, erwiderte sie leise. »Das ist doch nicht schwer.«

Jacob lehnte sich auf der Couch zurück und rieb sich mit den Händen über das Gesicht. Dann verhärtete sich seine Miene plötzlich. »Ich will dich nicht mehr sehen, okay?«

»Du hast es mir aber versprochen!«

»Na und?« Er verengte die Augen zu Schlitzen, aber Lupi sah, dass sich Tränen darin sammelten. »Meinem Sohn hab ich alles Mögliche versprochen, und nichts davon habe ich gehalten! Ich hab ihn alleingelassen, verstehst du? Ich bin nämlich nicht Gott! Ich bin ja nicht mal ein guter Mensch, also lass mich endlich in Ruhe sterben!«

Lupi hielt die Luft an. Das konnte doch nicht sein! Mit einem Mal lag ihre Welt wieder in Trümmern. Er wollte sie nicht mehr sehen, er wollte sich nicht länger an ihre Abmachung halten – und das bedeutete …

Pflegefamilie. Da war es wieder, das Wort, bei dem sich ein Schatten auf ihr Herz legte. Lupi versuchte, dagegen anzukämpfen, aber plötzlich fehlte ihr die Kraft. Sie war müde, unglaublich müde …

Mutlos ging sie auf das Fenster zu. Doch bevor sie durch das Papier nach draußen verschwand, drehte sie sich noch einmal zu Jacob um. »Ich werde trotzdem wiederkommen«, flüsterte sie und blinzelte sich ein paar Tränen aus den Augenwinkeln. »Wenn du in diesen zehn Tagen dein Versprechen brichst, werde ich es sein, die dich findet. Ich lass dich nämlich wirklich nicht allein – ob du willst oder nicht.«

25

Natürlich brauchte er keine Pistole, um zu sterben, es gab unzählige Möglichkeiten. Das Problem war das, was Lupi gesagt hatte. Mit allergrößter Wahrscheinlichkeit war sie es, die ihn hinterher finden würde, und egal, wie er es anstellte: Sie würde es nie wieder vergessen.

Vor ein paar Tagen wäre ihm das egal gewesen, er hätte es gleichgültig in Kauf genommen. Aber mittlerweile hatte er die Kleine kennengelernt, und das machte die Sache komplizierter. Denn selbst wenn er sich insgeheim nicht sicher war, ob er sie wirklich mochte oder nicht, wusste er eines doch ganz gewiss: Er wollte nicht, dass sie sich immer an diese Bilder erinnerte. Schließlich hatte sie noch ihr ganzes Leben vor sich …

Außerdem hatte sie wieder diese Worte ausgesprochen, die jetzt wie ein verdammtes Echo in seinem Kopf dröhnten.

Ich lass dich nicht allein.

Natürlich, er hatte Jimmy im Stich gelassen, hatte sein Versprechen gebrochen, und daran konnte er nichts mehr ändern. Aber hatte er nicht auch Lupi ein Versprechen gegeben?

Sie war nicht seine Tochter, aber sie sah irgendetwas in

ihm, und so seltsam das auch war, hatte er doch eine Verantwortung übernommen.

Seufzend hob er den Kopf.

Er würde noch warten. Was blieb ihm schon anderes übrig? Zehn Tage waren keine Ewigkeit, und vier davon hatte er immerhin schon hinter sich gebracht. Sollte sie ruhig wiederkommen! Er würde die Füße stillhalten und abwarten, bis ihr dämlicher Deal erfüllt und er endlich aus der Verantwortung entlassen war …

Trotzdem wollte er nicht mehr als nötig gestört werden, deshalb löste er als Erstes das Problem mit dem Telefon. Das Kabel erwies sich als überraschend widerspenstig, als wollte es ihn um jeden Preis weiter mit dem Rest der Welt verbinden, aber am Ende setzte er sich durch und riss einfach die ganze Box aus der Wand.

Als Nächstes räumte er das Wohnzimmer auf und rettete, was noch zu retten war. Auf dem Schrank im Schlafzimmer fand er einen alten Hocker, den Jimmy früher benutzt hatte, um ans Waschbecken ranzukommen, und klemmte ihn unter den zertrümmerten Couchtisch. Das Ergebnis sah erbärmlich aus, aber wer wollte sich jetzt, im Angesicht des nahenden Endes, schon an ästhetischen Kleinigkeiten stören?

Im Arbeitszimmer fand er eine alte auf Holz aufgezogene Weltkarte, die sich hervorragend dafür eignete, endlich das kaputte Fenster zuzunageln. Wenn Lupi schon wiederkam, sollte sie wenigstens an das intakte linke

Fenster klopfen müssen und nicht einfach unbemerkt unter dem Packpapier des rechten durchschlüpfen können. Tatsächlich fügte sich das riesige Holzbrett perfekt in den Fensterrahmen – nur Jacobs handwerkliche Fähigkeiten ließen zu wünschen übrig. Wie konnte es sein, dass jemand einen Sturz vom Himmel überlebte, aber daran scheiterte, eine Handvoll Nägel in ein Brett zu schlagen? Mindestens sieben Mal traf er mit voller Wucht seinen Daumen, bevor das Fenster endlich dicht war.

Nachdem er die Nudeln von der Wand entfernt hatte, setzte er sich wieder aufs Sofa und starrte das leere Aquarium an.

Mister Bubble fehlte ihm.

Er hatte den Fisch zwar nicht leiden können, aber es fühlte sich auch nicht richtig an, diese Sache hier allein ausbaden zu müssen. Die Abwesenheit von zwei Menschen ließ sich besser ertragen, wenn man selbst nicht alleine war.

»Mieser Verräter«, murmelte Jacob und meinte natürlich den Fisch, bis ihm einfiel, dass er selbst ihn aus dem Leben gerissen hatte.

Ausgerechnet in diesem Augenblick fing sein Magen wieder an zu knurren. Jacob überlegte kurz, ob Mister Bubble womöglich gar nicht tot war, sondern in seinem Bauch weiterlebte. Aber dann verwarf er den Gedanken wieder.

Hunger war trotzdem keine schöne Sache, vor allem,

weil er keinen Telefonanschluss mehr besaß, um sich eine Pizza zu bestellen. Natürlich gab es noch den Broccoli und die Fischstäbchen aus dem Tiefkühlfach, aber irgendwie fürchtete Jacob, dass ihm wieder eine unliebsame Erinnerung entgegenschlagen würde, sobald er die Tür ein weiteres Mal öffnete.

Noch einen solchen Tiefschlag konnte er wirklich nicht gebrauchen, und deshalb blieb er einfach regungslos auf dem Sofa sitzen, mit knurrendem Magen, und wartete, bis die Schatten an der Wand verschwanden und die Wohnung in Dunkelheit gehüllt wurde.

Lupi hatte nicht noch einmal an die Scheibe geklopft, und obwohl er sich nicht sonderlich dafür interessierte, ob es ihr gut ging, konnte er plötzlich dem Impuls nicht widerstehen, ans Fenster zu treten und zwischen den Büschen hindurch hinüberzusehen.

Im Erdgeschoss gegenüber brannte tatsächlich Licht.

Auch wenn Jacob nicht erpicht darauf war, mehr als nötig mit der Kleinen und ihrer verrückten Mutter zu tun zu haben, wäre er gerne näher an das erleuchtete Fenster herangetreten, um einen Blick in ihr Leben zu werfen. Was war das nur für eine Frau, die unerwartete Gäste mit Pfefferspray angriff? Sarah wäre nie und nimmer auf so eine Idee gekommen, und genauso wenig hätte Jimmy einfach ein fremdes Fenster eingeschlagen und den Bewohner dahinter für Gott gehalten.

Gott! Ausgerechnet! Was für ein lächerlicher Gedanke!

Jedes Kind wusste doch, dass es naiv war, an Gott zu glauben. Auch Lupi würde das einsehen, wenn die zehn Tage endlich vorbei waren.

Dafür würde Jacob schon sorgen.

26

Irgendwas war gründlich schiefgelaufen, und Lupi ärgerte sich furchtbar, dass sie gestern nicht doch noch einmal nach Jacob gesehen hatte. Plötzlich hatte sie das Gefühl, als wären alle Bemühungen und Fortschritte der letzten Tage umsonst gewesen, und sie müsste wieder ganz von vorne anfangen.

Bevor sie Jacob auf dem Boden hatte liegen sehen, war sie sich sicher gewesen, dass es bergauf ging mit ihm, dass die zehn Tage reichen würden und ihr Glücksplan funktionierte. Aber das Erlebnis in seiner Wohnung hatte ihr schmerzlich bewusst gemacht, dass sie sich niemals sicher sein konnte. Was auch immer zwischen Jacob und seiner Schwester vorgefallen war, es hatte sie meilenweit zurückgeworfen.

Und trotzdem dachte Lupi nicht daran, jetzt einfach aufzugeben. Sie brauchte ihr Wunder – und sie würde die Zeit, die blieb, nutzen, koste es, was es wolle!

Leider brachte der nächste Morgen erst einmal mehr Unruhe als Erleichterung. Als Lupi um kurz vor acht ins Klassenzimmer kam, stand ein Rucksack auf ihrem Platz. Die meisten ihrer Mitschüler waren schon da, aber keiner schien mitbekommen zu haben, wem das Ding gehörte und wer es dort hingestellt hatte. Erst als Lupi den Rucksack anhob, entdeckte sie das eingenähte Namensschild auf der Rückseite. *Lupi Brockmann* stand darauf.

Der Name war in Druckbuchstaben geschrieben. Theoretisch hätte jeder dahinterstecken können, und diese Tatsache verunsicherte Lupi mehr als alles andere. Hatten Herr Dosetier oder Herr Gros irgendwelche Spendentöpfe geleert und ihr den Rucksack zukommen lassen, als gute Tat sozusagen? Oder war es vielleicht Vincent gewesen, der vorhatte, sie in eine Falle zu locken?

Sicher war nur, dass ihr keine der Varianten gefiel. Lupi wurde nicht gerne in einen Hinterhalt gelockt, aber viel weniger noch wollte sie Mitleid und Almosen. Außerdem hatte sie bereits einen Rucksack, der jetzt wieder trocken war, und deshalb stellte sie das nagelneue Teil demonstrativ neben die Klassenzimmertür.

Der Vormittag verstrich ohne weitere Vorkommnisse. Obwohl Lupi ihre Mitschüler gründlich beobachtete, verhielt sich niemand verdächtig, und keiner verlor auch nur ein einziges Wort über den Rucksack an der Tür.

Als es schließlich zum Schulschluss klingelte, wartete Lupi, bis alle anderen das Klassenzimmer verlassen hatten. Erst als sie sich ganz sicher war, dass niemand zurückkehren würde oder auf dem Flur lauerte, schlenderte sie auf die Tür zu und hob den Rucksack vorsichtig vom Boden auf.

Er war leicht, gut gepolstert und hatte auch sonst nichts gemein mit ihrem eigenen schlaffen alten Ding. Die Farben leuchteten in satten Rot- und Blautönen, und an den Seiten befanden sich sternförmige Reflektoren. Am meisten verblüffte Lupi aber nach wie vor, dass ihr Name auf der Rückseite stand. *Lupi Brockmann*.

Mit einem Mal fragte sie sich, ob damit vielleicht gar nicht sie gemeint war, sondern eine andere Lupi Brockmann. Sie fühlte sich, als wäre das gar nicht mehr ihr Name. Das alles passte einfach nicht zusammen! Sie hatte noch nie einen neuen Rucksack besessen, nein, viel mehr noch: Sie hatte noch nie etwas Neues besessen. Die meisten Dinge »besorgte« Becky gebraucht, auf Flohmärkten oder eben woanders, und Lupi hatte sich nie darüber beschwert. Erst jetzt, als ihre Finger über den festen Stoff strichen, merkte sie, wie wertvoll dieses Gefühl war, etwas Eigenes zu besitzen.

Obwohl ihr Verstand die Angelegenheit nicht einordnen konnte und Alarmsignale sendete, gab Lupi ihrem Herzen nach und nahm den Rucksack mit. Natürlich konnte sie mit zwei Rucksäcken nicht richtig Fahrrad fahren, deshalb schob sie ihr Rad sicherheitshalber nach Hause. Während ihr alter Rucksack locker am Lenker schlackerte, trug sie den neuen vor der Brust wie einen Schutzschild. Immer wieder senkte sie den Kopf und berührte den leuchtenden Stoff mit der Nase.

Erst als sie ihr Rad vor der Wohnung abschließen wollte,

fiel ihr auf, dass es ein Problem gab: Becky. Sie würde Fragen stellen. Und Lupi war noch nicht bereit, Antworten zu geben, deshalb musste sie den Rucksack vorerst woanders unterbringen.

Jacob hatte das kaputte Fenster mit einem Brett zugenagelt. Als Lupi an das zweite Wohnzimmerfenster klopfte, regte sich dahinter erst einmal gar nichts. Dennoch hatte sie keinen Zweifel daran, dass Jacob am Leben war. Natürlich, er hatte versucht, sich früher aus ihrem Deal herauszustehlen. Aber er wollte auch nicht riskieren, dass sie seinen leblosen Körper fand, das hatte sie gestern deutlich gespürt.

Lupi klopfte ein zweites Mal an das Fenster, und endlich kam Jacob herangeschlurft, um ihr zu öffnen. Er sah müde aus, und sein unrasiertes Gesicht wirkte grau und ungepflegt.

»Kann ich das Ding ein paar Tage bei dir lassen?«, fragte sie möglichst beiläufig, während sie durch das offene Fenster ins Wohnzimmer stieg.

Jacob zuckte nur gleichgültig mit den Schultern und setzte sich auf die Couch.

Lupi legte den neuen Rucksack neben dem Aquarium ab. Jacob hatte einen Hocker unter den Couchtisch geklemmt und das Chaos beseitigt. Lupi konnte nicht umhin, das als gutes Zeichen zu werten. Trotzdem sah Jacob erbärmlich aus. Und dann hörte sie ein Geräusch, das sie mittlerweile nur allzu gut kannte.

»Hast du Hunger?«

»Keine Ahnung.« Wieder zuckte Jacob mit den Schultern und sank auf dem Sofa in die Waagerechte.

»Du musst doch wissen, ob du Hunger hast«, bohrte Lupi nach, da knurrte Jacobs Magen ein zweites Mal.

»Wir besorgen dir was zu essen«, schlug sie vor, aber Jacob schüttelte den Kopf und starrte unbeirrt an die Zimmerdecke.

»Ich verlasse das Haus nicht mehr.«

»Dann hole ich dir eben was«, seufzte Lupi. Zerknirscht hielt sie ihm die offene Hand hin. »Hast du vielleicht etwas Geld für mich?«

27

Es dauerte keine halbe Stunde, da war die Kleine mit zwei prall gefüllten Einkaufstüten zurück. Jacob wunderte sich insgeheim, wie sie die schweren Taschen hatte tragen können, aber seine Neugier reichte nicht so weit, der Sache nachzugehen. Außerdem wusste er ja mittlerweile, dass Lupi hartnäckig war. Wenn sie etwas wollte, dann biss sie sich in ihrer fixen Idee fest und ließ nicht locker, bis sie am Ziel war. Er war ja selbst Opfer ihrer Verbissenheit. Fünf Tage noch. Fünf volle Tage würde er sich noch an ihre Regeln halten müssen, dann war er endlich frei.

Wenigstens hatte er jetzt genug zu essen im Haus.

Während die Kleine die Tüten in die Küche schleppte, versuchte sie, ihn in ein Gespräch zu verwickeln.

»Kennst du diesen kleinen Laden an der Straßenecke?«, rief sie ihm durch den Flur zu, und Jacob hörte, wie sie dabei die Küchenschränke aufriss.

Zuerst ignorierte er ihre Frage, aber als Lupi sie kurz darauf wiederholte, stieß er doch widerwillig eine Antwort hervor. »Nein, den kenne ich nicht.«

»Das kann gar nicht sein«, erwiderte Lupi beinahe belustigt. »Er ist direkt links an der Ecke. Da warst du sicher schon mal.«

Jacob stöhnte leise auf. »Ich war seit zwei Jahren nicht mehr einkaufen …«

Jetzt wurde es mucksmäuschenstill in der Küche. Offenbar hatte Lupi aufgehört, die Einkäufe einzuräumen. Einen Moment überlegte Jacob, ob sie sich vielleicht in Luft aufgelöst hatte, aber dann steckte sie den Kopf durch die Wohnzimmertür und blickte ihn irritiert an.

»Du warst seit zwei Jahren nicht einkaufen?«

So, wie sie es sagte, klang es, als hätte er sich seit zwei Jahren die Zähne nicht geputzt.

»Sarah hat das immer erledigt«, erklärte er schnell, weil er plötzlich das Gefühl hatte, sich rechtfertigen zu müssen. »Und meistens hab ich ohnehin auswärts gegessen, beim Sender oder irgendwelchen Events.«

Auf Lupis Stirn bildeten sich Falten. Offenbar konnte sie die Information nicht richtig einordnen. Doch bevor sie weiter nachhaken konnte, klopfte es plötzlich an der Wohnungstür.

Lupi wandte den Kopf in Richtung Flur. »Wer ist das?«

Egal, wer es war – Jacob wollte ihn nicht sehen! »Ich hab niemanden eingeladen«, murmelte er erschöpft, da klopfte es schon ein zweites Mal.

Lupi drehte sich um, doch Jacob ahnte, was sie vorhatte, und sprang blitzschnell vom Sofa. Entschlossen versperrte er ihr den Weg.

»Ich hab die Klingel nicht ohne Grund außer Gefecht gesetzt! Ich will keine Gäste, kapiert?«

»Aber vielleicht ist es wichtig.«

Wichtig? Jacob musste sich zusammenreißen, um nicht aufzulachen. In seinem Leben gab es nichts mehr, was wichtig war.

»Jacob? Bist du da?«

Jacob zuckte zusammen, als er die Stimme durch die Tür hörte. Sie war leise, aber dennoch erkannte er sofort, wem sie gehörte.

»Wer ist das?«, hakte Lupi nach, aber Jacob hob schnell seinen Finger an die Lippen. Er spürte, wie sein Herz zu rasen begann.

»Jacob, die Haustür stand offen. Ich bin's. Elisabeth.«

Elisabeth! Was zum Teufel tat seine Schwiegermutter hier? Sie sollte zu Hause sein bei Wilhelm, zu Hause in ihrer Küche, und … verdammt! Sie gehörte hier einfach nicht her! Erschöpft lehnte Jacob sich an die Wand.

»Jacob, wenn du da bist … Ich wollte nur nach dir sehen und mit dir über …« Sie verstummte. »Ruf mich an, hörst du? Ruf mich bitte an«, fuhr sie nach einer Weile fort. Dann wurde es still im Treppenhaus, doch Jacob traute sich weiterhin nicht, sich zu rühren.

Lupi war die Erste, die sich wieder bewegte. Vorsichtig schlich sie zur Tür und horchte. »Sie ist weg.«

Endlich konnte Jacob wieder atmen. Sein Herzschlag beruhigte sich langsam.

»War das deine Mutter?« Lupi stand noch immer neben der Wohnungstür und betrachtete ihn neugierig.

»Ich habe keine Mutter«, antwortete Jacob und trat einen Schritt vor.

»Jeder hat eine Mutter«, erwiderte Lupi. »Rein biologisch ist es nämlich nicht möglich, dass ...«

»Sie ist Sarahs Mutter!«, unterbrach Jacob sie gereizt. »Elisabeth ist Sarahs Mutter! Bist du jetzt zufrieden?«

Lupi schien einen Moment über diese Frage nachzudenken, ließ sie dann aber unbeantwortet. »Und warum willst du sie nicht sehen?«

Jacob stöhnte auf und schleppte sich zurück ins Wohnzimmer. »Das geht dich nichts an.«

Lupi folgte ihm. »Ich finde es jedenfalls sehr nett, dass sie dich besuchen kommt.«

Nett? Jacob ließ sich aufs Sofa fallen. »Ich brauche niemanden, der nett ist. Ich brauche überhaupt niemanden.«

Lupi runzelte die Stirn. »Jeder braucht jemanden.«

»Ich nicht.« Seine Stimme war kaum mehr als ein Flüstern.

Lupi blieb einen Moment lang regungslos stehen und beobachtete ihn konzentriert. »Selbst wenn das stimmen würde ...«, begann sie schließlich nachdenklich. Dann schob sie sich ihre Brille zurecht und fuhr fort: »... vielleicht sind wir alle ja gar nicht da, weil du uns brauchst, sondern weil wir dich brauchen?«

Jacob blickte sie verständnislos an. Was redete die Kleine da? Müde schüttelte er den Kopf und schloss die Augen. Aber er spürte, dass sie noch eine ganze Weile dastand und ihn anstarrte. Erst nach ein paar Minuten stieß sie einen lauten Seufzer aus und ging zurück in den Flur. Jacob hörte etwas klimpern, und dann rief das Mädchen ihm auch schon zu: »Ich nehme mir deinen Schlüssel, wenn das okay ist!«

Jacob fuhr vom Sofa hoch. Natürlich war das nicht okay!

»Du gehst ja sowieso nicht mehr raus – und ich muss dann nicht ständig ans Fenster klopfen!«

Jacob sprang auf und stolperte in den Flur, aber da war Lupi bereits verschwunden. Fassungslos starrte er auf die geschlossene Wohnungstür, dann schleppte er sich zurück auf die Couch. Er konnte es einfach nicht glauben! Was war nur los mit diesem Mädchen? *Sonderbar* war gar kein Ausdruck für sie, oft war sie geradezu unverschämt! Aber warum fühlte er sich immer so zerrissen, wenn er mit ihr zusammen war? War sie weg, dann wusste er, was er wollte, und hatte ein klares Ziel vor Augen. Doch sobald sie da war, wurde alles durcheinandergewirbelt.

Jacob vergrub das Gesicht in den Händen und atmete tief durch. Dann hob er den Kopf wieder und starrte auf das leere Aquarium.

Konnte es sein, dass Lupi recht hatte? Gab es tatsächlich noch jemanden auf dieser Welt, der ihn brauchte?

28

Becky wartete bereits mit dem Essen. In der ganzen Wohnung roch es nach Käsesauce, und als Lupi ihren alten Rucksack im Flur zu Boden gleiten ließ, sah ihre Mutter sie durch die offene Küchentür misstrauisch an. »Wo warst du so lange?«

Lupi zuckte unschuldig mit den Schultern. »Ich ... hab Rosa noch mit den Hausaufgaben geholfen.«

»Wer ist denn Rosa?«, fragte Becky überrascht.

»Meine Freundin«, log Lupi und hob vorwurfsvoll die Augenbrauen, um ein bisschen beleidigt zu wirken. »Weißt du doch. Von der hab ich dir schon hundertmal erzählt!«

»Rosa, richtig ...«, murmelte Becky und nickte, als wüsste sie genau, von wem Lupi sprach. »Beim nächsten Mal kann sie ja zu uns kommen, sag ihr das. Dann koche ich euch was, und ihr könnt spielen oder so.«

»Klar.« Lupi lächelte versöhnlich, auch wenn sie wusste, dass dieser Fall niemals eintreten würde. Becky war nicht die Art Mutter, die für Freunde kochte und Heile-Familie-Träume auf einer blütenweißen Tischdecke servierte. Und außerdem: Rosa würde sie niemals besuchen kommen.

Trotzdem rechnete sie Becky ihren guten Willen hoch an. Vielleicht wäre sie tatsächlich eine gute Mutter geworden, wenn Lupis Papa sie damals nicht verlassen hätte, schwanger, auf sich alleine gestellt und ohne jede Perspektive. Seufzend griff Lupi nach ihrem Anhänger.

Am Abend schickte Becky sie in den Keller, um nach einer Werkzeugkiste zu suchen. Sie hatte vor, eine lockere Schranktür zu fixieren, und das war ein gutes Zeichen. Reparieren statt ruinieren – diese Haltung gefiel Lupi!

Während sie in dem dunklen Kellerraum nach dem Werkzeug suchte, sprang ihr plötzlich eine klobige schwarze Box ins Auge. Lupi musste grinsen. Sie kannte dieses Ding von Toni: Es war eine Karaokemaschine! Mit einem Mal kam ihr ein Punkt auf ihrer Glücksliste in den Sinn, den sie bisher noch nicht berücksichtigt hatte:

Finden Sie etwas, das Ihnen Spaß macht!

Jacob konnte dringend ein bisschen Spaß gebrauchen. Vielleicht würde es ja mit diesem Ding gelingen? Sie wusste zwar nicht, ob er sich fürs Singen begeistern konnte, aber einen Versuch war es wert.

Lupi schnappte sich den Beutel mit dem Werkzeug, klemmte sich die Box unter den Arm und ging zurück in die Wohnung.

Als sie am nächsten Tag nach der Schule mit dem schweren Kasten zu Jacobs Haus einbog, wartete dort schon wieder jemand. Diesmal war es nicht Sarahs Mutter, sondern eine junge Frau – und Lupi zuckte zusammen, als sie

sie erkannte. Das war doch die Frau, die ihr die Fahrkarte geschenkt hatte! Aber was wollte sie jetzt ausgerechnet vor dieser Tür?

Lupi beschlich ein ungutes Gefühl. War ihr Zusammentreffen im Bus etwa gar kein glücklicher Zufall gewesen? Was, wenn diese Frau Journalistin war und es auf Jacob abgesehen hatte?

Lupi wollte gerade kehrtmachen, um sich zu verstecken, bis die Frau wieder verschwand, da wandte sie sich schon zu ihr um.

»Hey, wir kennen uns doch!« Ein Lächeln breitete sich auf ihrem Gesicht aus. »Wohnst du etwa hier?«

Lupi zögerte, dann fiel ihr nichts Besseres ein als zu nicken. Mit diesem Journalisten neulich war sie auch klargekommen, wieso sollte es dann diesmal nicht klappen? Wortlos ging sie auf die Haustür zu und zog Jacobs Schlüssel aus der Tasche.

Die Frau trug wieder ihren hübschen Mantel, und ihre kurzen Haare schimmerten in der Mittagssonne. »Dann kennst du sicher Jacob, oder? Jacob Chrissen?«

Lupi presste die Lippen zusammen. Langsam reichte es ihr. Konnten diese Leute Jacob nicht einfach in Ruhe lassen? Es war doch so schon schwer genug für sie, ihn wieder für das Leben zu begeistern – musste denn immer wieder jemand dazwischenfunken? Sie zählte leise bis drei, um sich zu beruhigen, und nickte dann. »Klar, der wohnt oben im zweiten Stock.«

Das Lächeln auf dem Gesicht der Frau erlosch. »Nein, er wohnt hier unten im Erdgeschoss.«

Lupi hielt die Luft an. Woher zum Teufel wusste sie das? Beobachtete sie ihn etwa schon länger? Das war unglaublich, nein, es war unverschämt – und auf einmal konnte Lupi ihre Wut nicht länger zurückhalten. »Verschwinden Sie!«, schrie sie die Frau zornig an. »Jacob redet nicht mit Journalisten, also lasst ihn endlich in Ruhe – sonst kriegt ihr es mit mir zu tun, verstanden?«

Die Frau sah sie verblüfft an. Lupi rechnete insgeheim damit, dass sie protestieren oder sie beschimpfen würde, aber stattdessen lächelte sie.

»Du bist das Mädchen, oder?«

Wie bitte? Wovon redete sie?

Die Frau ging vor ihr in die Hocke, um ihr in die Augen zu sehen. »Wir haben telefoniert, erinnerst du dich? Ihr habt gemeinsam aufgeräumt, vor ein paar Tagen.«

Mit einem Mal fiel es Lupi wie Schuppen von den Augen. »Carla?«, flüsterte sie ungläubig, und die Frau nickte.

»Ich bin Jacobs Schwester.«

Lupi hatte mit allem Möglichen gerechnet, aber sicher nicht damit.

Carla richtete sich wieder auf und warf einen besorgten Blick auf Jacobs Haustür. »Als ich das letzte Mal hier war, war er ziemlich aufgebracht. Ich weiß, er will mich nicht sehen, aber ich kann ihn doch nicht einfach aufgeben, oder? In seiner Situation sollte niemand alleine sein …«

Lupi merkte, dass sie sich ernsthafte Sorgen machte – aber trotzdem konnte sie nicht zulassen, dass sie wieder zu Jacob hineinging. Immer, wenn Carla in sein Leben trat, erlitt er wieder einen Zusammenbruch. Das konnte sie sich jetzt nicht leisten.

»Er ist nicht alleine«, sagte Lupi und sah sie direkt an. »Ich bin bei ihm.«

Carla hob überrascht die Augenbrauen. »Und er schickt dich nicht weg?«

Lupi musste lächeln. »Er versucht es, aber ich bin hartnäckig.«

Jetzt lächelte auch Carla. Nachdenklich musterte sie Lupis Gesicht und blickte dann erneut zur Haustür. »Er mag mich nicht besonders«, sagte sie schließlich leise. »Ich hab mal was ziemlich Dummes getan, etwas, das ihn sehr verletzt hat.«

Lupi spürte, wie angespannt sie war, wie sehr sie all das mitnahm. Plötzlich sah sie wieder die Traurigkeit, die in ihren Augen lag, und die ihr schon vor ein paar Tagen im Bus aufgefallen war.

»Die letzten siebzehn Jahre habe ich viel über meine Fehler nachgedacht. Ich glaube sogar, ich habe nur deshalb Psychologie studiert. Um mich und ihn besser zu verstehen.« Sie versuchte zu lachen, aber es wirkte ziemlich hilflos. Dann ließ sie den Blick wieder auf Lupi ruhen. »Es ist ein merkwürdiges Gefühl, dass ein kleines Mädchen das schafft, woran ich gescheitert bin.«

»So klein bin ich gar nicht mehr«, erwiderte Lupi zaghaft. Mit einem Mal verspürte sie das Bedürfnis, die Frau zu trösten. »Und außerdem bin ich nicht ganz normal …«

Jetzt lachte Carla laut auf. Wieder ging sie vor Lupi in die Hocke und legte die Hand an ihre Wange. »*Normal* gibt es gar nicht, weißt du? Das Wort, das dich am besten beschreibt, ist *außergewöhnlich*.« Dann richtete sie sich wieder auf, zog die Handtasche über ihrer Schulter stramm und ging davon.

Lupi erwähnte Jacob gegenüber mit keiner Silbe, dass seine Schwester eben noch vor der Tür gestanden hatte. Seine Laune war auch so schon unterirdisch. Er lag auf der Couch und starrte an die Zimmerdecke, als könnte er da oben die Antwort auf alle seine Fragen finden.

Lupi hievte die Karaokemaschine auf die Kommode neben dem Aquarium und sah ihn hoffnungsvoll an. »Ich hab dir was mitgebracht.«

»Kein Interesse«, murmelte Jacob und blickte dabei nicht mal zu ihr herüber.

»Es ist eine Karaokemaschine«, fuhr Lupi fort. »Singen macht Spaß!« Doch wieder reagierte Jacob nicht. Langsam verlor Lupi die Geduld. »Komm schon! Bei Sarah hat es dir doch auch gefallen! Du mochtest es, wenn sie gesungen hat. Sie hat keinen einzigen Ton getroffen, das hast du mir selbst erzählt!«

Doch nichts von alledem konnte ihn motivieren, sich von der Couch zu erheben. Lupi betrachtete ihn resigniert. *Spaß haben* war eindeutig etwas anderes. Mittlerweile hatte er sich bestimmt seit einer Woche nicht rasiert, und sein Bart sah längst nicht mehr lässig, sondern eher verwahrlost aus. Irgendwie hatte er sich verändert, das ließ sich nicht leugnen. Er hatte sich nicht nur verschlossen, es schien sogar, als hätte er abgeschlossen. Mit ihr, mit sich selbst, mit dem Leben. Sollte das wirklich das Ende sein?

Lupi musste sich konzentrieren. Alles, was sie brauchte, war eine gute Idee. Ihre Glücksliste hatte doch grundsätzlich funktioniert – irgendeine Möglichkeit musste es geben, um Jacob wieder zurück in die Spur zu bringen!

Um einen klaren Kopf zu bekommen, ging sie in den Vorgarten und räumte endlich das ganze Zeug, das Jacob hinausgeworfen hatte, zurück in die Wohnung. Von Jacob war leider keine Hilfe zu erwarten, und weil Lupi nicht wusste, wo die Dinge hingehörten, brachte sie die meisten Sachen einfach in das kleine Arbeitszimmer. Den Brieföffner, mit dem sie das Fenster geöffnet hatte, legte sie neben das Aquarium.

Als sie den Mülleimer unter der Spüle hervorzog, sah sie, dass Jacob nicht nur Essensreste weggeworfen hatte, sondern das benutzte Geschirr gleich mit. Lupi schloss einen Moment die Augen und hörte, wie das Blut in ihren Ohren rauschte. Er entglitt ihr, mit jedem Tag ein bisschen mehr. Aber das durfte sie nicht zulassen! Sie hatte Carla gesagt, dass sie an seiner Seite stand, und ihr damit das Gefühl gegeben, dass Jacob in Sicherheit war. Sie konnte Jacobs Schwester doch jetzt nicht enttäuschen!

Und außerdem war da immer noch die Sache mit der Pflegefamilie … Allein beim Gedanken daran drehte sich Lupi der Magen um. Nein, es musste einen Weg geben! Entschlossen zog sie den Müllsack aus dem Eimer, ging hinaus und stopfte ihn in eine der großen Tonnen vor dem Haus. Sie würde jetzt nicht einfach aufgeben! Wenigstens hatte sie am Freitag schulfrei wegen irgendeiner Konferenz. Sie würde die Zeit nutzen und Jacob vor die Tür locken, zurück auf die Straße und unter Menschen. Die größten Fortschritte hatte er immer dann gemacht, wenn er über seinen Schatten gesprungen war und die Wohnung verlassen hatte – gleich morgen nach der Schule würde sie ihn dazu bewegen!

Doch als sie am Donnerstagmittag beim letzten Klingeln mit dem Kopf voller Pläne hinaus auf den Schulhof stürmte, stand plötzlich Becky am Tor und schwenkte fröhlich ihre Reisetasche.

Lupi spürte, wie ihr das Herz in die Hose rutschte. Was war denn jetzt schon wieder passiert? Mussten sie etwa wieder umziehen?

Becky quittierte ihren entsetzten Blick mit einem Augenrollen. »Keine Panik, wir fahren nur ein paar Tage aufs Land. Du hast doch schulfrei morgen – und ich wollte dich überraschen.«

»Aufs Land?« Lupi starrte sie fassungslos an. »Was denn für ein Land?«

»Ich habe Unterlagen und einen Schlüssel im Nachttisch der Ärztin gefunden. Sie hat so eine kleine Laube im Wald.« Mit einem Augenzwinkern packte sie Lupis Hand und zog sie mit sich über den Schulhof.

»Wir können da aber nicht einfach hin!«

»Natürlich können wir! Die Lady ist in Amerika, die kriegt davon gar nichts mit. Und wir haben schon ewig keinen Urlaub mehr gemacht.«

Genau genommen hatten sie noch nie Urlaub gemacht, aber jetzt war nicht der richtige Zeitpunkt, um Becky darauf hinzuweisen.

»Ich will aber nicht in irgendein fremdes Ferienhaus!« Umständlich machte sich Lupi aus Beckys Griff los.

»Komm schon, so eine Chance kriegen wir nicht so bald wieder.« Becky blieb stehen, ging versöhnlich vor ihr in die Hocke und strich ihr über den schiefen Pony. »Das wird bestimmt lustig, nur wir beide.«

Nur sie beide? Nein, Lupi konnte jetzt nicht einfach wegfahren und Jacob alleine lassen, denn dann wäre dieses *Nur-wir-beide* ziemlich bald Vergangenheit!

Verzweifelt umklammerte sie ihren Anhänger. »Aber … wir können die Katze nicht alleine lassen! Und wie sollen wir da überhaupt hinkommen, aufs Land?«

Becky grinste. »Für die Katze habe ich eine Futterbox in der Abstellkammer gefunden. Und um die Anreise hab ich mich auch schon gekümmert.«

In diesem Moment ertönte eine Hupe an der Straße. Becky drehte sich zum Tor um und winkte dem Mann am Steuer des LKW heiter zu. Dann packte sie Lupis Handgelenk und zog sie mit sich.

Nein! Sie konnte jetzt nicht wegfahren, schon gar nicht für ein paar Tage! Jacob würde das nicht schaffen, sie musste auf ihn aufpassen und ihn wieder auf die Beine bringen! Das war ihre letzte Chance, ihre einzige!

Wenn sie jetzt in diesen Wagen stieg, würde sie alles verlieren, das wusste Lupi.

29

Auf einmal kam sie nicht mehr, und Jacob wusste nicht, was er davon halten sollte. Noch waren die zehn Tage nicht um. Interessierte sie sich denn plötzlich nicht mehr für ihren eigenen Deal?

Jacob hatte sich einen kleinen Kalender an die Wohnzimmerwand gemalt und strich jeden Tag ein Kästchen weg.

Drei Kästchen waren jetzt noch übrig. *Drei Tage Leben.*

Aber konnte man das hier überhaupt Leben nennen? Mit jeder Stunde, die verstrich und in der Jacob allein durch die Wohnung tigerte oder die Zimmerdecke anstarrte, wuchs die Gewissheit in ihm, dass er die einzig richtige Entscheidung getroffen hatte. Das Leben hielt nichts mehr für ihn bereit, er hatte alles verspielt. Er war Sarah kein guter Ehemann gewesen und Jimmy kein guter Vater, und das würde er nicht mehr ändern können. Jacob versuchte zu schreien oder zu weinen, Erinnerungen in sich wachzurufen, die Gefühle in ihm wecken sollten, aber seine Kräfte schwanden mit jedem Tag, mit jeder Stunde und jeder Minute. Nein, Lupi lag falsch mit ihrer Annahme. Er war nichts Besonderes. Dass er überlebt hatte, konnte nur ein dummer Fehler des Schicksals sein.

Ein paarmal stellte er sich ans Fenster und spähte hinüber zu Lupis Wohnung, doch dort regte sich nichts. Nicht mal am Abend gingen die Lichter an. Vielleicht hatte auch sie endlich verstanden, dass es sich nicht lohnte, ihre Zeit mit ihm zu verschwenden? Ja, so musste es sein. Sie hatte ihn wohl endlich aufgegeben …

Als er am Sonntagabend das vorletzte Kästchen durchstrich, dachte er darüber nach, die Sache zu beschleunigen. Wollte er am nächsten Tag wirklich noch ein Kreuz machen? War es nicht Zeit, der ganzen Sache endlich ein Ende zu setzen? Er war frei, das Mädchen war fort. Aber wo zum Teufel war plötzlich seine Entschlossenheit geblieben? Es musste an der Müdigkeit liegen. Im Grunde wollte er doch nichts anderes als sterben, also sollte er es lieber jetzt gleich erledigen. Wer wusste schon, ob seine Kräfte nicht noch weiter schwinden würden?

Sein Blick fiel auf den Brieföffner, den Lupi aus dem Garten geholt und neben dem Aquarium abgelegt hatte. Seine scharfe Klinge würde ihren Zweck mit Sicherheit erfüllen – doch als er einen Schritt darauf zu tat, um ihn zu nehmen, blieb sein Fuß an irgendetwas hängen und Jacob klatschte bäuchlings auf den Boden.

Der Rucksack! Lupis Rucksack hatte ihn zu Fall gebracht! Ächzend richtete er sich auf. Obwohl ihm alles wehtat, musste er plötzlich lachen. Es war einfach unfassbar! Sogar wenn sie nicht da war, schaffte es die Kleine, ihn am Sterben zu hindern.

Erschöpft riss Jacob den Rucksack an sich. Er war ohne Frage neu, der Stoff war fest und sauber, doch er war völlig leer. Warum hatte Lupi das Teil hiergelassen, anstatt es zu benutzen? Jacob wollte den Rucksack gerade wieder ablegen, als ihm das Namensschild auf der Rückseite auffiel. *Lupi Brockmann* stand dort.

Irritiert hielt Jacob inne. Hatte an der Wohnungstür nicht *Vogler* gestanden? Ja, er war sich ganz sicher, dass er diesen Namen auf dem Schild gelesen hatte. Hatte Lupi ihn etwa angelogen?

Jacob schüttelte den Kopf und versuchte, diesen Gedanken zu vertreiben. Was spielte das alles noch für eine Rolle? Lupi hatte ihn aufgegeben, sie hatte endlich erkannt, dass es sich nicht lohnte, für ihn zu kämpfen. Obwohl er darüber Erleichterung hätte empfinden sollen, versetzte ihm diese Erkenntnis einen Stich. Tränen stiegen ihm in die Augen, aber er versuchte, sie wegzudrängen. Lupi würde nicht mehr kommen – aber er wollte sich von ihr verabschieden. Sie war der einzige Mensch, der ihm noch etwas bedeutete.

Jacob zuckte zusammen. Hatte er das wirklich gerade gedacht? Bedeutete Lupi ihm etwas? Unsinn, er kannte sie ja gar nicht! Trotzdem wollte er sie noch einmal sehen. Er würde ihr den Rucksack bringen. Das musste als Abschied reichen.

Entschlossen klemmte er sich das Ding unter den Arm, griff sich in der Garderobe die Jacke, in der sein Schlüssel klimperte, und trat durch die Wohnungstür ins Treppenhaus.

Als er durch die Haustür ins Freie trat, war es bereits finster. Überrascht stellte Jacob fest, dass eine dichte Wolkendecke den Mond und die Sterne verdeckte. Jacob nahm einen tiefen Atemzug. Die Luft roch nach Regen.

Langsam ging er zur Straße vor. Weit und breit keine Menschenseele.

Als er in den Hauseingang gegenüber einbog, sah er, dass er sich nicht geirrt hatte. *Dr. Vogler* stand da. Aber was machte das schon für einen Unterschied? Obwohl es spät war, legte Jacob seinen Finger auf die Klingel. Er drückte einmal, zweimal, aber nichts geschah. Sie waren nicht zu Hause – oder wollten sie einfach nicht öffnen?

Jacob überlegte, ob er einen Blick durch das dunkle Fenster werfen sollte, entschied sich aber dagegen. Sie wollte ihn offenbar nicht sehen. Einen kurzen Moment spielte er mit dem Gedanken, den Rucksack vor der Tür abzustellen. Aber was, wenn er dann geklaut wurde? Nein, er würde das Ding wieder mit zurücknehmen, und dann würde er die Sache endlich beenden, Abschied hin oder her.

Mit einem Seufzen drehte Jacob sich um und ging zurück auf die andere Straßenseite. Müde fuhr er mit der Hand in seine Jackentasche, um den Schlüssel herauszuziehen – und hielt erschrocken inne. Das Geklimper kam gar nicht von seinem Schlüssel, sondern von ein paar Münzen, die lose in seiner Tasche steckten! Panisch klemmte er sich den Rucksack zwischen die Beine und griff tiefer in die Jackentaschen. Irgendwo musste sein Schlüssel doch sein, das war … nein, unmöglich! Plötzlich fiel es ihm wie Schuppen von den Augen: sein Schlüssel. Lupi hatte ihn mitgenommen, nachdem Elisabeth an seine Tür geklopft hatte! Wenn Lupi aber seinen Schlüssel hatte, dann hatte er selber keinen – und kam nicht zurück in seine Wohnung!

»Nein, nein, nein!« Jacob schlug verzweifelt mit der flachen Hand gegen die Haustür. In diesem Moment spürte er den ersten Regentropfen im Nacken.

»Das gibt's doch nicht!«, fluchte er und schob sich hastig durch die Hecke in den Vorgarten. Vielleicht konnte er ja durch eines der Fenster in die Wohnung einsteigen? Doch als er vor dem zugenagelten Fenster stand, stellte er fest, dass er gründlicher gearbeitet hatte als erwartet. Das Holzbrett saß felsenfest!

Ein zweiter Regentropfen landete auf seinem Kopf. Musste es ausgerechnet heute, ausgerechnet jetzt regnen? Energisch rüttelte Jacob an dem Brett im Fensterrahmen, aber es half nichts. Und im Garten lag auch nichts mehr, womit er das zweite Fenster hätte einschlagen können. Lupi hatte gründlich aufgeräumt.

In diesem Moment öffnete der Himmel seine Schleusen. Resigniert ließ Jacob sich im strömenden Regen mit dem Rucksack auf den Rasen sinken. Es war beinahe zum Lachen, aber er würde wieder einmal warten müssen.

30

Lupis Nerven waren zum Zerreißen gespannt, als sie am Montagmorgen aus dem Wagen stieg. Eigentlich hatte sie vorgehabt, nach ihrer Rückkehr als Erstes zu Jacob zu fahren, aber dann hatte Becky ihre Mitfahrgelegenheit gebeten, sie direkt an der Schule abzusetzen. Jetzt saß ihre Mutter auf dem fremden Beifahrersitz und wartete fröhlich winkend darauf, dass Lupi im Schulgebäude verschwand. Konnte diese ganze Sache denn noch schlimmer werden?

Das Wochenende war eine einzige Katastrophe gewesen. Natürlich, die Hütte an sich war traumhaft. Sie lag mitten im Wald auf einer Lichtung, eingebettet in Blumenwiesen und umgeben von Vogelgezwitscher. Außerdem war sie gemütlich eingerichtet und weit genug entfernt von jeglicher Zivilisation, dass Becky keinen Unfug anstellen konnte. An jedem anderen Wochenende hätte Lupi die Auszeit vermutlich genossen, aber im Moment sah die Sache ganz anders aus. Wie sollte sie sich entspannen, wenn Jacob alleine zu Hause in seiner Wohnung saß und auf sein Ende wartete? Wie sollte sie die Zeit mit Becky genießen, wenn über ihr eine dunkle Gewitterwolke mit Namen *Pflegefamilie* schwebte? Nein, Lupi hatte sich nicht eine Minute wohlgefühlt! Ihr ganzer Körper hatte gegen den Ausflug rebelliert. Als es am Sonntag tatsächlich zu regnen anfing, hatte sie gehofft, dass sie früher abreisen würden. Aber ihre Mutter wollte jeden Moment auskosten.

Und jetzt musste Lupi auch noch den Schulvormittag über sich ergehen lassen! Immer wieder versank sie während des Unterrichts in ihren Gedanken und rieb dabei unruhig an ihrem Anhänger. *Bitte lass alles gut werden!*, flehte sie innerlich.

In der ersten großen Pause hielt sie es schließlich nicht mehr aus. Sie würde zu Jacob fahren, und zwar jetzt sofort! Leider blieb sie nicht unbemerkt, als sie zu ihrem Rad hinter der Turnhalle eilte.

»Was ist das eigentlich für ein Ding an deinem Hals?«, hörte sie eine Stimme hinter sich. Vincent! Wieder einmal hatte Lupi ihn und seine Freunde nicht kommen hören. Jetzt bauten sie sich im Halbkreis um Lupis Fahrrad auf und versperrten ihr den Weg.

Lupi hatte keine Lust zu streiten, vor allem aber hatte sie keine Zeit. »Lass mich, Vincent. Ich fühl mich nicht gut.«

Vincent verzog gespielt mitleidig das Gesicht. »Kann ich verstehen. Wenn ich du wäre, würde ich mich auch nicht gut fühlen.«

Wie auf Knopfdruck begannen die anderen Jungs zu lachen.

Lupi seufzte und blickte ihn ernst an. »Können wir das alles nicht einfach auf morgen verschieben? Dann darfst du dich über mich lustig machen und meinetwegen auf meinen Rucksack pinkeln. Aber jetzt muss ich wirklich dringend nach Hause.«

»Morgen?« Vincent hob überrascht die Augenbrauen. »Und wer sagt mir, dass du morgen nicht schon im Heim bist?«

Ungläubig starrte Lupi ihn an. »Was meinst du?«

Vincent grinste. »Ich hab gehört, deine Mama kümmert sich nicht richtig um dich. Nicht mehr lange, dann wanderst du ins Kinderheim. Ich glaube nicht, dass du dann noch hier zur Schule gehst.«

Lupi konnte nicht glauben, was hier gerade passierte. Woher wusste Vincent von der Sache mit Becky? Plötzlich fühlte sie sich, als hätte ihr jemand den Boden unter den Füßen weggezogen. In das Gelächter der Jungs mischte sich das Läuten der Pausenglocke. Vincent grinste, und alles verschwamm vor ihren Augen. Vielleicht waren es die Müdigkeit und die Erschöpfung vom Wochenende, vielleicht war es aber auch dieses Wort, das unaufhörlich in ihrem Kopf widerhallte.

Kinderheim.

Kinderheim.

Kinderheim …

Erst als Vincent einen Schritt auf sie zu tat, erwachte Lupi aus ihren Gedanken. Ohne zu wissen, woher der

Impuls plötzlich kam, stieß sie einen Schrei aus und stürmte auf ihren Mitschüler zu.

Eine Viertelstunde später saß Lupi allein im Büro des Schulleiters und beobachtete durch das Fenster, wie Vincent in einem Krankenwagen davonfuhr. Kurz darauf kam Herr Dosetier in sein Büro zurück und setzte sich seufzend zu ihr. »Was ist da draußen passiert?«

Lupi zuckte stumm mit den Schultern. Sie konnte sich selbst nicht erklären, was sich gerade abgespielt hatte.

»Vincent hat eine Platzwunde über dem Auge, und die Sanitäter sind sich nicht sicher, ob seine Nase gebrochen ist.«

Lupi nickte und tat so, als würde sie verstehen, was der Direktor sagte. In Wirklichkeit aber konnte sie diese Informationen nicht einordnen. Was war nur in sie gefahren? Woher hatte sie auf einmal all die Kraft genommen?

Doktor Dosetier atmete tief durch. »Du kannst jetzt wieder in den Unterricht gehen.« Doch als Lupi aufstand und auf die Tür zuging, hielt er sie noch einmal zurück. »Lupi? Du weißt schon, dass ich den Vorfall Frau Hofmeyer melden muss, oder?«

Lupi sah ihn erschrocken an. Er meinte es nicht böse, das konnte sie an seinem freundlichen Blick erkennen, aber trotzdem begann ihr Herz unkontrolliert zu rasen.

Frau Hofmeyer. Das Jugendamt.

Lupi versuchte, die Tränen zurückzudrängen. Hatte sich denn die ganze Welt gegen sie verschworen? Sie brauchte jetzt ein Wunder, ja, sie brauchte es dringender als je zuvor – und zwar sofort!

31

Jacob hatte keine Ahnung, wie viele Stunden er hier draußen im Regen gelegen hatte, aber das spielte auch keine Rolle. Er hatte genug.

Er würde sich jetzt sofort aus dem Garten schleichen und es anderswo erledigen. Er musste ja nicht zwangsläufig zu Hause sterben. Natürlich wäre es schöner gewesen, in einem derart intimen Moment seine Ruhe zu haben, aber das Leben war eben kein Wunschkonzert. Warum sollte also der Tod eines sein?

Was hatte er sich nur dabei gedacht, die Sache so lange aufzuschieben? War nicht vom ersten Moment an klar gewesen, worauf das Ganze hinauslief? Er war nicht Gott, und das hier war keine Geschichte vom Leben, sondern eine vom Sterben. Viel zu lange hatte er sich davon abhalten lassen, das letzte Kapitel zu schreiben.

Vielleicht lag es am Regen, der die ganze Nacht auf ihn niedergeprasselt war: Plötzlich sah Jacob alles ganz klar. Dass er den Absturz überlebt hatte, war kein Wunder, sondern ein Fehler, und es wurde Zeit, diesen Fehler zu korrigieren.

Schwerfällig erhob er sich vom Rasen. Seine Klamotten waren vollkommen durchnässt, und er verspürte das dringende Bedürfnis, sie auszuziehen. Aber es war wohl nicht ratsam, den Rest seiner Lebenszeit nackt zu verbringen. Irgendwo da draußen den Tod finden zu müssen war schon lästig genug. Die Vorstellung, dabei auch noch unbekleidet zu sein, gefiel ihm noch weniger.

Die Schlagzeilen über sein potenzielles FKK-Ableben, die jetzt in seinem Geiste auftauchten, entlockten ihm unvermittelt ein Lachen, doch Jacob biss sich so lange auf die Zunge, bis ihm stattdessen Tränen in die Augen stiegen. Was war er nur für ein Mensch, dass er immer noch lachen, aber nicht weinen konnte? Warum hatte er es in all den Tagen nicht geschafft zu trauern? Was zum Teufel stimmte nicht mit ihm, dass das einzige Gefühl, das zwischendurch in ihm aufloderte, Wut war? Wut auf Carla, auf die Ärzte, auf Sarahs Eltern, auf dieses merkwürdige Kind und seine Mutter, ja sogar Wut auf Sarah und Jimmy, weil sie nicht endlich nach Hause kamen und ihn aus diesem Albtraum aufweckten!

Wut war der einzige Motor, der ihn jetzt noch antreiben konnte, und Jacob musste sich an dieser Kraft festklammern und sie nutzen, bevor sie auch noch verebbte. Er musste die Sache jetzt durchziehen!

Ächzend rieb er sich den Dreck von seiner nassen Hose. Lupis neuer Rucksack sah nicht weniger erbärmlich aus. Der Regen hatte den Stoff aufgeweicht, und der Schlamm im Vorgarten hatte ihm den Rest gegeben. Von den leuchtenden Farben war nichts mehr zu erkennen, die Oberfläche war so stumpf und grau wie Jacobs Stimmung. Einen Moment lang überlegte er, das Ding auf den Fenstervorsprung zu legen, um es vor weiteren Regengüssen zu retten, aber dann entschied er sich anders und trat es stattdessen in eine Pfütze.

Er schuldete dem Mädchen nichts, im Gegenteil. Die Kleine hatte ihn hängen lassen, hatte ihn aufgegeben, obwohl sie behauptet hatte, sie würde ihn nicht alleine lassen! Warum sollte er sich um ihren dämlichen Rucksack kümmern?

Auf einmal hörte er ihre Stimme. Es musste Einbildung sein, eine Illusion durch den Regen, der immer noch auf ihn niederrauschte – aber dann wiederholten sich die Worte. »Was machst du da?«

Überrascht drehte Jacob sich um. Sie war tatsächlich zurück!

Verwundert streckte sie den Kopf durch die Hecke vor der Haustür und schlüpfte dann durch das nasse Gebüsch. Panisch schoss sie auf den Rucksack zu und hob das schlammige Ding aus der Pfütze. Sie drückte es an sich, als wäre es ein ertrunkener Welpe, den man irgendwie wiederbeleben konnte.

»Was ich hier tue?« Jacob wusste nicht, ob er lachen sollte oder weinen. »Die Frage ist eher, was du hier tust?« Erschöpft fuhr er sich über das unrasierte Gesicht. »Was fällt dir ein, jetzt noch herzukommen? Du hast mich allein gelassen!«

Lupi schnappte nach Luft. »Wir sind übers Wochenende weggefahren!«

»Weggefahren?« Jacob starrte sie fassungslos an. Während er sich an ihren dämlichen Deal und sein Versprechen gehalten hatte, hatte sie sich einfach eine Auszeit genommen? Mit einem Mal kam er sich noch viel lächerlicher vor ...

Lupi nickte betroffen. »Ich wollte früher kommen, aber es ging nicht.«

Jacob presste die Lippen zusammen. »Hast du eine Ahnung, wie lange ich hier draußen im Regen war?«

Verständnislos sah Lupi ihn an.

»Du hast meinen Schlüssel geklaut! Ich konnte nicht zurück in meine Wohnung!«

Lupi biss sich schuldbewusst auf die Unterlippe. »Tut mir leid. Ich konnte ja nicht ahnen, dass du ausgerechnet jetzt rausgehen willst ...«

»Ich wollte nicht rausgehen, verdammt!«

Irritiert runzelte das Mädchen die Stirn. »Und warum hast du es dann getan?«

Die Kleine brachte ihn immer wieder an den Rand des Wahnsinns. Wie konnte jemand, der so schlau war, so dämliche Fragen stellen? Aber er würde ihr keine Antwort mehr geben, jetzt nicht und auch in Zukunft nicht mehr.

Jacob atmete tief durch und sah sie entschlossen an. »Es ist vorbei«, erklärte er mit fester Stimme.

Insgeheim hatte er erwartet, dass sie nachfragen würde,

was er meinte, aber sie schien augenblicklich zu verstehen, worauf er hinauswollte. Weil sie aber nichts sagte und ihn nur mit großen Augen ansah, fühlte Jacob sich verpflichtet, die Sache doch weiter zu erläutern. »Es hat keinen Sinn, Lupi. Die zehn Tage sind um, und es hat nicht funktioniert. Ich möchte sterben.«

Er hatte den Gedanken so lange in seinem Kopf herumgetragen, und dennoch fühlte es sich merkwürdig an, die Worte tatsächlich auszusprechen.

Ich möchte sterben.

Ja, das war es, was er wollte. Und jetzt konnte ihn niemand mehr aufhalten, nicht einmal dieses Mädchen. Allerdings irritierte ihn, dass Lupi immer noch nichts sagte. Musste sie ihn so ansehen? Er hatte sich allen Widrigkeiten zum Trotz an ihren Deal gehalten, sie hatte bekommen, was sie wollte. Konnte sie jetzt nicht einfach verschwinden?

»Es ist nicht deine Schuld, okay?« Vorsichtig ging er vor ihr in die Hocke. »Ich hab alles verloren, was mir wichtig war.« Er seufzte. »Du hast dir viel Mühe gegeben, damit ich das Leben wieder mag, wirklich. Du hast dein Bestes gegeben, und ich weiß, dass du es gut meinst.« Er schluckte und sah ihr in die Augen. Und plötzlich hatte er das Gefühl, dass es gar nicht Lupi war, die dort vor ihm stand, sondern Jimmy. Sein Sohn, den er immer nur enttäuscht hatte, dem er nie ein richtiger Vater gewesen war. *Jimmy …*

Jacob musste kräftig schlucken, um die Tränen zurückzudrängen. Zum Weinen war es jetzt zu spät. »Es tut mir leid.« Seine Worte waren nur ein Flüstern, und er war sich nicht sicher, ob Lupi ihn überhaupt verstehen konnte. »Ich will nicht mehr, verstehst du?« Nun konnte er doch nicht mehr verhindern, dass ihm Tränen in die Augen stiegen. Lupi sagte noch immer kein Wort, aber an ihrem Blick erkannte er, dass für sie eine Welt zusammenbrach. Ohne nachzudenken, legte Jacob seine kalten Hände auf ihre Wangen. »Ich will mich selbst nicht mehr ertragen müssen«, flüsterte er. Ja, genau so war es. Er konnte sich selbst nicht mehr ertragen: seine mangelnde Empathie, sein Versagen, seine Schuld.

Jacob ließ die Hände sinken. Die Tränen liefen nun ungehindert über sein Gesicht und vermischten sich mit dem Regen. Er rechnete damit, dass Lupi protestieren, dass sie schreien und sich an ihn klammern würde, aber nichts davon geschah. Stattdessen blickte sie ihn eine ganze Weile ernst an. Dann nickte sie und fuhr ihm ihrerseits mit der Hand über die Wange. »Ist gut«, murmelte sie, und Jacob war sich nicht sicher, ob er richtig gehört hatte.

»Ist gut?«

Wieder nickte Lupi. »Wenn du dir sicher bist, dass du sterben willst, dann halte ich dich nicht auf.« Ihre Stimme war leise, aber klar.

Überrascht fuhr Jacob sich mit dem Handrücken über das Gesicht. »Du meinst, ich …«

Lupi atmete tief durch und nickte. »Du darfst gehen.«

32

Jacob wollte sterben, daran konnte sie nichts ändern. Und irgendwie konnte sie ihn sogar verstehen. Er hatte alles verloren, was ihm lieb war, und sie hatte es nicht geschafft, ihm etwas davon zurückzugeben. Ihr Plan hatte nicht funktioniert, die Liste *Zurück zum Glück* hatte ins Leere geführt, und die Zeit war um. Eigentlich war es ein Wunder, dass Jacob ihrem Wunsch nach einem letzten gemeinsamen Ausflug noch zugestimmt hatte! Ihr Herz klopfte vor Aufregung, aber sie versuchte, einen klaren Kopf zu bewahren. Auf die Schnelle war ihr nur eine Idee gekommen, eine letzte, und die barg ein großes Risiko. Aber wie schwer wog schon eine Gefahr, wenn sie die letzte Möglichkeit war, etwas zu retten?

Schweigend trottete Jacob neben ihr her. Lupi wollte mit ihm reden, wusste aber nicht, was sie noch sagen sollte. Immer wieder sah sie ihn von der Seite an, aber er erwiderte ihren Blick nicht, sondern starrte stur geradeaus. Sie hatte ihm angeboten, sich umzuziehen oder wenigstens einen Regenschirm aus der Wohnung zu holen, aber er hatte abgelehnt.

Mittlerweile hatte der Regen etwas nachgelassen. Er prasselte nicht mehr so wild und hemmungslos herunter wie gestern, sondern drang einem als feiner Nieselregen in jede Pore. Still und heimlich durchnässte er alles, während man noch darauf hoffte, dass alles gar nicht so schlimm würde.

Aber das, was jetzt kam, würde schlimm werden, das wusste Lupi.

Jetzt setzte auch noch ein heftiger Wind ein. Er kam in Böen, schob sich zwischen Bäumen, Autos und Hauswänden hindurch und traf Lupi immer dann am heftigsten, wenn sie es am wenigsten erwartete. Trotzdem hätte sie ihre Ankunft gerne noch stundenlang hinausgezögert.

»Brockmann«, murmelte Jacob plötzlich und sah zu ihr hinüber. Lupi blickte ihn irritiert an.

»Auf deinem Rucksack stand Brockmann.« Angespannt zog Jacob die Schultern hoch. »Aber an eurer Klingel steht Dr. Vogler.«

Lupi musste beinahe lachen. Ausgerechnet jetzt, auf den letzten Metern, fing er an, sich über Ungereimtheiten zu wundern und Fragen zu stellen? Sie seufzte. Normalerweise hätte sie ihm vermutlich irgendeine Ausrede aufgetischt, aber das lohnte sich jetzt nicht mehr. Jetzt hieß es alles oder nichts, also konnte sie ihm genauso gut die Wahrheit erzählen. »Die Wohnung gehört uns nicht. Wir passen nur darauf auf.«

Ein Ausdruck der Überraschung zeichnete sich auf seinem Gesicht ab. »Dann … hat deine Mutter gar keinen Doktortitel?«

Lupi schüttelte den Kopf und musste sich ein müdes Lachen verkneifen. Wenn Becky einen Doktortitel in etwas verdient hätte, dann höchstens darin, schnell loszurennen, wenn eine Alarmglocke schrillte. Aber auch das war inzwischen nebensächlich. Jetzt gab es nur noch eine Sache, eine einzige, und Lupi musste sich zusammenreißen, damit sie nicht den Mut verlor.

Der kleine Bootsverleih am Ende der Sackgasse hatte geschlossen. Bei Sonnenschein tummelten sich hier hunderte Menschen und warteten auf ein Boot, aber wer wollte schon bei Nieselregen und Wind in See stechen?

»Du willst jetzt nicht ernsthaft Boot fahren, oder?« Jacob blinzelte sie verstört an.

Lupi zuckte die Achseln und ging um den kleinen Schuppen herum, hinter dem die Boote an der Wand lehnten.

Jacob kam ungläubig hinter ihr her. »Du hast schon mitbekommen, dass der Laden geschlossen hat?«

»Klar«, bestätigte sie und sah ihn erwartungsvoll an. »Aber wenn ich dich richtig verstanden habe, willst du dich heute noch verabschieden. Also hab ich keine Wahl, oder?«

Er starrte sie an, als wäre sie ein sprechendes Chamäleon, und Lupi nutzte seine Fassungslosigkeit, um eines der Boote zu packen. »Fass mal mit an, sonst stehen wir übermorgen noch hier.«

Unwillig half er ihr, den alten Kahn zum Steg zu schleppen und ihn ins Wasser zu lassen.

Mit Sorge betrachtete Lupi den Alsterkanal.

Sie hatte das hier schon zweimal gemacht, einmal im letzten Frühjahr mit Becky und Toni und einmal als Schulausflug, aber beide Male war das Wetter hervorragend gewesen und die Wasseroberfläche ruhig. Jetzt aber bildeten sich Wellen und braun-weiße Schaumkronen darauf, und Lupi schnürte es bei diesem Anblick vor Angst die Kehle zu.

Gut, dass der Verleih geschlossen hatte, so musste sie keine Erklärungen abgeben und war mit Jacob alleine. Entschlossen schnappte sie sich zwei Ruder, die neben den Booten im Moos lagen.

»Hast du das schon mal gemacht?«, fragte sie.

Jacob musterte sie verwundert. »Ob ich schon mal Boot gefahren bin?«

Lupi nickte.

»Natürlich!« Er wirkte beinahe empört.

»Mit Jimmy und Sarah?«

Jacob schwieg. Offensichtlich suchte er in seinem Kopf nach den passenden Erinnerungen. Dann aber nahm er Lupi eines der Ruder aus der Hand. »Das spielt keine Rolle.«

Nein, es spielte tatsächlich keine Rolle. Genaugenommen spielte jetzt so gut wie nichts mehr eine Rolle. Trotzdem hätte Lupi die Idee schön gefunden, dass er bei ihrem letzten Ausflug ein paar Gedanken an seinen Sohn verschwendete.

Ganz offensichtlich war er jetzt aber nicht in der Stimmung für Sentimentalitäten. Mit einem unerschrockenen Satz sprang er ins Boot, zog eins der Ruder hinein und blickte Lupi erwartungsvoll an. »Was ist? Willst du warten, bis dir Schwimmhäute wachsen?«

Schwimmhäute wären zumindest ein guter Anfang gewesen. Aber es machte keinen Sinn, noch länger zu warten. Vorsichtig beugte sie sich vor und warf ihr eigenes Ruder ins Bootsinnere.

»Kannst du mir helfen?«

Widerwillig reichte er ihr die Hand. Beim Anblick der schaukelnden Planken unter ihren Füßen stockte ihr der Atem, aber schlimmer noch war das Schwindelgefühl. Bei den letzten Malen war der Seegang gleich null gewesen, und vor allem hatte Lupi eine Schwimmweste getragen. Aber die hätte jetzt ohnehin keinen Sinn gehabt.

Jacob bekam von ihren Gefühlen offenbar nichts mit. Mit einem Seufzen ließ er sich auf die vordere Bank sinken und stieß ungeduldig sein Ruder ins Wasser. Und tatsächlich war auch Lupi nicht daran interessiert, die Sache noch lange hinauszuzögern.

Sie atmete tief durch und setzte sich auf die nasse Holzplanke. Während sie ihr Ruder bewegte, sammelten sich feine Regentropfen auf ihren Brillengläsern und ließen die Welt vor ihren Augen verschwimmen.

Vor ein paar Monaten hatte sie einen Artikel über die Wasserwege einer Stadt gelesen: Orte, die man zu kennen glaubte, offenbarten sich aus dieser Perspektive ganz anders und zeigten sich von einer neuen, geradezu magischen Seite, hatte darin gestanden. Bei ihren letzten beiden Bootsausflügen war Lupi derart darauf konzentriert gewesen, nicht über Bord zu gehen, dass sie nicht hatte überprüfen können, ob das stimmte. Jetzt aber erkannte sie, dass etwas Wahres darin steckte. Sie fühlte sich, als wäre sie in eine andere Welt eingetaucht. Die Bäume und Büsche am Ufer rauschten und schaukelten im Wind, fast wirkten sie, als stünden sie irgendwo im Dschungel, im immergrünen Urwald einer fernen, exotischen Welt.

Doch Jacob schien auch hier die Schönheit der Dinge um sich herum nicht wahrzunehmen. »Super Ausflug«, murmelte er, ohne sich zu Lupi umzudrehen. »Fast so schön wie mein Campingabenteuer im Vorgarten letzte Nacht.«

Lupi ignorierte seinen Kommentar und paddelte weiter. Es hatte keinen Sinn, ihn jetzt noch von irgendetwas überzeugen zu wollen. Sie musste an der einzigen Hoffnung festhalten, die sie noch hatte, und das verlangte ihr schon genug Kraft ab.

»Würdest du etwas anders machen, wenn du die Chance hättest, dein Leben noch mal zu leben?«, fragte sie.

Mit einem Mal hörte Jacob auf zu paddeln.

»Das ist doch so eine Frage, die man sich am Ende

stellt, oder?« Lupi versuchte, alleine gegen die Wellen anzukommen, aber es war verdammt schwer, wenn Jacob nicht mitruderte.

Langsam drehte er sich zu ihr um und legte das Ruder quer über seine Beine. »Hast du das auch wieder in irgendeinem Buch gelesen?«

Lupi schüttelte den Kopf. Das meiste, was sie wusste, hatte sie in Büchern oder Zeitschriften gelesen, aber das hier nicht. An dieser Sache war sie viel näher dran, als er glaubte.

»Ich würde mir diese Frage stellen«, murmelte sie leise. »Wenn das hier mein Ende wäre.«

Jacob blickte sie einen Moment erstaunt an, dann verzog er das Gesicht zu einem merkwürdigen Grinsen und kniff die Augen zusammen. Er sah aus, als wolle er einen schmerzhaften Gedanken verscheuchen.

Lupi wischte über ihre nassen Brillengläser, aber es brachte nichts. »Ich wollte dich nicht verletzen. Es interessiert mich nur.«

Jacob öffnete die Augen wieder und sah sie müde an. »Du hast mich nicht verletzt. Mir geht's gut …«

Dass das nicht stimmte, war selbst mit beschlagener Brille gut zu erkennen.

»Hast du einen Abschiedsbrief geschrieben?«

»Wie bitte?« Jacob sah sie an, als hätte sie eine Unmöglichkeit ausgesprochen, die er selbst nicht einmal zu denken wagte.

»Du weißt schon. Einen Brief, den man zurücklässt für die anderen.«

Jacob schnaubte. »Wem sollte ich denn einen Brief hinterlassen?«

»Mir zum Beispiel.«

»Dir?« Jacob sah sie beinahe belustigt an, doch Lupi nickte ernst.

Er fuhr sich mit den Fingern über den Bart. »Du bist doch hier bei mir, ich muss dir nicht schreiben.«

»Trotzdem könntest du mir etwas hinterlassen. Für später, wenn ich dich vermisse.«

Lupi konnte sehen, wie Jacobs Fingerknöchel weiß hervortraten, während er sein Ruder umklammerte. »Du wirst mich nicht vermissen«, stieß er hervor. »Du kennst mich doch überhaupt nicht.«

»Erstens muss man jemanden nicht besonders gut kennen, um ihn zu vermissen«, erwiderte Lupi, aber sie war zu müde, um noch irgendwie überzeugt zu klingen. »Und zweitens kenne ich dich sehr wohl.«

Jacob zögerte. Dann legte er sein Ruder längs ins Innere des Bootes, sah sie nachdenklich an und schloss die Augen. »Der, den du kennengelernt hast, ist nur ein Rest von mir. Ein Haufen Scherben.«

Auch Lupi zog ihr Ruder ins Boot. »Du meinst, früher warst du besser?«

»Nein«, murmelte Jacob. Erschöpft schüttelte er den Kopf. »Früher war ich noch viel schlimmer ...« Resigniert fuhr er sich mit den Händen übers Gesicht. »Deshalb gibt es auch nichts, was du retten musst. Und nichts, was du vermissen solltest.«

Dachte er das wirklich? Hielt er sich für derart abscheulich? Plötzlich bemitleidete sie ihn noch mehr.

Aber gerade deswegen durfte sie sich jetzt nicht abbringen lassen von ihrer Idee! Das hier war der richtige Augenblick. Sie schluckte. »Ich hab auch keinen Brief geschrieben …«

Jacob machte ein fragendes Gesicht.

»Für die, die mich vermissen könnten«, erklärte Lupi schnell.

»Warum solltest du auch?«, wandte Jacob ein und lächelte dabei sogar ein bisschen. »Du lebst bestimmt noch hundert Jahre.«

Das dachte er, aber es konnte auch ganz anders laufen, das wusste Lupi. Vielleicht war ihr Ende viel näher, als er es sich vorstellen konnte …

Schwer atmend griff Lupi nach dem Verschluss ihrer Kette und öffnete ihn. »Ich hab was für dich.«

»Für mich?« Während Jacob sie verständnislos ansah, fasste Lupi nach seiner Hand und ließ ihren Anhänger hineingleiten.

»Damit du dich an mich erinnerst.«

»Dein Anhänger? Aber …«

»*Wende dich an Gott, und er wird dir ein Wunder schenken*«, unterbrach Lupi ihn flüsternd und schob die Finger unter die Träger ihres alten Rucksacks, der nass an ihrem Rücken klebte. Sie durfte nicht zu lange nachdenken, nein, sie musste es tun, jetzt gleich!

Jacob blickte auf das kleine silberne Schmuckstück herab, als wäre es ein toter Käfer. Offenbar hatte er noch immer nicht verstanden, worum es hier eigentlich ging.

Lupi atmete tief durch. Sie würde es ihm zeigen, er musste es endlich verstehen! Ein letztes Mal konzentrierte sie sich auf die Hoffnung, die ihr der Anhänger jahrelang geschenkt hatte. *Bitte, bitte sorge dafür, dass er mich nicht alleinlässt!* Langsam richtete sie sich in dem schaukelnden Boot auf. Sie hatte erwartet, dass ihr die Knie zittern würden, dass ihre Angst sie ins Wanken brächte, aber nichts davon geschah. Auf einmal fühlte sie sich seltsam fest, felsenfest sogar. Es schien, als hätte ihr Entschluss nicht nur ihren Kopf unter Kontrolle, sondern auch ihren Körper.

Jacob sprang von seiner Bank auf. »Was machst du da? Setz dich wieder hin!«

Aber Lupi dachte nicht daran, sich zu setzen. Stattdessen packte sie ihre Rucksackträger noch ein bisschen fester und lächelte Jacob an. Das hier war der einzige Weg. Plötzlich hatte sie nicht einmal mehr Angst.

Mit dem warmen Gefühl der Hoffnung im Bauch ließ sie sich seitlich über den Rand des Bootes fallen.

Und der einzige Gedanke, der durch ihren Kopf schoss, während das Wasser sie umspülte und in die Tiefe zog, war, dass sie vielleicht ihre Brille hätte abnehmen sollen.

33

»Scheiße! Was soll das?« Jacob lehnte sich über den Bootsrand. Sie hatte sich einfach fallen gelassen, verdammt! War dieses Mädchen denn völlig übergeschnappt? Hektisch fuhr er sich über die Stoppelhaare. Natürlich war Lupi sonderbar, aber das hier übertraf alles!

»Das ist nicht witzig!« Immer tiefer beugte er sich über das schäumende Wasser. Warum tauchte ihr kleiner blonder Kopf nicht endlich zwischen den Wellen auf? Warum hörte er nicht endlich ihr Japsen oder sah ihre Finger nach dem Boot greifen?

»Scheiße, scheiße, scheiße!« Jacob pflügte mit der rechten Hand durch die braun-weißen Schaumkronen, als suche er in einer Sandkiste nach einem verlorenen Spielzeug. Aber Lupi blieb verschwunden. Es war, als wäre sie nie da gewesen, als wäre er von Anfang an allein gewesen auf diesem Kahn und dieser Reise. Nichts deutete darauf hin, dass das Mädchen ihn begleitet hatte – bis auf das, was sie in seine linke Hand gelegt hatte.

Den Anhänger.

Sie hatte ihren Anhänger zurückgelassen!

Obwohl er eigentlich wütend war, spürte Jacob plötzlich noch ein anderes Gefühl, das ihm unter die Haut ging, ein

Gefühl, das kribbelte und zwickte, das seinen Atem beschleunigte und sein Herz wild klopfen ließ.

Angst.

Lupi würde sterben, hier in diesem Alsterkanal, sie würde untergehen und für immer verschwinden – genau wie …

Nein! Er würde das nicht zulassen, diesmal nicht!

Entschlossen schob Jacob den silbernen Anhänger in seine Hosentasche und sprang über Bord.

Das Wasser griff nach ihm wie kalte Hände, zog an seinen Klamotten und seinen Gliedern, es versuchte, ihn mit sich zu reißen. Aber Jacob würde sich nicht ergeben! Diesmal würde er nicht aufgeben, er würde kämpfen, bis er Lupi fand und zu fassen bekam, und wenn es das Letzte war, was er tat!

Atemlos tauchte er wieder auf und schnappte nach Luft. »Lupi! Wo bist du, verdammt?«

Aber das Mädchen gab keine Antwort. In Jacobs Kopf dröhnten nur das Plätschern des Wassers und das Rauschen des Windes, der ihm die Schaumkronen ins Gesicht schlug wie kleine Ohrfeigen. Nirgendwo die geringste Spur von der Kleinen!

Ihm blieb nichts anderes übrig: Er holte tief Luft und tauchte zurück in die Tiefe. Die Sicht war schlecht. Wenn er die Hand ausstreckte, konnte er nicht einmal seine Finger erkennen. Trotzdem griff er immer entschlossener um sich. Sie musste hier irgendwo sein, und er würde nicht aufgeben, bis er sie gefunden hatte! Irgendetwas zog an seinem Bein, und plötzlich schlug er mit der Stirn an ein Stück Holz und drehte sich einmal um sich selbst. Jacob verlor die Orientierung.

Und auf einmal war alles wieder da.

Der Lärm der Motoren, die Stöße, Jimmys hilflose Schreie, die Panik in seinen Augen, sein Flehen. *Du hast es mir versprochen, du hast gesagt, du lässt mich nicht allein!* Und dann die plötzliche Erkenntnis, die Jacob traf wie ein Faustschlag: Er würde sein Versprechen nicht halten können, Jimmy würde sterben, hier und jetzt, und die Schuld daran würde nur einer tragen: er selbst.

Ohne ihn hätte Jimmy niemals in diesem Helikopter gesessen.

Jimmy und Sarah.

Es war seine Schuld.

Der Schmerz, der ihn in diesem Moment durchfuhr, war heftiger und erbarmungsloser als alles, was Jacob je zuvor in seinem Leben gespürt hatte. Er riss an ihm, erfasste jede Zelle seines Körpers, verschlang ihn und spuckte ihn wieder aus wie ein faules Stück Fleisch. Jacob wollte schreien und weinen, wollte nach Luft schnappen und sich wehren, aber das Wasser ließ ihm keine Chance.

Die Wahrheit war der größte Schmerz von allen. Er sollte aufgeben, ja, er sollte sich endlich dem Ende hingeben, dann würde der Schmerz aufhören, gemeinsam mit der Erinnerung und der Verpflichtung, die Wahrheit zu ertragen.

Jacob öffnete die Lippen. Er hatte keine Ahnung mehr, wo er war. Nur wer er war, das konnte er nicht verdrängen. Sterben war die einfachste Lösung, er war ja schon längst dabei, musste nur noch tief einatmen und loslassen, dann wäre der Albtraum endlich vorbei, für immer.

In diesem Moment spürte er die Hand.

Sie war klein und glitschig, aber sie bewegte sich.

Lupi!

Jacob packte zu. Von einer Sekunde auf die andere war er wieder im Hier und Jetzt, in dem schmutzigen kalten Wasser, und vor ihm war das Mädchen! Energisch zog er die Kleine an sich, schlang seine Arme um ihren zappelnden Körper und kämpfte sich mit ihr an die Oberfläche zurück. Noch einen Meter, noch ein winziges Stück! Er hatte keine Ahnung, ob die Richtung stimmte, ob es dort, wo er sie hinzog, tatsächlich Luft gab, aber er wusste, dass er nicht aufgeben durfte. Er hatte sie gefunden und würde sie nicht mehr loslassen, bis sie gerettet war.

Noch immer durchströmten unzählige Gefühle seinen Körper, Gefühle, die er längst aufgegeben hatte, weil er überzeugt gewesen war, nicht mehr dazu im Stande zu sein, etwas zu spüren. Schmerz, Angst, Trauer, Schuld, noch mehr Schmerz und noch mehr Angst – aber auch Entschlossenheit! Jimmy war gestorben, und er hatte es nicht verhindern können, ihn alleinzulassen – aber Lupi würde leben!

Jacob spürte, wie ihr Körper in seinen Armen schlaffer

wurde. Lag es daran, dass sie sich fallen ließ, weil sie in Sicherheit war, oder konnte sie nicht mehr?

Und dann begann er zu schreien. Er schrie unter Wasser, stieß alles aus seiner Lunge heraus, was dort noch zu holen war. Die ganze Stadt sollte es hören, die ganze Welt, und er mobilisierte seine allerletzten Kräfte.

Er schrie immer noch, als er endlich mit dem Kopf durch die Wasseroberfläche stieß. Seine Lunge füllte sich wieder mit Luft, und er schwamm auf das Ufer zu, Lupi fest in seinem Griff.

Er schrie immer noch, als er ihren kleinen Körper im Schlamm auf die Seite drehte und ihr auf den Rücken klopfte, bis sie anfing zu husten und sich im Matsch zusammenrollte.

Erst als er selbst neben ihr auf den schwarzen Schlick sank, hörte er auf zu schreien. Alles fühlte sich so unwirklich an. Die Zeit musste stehen geblieben sein, ach was, die ganze Welt hatte innegehalten, und alle richteten ihre Blicke auf diese beiden Menschen, den Mann und das Mädchen. Jacob fühlte sich, als würde er sich selbst von oben sehen, durch die Augen der anderen, oder durch die Linse einer Kamera, die in den Zweigen der Weide über ihnen hing. Diese zwei hier, die nebeneinander im Schlamm lagen und nach Luft schnappten, diese zwei, die noch immer lebten!

Jacob drehte sich zu Lupi um. Er wollte sie anschreien, doch als sie ihn nun von der Seite anblinzelte, ohne Brille und nass vom Scheitel bis zur Sohle, fehlten ihm die Worte.

»Ich ... kann nicht schwimmen«, japste sie und rang krampfhaft nach Luft.

Jacob wollte sie schütteln, sie fragen, was ihr eigentlich einfiel, aber er konnte es nicht. Nicht, weil er keine Kraft mehr hatte, sondern weil sich plötzlich etwas in ihm aufbäumte, etwas, das tief aus seinem Inneren kam und sich seiner Kontrolle entzog, und kaum hatte er gemerkt, dass es sich nicht würde aufhalten lassen, platzte es auch schon aus ihm heraus.

Er lachte, ja, aber gleichzeitig weinte er!

Er schluchzte und heulte und lachte zugleich, und sein ganzer Körper zitterte und zuckte unter der Last der vielen Gefühle, die plötzlich Besitz von ihm ergriffen. Jacob drehte sich auf die andere Seite, fuhr sich mit den schlammigen Händen über das Gesicht, und als sein Blick Lupi streifte, sah er, dass auch sie weinte und lachte. Atemlos richtete er sich auf.

Er hatte sie nicht alleingelassen.

Sie war am Leben, weil er sie gerettet hatte, weil sie ihm vertraut hatte – mehr, als er sich selbst vertraute.

Und auch er war noch am Leben – aber zum ersten Mal seit langer Zeit fühlte sich das nicht falsch an, sondern erstaunlich gut.

34

Lupi war zu schwach, um zu gehen, und obwohl es ihr grundsätzlich unangenehm war, Hilfe anzunehmen, ließ sie sich von Jacob nach Hause tragen. Außerdem hatte er ihr schon das Leben gerettet, da kam es jetzt auf ein paar Meter Tragen auch nicht mehr an.

Der Nieselregen hatte aufgehört, aber der Wind blies noch immer kräftig durch die Straßen, und Lupi begann zu frieren. Der Rucksack klebte nass an ihrem Rücken, als wäre er ein Teil ihres Körpers, und ihr fehlte die Brille. Sie musste irgendwo am Grund des Alsterkanals liegen, während sie selbst hier in Jacobs Armen lag.

Jacob hatte sie gerettet. Er hatte sie nicht im Stich gelassen! Lupi konnte es noch immer nicht ganz glauben. War sie denn wahnsinnig gewesen, so ein Risiko einzugehen? Was, wenn er nicht hinter ihr hergesprungen wäre? Was, wenn er sie unter Wasser nicht zu fassen bekommen hätte? Sie hatte ihm zeigen wollen, dass er gebraucht wurde, dass sie ihn brauchte, um zu überleben, und es hatte funktioniert. Eigentlich hätte sie sich freuen sollen, das Problem war nur, dass sie plötzlich so müde war, unfassbar müde …

Auch Jacob sprach auf dem gesamten Heimweg kein Wort, und als Lupi merkte, dass er bereits vor ihrer Haustür stand und auf den Klingelknopf drückte, war es zu spät, um zu protestieren.

Sie brauchte ihre Brille nicht, um die Empörung in Beckys Gesicht zu erkennen, als sie in den Hausflur traten – Lupi auf dem Arm dieses Mannes.

»Was fällt Ihnen ein?« Wie eine Furie schoss sie auf Jacob zu.

Lupi wollte ihr alles erklären, aber irgendwie fehlte ihr noch immer die Energie.

»Sie kann nicht schwimmen«, knurrte Jacob und schob sich zielstrebig an Becky vorbei in die Wohnung.

Becky war viel zu überrumpelt, um etwas zu erwidern, auch wenn es in ihrem Kopf zu arbeiten schien. Fassungslos sah sie zu, wie Jacob Lupi auf dem Sofa ablegte und zurück zur Wohnungstür ging. Lupi sah verschwommen, wie er direkt vor Becky stehen blieb.

»Sie kann nicht schwimmen, verdammt!«, wiederholte er, bevor er durch das Treppenhaus nach draußen verschwand.

Es dauerte eine ganze Weile, bis Becky aus ihrer Schockstarre erwachte. Lupi hörte, wie draußen die Haustür ins Schloss fiel, bevor Becky endlich auch die Wohnungstür schloss und auf sie zustürmte.

Sie hatte mit Vorwürfen gerechnet, mit Fragen und Beschimpfungen, aber stattdessen hockte sich Becky neben ihr auf den Boden und strich ihr die nassen Haare aus der Stirn. Sie spürte, wie ihre schmalen Finger über ihr

Gesicht streichelten und wie Becky schließlich begann, ihre Wangen mit Küssen zu bedecken.

»Schon gut, ist alles nur halb so wild«, flüsterte Lupi und versuchte, sich auf dem Sofa aufzurichten, aber Becky drückte sie zurück.

»Halb so wild?« Beckys Stimme zitterte. »Ich hab keine Ahnung, was passiert ist, aber du bist völlig durchnässt, und dieser Typ hat dich nach Hause gebracht, obwohl ich dir den Umgang mit ihm verboten habe! Welcher Teil davon ist bitte *nur halb so wild?*«

Endlich hatte Beckys Stimme wieder den gewohnten zornigen Unterton, und Lupi war seltsam erleichtert, denn jede andere Reaktion hätte sie überrascht.

»Ich war Boot fahren«, murmelte sie.

»Bei dem Wetter?«

Lupi strich sich über den ungewohnt nackten Nasenrücken und nickte.

»Und dieser Kerl? Hat er dich verfolgt?«, hakte Becky nach, aber Lupi schüttelte zerknirscht den Kopf.

»Ich hab ihn überredet mitzukommen.«

Beckys Schweigen war schwerer zu ertragen als jeder Wutausbruch. Erst nach einer gefühlten Ewigkeit presste sie ungläubig ein paar Worte hervor. »Du … hast ihn überredet?«

»Zum Glück«, erwiderte Lupi. »Er hat mir nämlich das Leben gerettet, ob du es nun wahrhaben willst oder nicht. Ohne Jacob wäre ich jetzt tot.«

Sie merkte, wie ihr bei diesen Worten Tränen in die Augen stiegen, und sie hörte, dass auch Becky schlucken musste. Wortlos ließ ihre Mutter sich auf den Teppich sinken. Offenbar brauchte sie einen Moment, um die Situation zu verarbeiten, selbst wenn sie längst nicht alles einordnen konnte.

Plötzlich bekam Lupi Mitleid mit ihr. Becky wusste ja nicht, was in den letzten Tagen alles passiert war. Sie ahnte nichts von Frau Hofmeyer im Büro des Direktors und davon, dass Herr Dosetier ihr berichten würde, wie Lupi auf Vincent losgegangen war. Sie dachte womöglich, alles wäre genauso wie immer, und vor diesem Hintergrund musste ihr das Verhalten ihrer Tochter geradezu beängstigend vorkommen.

Dabei war das Gegenteil der Fall: Lupi hatte alles auf eine Karte gesetzt, und das war zwar unvernünftig gewesen, aber sie hatte gewonnen. Und zum ersten Mal seit langer Zeit hatte sie keine Angst mehr, sondern spürte endlich Hoffnung, dass wirklich alles gut werden würde!

Müde legte sie die Hand auf Beckys Locken. »Tut mir leid«, flüsterte sie. »Ich hätte besser aufpassen müssen. Aber Jacob ist echt nicht so schlimm, wie du denkst.«

Insgeheim stellte sie sich auf heftigen Widerspruch ein, aber Becky nickte nur langsam. Dann richtete sie sich vom Boden auf. Die Schlinge an ihrem Arm schien sie noch immer einzuschränken.

»Du ziehst dir erstmal was Trockenes an, und … dann mache ich uns was zu essen.«

»Nein.« Lupi fasste nach ihrem Handgelenk. Durch einen Tränenschleier sah sie Becky an.

Becky hielt überrascht inne. »Aber du bist ganz nass.«

»Ich weiß«, gab Lupi kleinlaut zu. »Aber kannst du nicht einfach …« Sie zögerte und schluckte. »Kannst du dich nicht einfach noch ein bisschen zu mir setzen und meine Hand halten?«

Es fühlte sich beinahe unwirklich an, als Becky genau das tat. Sie setzte sich zu Lupi aufs Sofa, strich ihr ein paar Tränen aus dem Gesicht und hielt ihre Hand, als hätte sie nie etwas anderes getan.

35

Wenigstens hatte er auf dem Heimweg daran gedacht, sich seinen Schlüssel von Lupi zurückzuholen. Als er die Tür zu seiner Wohnung aufstieß, fühlte es sich an, als würde er zum ersten Mal über diese Schwelle treten. Zum ersten Mal, seit er Sarah und Jimmy verloren hatte.

Sie waren tot, und sie würden niemals wiederkommen. Plötzlich spürte Jacob, wie ein weiteres Unwetter über ihn hereinbrach. Doch dieses hier kam nicht vom Himmel, sondern aus seinem Inneren, es bahnte sich seinen Weg von unten hinauf und brach wie ein Beben aus ihm heraus. Jacobs Beine gaben nach, und er sank zu Boden, schüttelte sich und zitterte, und dabei strömten ihm die Tränen aus den Augen, so lange und so heftig, dass er das Gefühl hatte zu ersticken.

Sie waren tot. Sie waren tot!

Natürlich hatte er das schon vorher gewusst, aber es war nie in seine Gefühlswelt vorgedrungen. Jetzt traf ihn die Erkenntnis mit voller Wucht, und sie brachte den Schmerz mit sich. Es war, als hätte der Sprung ins kalte Kanalwasser alle Schleusen geöffnet, und auf einmal brach sich all das Bahn, was Jacob in den letzten Wochen nicht zu fühlen vermocht hatte.

Als er endlich wieder vom Boden aufstand, dämmerte es draußen bereits. Seine Beine fühlten sich wackelig an, und dennoch spürte er plötzlich eine seltsame Kraft in sich. Er war aufgestanden, ohne dass jemand ans Fenster geklopft oder gegen die Tür getreten hatte.

Er hatte überlebt. Den Absturz vom Himmel, aber auch alles, was danach passiert war. Er hatte sich selbst überlebt – und jetzt hatte er Hunger!

Auf dem Weg in die Küche streifte er sich die feuchten Klamotten vom Körper und stopfte sie im Bad in die Waschtrommel. Dabei fiel Lupis Anhänger aus seiner Hosentasche. Es war ein Wunder, dass er nicht schon im Kanal aus seiner Tasche gerutscht und für immer verschwunden war. Jacob musste lächeln. Alles an Lupi war hartnäckig und widerspenstig, und dazu passte sogar ihr Schmuck.

Lupi … Sie hatte ihm vertraut, als er selbst nicht mehr an das Gute in sich geglaubt hatte. Woher nahm sie dieses Vertrauen? Woher war ihre Gewissheit gekommen, dass er rechtzeitig aufwachen und Verantwortung übernehmen würde? Er hatte sie gerettet, hatte sie nicht im Stich gelassen, und all das spendete ihm plötzlich Kraft. Sie hatte ihn zurückgeholt – von wo auch immer.

Er strich mit den Fingern über das kalte Silber des Anhängers und betrachtete die Gravur. *Acude a Dios y él te dará un milagro.*

Er selbst verstand nur wenige Brocken Spanisch, aber

Sarahs iPad würde das sicherlich hinbekommen. Hastig schlüpfte er in seinen Bademantel und ging ins Wohnzimmer. Zuletzt hatte er das Ding benutzt, als er sich über die richtige Schusstechnik informiert hatte. Seitdem lag es verwaist auf der kleinen Kommode neben dem Fenster. Als Jacob jetzt darauf tippte, stellte er fest, dass der Akku leer war.

Mit dem Anhänger in der Hand riss Jacob eine Schublade nach der anderen auf. Wo steckte das verflixte Ladekabel nur? Gerade, als er sich auf die Knie warf, um einen Blick unter die Schränke zu werfen, klopfte es am linken Fenster.

Jacob zuckte zusammen und sprang auf. Aber zu seiner Überraschung war es nicht Lupi, die dort im Vorgarten stand, sondern ihre Mutter. Zögernd öffnete er das Fenster. Becky stand draußen, hielt eine Plastikbox in den Händen und starrte verstört an ihm herab.

»Wenn Sie jetzt wieder Ihre Spraydose zücken, muss ich Sie warnen«, murmelte Jacob, »mich bringt so schnell nichts um.«

Becky räusperte sich. »Keine Sorge, ich würde nie einen nackten Mann angreifen.«

Nackt? Was zum …? Verdammt! Als Jacob an sich herabblickte, stellte er fest, dass er den Bademantel nicht geschlossen hatte. Verlegen band er ihn zu. »Ich wollte … gerade duschen.«

Lupis Mutter schüttelte hektisch ihre Locken, als könnte

sie damit das, was sie gesehen hatte, aus ihrem Kopf vertreiben. »Ich hätte an der Tür klingeln sollen, aber Lupi hat gesagt, die Klingel funktioniert nicht. Deshalb bin ich in Ihren Garten gegangen und habe ans Fenster geklopft – und dabei habe ich Sie offensichtlich bei irgendetwas gestört.« Sie verzog das Gesicht, und Jacob war sich nicht sicher, ob das ein Lächeln sein sollte.

»Das stimmt«, bestätigte er heiser, merkte dann aber, dass seine Antwort nicht ganz eindeutig war. »Also, dass die Klingel nicht funktioniert, stimmt. Und dass Sie in meinem Garten stehen. Aber Sie haben mich bei nichts gestört, wirklich.«

Er musste wie ein Idiot wirken, das wurde ihm bei Beckys Blick klar. Seufzend schob sie sich ein paar Locken hinters Ohr. »Jedenfalls wollte ich sagen …« Sie zögerte. »Ich kann Sie nicht ausstehen.«

»Ist mir noch gar nicht aufgefallen.« Jacob zog den Bademantel fester zusammen.

»Aber deswegen bin ich nicht hier.« Lupis Mutter holte tief Luft. Dann hielt sie ihm die Plastikbox hin. »Ich habe gekocht. Nichts Besonderes, ich bin keine gute Köchin. Aber ich dachte mir …« Wieder hielt sie inne. »Sie müssen es ja nicht essen.«

Jacob blickte auf die Dose in ihrer Hand, und es dauerte einen Augenblick, bis er tatsächlich danach griff. Kaum hatte er ihr die Box aus der Hand genommen, drehte Becky sich um und eilte zurück in Richtung Hecke. Bevor sie durch die Büsche schlüpfte, schaute sie noch einmal unsicher zurück und murmelte etwas.

Jacob sah sie verständnislos an.

»Danke«, wiederholte sie und presste die Lippen zusammen. »Dass Sie Lupi aus dem Wasser gezogen haben.«

Jacob verschlug es vor Verblüffung die Sprache, und bevor ihre Worte in ihrer ganzen Bedeutung zu ihm durchdrangen, war Becky auch schon zwischen den Büschen verschwunden.

Hatte sie sich gerade bei ihm bedankt? Jacob konnte es nicht glauben. Sie hatte ihn weder beschimpft noch geschlagen oder sonst irgendwie zu attackieren versucht. Nein, sie hatte einfach *Danke* gesagt.

Jacob musste lächeln. Lupi war wundersam, ja, aber ihre Mutter stand ihr darin in nichts nach. Natürlich, sie war älter und impulsiver. Als Jacob merkte, dass sich bei dem Gedanken an sie auch das Wort *hübsch* in seinen Kopf schlich, schloss er schnell das Fenster und konzentrierte sich auf die Plastikdose.

Es waren Nudeln in einer nicht zu identifizierenden Soße darin, und Jacob aß sie direkt auf dem Sofa. Sarah war ohne Frage die bessere Köchin, und dennoch machte ihn jeder Bissen seltsam froh. Ob das nun daran lag, dass er sich zuvor viele Stunden mit Nässe und Kälte herumgeschlagen hatte, oder auch daran, dass schon so lange niemand mehr für ihn gekocht hatte – diese Nudeln schmeckten fantastisch!

Nachdem er den letzten Rest Soße mit dem Finger aus der Dose gewischt hatte, brachte er die leere Box in die Küche. Dann stieg er unter die Dusche und zog sich frische Wäsche an.

Draußen war es mittlerweile dunkel geworden, und Jacob ertappte sich dabei, wie er einen heimlichen Blick durch die Hecke auf die Wohnung gegenüber warf. In den Zimmern brannte kein Licht, vermutlich waren Lupi und ihre Mutter früh schlafen gegangen. Und plötzlich verspürte auch Jacob eine bleierne Müdigkeit. Sie kroch aus seinem tiefsten Innersten empor, als hätte sie dort schon lange gelauert, und hüllte ihn ein.

Das erste Mal, seit er das Krankenhaus verlassen hatte, schlüpfte er in sein Bett, in das Bett, das er sich viele Jahre mit Sarah geteilt hatte. Plötzlich verstand er, warum er nicht früher hier geschlafen hatte. Er hatte sich vor der Angst gefürchtet, die Leere neben sich zu spüren, das Fehlen von etwas, von Sarah. Und tatsächlich empfand er diese Leere sofort. Aber jetzt fühlte er sich stark genug, sie zu ertragen.

Innerhalb weniger Augenblicke sank er in einen traumlosen Schlaf.

Als Jacob am nächsten Morgen die Augen aufschlug, schoss ihm ein Gedanke durch den Kopf, für den er sich sogleich schämte, denn er galt keineswegs der Frau, deren Bettseite in der Nacht leer geblieben war und es auch in

Zukunft immer bleiben würde. Jacob dachte an Lupi und ihre Mutter. Wie die beiden wohl geschlafen hatten? Ob sie überhaupt hatten schlafen können, nach dem, was passiert war?

Der Wecker auf Sarahs Nachttisch zeigte sieben Uhr. Draußen regnete es nicht mehr, selbst die Wolken hatten sich verzogen, und obwohl es noch früh war, machte die Sonne am Himmel unmissverständlich klar, dass dieser Tag wieder ihr gehören würde.

Jacob schwang die Beine aus dem Bett und zog sich an. Als er sich in der Küche einen Kaffee aufsetzen wollte, fiel sein Blick auf die Plastikdose im Spülbecken. Er würde sie zurückbringen, am besten jetzt gleich. Natürlich musste er das Ding noch auswaschen. Und dann würde er auch Lupis Anhänger einstecken, der noch auf dem Couchtisch lag. Vielleicht konnten sie ja gemeinsam etwas frühstücken?

Plötzlich verspürte Jacob das unstillbare Bedürfnis nach Alltag und Normalität. Lupi und ihre Mutter waren nicht seine Familie oder Freunde, aber sie waren nun mal die einzigen Menschen, mit denen er im Moment zu tun hatte.

Als Jacob mit der sauberen Dose in der Hand vor die Tür trat, begrüßte ihn die Sonne geradezu liebevoll. Die Luft war frischer als angenommen, beinahe frühlingshaft. *Frühling,* dachte Jacob und spürte, wie wieder dieser Schmerz in ihm aufstieg. Im Frühling war noch alles anders gewesen, alles normal – aber das bedeutete nicht, dass es auch gut gewesen war, im Gegenteil.

Sarah und er hatten sich fast ununterbrochen gestritten. Er hatte von Markus das Angebot bekommen, für den Sender nach New York zu gehen, aber Sarah hatte das nicht gewollt. Während draußen die Welt aus ihrem Winterschlaf erwacht war, hatte Jacob gespürt, dass im Inneren ihrer vier Wände etwas zu Ende ging.

Jacob schloss die Augen und fragte sich, von welchem Moment an die Sache schiefgelaufen war. Er wusste, dass er Fehler gemacht hatte, unzählige Fehler sogar. Aber welcher davon war der schwerste gewesen? Hätte er mehr um seine Familie kämpfen müssen? Oder hätte er sie ziehen lassen sollen, damit Sarah und Jimmy ihre Träume leben konnten, während er seine eigenen verwirklichte? Und machte das alles überhaupt einen Unterschied? Wären sie nicht auch dann mit ihm zu dieser Preisverleihung gekommen, in den Helikopter gestiegen, und …

Jacob konnte den Gedanken nicht zu Ende führen. Schon wieder liefen Tränen über seine Wangen. Das Bedürfnis zu schreien und vor Schmerz um sich zu schlagen wurde immer stärker. Er musste zurück in seine Wohnung! Doch gerade als er den Schlüssel für die Haustür zu fassen bekam, sah er aus dem Augenwinkel, dass gegenüber die Eingangstür geöffnet wurde.

Da waren sie: Lupi und ihre Mutter! Als Jacob noch schnell durch die Haustür schlüpfen wollte, war es bereits zu spät. Die Lockenkopfmama hatte ihn gesehen und schien ihrerseits zu überlegen, ob sie ihn ignorieren oder ihm zuwinken sollte. Als sich ihre Mundwinkel zu etwas verzogen, das Jacob wohl als Lächeln deuten durfte, gab er sich einen Ruck, wischte sich hastig die Tränen weg und ging auf die beiden zu.

Lupi blinzelte ihn heute Morgen besonders aufdringlich an, und Jacob brauchte einen Augenblick, bis ihm klar wurde, was anders war an ihr. Sie trug keine Brille.

»Wir müssen los«, sagte Becky, wohl auch, um das Schweigen zwischen ihnen zu brechen.

»Ich … wollte nur die Dose zurückbringen!« Jacob schwenkte die Plastikbox und kam sich augenblicklich lächerlich vor. »Das Essen war lecker. Wirklich. Vielen Dank.«

Becky wollte einfach weitergehen, aber das Mädchen zog an ihrem Arm, bis sie schließlich stehen blieb und sich widerwillig zu ihm umdrehte. Dann nickte sie fast unmerklich. »Legen Sie das Ding einfach vor die Haustür, wir haben es eilig.«

Jetzt schüttelte Lupi eindringlich den Kopf. »Aber was, wenn die Dose geklaut wird?«

Becky verdrehte die Augen und kam auf Jacob zu, um ihm die Box abzunehmen.

»Ich muss Lupi zur Schule bringen«, murmelte sie, als sich ihre Finger bei der Übergabe kurz berührten. »Sie sieht nicht viel ohne Brille.«

Jacob nickte verständnisvoll und sah ihr nach, als sie zu ihrer Tochter zurückging. Und ohne zu wissen, woher der Impuls kam, setzten sich plötzlich auch seine Beine in Bewegung und holten zu den beiden auf.

Becky blinzelte ihn argwöhnisch an. »Was soll das jetzt werden? Ein Escort-Service?«

Jacob versuchte zu lächeln. »Ich könnte natürlich lügen und behaupten, ich müsste in dieselbe Richtung, aber das würde ich nie tun.«

Mit einem Ruck blieb Becky stehen und kniff misstrauisch die Augen zusammen. Jacob wusste, dass er jetzt etwas sagen musste, etwas, das sie davon abhielt, ihm hier mitten auf der Straße an die Gurgel zu gehen. Verunsichert rieb er sich über den Bart. »Ich … würde Lupi gerne eine neue Brille kaufen.«

Becky schob sich eine Locke aus dem Gesicht. »Wir brauchen Ihre Almosen nicht.« Sie wollte Lupi weiterziehen, aber Jacob hielt sie am Arm zurück.

»Das sind keine Almosen. Ich will mich nur bedanken.«

»Bedanken?« Becky funkelte ihn an, als hätte er ihr gerade eine Beleidigung an den Kopf geworfen. »Etwa dafür, dass Sie Lupi aus dem Wasser ziehen durften?«

Jacob zögerte einen Moment und nickte dann. Im Grunde hatte Lupi noch viel mehr für ihn getan, als sich aus dem Wasser ziehen zu lassen. Aber das würde ihre verrückte Mutter sicher nicht verstehen.

36

Ohne Brille war es gar nicht so einfach, Beckys Schienbein zu treffen, aber Lupi hatte keine andere Wahl. Sie durften Jacob jetzt auf keinen Fall hier auf der Straße stehen lassen! Sie wusste, welche Überwindung es ihn gekostet hatte, ihnen dieses Angebot zu machen, und außerdem war es wirklich großzügig. Deshalb nahm sie auch in Kauf, dass Becky stehen blieb und sie wütend anfunkelte.

»Spinnst du? Was fällt dir ein, mich zu treten?«

Instinktiv wollte Lupi sich an die Brille greifen, merkte aber schnell, dass es hier nichts geradezurücken gab. »Er wollte doch nur nett sein«, flüsterte sie, wohlwissend, dass Jacob sie hören konnte.

»Nett?« Becky lachte auf. »Kein Mensch ist einfach nur nett! Denkst du, wir kriegen die Brille einfach so geschenkt?«

Im Hintergrund hörte Lupi, wie sich Jacob räusperte. »Ich möchte nichts dafür haben, es ist nur ein …«, fing er an, doch Becky brachte ihn mit einem Blick zum Schweigen.

Lupi holte tief Luft. Es war wirklich schwer, entschlossen aufzutreten, wenn die Welt ringsherum hinter einem Schleier verborgen lag. »Dann lass es mich wenigstens selber entscheiden!«

»Was?«

»Ob ich sein Geschenk annehmen will oder nicht! Schließlich geht es hier um meine Brille!« Lupi konnte zwar nur Umrisse erkennen, spürte aber Beckys messerscharfen Blick.

»Sie … können es sich ja noch überlegen«, mischte sich Jacob ein. »Vielleicht war es auch eine blöde Idee, vielleicht …«

»Ich besorge ihr selbst eine neue Brille!«, unterbrach Becky ihn unwirsch und griff wieder nach Lupis Hand, doch die zog sie blitzschnell zurück.

»Ich will aber nicht, dass du mir eine Brille besorgst!«

»Ich bin deine Mutter!«

»Ja, und deshalb weiß ich auch genau, wie du sie besorgst!« Lupis Herz klopfte vor Aufregung. »Ich will das nicht, okay? Ich möchte, dass er mir eine Brille kauft. In einem Laden. Mit echtem Geld.«

Becky war verblüfft, daran gab es keinen Zweifel. Obwohl Lupi ihren Gesichtsausdruck nicht erkennen konnte, spürte sie, dass ihre Worte sie getroffen hatten. Ein paar furchtbar lange Sekunden sagte sie gar nichts.

»Du musst jetzt in die Schule«, zischte sie schließlich, aber wieder hielt Lupi sie zurück. Sie wusste, dass Becky recht hatte, ja, es war wichtig, dass sie zur Schule ging und nicht noch mehr Aufmerksamkeit erregte. Die Frage war nur, ob sie sich nicht noch mehr Fragen und Schwierigkeiten einhandeln würde, wenn sie ohne Brille dort auftauchte.

»Ich kann überhaupt nichts sehen ohne Brille«, wandte sie ein, »das ist doch reine Zeitverschwendung heute.«

Sie wusste nicht genau, welches ihrer Argumente Becky am Ende überzeugte, aber schließlich machte sie tatsächlich auf dem Gehweg kehrt und marschierte wütend zurück in die Wohnung.

Jacob hatte offenbar das Gefühl, dass er an der Auseinandersetzung zwischen Lupi und ihrer Mutter schuld war, denn er stand noch eine ganze Weile regungslos am Straßenrand, bis Lupi ihn mit sich winkte.

»War das jetzt ein Ja oder ein Nein?«, fragte er unsicher, und Lupi musste grinsen.

»Ist doch egal. Du darfst mir jedenfalls eine Brille kaufen.«

Die Stimmung zwischen Jacob und Becky blieb angespannt. Lupi war geradezu erleichtert, als sie gemeinsam den Verkaufsraum des Optikers betraten und sie endlich wieder eine freundliche Stimme hörte. »Wie kann ich Ihnen helfen?«

»Wir sind hier, weil wir ein Laserschwert suchen, was denn sonst?«, murmelte Becky, und Lupi war sich sicher, dass sie dabei die Augen verdrehte.

Doch Jacob stellte die Angelegenheit umgehend richtig. »Wir brauchen eine neue Brille für die Kleine. Sie hat ihre alte verloren.«

Der Optiker schien versöhnt, aber Lupi spürte, wie er sie eindringlich musterte.

»Wir können die Sehstärke messen und ein Modell aussuchen, aber die Anfertigung wird ein paar Tage dauern«, erklärte er.

»Sie braucht die Brille aber sofort«, erwiderte Jacob freundlich, aber bestimmt.

Der Optiker schwieg, und Lupi nahm verschwommen wahr, wie sein Blick zwischen Jacob und Becky hin und her wanderte. »Der Sofortservice ist aber teurer …«, sagte er zögernd.

»Vergiss es!« Plötzlich packte Becky Lupi am Handgelenk und zog sie in Richtung Tür. »Wir sind dem Herrn wohl nicht fein genug!«

Lupi gab es nur ungern zu, aber Becky hatte vermutlich recht. Auch wenn sie die Dinge gerade nicht besonders klar sah, spürte sie, dass der Mann ihnen misstraute. Und wie hätte sie es ihm verübeln können? Sie drei gaben wirklich nicht das allerbeste Bild ab. Jacob hatte sich seit mehr als einer Woche nicht rasiert, Beckys Locken standen wild von ihrem Kopf ab, während ihr rechter Arm noch immer in der Schlinge steckte, und Lupi selbst blinzelte blind unter ihrem schiefen Pony hervor. Sie machten bestimmt nicht den Eindruck, als könnten sie sich eine Sonderbehandlung leisten.

Plötzlich spürte Lupi Jacobs Hand auf ihrem Arm. »Geld spielt keine Rolle«, erklärte er.

Becky stieß ein heiseres Lachen aus. »Geld spielt keine Rolle? Willst du mich verarschen?« In all der Aufregung merkte sie offenbar gar nicht, dass sie Jacob plötzlich duzte.

»Ich hab doch gesagt, ich bezahle die Brille«, sagte Jacob ruhig, aber Becky schien das nicht zu besänftigen.

»Solche Sätze sagt man nur in Mafiafilmen! ›Geld spielt keine Rolle, Don Sowieso!‹ Und dann zückt einer sein Scheckheft und sein Maschinengewehr, und am Ende liegen alle in einer großen herzförmigen Blutlache!«

Lupi hielt vorsorglich die Luft an, doch im nächsten Moment begann Jacob zu lachen. Es war kein lautes, herzliches Lachen, sondern eher ein leises, überraschtes, aber es zeigte Lupi, dass ihn Beckys Eigenarten nicht vollkommen aus der Bahn warfen.

»Ich weiß nicht, was daran lustig sein soll«, zischte Becky, aber bevor Jacob etwas erwidern konnte, mischte sich bereits der Optiker ein.

»Vielleicht sollten deine Eltern zuerst einmal klären, was sie überhaupt wollen.«

»*Eltern?*«, fuhr Becky ihn empört an. »Der Kerl ist nicht ihr Vater! Er ist nur ein Typ, der sich in das Leben fremder Leute einmischt und den Superhelden spielt, indem er seine Geldbörse zückt!«

Wieder lachte Jacob auf, doch anstatt zu protestieren, wandte er sich direkt an den Optiker. »Ich will eine Brille für das Mädchen – und zwar sofort!«

37

Erst als er die Tür hinter sich ins Schloss zog, fiel ihm der Anhänger wieder ein. Er hatte zwar die Plastikbox zurückgebracht, aber Lupis Kette hatte er ganz vergessen – und auch Lupi schien sie heute nicht vermisst zu haben.

Jacob musste lächeln, als er an ihre Reaktion dachte, an das ungläubige Lächeln, das sich auf ihrem Gesicht ausgebreitet hatte, als der schwerfällige Optiker ihr nach einer Stunde endlich die neue Brille auf die Nase gesetzt hatte.

Jimmy hatte denselben Gesichtsausdruck gehabt, als er ihm damals den Welpen mitgebracht hatte. Damals hatte Jacob versagt, aber diesmal wusste er, dass er alles richtig gemacht hatte. Die neue Brille würde keinen Ausschlag verursachen, und Lupis Atemwege würden nicht zuschwellen. Vor allem aber würde die Brille nicht dazu führen, dass das Mädchen am Ende mit einem gebrochenen Herzen zurückblieb.

Die Erinnerung daran, wie Jimmy ausgesehen hatte, als Jacob ihm das Tier wieder hatte wegnehmen müssen, versetzte ihm einen schmerzlichen Stich. Und plötzlich gab es nur einen Ort, an dem er sein wollte. Er musste sich der Sache endlich stellen – und mit einem Mal spürte er, dass er genug Mut und Kraft dazu hatte.

Mit pochendem Herzen stieß er die Tür zum Kinderzimmer auf. Beim letzten Mal hatte er sich nur getraut, unter dem Bett nach dem Säbel zu suchen, und war dann unbeabsichtigt hier eingeschlafen. Jetzt aber betrat er den Raum mit offenen Augen. Er wollte nichts übersehen, sondern alles in sich aufsaugen und verstehen.

Das hier war Jimmys Zimmer, das Zimmer seines Sohnes.

Es war Zeit, seinen Jungen endlich kennenzulernen.

Jacob ging am Kleiderschrank vorbei und trat an das Regal, das Sarah aus dem Haus ihrer Eltern mitgebracht hatte. Es hatte schon in ihrem Kinderzimmer gestanden, und nun war es hier, bei Jimmy, und beherbergte all die Dinge, die ihm wichtig gewesen waren.

Einige Kinderbücher reihten sich aneinander, alle waren deutlich abgegriffen, Sarah musste sie ihm unzählige Male vorgelesen haben. Jacob kannte nicht ein einziges. Daneben lagen ein paar Steine, Jimmy musste sie gesammelt haben, als wären sie seltene Schätze, ebenso wie die Muscheln, die ein großes Gurkenglas füllten.

In einer der Schubladen befanden sich Buntstifte, alle fein säuberlich angespitzt. Offensichtlich war es Jimmy wichtig gewesen, dass sie jederzeit einsatzbereit waren. Jacob hatte nicht mal geahnt, dass es so viele Farben gab. Als er die Schublade wieder schließen wollte, fiel ihm ein hellblauer Stift ins Auge, dessen Spitze abgebrochen war. Unsicher nahm er ihn in die Hand und fuhr mit dem Finger über die Bruchkante. Wie sollte Jimmy den Himmel zeichnen, wenn ihm das richtige Blau fehlte?

Jacob wollte den Stift anspitzen, jetzt sofort!

Entschlossen zog er zwei weitere Schubladen auf. In der ersten befanden sich kleine Sammelfiguren, winzige Tiere mit riesigen Augen, und in der anderen fand er, was er suchte: Klebestifte, Radiergummis in allen Formen und Größen und eine beeindruckende Sammlung von Anspitzern.

Erst als Jacob die Schublade wieder schließen wollte, fiel sein Blick auf das Foto, das unter der Bastelschere lag. Er zog es hervor, so behutsam, als ginge es noch darum, ob Jimmy merkte, dass sein Vater in seinen Sachen gewühlt hatte.

Als Jacob das Bild erkannte, stockte ihm der Atem. Es war eines dieser Fotos, die im echten Leben entstanden waren, im Nachhinein aber wirkten, als wäre dieser Moment nur Einbildung gewesen, ein Traum aus einer anderen Welt.

Jimmy musste auf dem Bild ungefähr zehn Monate alt gewesen sein. Jacob erinnerte sich, dass Sarah ihm hartnäckig hatte beibringen wollen, endlich etwas anderes als Milch zu sich zu nehmen, doch der Junge hatte sich damit schwergetan. An dem Tag, als das Foto aufgenommen worden war, hatte sie Kürbisbrei gekocht und dazu winzige Nudeln. Jacob erinnerte sich, dass Sarah eine halbe Stunde lang versucht hatte, Jimmy den Löffel in den Mund zu schieben, aber Jimmy hatte ihn ihr immer wieder aus der Hand geschlagen und seine kleinen Finger in den Breiteller gesteckt. Glucksend hatte er den dicken Kürbismatsch in seinem Gesicht verschmiert, und Sarah war mit ihren Kräften am Ende gewesen. Plötzlich hatte sie angefangen zu weinen, und Jacob hatte es kaum ertragen können, sie so zu sehen. Sie war eine gute Mutter, die beste, das hatte er schon damals gewusst, und Jimmy meinte es nicht böse. Und deshalb hatte Jacob das getan, was ihm in diesem Moment richtig erschienen war: Er hatte sich vor Jimmy an den Tisch gesetzt und mit der Hand in den Teller gegriffen – und hatte sich die Nudel-Kürbis-Pampe mit den Fingern in den eigenen Mund geführt. Sarah hatte ihren Augen nicht getraut, aber Jimmy beobachtete seinen Vater neugierig und lachte. Und dann plötzlich hatte er gegessen! Mit den Fingern zwar, und das meiste landete nicht in seinem Mund, aber er aß! Und auch Jacob hatte nicht aufgehört. Gemeinsam hatten Vater und Sohn mit verschmierten Gesichtern am Küchentisch gesessen. Irgendwann waren Sarahs Tränen einem Lächeln gewichen – und Jacob hatte sie ebenfalls mit Brei gefüttert. Am Ende hatte die Küche ausgesehen wie ein Schlachtfeld, alle drei waren voller Kürbisbrei – aber Jimmy hatte gegessen. Sarah hatte sich die kleine Kamera geschnappt, den Arm ausgestreckt und ein Foto geknipst. Es war verwackelt und unscharf, und Sarahs linkes Auge halb geschlossen. Aber man sah, wie glücklich sie gewesen waren.

Plötzlich schämte Jacob sich mehr als je zuvor in seinem Leben. Jimmy hatte das Foto in seiner Schublade aufbewahrt, er hatte diesen Moment am Leben erhalten, obwohl er selbst keine Erinnerungen an den Tag haben konnte. Jacob schämte sich nicht nur dafür, dass er selbst den Augenblick vergessen hatte, sondern auch für alles, was nach diesem Tag gekommen war. Und für das, was er Sarah und Jimmy in den folgenden Jahren nicht gewesen war.

Vorsichtig zog er Lupis Anhänger aus der Hosentasche und strich über das glatte Silber. Die Kette in der einen, das Foto in der anderen Hand setzte Jacob sich auf Jimmys Bett und begann zu weinen. Es war erstaunlich, wie ihn seine Tränen plötzlich überwältigten und sich einfach nicht mehr stoppen ließen. Auf einmal konnte er sich der Trauer und dem Schmerz hingeben.

Er hätte nicht sagen können, wie lange er dort mit dem Bild in der Hand saß und heulte – um alles, was er verpasst und vermasselt hatte –, aber irgendwann riss ihn ein lautes Klopfen aus seinen Gedanken.

Erst dachte er, es wäre sein Herz, das protestierte, aber dann realisierte er, dass nur jemand in seinem Vorgarten stand und mit den Fingerknöcheln an Jimmys Zimmerfenster schlug: Becky.

Jacob erhob sich vom Bett und öffnete das Fenster.

Becky starrte ihn belustigt an. »Haben Sie geheult, oder was?«

Jacob zog in Erwägung, ihr einen patzigen Spruch um die Ohren zu hauen, entschloss sich dann aber, ihren Kommentar einfach zu ignorieren. Mit dem Ärmel rieb er sich über das Gesicht. »Waren wir nicht schon beim Du angekommen? Ich finde jedenfalls, *du Arschgeige* klingt deutlich seriöser als *Sie Lackaffe*.«

Lupis Mutter schien den Gedanken abzuwägen. Dann zuckte sie mit der unverletzten Schulter. »Meinetwegen. Becky.«

»Jacob.«

»Schicker Name.« Sie grinste schief. »Aber wenn du nichts dagegen hast, nenne ich dich trotzdem weiter Arschgeige.«

Jacob runzelte die Stirn, doch bevor er noch etwas erwidern konnte, schwang Becky bereits ihre schlanken Beine über den Fenstervorsprung und glitt in Jimmys Zimmer. Ihre Bewegungen waren geschmeidig und fließend, ganz anders als die ihrer Tochter. Geschickt beugte sie sich noch einmal aus dem Fenster und griff mit dem linken Arm nach einem Beutel, den sie an der Außenmauer abgestellt haben musste.

»Was soll das werden?«, fragte Jacob, als er hörte, wie es in dem Beutel klimperte.

»Ich hab nicht gerne Schulden bei Leuten, die ich nicht leiden kann«, antwortete Becky. »Insofern begleichen wir die Sache jetzt.«

»Was für eine Sache?«

Umständlich griff Becky in den Beutel und zog einen Schraubenzieher hervor. »Ich hatte dich nicht darum gebeten, Lupi diese Brille zu kaufen.«

Jacob sah verunsichert zu, wie sie mit dem spitzen Ding vor seiner Nase herumwedelte. »Und … jetzt willst du mich dafür umlegen?«

Becky rollte mit den Augen. »Wenn ich die Wahl hätte, ja.« Sie seufzte. »Aber ich fürchte, Lupi hätte was dagegen. Sie meint, du würdest dich freuen, wenn deine Türklingel wieder funktioniert.«

Jacob runzelte die Stirn. »Das hat sie gesagt?«

Offenbar merkte Becky, dass er nie einen derartigen Wunsch geäußert hatte. Grinsend schob sie sich an ihm vorbei in den Flur. »Das ist Lupis Spezialität: Zu wissen, was du willst, bevor du es selber weißt.«

Ungläubig ging Jacob hinter ihr her.

Als Becky die mutwillig zertrümmerte Klingelanlage neben der Wohnungstür entdeckte, hob sie die Augenbrauen und blickte ihn fragend an.

Verlegen fuhr er sich mit der Hand über die Stoppelhaare. »Ich … das war …«

»Kein Problem«, winkte sie ab und ließ den Werkzeugbeutel auf den Boden gleiten. »Du musst mir nichts erklären, im Gegenteil. Ich bin beeindruckt.«

»Beeindruckt?« Jacob beobachtete verständnislos, wie sie sich den Schraubenzieher schnappte und am Klingelkasten zu arbeiten begann.

»So viel Tatkraft hätte ich dir gar nicht zugetraut«, fuhr sie fort, und Jacob bewunderte insgeheim, wie geschickt sie mit dem Werkzeug umging, obwohl ihr rechter Arm noch immer in dieser Schlinge steckte. »Ich dachte, du bist einer, der sich nicht mal den Hintern alleine abwischt – geschweige denn eine Klingel zertrümmert!«

Obwohl sie sich nicht zu ihm umdrehte, merkte Jacob, dass sie bei diesen Worten grinste. Erstaunlicher aber war, dass auch er grinsen musste. Eigentlich hätte er ihr all die Beleidigungen übelnehmen und sich darüber aufregen müssen, dass wieder jemand ungefragt in sein Leben marschierte. Stattdessen fühlte er sich seltsam erleichtert und geradezu amüsiert.

Lupis Mutter war ein Phänomen.

Natürlich, sie war phänomenal unmöglich, vorlaut und dreist, aber auch faszinierend. Obwohl er in seinem Leben schon unzählige Menschen getroffen hatte, kannte er niemanden, der so war wie Becky.

Becky Brockmann war anders. Sie war impulsiv und grob, laut und unangepasst, aber gleichzeitig geschmeidig, konnte mit ihrer Umgebung verschmelzen, als wäre sie unsichtbar. Und dann war da noch dieser Zorn, der immer wieder dafür sorgte, dass man hinter ihren wütend zusammengekniffenen Augen ihre feinen, hübschen Züge auf keinen Fall als das wahrnahm, was sie eben waren: fein und hübsch.

»Ich glaub nicht, dass deine Frau begeistert ist, wenn du die ganze Zeit auf meinen Hintern starrst.«

»Was?« Jacob hatte gar nicht wahrgenommen, dass er sie unentwegt ansah, und auch sie konnte es unmöglich bemerkt haben, schließlich stand sie noch immer mit dem Rücken zu ihm und hantierte geschickt an der Klingel. Erst jetzt, als Jacob verblüfft die Luft anhielt, drehte sie sich zu ihm um und deutete mit dem Schraubenzieher auf das Foto in seiner Hand.

»Das sind sie doch, oder? Deine Frau und dein Kind?« Sie sagte das weder zynisch noch böswillig, und dennoch fühlte Jacob sich wie ertappt. Er hatte vergessen, dass er das Bild noch immer in der Hand hielt.

»Ja, das sind sie«, murmelte er und schob das Foto zusammen mit Lupis Anhänger in eine der Schubladen des Schuhschranks.

Becky ließ den Blick durch den Flur schweifen, von den Jacken an der Garderobe über Jimmys Schuhe auf dem Boden zu dem alten Einkaufszettel, den Sarah vor Wochen auf der Kommode abgelegt hatte.

»Sind sie im Urlaub?«

Jacob wusste nicht, was er sagen sollte. Hatte Lupi ihr nicht erzählt, was passiert war? Las diese Frau denn keine Zeitung, sah sie nicht fern? Einen Moment fragte Jacob sich, ob sie ihn nur auf die Probe stellte. Aber nein, sie hatte wirklich keine Ahnung, wer er war.

»Sie sind …« Obwohl klar war, wie der Satz weitergehen musste, brachte er es nicht fertig, die Worte auszusprechen. Wurde das alles nicht erst dann in aller Endgültigkeit wahr, wenn er es aussprach?

Während Jacob noch mit seinen Gedanken rang, breitete sich auf Beckys Gesicht plötzlich ein merkwürdiges Lächeln aus. »Verstehe. Du hast sie beschissen.«

»Was?« Jacob blickte sie überrascht an. Hatte sie das gerade wirklich gesagt?

Becky blies sich eine Locke aus dem Gesicht und deutete mit dem Schraubenzieher auf ihn. »Du hast deine Frau betrogen, und jetzt hat sie sich euer Kind geschnappt und ist über alle Berge. Aber keine Panik, du bist nicht der Erste, dem so was passiert. Wenn du Glück hast, kommt sie sogar zurück, wenn du nur lange genug *bitte* sagst!« Geradezu heiter drehte sie sich wieder zu dem Klingelkasten um und setzte ihre Arbeit fort.

Jacob wollte etwas erwidern, aber er konnte nicht.

Ihre Worte fühlten sich an wie ein heftiger Schlag auf die Brust. Sein Atem wurde flacher, und er spürte, wie es in seinen Fingern zu kribbeln begann. Wenn er nicht schnell etwas unternahm, würden die Motoren gleich wieder in seinem Kopf dröhnen und ihn in die Knie zwingen.

Und dann öffneten sich seine Lippen doch noch. »Sie ist tot«, flüsterte er und konnte selbst kaum glauben, dass er es endlich ausgesprochen hatte.

Wie in Zeitlupe drehte Becky sich zu ihm um. Sie

wirkte, als suche sie nach einem Beweis dafür, dass sie sich verhört hatte.

»Sie sind beide tot«, fuhr Jacob fort. »Sarah und Jimmy sind tot.«

Er war erstaunt, was der Klang der Wirklichkeit mit ihm machte. Vor ein paar Tagen noch hatte er es nicht einmal ertragen können, wenn Carla oder die Ärzte ihn mit den Tatsachen konfrontieren wollten, er hatte sich nicht erlaubt, die Wahrheit auch nur zu denken, aus Angst, er würde Sarah und Jimmy damit ein weiteres Mal im Stich lassen. Jetzt war es zwar schmerzhaft, aber er war auch aufrichtig, sich selbst, aber auch seiner Familie gegenüber.

Wortlos ließ Becky das Werkzeug sinken und starrte ihn an. Auf einmal wirkte ihr Gesicht seltsam verändert. »Das ... tut mir leid, ich wusste nicht ...«

Ist schon gut, wollte Jacob sagen, ließ es dann aber doch. Es war nicht gut, nein, es war sogar das Gegenteil von gut, und er hatte keine Lust zu lügen. Nicht jetzt, wo er die Wahrheit endlich realisiert hatte.

Eine ganze Weile sagte keiner von beiden etwas. Sie standen sich auf dem Flur gegenüber und versuchten, ihre Verlegenheit in Schweigen zu ersticken, aber mit jeder Sekunde wurde die Situation beklemmender. Schließlich drehte sich Becky wieder zum Klingelkasten um.

»Ich brauche nur noch ein paar Minuten.«

Jacob nickte und sah zu, wie sie die letzten Handgriffe

tätigte. Die Anlage sah nicht mehr aus wie zuvor, aber sie schien tatsächlich wieder zu funktionieren.

»Danke«, murmelte er, als Becky ihr Werkzeug wieder in dem Beutel verstaute.

»Kein Problem.« Sie versuchte sich an einem Lächeln. Dann deutete sie auf die Telefonbox an der Wand. »Wenn du willst, repariere ich in den nächsten Tagen noch dein Telefon.«

Jacob hob überrascht die Augenbrauen. »Aber ... du bist mir jetzt nichts mehr schuldig. Wir sind quitt, oder?«

Becky schien einen Augenblick darüber nachzudenken. Dann nickte sie. »Wir sind quitt. Aber die Sache ist trotzdem scheiße.«

Erstaunt sah Jacob sie an. »Du meinst, dass die beiden tot sind?«

»Dass die beiden tot sind, ist schlimm, ja«, antwortete Becky leise. »Aber noch schlimmer finde ich, dass du ganz alleine zurückgeblieben bist. Einer ohne die anderen – das ist der schlimmste Teil der ganzen Geschichte.« Damit drückte sie die Klinke der Wohnungstür herunter, trat hinaus ins Treppenhaus und zog behutsam die Tür hinter sich ins Schloss.

38

»Du hättest mir ruhig sagen können, dass sie tot sind!«

Lupi hatte mit allem Möglichen gerechnet – damit, dass Jacob Becky rausschmeißen oder gar nicht erst hereinlassen würde, dass sie sich streiten und einander wüst beschimpfen würden –, aber sicher nicht damit, dass er ihr von seiner Familie erzählte.

»Was hat er denn gesagt?«, hakte sie nach und versuchte, dabei möglichst desinteressiert zu klingen.

Becky funkelte sie aufgebracht an. »Nichts hat er gesagt! Und alles!« Sie warf den Werkzeugbeutel in die Abstellkammer, dass es schepperte. »Sie sind tot, verdammt! Da gibt es ja wohl nicht viel mehr zu sagen!« Obwohl sie selbst eine wandelnde Überraschung war, mochte Becky keine Dinge, die sie nicht vorhergesehen hatte, und die Sache mit Jacobs Familie hatte sie offenbar kalt erwischt.

Lupi zuckte mit den Schultern. »Was macht es denn für einen Unterschied, dass sie tot sind? Für dich, meine ich?«

»Was es für einen Unterschied macht?« Becky sah sie an, als hätte sie soeben ein wehrloses Katzenbaby ertränkt. »Was gibt es schon für einen Unterschied zwischen Tag und Nacht oder Schwarz und Weiß?«

Beinahe belustigt hob Lupi die Augenbrauen. »Übertreibst du jetzt nicht ein bisschen?«

»Nein, ich übertreibe nicht!« Angespannt ließ Becky sich in den großen Lesesessel sinken. Sie zögerte einen Moment und sah Lupi dann ernst an. »Man sprüht niemandem Pfefferspray in die Augen, der seine Frau und sein Kind verloren hat.«

»Eigentlich sprüht man überhaupt niemandem Pfefferspray in die Augen«, versuchte Lupi ihre Mutter zu korrigieren, aber die schüttelte entschlossen den Kopf.

»Das kannst du nicht verstehen.«

»Ich verstehe ziemlich viel.«

»Aber davon hast du keine Ahnung, kapiert?«, blaffte Becky, und Lupi wurde klar, dass ihr die ganze Angelegenheit mächtig auf den Magen schlug. Erst als sie Lupis erwartungsvollen Blick bemerkte, wurde der wilde Ausdruck in ihren Augen etwas milder.

»Wenn ich gewusst hätte, dass …« Sie holte tief Luft. »Es ist nicht in Ordnung, jemanden zu hassen, dem etwas Derartiges widerfahren ist.«

Becky meinte es ernst, sie war aufrichtig betroffen, und das rührte Lupi. Sie wusste, dass ihre Mutter viele Facetten hatte, sie war wild und impulsiv, wütend und manchmal besorgt, aber dass sie auch derart sensibel sein konnte, hatte Lupi bisher noch nicht zu spüren bekommen. Anscheinend hatte Jacobs Schicksal einen speziellen Punkt in ihr berührt, und mehr noch: Offensichtlich schämte sie sich für ihr eigenes Verhalten. Diese Seite an ihrer Mutter hatte Lupi noch nicht kennengelernt, und darüber musste sie lächeln. Becky Brockmann mochte sich in keine Schublade stecken lassen, aber sie hatte eben doch ein Gespür dafür, was richtig und was falsch war – und diese Erkenntnis gab Lupi Hoffnung.

»Was gibt's denn da zu grinsen?« Becky kniff die Augen zusammen.

»Nichts«, flunkerte Lupi. »Ich freue mich nur über meine neue Brille.«

Becky sah sie einen Moment prüfend an und erhob sich dann vom Sessel. Bevor sie das Zimmer verließ, hielt sie noch einmal inne und drehte sich zu Lupi um.

»Jedenfalls …« Sie zögerte. »Er kann morgen zum Abendessen kommen, wenn er will.«

Lupi blinzelte sie überrascht an. Becky wollte Jacob zum Essen einladen?

»Okay«, murmelte sie und versuchte, ihre Verblüffung zu überspielen. »Ich kann ihn ja auch für heute fragen …«

»Nein«, widersprach Becky. »Heute will ich den Tag mit dir verbringen!« Und bevor Lupi noch etwas erwidern konnte, verschwand sie in der Küche. Wieder musste Lupi lächeln. Becky hatte sie schon oft überrascht, aber bisher waren diese Überraschungen selten ein Grund zur Freude gewesen. Diesmal war es anders. Lupi freute sich, und sie war erleichtert. Sie hatte alles auf eine Karte gesetzt – und es schien tatsächlich so, als wäre es dieses Mal die richtige Karte gewesen.

Auch der Nachmittag war schön. Die Sonne schien, aber es war nicht zu warm, und Lupi fühlte sich mit ihrer neuen Brille, als wäre sie auf einmal ein anderer Mensch – ein ganz normales Mädchen, das an der Hand seiner ganz normalen Mutter ging.

Das Einzige, was sie störte, war, dass Becky sich die Schlinge abgenommen hatte.

»Willst du nicht lieber noch mal einen Arzt draufgucken lassen?«, fragte sie vorsichtig, aber Becky hob zur Antwort nur die Augenbrauen.

Lupi hatte zwar gehofft, dass Becky den Verband noch länger tragen würde – am liebsten ein paar Wochen oder Monate –, denn irgendwie hatte sie das Gefühl, dass es Becky guttat, körperlich ein wenig eingeschränkt zu sein. Aber sie wusste auch, dass es keinen Sinn hatte, mit ihrer Mutter zu diskutieren. Also beschloss sie, die gute Stimmung nicht unnötig zu gefährden.

Sie gingen in den Stadtpark. Becky hatte eine Decke und Limonade eingepackt, und sie machten es sich im Schatten eines Baumes gemütlich. Außerdem hatte sie Geld eingesteckt und bestand darauf, Lupi ein Eis zu kaufen, obwohl sie mehrfach beteuerte, dass das nicht nötig sei.

»Wenn dieser Kerl dir eine neue Brille spendieren kann,

dann darf ich dir doch wenigstens ein Eis kaufen, oder?«, beharrte Becky, bis Lupi schließlich nachgab. Als Becky ihre Münzen zusammenkramte, merkte Lupi, dass jemand neben ihrer Decke stehen geblieben war.

»Hey, Lupi.«

Erschrocken blickte Lupi nach oben. Es war Rosa, die hier mit nackten Füßen auf dem Rasen stand und sie neugierig ansah! Lupi war derart überrumpelt, dass sie kein Wort über die Lippen brachte.

»Willst du nicht Hallo sagen?«, forderte Becky sie schließlich auf und lächelte Rosa zu.

»Hallo …«, murmelte Lupi, aber ihre Stimme klang wie eingerostet. Dann machte sich wieder Schweigen zwischen den beiden Mädchen breit. Lupi spürte, dass ihr Herz mit jeder Sekunde schneller schlug. Sie war es nicht gewohnt, dass sich zwei Bereiche ihres Lebens überschnitten. Rosa gehörte in die Schule, und Becky war eben Becky – und fühlte sich jetzt offenbar berufen, die unangenehme Leere zwischen den Mädchen zu füllen.

»Ich bin Becky, Lupis Mutter«, sagte sie und streckte Rosa ihre rechte Hand entgegen. Dann aber zuckte sie zurück und fasste sich an die Schulter. Offenbar hatte sie die Schlinge doch zu früh abgenommen.

Sie entschuldigte ihre Geste mit einem breiten Lächeln. »Und wer bist du?«

Rosa lächelte freundlich zurück. »Eine Klassenkameradin von Lupi. Rosa.«

»Rosa?« Becky riss begeistert die Augen auf und stieß Lupi aufgeregt an. Dann sah sie Rosa strahlend an. »Lupi hat schon so viel von dir erzählt! Sie hilft dir bei den Hausaufgaben, richtig?«

Mist! Lupi hatte es kommen sehen! In dem Moment, als sie Rosa gesehen hatte, war ihr die Gefahr bewusst geworden. Allerdings hatte sie nicht damit gerechnet, dass Becky sich ausgerechnet dieses eine Mal gemerkt hatte, was Lupi gesagt hatte. Unsicher tastete sie nach ihrer Kette.

Die Kette! Auch das noch ... Sie hatte sie Jacob in die Hand gedrückt, bevor sie sich über Bord hatte fallen lassen, und jetzt war sie weg! Bisher war ihr gar nicht aufgefallen, dass sie fehlte, sie hatte nicht das Bedürfnis gehabt, sich an etwas festzuhalten – doch jetzt schmerzte der Verlust doppelt. Ihr Anhänger war weg, und mit ihm das Einzige, was ihr von ihrem Papa geblieben war. Und nun stand auch noch Rosa da und sah sie irritiert an.

Lupi schloss einen Moment die Augen und suchte krampfhaft nach irgendeiner plausiblen Erklärung, warum sie keine Ahnung hatte, wovon Becky eigentlich sprach, aber in diesem Moment ergriff Rosa das Wort.

»Genau, sie hilft mir bei den Hausaufgaben«, flunkerte sie, ohne dabei rot zu werden. »Lupi ist wirklich ziemlich schlau.«

War Lupi eben noch sprachlos gewesen, war sie jetzt so perplex, dass sie ihren eigenen Namen nicht mehr hätte buchstabieren können. Rosa hatte gelogen. Mehr noch, sie hatte Lupis Lüge gedeckt!

Während Lupi ihre Mitschülerin mit offenem Mund anstarrte, legte Becky bereits stolz den Arm um ihre Schulter und strich ihr über die Haare. »Von mir hat sie das nicht«, gab sie lachend zu.

Rosa sah neugierig zu Lupi. »Bist du wieder gesund? Wir haben dich heute in der Schule vermisst.«

Lupi starrte sie sprachlos an, bis Becky ihr einen Stoß mit dem Ellenbogen verpasste. »Ich … äh … ja«, stotterte sie und griff sich erneut an den nackten Hals.

»Ihr geht's schon viel besser«, übernahm Becky das Ruder und drückte Lupi fürsorglich an sich. »Kleine Magen-Darm-Geschichte, vermutlich nur das Essen von gestern.«

Rosa lächelte mitfühlend und deutete auf Lupis neue Brille. »Die steht dir gut.«

»Danke«, flüsterte Lupi und versuchte sich ihrerseits an einem Lächeln.

»Hey«, platzte Becky plötzlich dazwischen. »Hast du vielleicht Lust auf ein Eis? Ich wollte Lupi gerade eine Kugel spendieren, und wenn du magst …«

Unsicher blickte Rosa zu Lupi. »Nein, danke«, lehnte sie mit einem höflichen Lächeln ab. »Ich muss nach Hause.«

Ein Glück! Lupi fiel ein Stein vom Herzen. Aber Becky war noch nicht fertig. Als Rosa sich zum Gehen wandte, hielt sie sie plötzlich am Arm zurück.

»Warte«, sagte sie und blickte erwartungsvoll zwischen Lupi und Rosa hin und her. »Willst du nicht mal zum Spielen vorbeikommen?«

»Zum Spielen?« Rosa runzelte überrascht die Stirn.

»Zum Spielen, ja«, wiederholte Becky. »Das wäre doch lustig! Morgen haben wir leider schon Besuch, aber wie wäre es mit übermorgen?«

Lupi hielt die Luft an. Warum konnte Becky nicht einfach mal die Klappe halten? Bisher war doch alles gut gegangen! Konnte jetzt nicht einfach mal Schluss sein?

Wieder merkte Lupi, dass Rosa ihr einen fragenden Blick zuwarf. Dann wandte sie sich an Becky und strahlte. »Übermorgen passt gut.«

»Dann also bis Donnerstag«, freute sich Becky und kniff Lupi in die Seite, bis auch sie sich ein gequältes Lächeln abrang.

»Ich freu mich drauf«, erwiderte Rosa.

Lupi seufzte. »Ich mich auch …«, murmelte sie und sah zu, wie Rosa sich umdrehte und über den Rasen davonging.

»Die ist wirklich nett«, sagte Becky begeistert und machte sich auf den Weg zum Eiswagen.

Lupi blieb allein zurück. Ihr war ganz elend zumute. Becky hatte recht, Rosa war nett. Die Frage war nur: Warum?

39

Jacob war seltsam aufgeregt. Dabei war es doch nur ein Abendessen! Lupi hatte gestern Nachmittag an seiner Wohnungstür geklingelt und ihn für heute eingeladen, und auch wenn er das Gefühl hatte, dass sie nicht gerade glücklich dreinschaute hinter ihrer neuen Brille, hatte sie ihm beteuert, dass er unbedingt kommen müsse.

Den Vormittag verbrachte er damit, die Wohnung aufzuräumen.

Lupi hatte die meisten Dinge, die er in den Vorgarten geworfen hatte, einfach ins Arbeitszimmer geräumt. Von einigen Gegenständen und Erinnerungsstücken wusste er selbst nicht, wo sie hingehörten, und musste einen neuen Platz dafür finden. Das Foto, das er in Jimmys Schublade gefunden hatte, gehörte auch dazu. Am liebsten hätte er es eingerahmt und an die Wand gehängt, aber er fand keinen passenden Bilderrahmen. Deshalb nahm er sich kurzerhand die Tube mit dem Flüssigkleber aus Jimmys Regal und kleisterte das Foto neben dem Aquarium an die Wand. Dort konnte er es immer sehen. Jimmy, Sarah und sein altes Ich – diese Familie von damals hatte es verdient, gesehen zu werden.

Als er endlich das Gefühl hatte, dass alles wieder an

seinem Platz war, ging er unter die Dusche. Die Haare bedurften keiner besonderen Pflege mehr, aber der Bart stellte ihn vor eine Herausforderung. Vollbärte waren im Trend, aber er hatte sich sein ganzes Leben lang immer sauber rasiert. Die Haare jetzt aus seinem Gesicht zu entfernen kam allerdings nicht in Frage. Zum einen gefiel ihm seine neue Verwegenheit, zum anderen mochte er den Gedanken, nicht mehr der Alte zu sein. Es wäre eine Lüge gewesen zu behaupten, er sei noch immer Jacob Chrissen, und wenn er eines gerade nicht gebrauchen konnte, dann waren es weitere Lügen – schließlich hatte er gerade erst einen Zugang zur Wahrheit gefunden.

Sarahs iPad hatte noch immer keinen Saft, das Ladegerät war auch beim Aufräumen nicht aufgetaucht. Er konnte sich also keinen Rat im Internet holen, und so dauerte es eine Weile, bis er mit seiner improvisierten Bartpflege einigermaßen zufrieden war.

Im Schlafzimmer zog er sich ein frisches Hemd an und war überrascht, dass so viele Kleidungsstücke in seinem Schrank hingen. Mit diesen Klamotten hier konnte man ein ganzes Dorf einkleiden. Wer sollte all dieses Zeug jemals brauchen?

Noch während er kopfschüttelnd die Kleiderbügel hin und her schob, kam ihm ein Gedanke.

Es gab Leute, die dieses Zeug brauchen konnten. Und er wusste auch, wo er die finden würde.

Heute wartete keine lange Schlange vor dem *Suppenkeller*, aber er war ja auch später dran. Das Essen war sicher längst ausgeteilt.

Der Mann, der die Tüten entgegennahm, interessierte sich nicht dafür, wen er vor sich hatte, und auch das gab Jacob weiteren Auftrieb. Seinem neuen Ich stand nichts im Wege!

»Das sind ja noch richtig gute Sachen«, stellte der Mitarbeiter der Suppenküche fest, während er in einer der Plastiktaschen wühlte. »Sind Sie sicher, dass Sie das Zeug nicht behalten wollen? Wenn ich es einmal rausgegeben habe, gibt es kein Zurück.«

Jacob nickte. »Keine Sorge, ich will es nicht zurück.«

Der Mann blickte ihn einen Moment lang forschend an. Dann seufzte er, als hätte er gerade in Jacobs Seele gelesen wie in der Speisekarte eines Schnellimbisses. »Jeder von uns kommt mal an diesen Punkt. Aber das Tröstliche ist, dass das Leben weitergeht – jeden Tag ein Stück.« Er lächelte milde und nahm die beiden Tüten an sich. »Und glauben Sie mir: Irgendwann wird es tatsächlich wieder gut, auch wenn man es am Anfang nicht für möglich hält.« Mit einem kurzen Nicken verabschiedete er sich und verschwand den Flur hinab.

Jacob wagte zu bezweifeln, dass der Kerl selbst schon mal mit einem Helikopter abgestürzt war und dabei seine Frau und sein Kind verloren hatte. Nein, dieser Typ hatte keine Ahnung, was Jacob widerfahren war. Trotzdem verärgerten ihn Kalendersprüche wie dieser nicht mehr. Es war okay, wenn die Leute nett sein wollten und Blödsinn redeten, ohne nachvollziehen zu können, wie er sich fühlte.

Auf dem Weg nach draußen bog Jacob in die Herrentoilette ab. Als er ans Waschbecken ging, um sich die Hände zu waschen, öffnete sich eine der Kabinentüren hinter ihm, und ein Mann trat neben ihn. Jacob grüßte mit einem kurzen Kopfnicken und griff nach den Papierhandtüchern.

»Jacob Chrissen?«, erklang auf einmal die ungläubige Stimme des Mannes. »Sie sind … Sie sind Jacob Chrissen!«

Unsicher drehte Jacob sich zu ihm um. Wer zum Teufel war der Kerl? Er war mindestens einen Kopf kleiner als er und hatte dichtes orangerotes Haar. Jacob konnte sich beim besten Willen nicht daran erinnern, ihn schon mal irgendwo gesehen zu haben.

»Ich glaub's nicht!« Der Rotschopf fuhr sich lachend durch die Haare. »Ich bin bis in die Pfalz gefahren, um Sie zu finden, und jetzt stehen Sie ausgerechnet hier vor mir!«

»Pfalz …?« Jacob betrachtete ihn verständnislos, da schob der Kerl bereits seine Hand in die Hosentasche und reichte ihm seine Visitenkarte: *Christian Korb, freier Journalist.*

»Da war ein Mädchen vor Ihrer Haustür und hat gesagt, Sie wären in Busenberg«, berichtete er.

Plötzlich ging Jacob ein Licht auf. Busenberg, natürlich! Das musste der Mann sein, den Lupi vor seiner Wohnungstür abgefangen hatte! Unwillkürlich spannte Jacob sich an. »Sind Sie mir etwa gefolgt?«

»Nein, nein!« Der Journalist hob unschuldig die Hände und lachte wieder. »Ich hatte hier nur ein Vorgespräch für ein Interview. Kein Grund, mir eine reinzuhauen – und zum Glück steht hier ja auch kein Stuhl parat!«

Jacob starrte ihn sprachlos an. Dachte dieser Kerl etwa, er fände das lustig? Dachte er ernsthaft, er könnte ihn mit solchen dämlichen Sprüchen zum Reden bringen oder gar für eine Stellungnahme gewinnen? Jacob ballte die Hände zu Fäusten, schloss die Augen und zählte bis drei, um sich zu sammeln. Doch dabei stellte er verblüfft fest, dass er gar nicht wütend war! Der Typ war ein Idiot, daran bestand kein Zweifel. Er war unverschämt und pietätlos, und er hätte eine Tracht Prügel durchaus verdient – aber die würde er heute nicht bekommen, und ganz sicher nicht von Jacob.

»Wenn ich Ihnen eine reinhauen wollte, bräuchte ich dafür keinen Stuhl«, sagte er gefasst und warf sein Papierhandtuch in den Müll. »Aber glauben Sie mir, das will ich gar nicht.« Er tat einen Schritt auf den Rotschopf zu und sah ihm direkt in die dunkelgrauen Augen.

Das Lachen des Journalisten erstarb. »Und was wollen Sie dann?«

Jacob ließ die Schultern sinken und lächelte ihn freundlich an. »Ich will einfach, dass Sie mich in Ruhe lassen. Wäre das in Ordnung?«

Und als der Rotschopf ungläubig nickte, flüsterte Jacob ein aufrichtiges »Danke« und verschwand zur Tür hinaus.

40

Die ganze Nacht hatte Lupi kein Auge zugetan, weil sie sich den Kopf darüber zerbrochen hatte, wie Rosa sich in der Schule verhalten würde, und jetzt zeigte sie nicht das geringste Anzeichen dafür, dass ihre Begegnung im Park überhaupt stattgefunden hatte. Damit hatte sich die Verabredung am Donnerstag wohl erübrigt. Lupi fiel ein zentnerschwerer Stein vom Herzen.

Vincent war nach dem Vorfall am Montag noch immer nicht zurück in der Schule, und Lupi ahnte, dass die ganze Geschichte noch Konsequenzen haben würde – aber darum würde sie sich kümmern, wenn es so weit war. Jetzt galt es erstmal, das Positive zu sehen. Niemand in der Schule hatte unangenehme Fragen gestellt, weder zu ihrer neuen Brille noch zu ihrer Krankmeldung.

Während sie nach Schulschluss auf ihrem alten Rad durch die Straßen fuhr, fühlte Lupi sich seltsam leicht, ja geradezu beschwingt. Gestern Nachmittag auf dem Rückweg vom Park war sie noch kurz bei Jacob vorbeigegangen. Die Einladung zum Essen hatte ihn ohne Zweifel überrascht, aber er hatte versprochen zu kommen, nachdem sie eine Weile auf ihn eingeredet hatte. Seine Zusage hatte aufrichtig erfreut geklungen, und nachdem der Schulvormittag komplikationslos verlaufen war, freute sich Lupi auf den gemeinsamen Abend.

Normalerweise machte es ihr Angst, wenn jemand Zeit mit Becky und ihr verbrachte. Toni war bisher der Einzige gewesen, der das überhaupt manchmal tat. Aber bei Jacob machte es ihr nichts aus. Vielleicht lag es daran, dass er Beckys schlimmste Seite bereits kennengelernt hatte?

Als Lupi zur Wohnungstür hereinkam, war Becky bereits mit den Vorbereitungen für das Abendessen beschäftigt. Sie hatte offensichtlich schon alle Einkäufe gemacht und hantierte wild in der Küche herum. Dass ihr die Schulter noch immer wehtat, war nicht zu übersehen. Trotzdem gab sie sich große Mühe, möglichst professionell zu wirken. Umständlich stopfte sie Brötchenreste und Trockenfrüchte in den Hintern eines gerupften Vogels.

Lupi verzog das Gesicht. »Was ist das?«

»Eine Gans.« Becky kniff konzentriert die Lippen zusammen, während sie noch mehr Brötchenmatsch in die Öffnung schob. »Ich weiß, du magst kein Fleisch, deshalb mache ich extra viel Füllung.«

Wie bitte? Sie sollte das Zeug aus dem Hintern essen? Lupi gab sich große Mühe, ihren Ekel zu unterdrücken, und griff schnell nach einer Wasserflasche. »Ist Gans nicht eher ein Winteressen?«

»Ich kann ihm doch schlecht eine Handvoll Grillwürstchen servieren, wenn ich ihn schon zum Essen einlade!«, widersprach Becky entrüstet. »Es muss schon etwas Besonderes sein.«

Besonders war das hier ohne Zweifel. Becky hatte noch nie eine Gans zubereitet, noch nicht einmal ein Brathähnchen. Dennoch war Lupi seltsam gerührt. Becky gab sich Mühe, sie hatte sich Gedanken gemacht – und offenbar war es ihr wichtig, einen guten Eindruck zu hinterlassen. Das hatte Lupi in all den Jahren noch nie erlebt.

»Es bleibt bestimmt noch was übrig für morgen«, sagte Becky plötzlich und drehte sich zu Lupi um. »Dann kannst du Rosa auch noch was anbieten.«

Vor Schreck verschluckte Lupi sich an ihrem Wasser. »Rosa … kann morgen leider nicht.«

»Was?« Becky hielt inne und wischte sich mit dem Unterarm eine Haarsträhne aus dem Gesicht. »Aber gestern hat sie gesagt, Donnerstag passt.«

Lupi zuckte mit den Achseln. »Sie hatte vergessen, dass sie einen Zahnarzttermin hat.«

»Zahnarzt?« Becky schien das nicht zufriedenzustellen. »Da kann man doch immer hingehen!«

»Wir machen einfach einen anderen Termin aus«, versuchte Lupi sie zu trösten.

Becky sah sich seufzend um. »Ich dachte ja nur, weil wir gerade diese schöne Wohnung hier haben …«

Wieder war Lupi beeindruckt. In den vergangenen Monaten hatte sie nie das Gefühl gehabt, dass Becky überhaupt imstande war, *schön* von *nicht so schön* zu unterscheiden, und jetzt bewies sie schon zum zweiten Mal in Folge, dass sie sich Gedanken machte. Gedanken um Lupi, aber auch darum, welchen Eindruck sie auf andere machte.

»Ich frage sie gleich morgen, in Ordnung?«, schlug Lupi vor. Dann füllte sie den Napf der Katze mit frischem Wasser.

Die Stunden, bis Jacob an der Tür klingelte, vergingen wie im Flug. Lupi erledigte ihre Hausaufgaben und half Becky in der Küche beim Aufräumen. Sie stellte die Kochbücher zurück in die Schränke, spülte Schüsseln und Messer und deckte den Tisch im Esszimmer ein.

Becky wirbelte noch immer zwischen den Kochtöpfen mit Rotkohl und Klößen hin und her, und zwischendurch bepinselte sie die Gans im Ofen mit einer merkwürdig riechenden Tinktur, aber Lupi wollte ihr nicht ins Handwerk pfuschen. Erst als Becky zum Duschen im Bad verschwand, tauchte Lupi ihren Finger in die Marinade, probierte und verzog das Gesicht. Leider schmeckte das Zeug genauso widerlich, wie es roch. Hoffentlich verdampfte der Geschmack im Rohr …

Pünktlich um sechs stand Jacob vor der Tür.

»Kannst du mal öffnen?«, rief Becky ihr aus dem Schlafzimmer zu, als es klingelte.

Lupi drückte auf den Türsummer und merkte, wie das Grinsen auf ihrem Gesicht breiter wurde. Wer hätte noch vor ein paar Tagen gedacht, dass alles so eine gute Wendung nehmen würde?

Auch Jacob schien ein bisschen aufgeregt. Er hatte irgendetwas mit seinem Bart gemacht und trug ein frisches Hemd. In der Hand hielt er eine riesige Papiertüte. Obwohl seine Schuhe makellos sauber waren, trat er sie übergründlich auf der Fußmatte ab.

Lupi lächelte in sich hinein, doch bevor sie etwas sagen konnte, hörte sie bereits Beckys Stimme in ihrem Rücken. »Du hast wohl noch nie davon gehört, dass man aus Anstand immer ein paar Minuten zu spät kommt?«

Jacob sah Becky überrascht an, und als Lupi sich zu ihrer Mutter umdrehte, konnte sie nicht mehr mit Sicherheit sagen, ob das an ihrer flapsigen Bemerkung oder ihrem Erscheinungsbild lag: Becky hatte sich die Locken hochgesteckt und trug ein kurzes schwarzes Kleid, das Lupi zuvor noch nie gesehen hatte – weil es ganz offensichtlich nicht ihr gehörte. Trotzdem konnte Lupi nicht abstreiten, dass Becky in dem Kleid umwerfend aussah.

Offensichtlich hatte ihr Anblick auch Jacob die Sprache verschlagen – vielleicht dachte er aber auch nur darüber nach, ob er aus Anstand tatsächlich ein paar Minuten später hätte kommen sollen.

»Jetzt komm schon rein, sonst haut die Katze ab!« Becky stieß die Tür hinter ihm ins Schloss.

Jacob streifte sich unsicher die Schuhe von den Füßen. »Ich … hab was mitgebracht.«

Becky klatschte vor Begeisterung in die Hände. »Ich liebe Geschenke!«

»Es ist eigentlich kein Geschenk«, erwiderte er verlegen und steckte die Hand in die Papiertüte, um einen großen bunten Gegenstand hervorzuziehen. »Eher was, das Lupi gehört …«

Lupi stockte der Atem. *Der Rucksack!* Jacob hatte den neuen Rucksack vom Schlamm befreit! Der feste Stoff leuchtete wieder in den schönsten Farben. Es war keine Spur mehr davon zu sehen, dass er eine Nacht im Regen verbracht hatte.

Offenbar hatte Jacob sich eine andere Reaktion erhofft, als dass sie nur mit offenem Mund dastand und das satte Rot und Blau anstarrte. »Ich … hab ihn gewaschen«, murmelte er unsicher. »Jetzt sieht er wieder aus wie neu.«

So ein Mist! Lupi dachte darüber nach, wie sie die Situation retten konnte, da mischte sich Becky bereits ein. »Das Ding gehört nicht Lupi.«

Jacob blickte sie irritiert an. »Aber ihr Name …«

Jetzt blieb nur die Flucht nach vorne! »Du sollst mir doch keine Geschenke mehr machen!«, unterbrach Lupi ihn in gereiztem Ton und machte seine Verwirrung damit perfekt. Es war zwar nicht fair, ihn in die Sache hineinzuziehen, aber sie sah keinen anderen Ausweg. Genervt verdrehte sie die Augen und blickte dann achselzuckend zu Becky. »Ich hab ihm gesagt, dass ich schon einen Rucksack habe, aber er wollte mir das Ding unbedingt schenken. Er hat sogar ein Namensschild reingeklebt.« Seufzend zeigte sie Becky die Rückseite des Rucksacks.

Jacob sah sie verständnislos an. »Aber du hast …«

Lupis Blick brachte ihn zum Schweigen. Ertappt hob er die Hände. »Ursprünglich hatte ich das Teil für meinen Sohn gekauft, aber er mochte die Sterne nicht«, log er kurzerhand und sah schuldbewusst zu Becky. »Aber wenn du was dagegen hast, nehme ich das Ding wieder mit.«

Er streckte die Hand aus, um Lupi den Rucksack abzunehmen, doch Becky schüttelte den Kopf. »Schon gut. Wenn er Lupi gefällt, kann sie ihn behalten.« Dann schob sie sich an Lupi vorbei und verschwand in der Küche.

Lupi blickte verblüfft zu Jacob und sah, wie sich ein Grinsen auf seinem Gesicht ausbreitete. Er hatte sie nicht verpfiffen, viel mehr noch: Er hatte sie gedeckt und für sie gelogen, obwohl er nicht einmal wusste, was es mit dem Rucksack auf sich hatte.

Jetzt zwinkerte er ihr geheimnisvoll zu. »Mach mal die Tasche vorne auf.«

Lupi war viel zu perplex, um zu widersprechen. Unsicher zog sie den Reißverschluss auf und warf einen Blick in die kleine Außentasche.

Ihr Anhänger! Sie war davon ausgegangen, dass Jacob ihn verloren hatte, als er ihr nachgesprungen war, sie hatte geglaubt, dass er für immer verschwunden war – und nun lag er hier vor ihr, in der kleinen Außentasche ihres neuen Rucksacks, als wäre das selbstverständlich.

»Ich …«, stammelte Lupi, »du …«

»Spar dir deinen Dank!«, flüsterte Jacob und beugte sich zu ihr herab. »Du schuldest mir eine Erklärung. Ach was, einen ganzen Sack voll Erklärungen!«

Und bevor Lupi realisieren konnte, was hier eigentlich geschah, drehte er sich um und ging beschwingt zu Becky in die Küche.

41

Das Essen war gruselig, aber er versuchte krampfhaft, es sich nicht anmerken zu lassen. Becky hatte eine Gans im Ofen zubereitet, doch Jacob hatte eher das Gefühl, er würde auf einem lauwarmen Stück Leder herumbeißen.

Am meisten amüsierte ihn, dass Becky einen Gast zum Essen einlud, obwohl sie eindeutig nicht kochen konnte. Warum hatte sie nicht einfach eine Pizza bestellt?

Als sein Blick von seinem eigenen zu den anderen beiden Tellern wanderte, konnte Jacob sich ein Schmunzeln nicht verkneifen. Auch Lupi schien von den Kochkünsten ihrer Mutter nicht sonderlich begeistert. Sie stocherte lustlos in der graubraunen Pampe herum, die Becky aus dem Inneren der Gans gepult hatte. Becky selbst gab sich die allergrößte Mühe, das Fleisch gründlich zu kauen, spülte aber jeden Bissen sorgsam mit einem großen Schluck Wasser herunter.

»Schmeckt super«, behauptete Jacob schließlich, um das Schweigen am Tisch zu brechen, aber er bereute es augenblicklich, weil sowohl Lupi als auch Becky ihn misstrauisch anstarrten.

Lupi legte ihre Gabel beiseite. »Du bist ein ganz schlechter Lügner.«

»Ich lüge nicht«, fuhr Jacob fort und schob sich ein extragroßes Stück Fleisch in den Mund. »Ich finde, die Gans schmeckt wirklich … interessant.«

Jetzt legte auch Becky ihr Besteck weg. »Du weißt schon, dass *interessant* nur ein anderes Wort für *scheiße* ist, oder?«

Vor Schreck verschluckte sich Jacob an dem zähen Brocken und begann zu husten. »Nein!«, japste er, während er versuchte, den Bissen aus seinem Rachen zu lösen. »Ich …«

Er kam nicht dazu, sich noch weiter um Kopf und Kragen zu reden, denn Becky und Lupi warfen sich einen vielsagenden Blick zu und begannen lauthals zu lachen. Lupi stand auf, stellte sich hinter Jacob und klopfte ihm so lange zwischen die Schulterblätter, bis er aufhörte zu husten.

Dann setzte sie sich grinsend zurück auf ihren Platz. »Du musst dir keine Mühe geben. Becky kann so gut kochen, wie ein Pferd sprechen kann.«

»Ich muss doch sehr bitten!«, erwiderte Becky empört. »Erstens gibt es vielleicht doch irgendwo sprechende Pferde, und zweitens war dieses Gericht nicht meine Erfindung.«

Lupi spießte belustigt etwas Füllung auf ihre Gabel. »Willst du etwa behaupten, die Gans hat sich das gruselige Zeug selbst in den Po geschoben?«

Obwohl Jacob sich eigentlich zurückhalten wollte, prustete er los. Es ging nicht anders! Die Art, wie die beiden miteinander umgingen, war einfach zum Totlachen.

»Das Rezept ist aus einem Buch von dieser Ärztin«, antwortete Becky schmallippig. »Was mal wieder meine Theorie bestätigt, dass Ärzte nicht nur keine Ahnung haben, sondern auch keinen Geschmack.« Selbstbewusst schob sie ihren Teller von sich und blickte zu Jacob, der noch immer gegen das Lachen ankämpfte. »Willst du mir etwa widersprechen?«

»Auf keinen Fall!«, antwortete Jacob und versuchte, sein Grinsen zu unterdrücken. »Ich konnte Ärzte noch nie ausstehen.«

Mit einem Mal zeigte sich so etwas wie Anerkennung auf Beckys Gesicht, und sie lächelte. »Siehst du!«, sagte sie und wandte sich zufrieden an Lupi. »Wenn du schon nicht auf mich hören willst, dann glaub wenigstens diesem Mister *Geld-spielt-keine-Rolle*. Ärzte sind Betrüger!«

Lupi rollte mit den Augen. Offenbar war sie daran gewöhnt, mit ihrer Mutter zu diskutieren – oder eben zu erkennen, wann es keinen Sinn hatte.

Für Jacob allerdings war das alles neu, und er hatte eine Menge Fragen. Unsicher griff er nach seinem Wasserglas. Als könnte er sich damit Mut antrinken, leerte er es in einem Zug. »Wieso passt ihr dann hier auf die Wohnung dieser Ärztin auf?«

Das selbstsichere Lächeln wich aus Beckys Gesicht, und auch Lupi wirkte plötzlich seltsam verschreckt. Jacob merkte, dass seine Neugier den beiden nicht gefiel.

Er räusperte sich. »Na ja, du kannst Ärzte nicht ausstehen, aber trotzdem lebt ihr hier in den vier Wänden dieser Frau Doktor.«

»Wir sind Housesitter«, antwortete Lupi knapp. »Das ist so was wie ein Babysitter, nur dass wir eben auf Wohnungen aufpassen.«

»Und was ist mit eurer eigenen Wohnung?«, fragte Jacob, während er sich Wasser nachschenkte.

»Wir suchen noch«, murmelte Becky beiläufig.

Überrascht hielt Jacob inne. »Heißt das etwa, ihr habt gar keine?«

»Fragt der Mann, der sich für Gott hält, aber nicht mal seine Türklingel reparieren kann«, erwiderte Becky und verdrehte die Augen.

Jacob schnappte nach Luft. »Ich habe mich nie für Gott gehalten!«

»Schluss jetzt!«, mischte sich Lupi ein und schlug mit der Hand auf den Tisch. »Wir wollten doch einfach nett zu Abend essen und uns nicht über Kleinigkeiten streiten!«

Ihr Blick ließ keinen Zweifel daran, dass sie auf weitere Diskussionen keine Lust hatte. Trotzdem hatte Jacob das Gefühl, dass er die Sache nicht einfach auf sich beruhen lassen konnte.

»Von *nett zu Abend essen* kann ja wohl keine Rede sein!« Grinsend bohrte er seinen Finger in die Ledergans. »Mit dem Zeug hier kann man höchstens Ratten vergiften!«

Beckys überraschter Gesichtsausdruck verschwand erstaunlich schnell und machte einem verschmitzten Lächeln Platz. »Ich wusste gar nicht, dass Mister Gott so viel Humor hat!«

Jetzt war es Jacob, der die Augen verdrehte. »Ich bin nicht Gott, wie oft soll ich das noch …«

Er kam nicht dazu, den Satz zu beenden, denn im nächsten Moment flog ihm bereits ein Stück Brot um die Ohren und verfehlte sein Gesicht nur um wenige Zentimeter.

Jacob konnte es nicht glauben. Hatte sie ihn tatsächlich gerade mit Essen beworfen? Offenbar war auch Lupi wenig begeistert von der Attacke. »Becky!«, zischte sie und hörte sich dabei an, als wäre sie nicht die Tochter, sondern die Mutter.

»Was denn?«, erwiderte Becky achselzuckend. »Der Kerl hat mein Essen beleidigt!«

»Normalerweise bewirft man Gäste nicht mit Beilagen!«, belehrte Lupi sie mit einem eindringlichen Blick.

»Kein Problem«, widersprach Jacob und tauchte die Finger in sein Wasserglas. »Normalerweise tauft man seine Gastgeber auch nicht mit Tafelwasser!« Und bevor Lupi oder Becky auch nur die Stirn runzeln konnten, hatte er die Finger wieder aus dem Glas gezogen und Becky nassgespritzt.

Becky blieb vor Überraschung der Mund offen stehen. Fassungslos fuhr sie sich mit der Hand übers Gesicht und wischte sich die Wassertropfen von den Wangen.

Aus dem Augenwinkel sah Jacob, dass Lupi die Luft anhielt. »Denkt nicht mal im Traum daran, euch jetzt mit den Kartoffelklößen zu bewerfen!«, sagte sie schließlich und sah die beiden warnend an. Dann griff sie selbst nach einem Kloß und biss ein Stück ab. »Die Dinger sind immerhin das Einzige hier auf dem Tisch, was ansatzweise genießbar ist!«

Einen Moment lang starrte Jacob die Kleine ungläubig an – und dann konnte er sich nicht mehr zurückhalten. Er lachte los, und Becky stimmte herzlich mit ein.

»Ich weiß nicht, wie es euch geht«, unterbrach Jacob das ausgelassene Lachen nach einer Weile und schob seinen Teller von sich. »Aber ich habe echt Hunger. Was haltet ihr davon, wenn wir uns eine Pizza bestellen?«

Becky zögerte einen Moment und grinste dann. »Nur wenn du bezahlst.«

42

Als Lupi am nächsten Morgen zur Schule aufbrach, lag Jacob bei ihnen auf dem Sofa, und sie wertete das als gutes Zeichen. Der Abend war anders verlaufen als erwartet, und nicht alles hatte ihr gefallen, aber unterm Strich konnte sie die ganze Geschichte wohl als Erfolg verbuchen.

Jacob hatte drei Pizzen bestellt, die so groß waren, dass sie kaum nebeneinander auf den Esstisch passten, deshalb hatten sie sich stattdessen auf den Fußboden im Wohnzimmer gesetzt. Dort hatten sie im Schneidersitz gegessen und gelacht, bis ihnen die Bäuche wehtaten.

Obwohl Becky und Jacob sich immer wieder gegenseitig aufzogen, hatte Lupi das Gefühl, dass sie einander irgendwie mochten, und das gab ihr ein kleines bisschen Sicherheit. Magenschmerzen hatte sie erst bekommen, als Becky die Weinflaschen aus der Speisekammer geholt hatte.

»Wir trinken nur ein kleines Schlückchen«, hatte sie sich verteidigt und zwei große Gläser bis zum Rand gefüllt. »Wir können nicht den ganzen Abend nur Wasser trinken, wenn er schon die Pizza bezahlt!«

Auch Jacob hatte versucht, sie zu beruhigen. »Ich trinke wirklich nur ein Glas, mehr vertrage ich vermutlich gar nicht mehr.«

Doch als Becky Lupi gegen halb elf ins Bett schickte, hatten die beiden bereits zwei ganze Flaschen geleert, und Jacob war ohne Zweifel mächtig betrunken.

Als sie nun mit ihrem neuen Rucksack vor ihm stand und sah, wie friedlich er auf der Couch schlummerte, war sie erleichtert. Er würde vielleicht einen Rausch ausschlafen müssen, aber abgesehen davon hatte er den Abend gut überstanden und wirkte zudem seltsam zufrieden.

Reflexartig griff Lupi nach ihrem Anhänger und musste lächeln. Die Dinge waren so, wie sie sein sollten, und das fühlte sich ziemlich gut an. Bestimmt würde alles gut werden. Niemand würde in einer Pflegefamilie landen.

Erst in der Schule kamen die Probleme zurück. Das erste Mal nach ihrer Auseinandersetzung war Vincent wieder da, und er beobachtete sie den ganzen Tag verstohlen. Seine Nase war offenbar nicht gebrochen, aber unter dem linken Auge hatte er einen dicken Bluterguss, und über der Augenbraue klebte ein Pflaster. Lupi hatte ihm anscheinend wirklich ordentlich zugesetzt. Zumindest waren die Spuren deutlich sichtbar – und Konsequenzen nicht zu vermeiden.

Den ganzen Vormittag rechnete sie damit, dass er sie am Kragen packen und in die Ecke drängen würde. Sie hätte sich nicht gewundert, wenn er auch ihre neue Brille zerbrochen oder ihren Rucksack ruiniert hätte, aber nichts davon geschah.

Erst als die Schulglocke das Unterrichtsende verkündete,

drückte er sich dicht an ihrem Platz vorbei und zischte ihr etwas ins Ohr. »Das wirst du noch bereuen!« Er funkelte sie wütend an und ballte schon die Hand zur Faust, doch dann schien er es sich anders zu überlegen und stürmte mit seinen Freunden aus dem Klassenzimmer.

Lupi wartete einen Moment, bis alle anderen verschwunden waren. Vermutlich würden Vincent und seine Freunde ihr an der Fahrradmauer auflauern. Sollte sie also lieber zu Fuß nach Hause gehen?

Aber was würde das ändern? Sie konnte ihm nicht ewig aus dem Weg gehen, und wenn die Sache Folgen haben sollte, dann konnte sie die auch jetzt gleich auf sich nehmen.

Tapfer zog sie die Träger ihres neuen Rucksacks stramm, atmete tief durch und verließ das Klassenzimmer.

Als sie ihr Fahrrad erreichte, wartete tatsächlich eine Überraschung auf sie – allerdings nicht die, mit der sie gerechnet hatte. An der Wand neben ihrem rostigen Drahtesel lehnte Rosa.

»Ich dachte schon, du kommst nicht mehr«, sagte ihre Mitschülerin und hob ihre Schultasche vom Boden auf.

Verblüfft ging Lupi zu ihrem Rad und löste das schwere Schloss. Ihr Herz pochte wie wild. »Wartest du … auf mich?«

Rosa hob verwundert die Augenbrauen. »Wir sind verabredet, schon vergessen?«

So ein Mist! Natürlich hatte Lupi die Verabredung

nicht vergessen, aber sie war eben davon ausgegangen, dass das alles nur höfliches Geplänkel gewesen war. Schließlich hatte Rosa ihr in der Schule die kalte Schulter gezeigt. Und schlimmer noch: Lupi hatte Becky bereits gesagt, dass Rosa nicht kommen würde! Wenn sie sie jetzt doch mit nach Hause brachte, würde Becky Fragen stellen, und diese Vorstellung gefiel ihr gar nicht.

»Kann ich auf deinem Gepäckträger sitzen?«, riss Rosa Lupi aus ihren Gedanken.

In diesem Moment wurde Lupi klar, dass sie Rosa nicht einfach würde stehen lassen können. Sie musste sie mitnehmen, und das würde sie auch tun. Nur eben nicht zu Becky nach Hause.

43

Die Kopfschmerzen waren nicht das Schlimmste, noch beängstigender fand Jacob, dass er fast nackt war. Der Blick unter die Wolldecke brachte die Gewissheit, dass er wenigstens seine Boxershorts trug – aber was zur Hölle machte er überhaupt noch hier auf der Couch? Und was war in der letzten Nacht passiert?

Während er sich benommen auf dem Sofa aufrichtete und die Beine zur Seite schwang, spürte er einen stechenden Schmerz in der Stirn. Der Alkohol! Sie hatten Wein getrunken, zu viel.

Auf dem Wohnzimmerboden lagen noch immer die drei Pizzakartons, in einem von ihnen hatten sie die Reste zusammengelegt. Artischocken, Schinken, Thunfisch.

Die Erinnerung war süß und bitter zugleich. Es war ein netter Abend gewesen, lustig – die Frage war nur: *wie* lustig? Irgendwann war die Kleine ins Bett gegangen, so viel wusste er noch. Aber warum hatte er sich danach nicht nach Hause verabschiedet, sondern saß jetzt halbnackt auf dieser fremden Couch?

Obwohl er sich nur bruchstückhaft erinnerte, spürte er eines auf einmal ganz deutlich: Das hier war falsch! Er gehörte nicht hierher, nicht gestern und nicht heute, und er wollte auch gar nicht wissen, was in der Nacht genau passiert war. Vorsichtig kam er auf die Beine und wartete, bis das Schwindelgefühl in seinem Kopf aufgehört hatte.

Die Wohnung war still. Bis auf die Katze, die neugierig um seine Beine strich, waren offensichtlich alle ausgeflogen, und Jacob war darüber mehr als erleichtert. Hastig sammelte er seine Klamotten vom Boden auf und zog sich an. Doch als er im Flur in seine Schuhe schlüpfte, öffnete sich plötzlich die Wohnungstür, und Becky kam hereingewirbelt. In der Hand hielt sie eine Brötchentüte. Offenbar setzte ihr der Wein nicht ansatzweise so sehr zu wie Jacob, denn sie wirkte frisch und ausgeschlafen, und als ihr wacher Blick nun an ihm hinabglitt, zeichnete sich ein freches Grinsen auf ihrem Gesicht ab.

»Verstehe«, sagte sie und hob amüsiert die Augenbrauen. »Du bist also einer von denen, die sich am Morgen danach heimlich davonschleichen.«

»Am Morgen wonach?«, hakte Jacob unsicher nach. Seine Stimme klang noch viel kratziger, als er es erwartet hatte.

Becky blinzelte ihn überrascht an. »Du erinnerst dich nicht an gestern?«

»Na ja.« Jacob kratzte sich am Kopf. »Wir haben Pizza gegessen, und …«

»Und …?« Beckys Augen funkelten amüsiert. Jacob holte tief Luft und wollte etwas sagen, aber er wusste nicht, was. Schließlich ließ er die Schultern sinken und stöhnte.

»Sag's einfach, okay? Hatten wir …« Allein die Vorstellung von dem, was er nicht aussprechen mochte, bereitete ihm Magenschmerzen. Er fand Becky hübsch, ja, auf merkwürdige Art und Weise fühlte er sich sogar zu ihr hingezogen, aber … Nein, das alles war falsch und konnte unmöglich sein!

Becky betrachtete ihn eine Weile aufmerksam und trat dann dicht an ihn heran. »Wir hatten Sex, ja. Wilden, hemmungslosen Sex.«

Verdammt. Jacob spürte, wie sein Herz einen Schlag aussetzte. Schwer atmend schloss er die Augen und fuhr sich mit der Hand über die Lider. Das konnte, das durfte nicht wahr sein! Er hatte schon oft Sex gehabt, zu oft vermutlich, aber das hier … das war einfach nicht richtig!

Noch während er überlegte, was er jetzt tun oder sagen sollte, spürte er, dass Beckys Gesicht noch näher an seines heranrückte. »Der Sex war so wild, dass …« Vielsagend hielt sie die Luft an.

Vorsichtig öffnete Jacob die Augen und schluckte. »Dass was …?«

»Dass dir sogar ein Tigerfell gewachsen ist!«, platzte es plötzlich aus Becky heraus. Jetzt brach sie in schallendes Gelächter aus.

»Ein Tigerfell …?« Jacob starrte sie verstört an, aber Becky machte bereits auf dem Absatz kehrt und verschwand lachend in der Küche.

Verunsichert stolperte er hinter ihr her. »Wir hatten

gar keinen Sex, oder? Das war nur ein Scherz!«, forschte er, während sie den Kühlschrank öffnete und ihren Kopf hineinsteckte.

»Denkst du ernsthaft, eine wie ich würde mit einem wie dir in die Kiste springen?«

Eine wie sie mit einem wie ihm? Fassungslos sah Jacob zu, wie sie sich mit einem Glas Marmelade an den Küchentisch setzte, die Papiertüte aufriss und sich ein Croissant schnappte. Jedes Mal, wenn sie das Gebäck in die Konfitüre tauchte, grinste sie noch ein bisschen breiter.

Jacob wusste nicht, was er sagen sollte – und schlimmer noch: Er wusste nicht einmal, was er fühlen sollte. Sie hatten keinen Sex gehabt, und das war definitiv gut. Aber warum fand sie den Gedanken derart abwegig? Viele Frauen träumten davon, ihm näherzukommen, immerhin sah er nicht schlecht aus, hatte Witz und meistens sogar Charme. Aber so wie Becky jetzt reagierte, hatte er das Gefühl, als hätte er den Sexappeal einer Klobürste – und das störte ihn!

Trotzig setzte er sich ihr gegenüber an den Tisch und griff in die Brötchentüte. »Du weißt schon, dass die Marmelade anfängt zu schimmeln, wenn du immer mit dem Croissant reingehst?«

»Oha«, erwiderte Becky und fuhr sich mit der Zunge über die Unterlippe. »Du bist ja ein echter Gefahrensucher.« Demonstrativ tauchte sie ihr Croissant ein weiteres Mal in das Marmeladenglas.

Jacob runzelte die Stirn und fuhr entschlossen mit seinem eigenen Croissant in die Konfitüre. »Warum hatte ich keine Klamotten an?«, fragte er mit vollem Mund und blickte sie dabei unbeirrt an.

Becky zuckte mit den Achseln. »Keine Ahnung. Als ich ins Bett gegangen bin, warst du noch vollständig bekleidet.« Verschwörerisch beugte sie sich zu ihm über den Tisch. »Aber vielleicht fragst du mal die Katze. Die hat dich gestern schon so lüstern angestarrt, du Tiger.« Sie zwinkerte ihm zu und schob sich das letzte Stück Croissant in den Mund. Dann rieb sie sich die Finger an ihrem Shirt ab und verschwand grinsend im Flur.

Missmutig legte Jacob sein Croissant zurück in die Tüte. Diese Frau war einfach zu viel für ihn. Er sollte schleunigst aus dieser Wohnung verschwinden und ihr in Zukunft aus dem Weg gehen.

Doch leider hatte Becky bereits andere Pläne für ihn. Jedenfalls streckte sie im nächsten Moment ihren Lockenkopf wieder zur Küchentür herein und grinste ihn an. »Bist du so weit?«

»So weit wofür?«, murmelte Jacob, bereute aber umgehend, dass er überhaupt gefragt hatte.

»Wir gehen jetzt rüber zu dir!«

Jacob verzog den Mund zu einem zynischen Lächeln. »Klar! Damit wir wieder *wilden Sex* haben können, oder was?«

Diesmal hob Becky nur die linke Augenbraue und

lächelte ihn mitleidig an. »Träum ruhig weiter, mein Freund. Ich repariere in der Zwischenzeit dein Telefon!« Dann warf sie sich den Werkzeugbeutel über die Schulter und verschwand in Richtung Wohnungstür.

Eine ganze Weile beobachtete Jacob schweigend, wie sie an seiner Telefonbox herumhantierte. Natürlich fragte er sich, warum er sie überhaupt hereingelassen hatte, nach all den Gemeinheiten. Weil er darauf nicht so einfach eine Antwort fand, ließ er das Grübeln schließlich sein.

»Du musst das nicht tun«, sagte er stattdessen nur.

»Weiß ich«, antwortete Becky, ohne sich zu ihm umzudrehen. »Weil ich nämlich gar nichts machen muss! Ich bin ein freier Mensch.«

»Und was ist mit Lupi?«

»Was soll mit Lupi schon sein?«, fragte Becky unbekümmert, während sie eine Rolle Klebeband aus dem Beutel zog.

»Du bist nicht so frei, wie du behauptest«, erwiderte Jacob selbstsicher. »Du bist ihre Mutter, deshalb trägst du Verantwortung für sie.«

Becky lachte auf, drehte sich aber noch immer nicht zu ihm um. »Hat dir das deine Frau beigebracht?«

»Das musste mir keiner beibringen«, erklärte Jacob und wunderte sich selbst über seine Entschlossenheit. »Jeder, der ein Kind in die Welt setzt, weiß doch, dass es fortan keine wichtigere Aufgabe gibt, als für das Kind zu sorgen.«

Becky hielt inne und ließ den Schraubenzieher sinken. Wie in Zeitlupe drehte sie sich zu ihm um. »Ich sorge für Lupi, kapiert?« Ihr Blick hatte auf einmal nichts Amüsiertes mehr. Die Heiterkeit von heute Morgen war wie weggeblasen.

Jacob zögerte. »Und warum habt ihr dann keine eigene Wohnung?«

Becky kniff die Augen zusammen. »Ich habe doch gesagt, wir suchen noch!«

Jacob verschränkte die Arme vor der Brust und schnaubte. »Das kannst du dieser dämlichen Pflegekatze erzählen, aber mir nicht.«

Langsam erhob Becky sich aus der Hocke und ließ ihn dabei nicht aus den Augen. »Willst du etwa sagen, ich lüge?«

Jacob merkte, dass er auf diese Frage keine eindeutige Antwort hatte. Er hatte sie nicht als Lügnerin entlarven wollen, vielmehr wollte er sie aus der Reserve locken und sich über ihre Überheblichkeit hinwegsetzen. Aber jetzt nahm dieses Gespräch irgendwie eine unerwartete Wendung.

»Ich will gar nichts«, murmelte er. »Ich frage mich nur, ob du … ob Lupi …«

»Lass Lupi da raus!«, zischte Becky und wandte sich wieder der Telefonbox zu.

»Das würde ich gerne«, gab Jacob zu. »Aber sie hat leider einen Stein durch mein Fenster geschmissen und ist in mein Leben eingestiegen! Und dann ist da noch diese lächerliche Sache mit Gott!«

Statt einer Antwort stieß Becky ein Schnauben aus, das wohl ein Lachen sein sollte.

»Was ist daran so witzig?«, fragte Jacob verärgert.

»Dass du dir Märchen aufbinden lässt – von einem achtjährigen Mädchen!«

»Märchen?« Jetzt verstand Jacob gar nichts mehr.

»Der dämliche Anhänger!« Becky schraubte heftig an der Box herum. »*Wende dich an Gott, und er wird dir ein Wunder schenken!* Wenn ich gewusst hätte, was der Spruch bedeutet und was das Ding auslöst, hätte ich es ihr nie gekauft!«

Jacob runzelte die Stirn. »Gekauft? Aber … sie hat den Anhänger von ihrem Vater.«

Becky hielt abrupt inne. Einen Augenblick verharrte sie, als wäre sie zu Stein erstarrt, doch dann kam sie zurück auf die Beine und legte ihr Werkzeug weg.

»Jetzt müsste es wieder funktionieren«, murmelte sie, ohne Jacob dabei anzusehen.

Jacob aber interessierte sich nicht für das Telefon. Auf einmal drängte sich ihm etwas ganz anderes in den Sinn. »Lupis Anhänger ist gar nicht von ihrem Vater, stimmt's?«

Becky ignorierte ihn. Stattdessen griff sie nach dem Telefonhörer und drückte auf eine der Tasten.

Jacob machte zwei Schritte auf sie zu und packte ihr

Handgelenk, aber sie schüttelte ihn ab. »Pass doch auf, meine Schulter!«

Jacob spürte, dass er mit seiner Vermutung voll ins Schwarze getroffen hatte. »Sie glaubt, das Ding ist von ihrem Vater, verdammt!«

»Na und?«, erwiderte Becky schnippisch. »Kinder glauben so einiges.«

»Aber dieser Anhänger ist ihr Ein und Alles, sie glaubt daran!«, warf Jacob ihr wütend vor. »Und du hast sie all die Jahre belogen?«

Becky presste die Lippen zusammen. »Denkst du, ich hätte das getan, wenn die Wahrheit nicht noch viel verletzender wäre als eine Lüge?«

Die Wahrheit? Jacob blickte sie derart eindringlich an, dass Becky schließlich nachgab. »Er wollte sie nicht«, sagte sie und wandte den Blick ab. »Die Sache zwischen ihm und mir war nur ein Ausrutscher.«

»Ein Ausrutscher?«

»Er war ein hohes Tier an der Uni und hatte schon eine Familie. Da war kein Platz mehr für uns!«, fuhr Becky ihn an, als wäre nicht sie diejenige, die etwas falsch gemacht hatte, sondern er. »Also hat er mir Geld gegeben, damit ich sie wegmachen lasse. Aber ich konnte das nicht.« Ihre Stimme wurde leiser. »Deshalb bin ich weggegangen und habe alles hinter mir gelassen.«

Jacob starrte sie sprachlos an. »Aber du hast ihr erzählt, er sei Spanier!«

Erschöpft lehnte Becky sich an die Wand. »Sie hat ständig gefragt, und dann habe ich diese Kette auf dem Flohmarkt gefunden. Ich dachte, es wäre einfacher für sie, an irgendetwas zu glauben, als die Wahrheit zu ertragen. Ich hatte ja keine Ahnung, was dieser Spruch bedeutet und was sie daraus machen würde.«

Jacob konnte nicht glauben, was er hier hörte. Becky hatte ihre Tochter jahrelang belogen!

Wende dich an Gott, und er wird dir ein Wunder schenken. Auf einmal ergab alles Sinn! Lupi glaubte an Gott, weil sie an ihren Vater glaubte, einen Vater, den es in Wirklichkeit nie gegeben hatte.

»Du musst es ihr sagen«, murmelte Jacob. Mit Beckys Lüge kam plötzlich all das in ihm hoch, was er viele Jahre verdrängt hatte. Siebzehn Jahre lastete dieser Schmerz nun schon auf seiner Brust. Er hatte ihn unterdrückt, so gut es ging, hatte sich mit dem Leben abgelenkt und seinen Vater und Carla ausgeschlossen, aber jetzt ging es nicht mehr. Aber wenn er auch für sich selber nichts mehr ändern konnte, für die Kleine war es noch nicht zu spät. »Du musst Lupi die Wahrheit sagen.«

Becky schüttelte den Kopf. »Auf keinen Fall! Wie willst du das beurteilen? Du kennst mich nicht, und Lupi kennst du auch nicht.«

»Ich kenne sie gut genug, um zu wissen, dass sie es nicht verdient hat, so belogen zu werden.« Entschlossen funkelte er sie an. Becky hielt seinem Blick stand und öffnete den

Mund, um etwas zu erwidern, aber in diesem Moment hörten sie eine Stimme.

»Jacob, bist du das?«

Die Stimme klang fern und leise, aber Jacob erkannte sie sofort.

»Jacob? Wir versuchen schon seit Tagen, dich zu erreichen! Ich stand vor deiner Tür, aber … Bitte sag doch etwas! Geht es dir gut?«

Elisabeth! Das war eindeutig Sarahs Mutter!

Entsetzt wanderte Jacobs Blick zum Telefonhörer, den Becky noch immer in der Hand hielt. Sie musste bei ihrem Testanruf die Eins gewählt haben, die Kurzwahltaste, unter der die Nummer von Sarahs Eltern gespeichert war. Auch Becky blickte verwundert auf den Hörer. Doch als sie ihn langsam ans Ohr hob, riss Jacob ihn ihr aus der Hand und knallte ihn hektisch zurück auf die Station.

»Spinnst du? Du … du kannst doch nicht einfach jemanden anrufen!«, stotterte er.

Becky zuckte zusammen und sah ihn verblüfft an. »Wer war das?«

»Niemand!«, blaffte Jacob und rieb sich nervös übers Gesicht.

»Du reagierst aber nicht, als wäre es niemand«, stellte sie nüchtern fest.

Jacob spürte, dass sich sein Herzschlag beschleunigte. Er konnte jetzt schweigen oder lügen – aber hatte er nicht gerade erst versucht, Becky vom Wert der Ehrlichkeit zu überzeugen? »Du hast Sarahs Eltern angerufen, okay? Und ich will nicht mit ihnen reden.«

Überrascht sah Becky ihn an. »Sie wollen offenbar nur wissen, wie es dir geht.«

»Ich will eben nicht, verdammt!«, stieß er hervor. Eigentlich hatte er nicht vor, wütend zu werden. Warum musste sie ihn derart in die Ecke drängen? »Ich will sie nicht sprechen und nicht sehen, und ich will ihnen auch nichts erklären! Könnt ihr alle das nicht einfach akzeptieren?«

Becky musterte ihn einen Moment lang verwundert. Dann schlich sich plötzlich ein seltsamer Ausdruck auf ihr Gesicht. »Du hast sie wirklich betrogen …«

Jacob hielt die Luft an. »Was?«

»Du hast deine Frau betrogen«, stellte sie fest und schüttelte ungläubig den Kopf. »Und deshalb kannst du jetzt nicht mit ihren Eltern reden, richtig?«

»Nein!«, erwiderte Jacob energisch, merkte aber, dass sie ihm nicht glaubte.

Fassungslos stopfte Becky das Werkzeug zurück in den Stoffbeutel und ging zur Wohnungstür. Erst als sie schon fast im Treppenhaus war, drehte sie sich noch einmal zu ihm um. »Wag es ja nicht, mir oder Lupi noch irgendwas von der Wahrheit zu erzählen. Kümmere dich erstmal um deine eigenen beschissenen Lügen.«

Mit einem Knall zog sie die Tür hinter sich ins Schloss.

44

Es fühlte sich seltsam an, dass Rosa hinten auf dem Gepäckträger saß, aber Lupi konnte nicht sagen, ob seltsam fremd oder seltsam gut. Den neuen Rucksack trug sie wie sonst den alten vor der Brust, und Rosa umklammerte den löchrigen Sattel, um nicht vom Rad zu fallen. Lupi gab sich große Mühe, nicht so wild zu fahren, wie ihr Herz schlug, sie mied Kopfsteinpflaster, Kantsteine und Gullydeckel, aber trotzdem hatte sie das Gefühl, dass Rosa ganz schön durchgeschüttelt wurde. Jedenfalls brachte sie auf der ganzen Strecke kein Wort über die Lippen. Erst als die beiden vor dem hellblauen Haus vom Rad stiegen, fand Rosa ihre Sprache wieder.

»Hier wohnst du?«, fragte sie nüchtern, und Lupi war sich nicht sicher, ob es anerkennend oder eher verwundert klang.

Natürlich wohnte sie hier nicht, sie wohnte nirgendwo. Aber sie konnte Rosa ja schlecht in die Wohnung gegenüber mitnehmen, die Wohnung der Ärztin, in der Becky lauerte und Fragen stellen würde. Vielleicht lagen sogar noch die leeren Weinflaschen neben den Pizzakartons auf dem Wohnzimmerteppich. Und deshalb blieb ihr jetzt nichts anderes übrig, als zu nicken. Damit Rosa nicht sah, dass sie dabei rot wurde, bückte sie sich schnell zu ihrem Rad hinab und schloss es am Zaun fest. Sicherlich barg auch Jacobs Wohnung ein gewisses Risiko. Lupi konnte nicht zu hundert Prozent vorhersagen, in welchem Zustand sie gerade war. Außerdem würde Jacob hinterher bestimmt auch Fragen stellen. Aber Beckys Unberechenbarkeit war definitiv die größere Gefahr …

»Wundere dich nicht«, murmelte sie, während sie zügig auf die Haustür zuging und auf den Klingelknopf drückte. »Mein Onkel ist da.«

»Dein Onkel?«

»Er wohnt eine Zeitlang bei uns«, flunkerte Lupi und hoffte, dass Rosa nicht auf den Namen am Klingelschild schaute. Verzweifelt rieb sie an ihrem Anhänger. *Bitte, mach die Tür auf!*, flehte sie innerlich. *Mach! Die! Tür! Auf!*

Doch der Summer blieb stumm und die Haustür verschlossen.

Erst als Lupi ein drittes Mal energisch klingelte, ging die Tür auf. Erleichtert packte sie Rosa am Handgelenk und zog sie ins kühle Treppenhaus. Doch als sie Jacobs finstere Miene sah, verflog ihre Erleichterung schnell wieder. Sie war davon ausgegangen, dass es ihm gut ging, dass er vielleicht einen Kater hatte und Kopfschmerzen, ansonsten aber genauso gute Laune wie gestern Abend – doch damit lag sie offenbar falsch.

»Was willst du?«, fauchte er, verstummte aber, als er bemerkte, dass sie nicht alleine war.

Lupi musste schlucken. Rosa stand hinter ihr, und das bedeutete, es gab keinen Weg zurück.

»Das ist Rosa«, erklärte sie Jacob mit einem hilflosen Lächeln und drückte ihm einen Kuss auf die Wange, als wäre es das Normalste der Welt. »Wir sind verabredet. Ich hoffe, das stört dich nicht.« Ohne seine Antwort abzuwarten, fasste sie Rosa an der Hand und zog sie an Jacob vorbei in die Wohnung.

Jacob schien derart perplex, dass nicht nur sein zorniger Gesichtsausdruck verschwand, sondern ihm auch die Worte fehlten.

Lupi nutzte seine Sprachlosigkeit, um Rosa in den weiteren Verlauf des Nachmittags einzuweihen. »Stell deine Schultasche einfach hier hin«, sagte sie und deutete auf die Wand im Flur, an der sie selbst ihren Rucksack abstellte. »Die Schuhe kannst du anlassen. Wir holen uns nur schnell Geld für ein Eis, und dann können wir ja in den Stadtpark gehen!« Sie stellte sich vor Jacob und streckte ihm auffordernd die Hand entgegen. »Hast du Kleingeld für uns?«

Jacob runzelte verblüfft die Stirn. »Kleingeld?«

Lupi grinste ihn an. »Für ein Eis. Du weißt schon: Dieses kalte Zeug aus Zucker und Sahne, das in Waffeln serviert wird und in der Sonne schmilzt.«

Mit einem Achselzucken blickte sie sich zu Rosa um, die noch immer neben ihrer Schultasche stand und die beiden beobachtete. »Er ist sonst nicht so schwer von

Begriff, aber im Moment ist er stark dehydriert«, erklärte sie. Als sie Rosas verständnislosen Blick bemerkte, verdrehte sie die Augen und fuhr flüsternd fort: »Ausgetrocknet. Vom Durchfall. Auch deshalb ist es besser, wenn wir schnell in den Park verschwinden!«

Während Rosa mitleidig nickte, schnappte Jacob nach Luft. »*Durchfall?*«

Lupi merkte, dass er wieder zu sich kam. Jetzt musste sie schnell sein! Sie konnte nicht riskieren, dass er ihr auf den letzten Metern noch die ganze Show vermasselte. Hastig tat sie einen Schritt auf die Garderobe zu und schob die Hand in Jacobs Jackentasche.

Bingo! Da war seine Geldbörse!

Ohne ihn eines weiteren Blickes zu würdigen, öffnete sie das Portemonnaie und fischte sich einen Zehn-Euro-Schein aus dem hinteren Fach. »Ich würde dir ja ein Eis mitbringen, aber ich fürchte, das verträgt sich nicht mit deinem Infekt, Onkel Jacob.«

»Onkel Jacob …?«, wiederholte er ungläubig.

Eilig schob Lupi Rosa ins Treppenhaus hinaus. Doch bevor sie die Tür hinter sich ins Schloss ziehen konnte, spürte sie plötzlich Jacobs Hand an ihrem Unterarm.

»Moment!«

Mist! Lupi schloss langsam die Augen und zählte bis drei, bevor sie sie wieder öffnete. Doch auch jetzt hielt Jacob sie noch fest in seinem Griff und starrte sie erwartungsvoll an. »Was soll das?«

Lupi musste schlucken. »Ich … wir …«, begann sie zu stammeln, merkte aber schnell, dass sie gar nicht wusste, was sie überhaupt sagen sollte. Wie sollte sie ihm das alles erklären, ohne vor Rosa als Lügnerin dazustehen? Flehend sah sie Jacob an, bat ihn stumm, sie loszulassen und keine Fragen mehr zu stellen, aber er wirkte seltsam hartnäckig. Erst als ihre Hand hilflos zu ihrer Kette wanderte und den Anhänger umklammerte, erschien plötzlich ein überraschter, beinahe milder Ausdruck auf seinem Gesicht.

Er räusperte sich und blickte von Lupi zu Rosa und wieder zurück. »Du … hast ihr ja nicht mal was zu trinken angeboten.«

»Zu trinken?« Lupi blinzelte ihn verblüfft an.

Jacob nickte. »Es ist warm, sie hat doch sicher Durst.«

Was war denn das jetzt wieder? Eben noch hatte Jacob ausgesehen, als würde er unter der Zimmerdecke explodieren wie ein Silvesterkracher – und jetzt lud er Rosa auf ein Getränk ein?

Lupi wollte gerade dankend ablehnen, da hörte sie Rosas Stimme in ihrem Rücken. »Was zu trinken wäre toll!« Und dann spazierte sie auch schon an Lupi vorbei zurück in die Wohnung.

Während Rosa wortlos an einem Glas Apfelschorle nippte, musterte Jacob sie aufmerksam. Lupi hielt die Luft an. Irgendetwas stimmte hier nicht. Am liebsten hätte sie ihre

Klassenkameradin sofort am Arm gepackt und aus der Wohnung gezogen, aber da fing Jacob schon an zu reden.

»Du bist also Lupis Freundin?«

Lupi beschlich ein ungutes Gefühl. Sollte das etwa ein Verhör werden?

Rosa nickte ahnungslos. »Wir gehen in dieselbe Klasse.«

Jacob lächelte. »Das ist schön. Lupi bringt nicht so oft Freunde aus der Schule mit nach Hause.«

Wie bitte? Lupi warf ihm einen finsteren Blick zu. Wollte er sich jetzt ernsthaft in ihre Schulangelegenheiten einmischen?

»Genau genommen …« Rosa presste gequält die Lippen zusammen und schaute unsicher auf ihr Glas.

»Genau genommen was?«, hakte Jacob nach.

Da hielt Lupi es nicht länger aus. »Genau genommen müssen wir jetzt gehen!« Auffordernd sah sie Rosa an, doch die blickte schnell zu Jacob.

»Lupi hat nicht so viele Freunde. Aber das liegt nur daran, dass sich die meisten Kinder vor Vincent fürchten!«

»Vincent?« Jacob runzelte verständnislos die Stirn.

So ein Mist! Das hier musste aufhören, und zwar schnell! Lupi wollte etwas sagen, aber plötzlich schlug ihr Herz so heftig, dass sie kaum atmen konnte. Ihr Gesicht glühte, als hätte sie einen heftigen Sonnenbrand. Sie schüttelte hilflos den Kopf und hoffte, jede weitere Diskussion damit im Keim zu ersticken, aber vergebens: Rosa fuhr bereits unbekümmert fort.

»Er hasst Lupi! Und er lässt keine Gelegenheit aus, sie zu quälen.«

»Wie bitte?« Jetzt konnte Jacob seine Fassungslosigkeit nicht mehr verbergen. Lupi spürte, wie sein fragender Blick auf ihrem Gesicht ruhte.

»Rosa übertreibt ein bisschen …«, murmelte sie und bemühte sich dabei zu lächeln, aber Jacobs Gesichtsausdruck verriet ihr, dass es nicht überzeugend war.

»Ich übertreibe?« Rosa starrte sie irritiert an und wandte sich dann wieder an Jacob. »Er hat ihre Brille kaputt gemacht, ihr die Haare abgeschnitten und lauert ihr ständig bei ihrem kaputten Fahrrad auf! Und außerdem wird erzählt, er hätte auf ihren Rucksack gepinkelt!«

»Was?« Jacobs Stimme klang beinahe schrill vor Empörung. Erwartungsvoll funkelte er Lupi an.

Nein, das durfte nicht wahr sein! Lupi krallte sich an ihrem Stuhl fest und schloss die Augen. Sie musste Jacob ablenken, irgendwie musste sie das Gespräch in eine andere Richtung bringen!

»Mein Fahrrad ist nicht kaputt, sondern nur ein bisschen zu groß«, sagte sie trotzig, doch Jacob ignorierte ihre Worte einfach und wandte sich wieder an Rosa. »Dieser Vincent hat auf ihren Rucksack gepinkelt – ihren *neuen* Rucksack?«

Rosa schüttelte den Kopf. »Nein, auf den alten. Deshalb hab ich Lupi ja den neuen geschenkt.«

Lupi schnappte nach Luft. »Der Rucksack ist von dir?«

Rosa zuckte entschuldigend mit den Schultern. »Du kamst hinterher irgendwann mit dieser Plastiktüte in die Schule. Ich fand das nicht gerecht! Man darf Jungs wie Vincent niemals das Gefühl geben, dass sie gewonnen haben.«

Lupi konnte es nicht fassen. Der Rucksack kam von Rosa! Plötzlich drehte sich alles um sie herum. Sie hatte keine Ahnung, was sie sagen sollte. Das hier war einfach zu viel!

»Könntest du uns vielleicht einen Moment alleine lassen?«, sagte Jacob unvermittelt, und Lupi brauchte einen Augenblick, bis sie verstand, dass er Rosa meinte.

»Klar, ich wollte sowieso gerade aufs Klo.« Rosa stellte ihr Glas ab und deutete auf den Flur. »Die Tür vorne links, richtig?«

Jacob nickte und wartete, bis Rosa im Bad verschwunden war, dann sah er Lupi erwartungsvoll an. »Stimmt das, was sie sagt?«

Lupi ließ die Schultern sinken. »Sie übertreibt. Vincent … spielt einfach nur gern Streiche.«

»Streiche?« Jacobs Stimme wurde lauter. »Der Kerl hat deine Brille kaputt gemacht und auf deinen Rucksack gepinkelt! Das sind keine Streiche mehr, das ist bitterer Ernst!«

Bitterer Ernst? Lupi konnte sich ein lautes Schnauben nicht verkneifen. Trotzig lehnte sie sich auf dem Stuhl zurück und verschränkte die Arme vor der Brust. »Das ist meine Sache, halt dich einfach da raus!«

Jacob musterte sie konzentriert. »Weiß deine Mutter davon?«

Becky? Lupi zuckte unwillkürlich zusammen. »Sie weiß von der Sache mit den Haaren.«

»Und den Rest?«

Lupi stöhnte auf. Das wurde ja immer schlimmer. Nicht nur, dass Jacob jetzt von Vincent wusste, nein, er brachte auch noch ihre Mutter ins Spiel! Was hatte sie sich nur dabei gedacht, mit Rosa herzukommen?

»Du musst es ihr sagen, Lupi!« Jacob beugte sich zu ihr vor und sah ihr direkt in die Augen.

»Das geht nicht!« Energisch schüttelte sie den Kopf. »Du kennst Becky doch!«

»Sie wird schon nicht gleich ihr Pfefferspray zücken«, zischte Jacob. »Aber das mit Vincent muss aufhören, verstehst du? Solche Dinge darf er nicht mit dir machen!«

Lupi schüttelte sprachlos den Kopf. Auf einen Schlag war sie müde, unfassbar müde. Resigniert ließ sie die Schultern hängen. »Du hast doch keine Ahnung, wie mein Leben wirklich ist …«

»Du erzählst mir ja nichts davon!«, warf Jacob ihr wütend an den Kopf.

Lupi starrte ihn wortlos an. Meinte er das wirklich ernst? War er denn blind, dass er nicht sah, wie ihr Leben war?

»Über manche Dinge muss man nicht reden«, flüsterte sie erschöpft, stand auf und stellte ihr leeres Glas in die

Spüle. »Es würde reichen, wenn der andere genau hinsieht, um sie zu verstehen.«

»Kommen wir denn nicht wieder her?«, fragte Rosa verwundert, als Lupi sie vor dem Badezimmer abfing und ihr ihre Schultasche in die Hand drückte.

»Mein Onkel muss noch arbeiten«, log sie und fühlte sich nicht einmal mehr schlecht dabei. »Ich gehe nachher zu meiner Oma und mache dort meine Hausaufgaben, deshalb nehme ich meinen Rucksack auch gleich mit.«

Rosa nickte und fragte nicht weiter.

Eine Weile gingen die Mädchen schweigend nebeneinanderher. »Du bist mir doch nicht böse, oder?«, unterbrach Rosa schließlich die Stille. »Wegen der Sache mit dem Rucksack und mit Vincent?«

Lupi zögerte. Sie konnte ihr die ganze Geschichte einfach nicht übelnehmen. »Danke«, murmelte sie leise.

Rosa runzelte verwundert die Stirn.

»Dafür, dass du nicht widersprochen hast, als ich behauptet habe, du wärst meine Freundin«, flüsterte Lupi.

Rosa blieb verblüfft stehen, dann breitete sich ein freches Grinsen auf ihrem Gesicht aus. »Wäre ja schön blöd, das abzustreiten – schließlich wollte ich noch das Eis einstreichen, bevor wir wieder auseinandergehen!«

Noch nie hatte Lupi ein Eis so sehr genossen, aber das lag wohl eher an Rosa als an der Süßspeise selbst. Rosas

Lachen war ansteckend, und während sie mit ihr zusammen war, hatte Lupi keine Chance, weiter über ihre Sorgen nachzugrübeln.

Das Beste war aber, dass sie überhaupt keine Fragen stellte. Lupi hatte damit gerechnet, dass sie noch weiterbohren und ihre Nase in Dinge stecken würde, die Lupi selbst nur schwer erklären konnte, aber diese Sorge erwies sich als unbegründet. Sie spazierten fröhlich nebeneinanderher, lachten über zwei Tauben, die sich um eine Brötchenhälfte stritten, und machten schließlich den großen Spielplatz im Stadtpark zusammen unsicher. Lupi hatte befürchtet, dass Rosa Spielplätze albern fand, aber das Gegenteil war der Fall. Sie quiekte wie ein Meerschweinchen, als sie mit Lupi um die Wette schaukelte, und sie kreisten so lange und so wild auf der Drehscheibe, dass sie schließlich über den Rand kugelten und glucksend im Sand landeten.

Vor Lupis Augen schwirrten kleine Sterne, und in ihrem Magen breitete sich plötzlich ein warmes Gefühl aus. So etwas hatte sie schon ewig nicht mehr gemacht! Das letzte Mal, dass sie einen Spielplatz besucht hatte, lag mindestens zwei Jahre zurück, wenn nicht sogar drei. Sie hatte vergessen, wie viel Spaß es machte, ein Kind zu sein, ein ganz normales Kind, und jetzt fühlte es sich einfach nur schön an.

Aber natürlich wusste Lupi, dass das hier keineswegs normal war. Es war eine Ausnahme. Bald schon würde alles vorbei sein, und dann würde ihr alles so unwirklich vorkommen wie ein Traum, an den man sich nur halb erinnert. Sie durfte sich keine falschen Hoffnungen machen: Rosa würde irgendwann nach Hause gehen, und dann wäre alles wieder genauso wie zuvor.

Tatsächlich piepte irgendwann ein Handy in Rosas Rucksack, und als sie einen flüchtigen Blick darauf warf, verzog sie das Gesicht. »Meine Mama will, dass ich nach Hause komme.« Sie verdrehte genervt die Augen, und Lupi nickte, als wüsste sie genau, wovon Rosa sprach.

»Ist doch schön. Ihr wollt sicher gemeinsam zu Abend essen.«

»Schön?« Rosa lachte auf, aber es klang eher traurig als heiter. »Seit Papa seine neue Freundin hat, ist gar nichts mehr schön bei uns.«

Lupi zuckte zusammen. Rosas Vater hatte eine Freundin? Das passte überhaupt nicht in das Bild, das sie sich von der Umgebung ihrer Mitschülerin gemacht hatte. In ihrem Kopf war Rosas Leben perfekt, ein wohlig warmes Familienglück, umhüllt vom süßen Zuckerduft der Weingummifabrik. Aber Rosa sah jetzt aus, als hätte sie in eine bittere Praline gebissen. Seufzend hob sie ihren Rucksack vom Boden auf und klopfte sich den Sand von den Knien. »Viel Spaß bei deiner Oma.«

»Was?« Irritiert runzelte Lupi die Stirn.

Rosa blinzelte sie an. »Du hast gesagt, du gehst zu deiner Oma. Wegen der Hausaufgaben.«

»Richtig.« Lupi räusperte sich. »Die Hausaufgaben …«

»Du hast echt Glück. Die Einzige, die mir bei irgendwas helfen würde, ist unser Kindermädchen Ebba. Und die ist ungefähr so nett wie Bauchschmerzen.« Rosa seufzte. Dann nickte sie ihr zum Abschied zu und ging in Richtung Bushaltestelle davon.

Lupi sah ihr nachdenklich hinterher. Eine ganze Weile konnte sie sich nicht von der Stelle bewegen, und auch das Denken fiel ihr schwer, weil in ihrem Kopf alles durcheinanderwirbelte.

Rosas Leben war nicht perfekt.

Diese Erkenntnis brachte alles ins Wanken, was sie bisher über ihre Mitschülerin gedacht hatte – aber auf der anderen Seite schenkte sie ihr auch ein wenig Hoffnung. Wenn Rosas Leben nicht so hell und freundlich war, wie sie es erwartet hatte, dann war ihr eigenes Leben vielleicht auch nicht ganz so schwarz.

45

Seit Stunden lag er nun schon auf der Couch und versuchte vergeblich, etwas Ordnung in seine Gedanken zu bringen. Die Erkenntnisse des Tages schienen es praktisch unmöglich zu machen. Es war einfach zu viel passiert, und Jacob hatte Schwierigkeiten, die Informationen zu sortieren und seine Position dazu zu finden. Stöhnend richtete er sich auf.

Becky hatte Lupi belogen, und Lupi hatte kein Wort davon gesagt, dass sie in der Schule schikaniert wurde. Jacob wusste nicht, was er schlimmer finden sollte.

Sein Blick fiel auf das Foto seiner Familie, das er an die Wand geklebt hatte. Jetzt, wo er sich selbst der Wahrheit gestellt hatte, konnte er Lügen einfach nicht mehr ertragen. Lupi sollte so nicht aufwachsen, niemand sollte das. Sie musste die Wahrheit erfahren, sie hatte ein Recht darauf, auch wenn es zuerst vielleicht wehtat!

Entschlossen hob Jacob den Kopf, und dabei blieb sein Blick wieder an dem Foto neben dem Aquarium hängen. Jimmys unschuldiger Blick bohrte sich wie eine Pfeilspitze in sein Herz.

Die Wahrheit …

Mit einem Mal wich alle Entschlossenheit von ihm.

War er selbst denn vollkommen ehrlich? Zu sich und zu allen anderen? In den letzten Tagen hatte Jacob einige Wahrheiten erkannt, das stimmte. Aber Becky hatte recht: Noch immer lasteten unzählige Lügen auf seinem Gewissen.

Obwohl er spürte, wie Tränen in seine Augen stiegen und er beinahe den Mut verlor, ging er auf den Flur und nahm sich das Telefon. Bevor er es sich anders überlegen konnte, hatte er den Finger bereits auf die Taste gelegt. Seine Hand zitterte, als er den Hörer an sein Ohr hielt.

»Jacob?« hörte er gleich darauf ihre Stimme, etwas müde, aber klar.

»Elisabeth ...« Jacob schluckte, seine Kehle war wie ausgetrocknet.

Seine Schwiegermutter schwieg am anderen Ende der Leitung, als würde sie mit angehaltenem Atem darauf warten, dass er wieder auflegte.

Jacob wollte etwas sagen, aber er konnte nicht. Warum hatte er überhaupt angerufen?

»Wie geht es dir?« Elisabeth hätte jeden Grund gehabt, wütend auf ihn zu sein, aber ihre Stimme klang warm und liebevoll wie immer.

Jacob räusperte sich. »Nicht besonders gut, ich ...« Es ging nicht, er konnte nicht mit ihr reden.

»Ich freu mich, dass du anrufst – auch wenn die Uhrzeit ungewöhnlich ist«, flüsterte Elisabeth, und Jacob hatte das Gefühl, dass sie dabei lächelte. »Wir schlagen uns so durch die Tage. Wilhelm hat das alles sehr mitgenommen. Sarah war seine Lieblingstochter – was ja kein Wunder ist, wenn man nur eine hat.« Elisabeth lachte leise, aber Jacob merkte, dass es ihr schwerfiel. »Auf jeden Fall …« Sie holte Luft. »Es hilft, die Beerdigung zu planen. Man fühlt sich nicht mehr ganz so überflüssig.« Plötzlich klang sie so erschöpft, als läge eine zentnerschwere Last auf ihren Schultern. Sie hatte das alles nicht verdient. Wenn es jemanden gab, der das alles unter keinen Umständen verdient hatte, dann sie.

»Es tut mir leid …«, murmelte Jacob und war sich nicht sicher, ob er zu leise gesprochen hatte, aber offenbar hatte Elisabeth ihn verstanden.

»Was tut dir leid?«

Plötzlich begann sich alles um ihn herum zu drehen. Was ihm leidtat? Unzählige Erinnerungen stürmten auf ihn ein. Es gab so vieles, was ihm leidtat, und so wenig, was er richtig gemacht hatte in all den Jahren. Jacob spürte, wie sich sein Magen zusammenzog und sein Atem schneller ging.

»Tut mir leid, dass ich dich geweckt habe«, sagte er schnell und legte den Hörer zurück auf die Station, bevor ihn Schmerz und Trauer überwältigten. Schwer atmend sackte er auf dem Boden zusammen. Was hatte er sich nur dabei gedacht, Elisabeth anzurufen? Er konnte keine Abbitte tun, dafür war seine Schuld zu groß.

Während er schluchzend auf dem Boden lag, fiel sein

tränenverschleierter Blick auf Jimmys Turnschuhe an der Garderobe. Wie oft hatte Jimmy ihn gebeten, mit ihm draußen im Garten zu spielen, aber Jacob hatte ihn jedes Mal auf den nächsten Tag vertröstet. Traurig nahm er einen der beiden kleinen Schuhe in die Hand.

Auf einmal schoss ihm ein Gedanke durch den Kopf. Für Jimmy gab es kein Morgen mehr, und egal wie sehr Jacob es sich auch wünschte, er konnte nichts mehr für ihn tun. Aber es gab ein Kind in seiner Umgebung, das noch eine Zukunft hatte. Und mit einem Mal war er fest entschlossen, dieses Kind damit nicht alleine zu lassen.

46

Rosa kam am nächsten Tag nicht in die Schule, und Lupi war fast ein bisschen erleichtert. Sie hatte die ganze Nacht gegrübelt, wie Rosa sich wohl ihr gegenüber verhalten würde. Würde sie jetzt zu ihr stehen oder sie wieder nur ignorieren? Lupi war sich nicht sicher, welche Variante sie besser fand.

Aber Lupi spürte, dass etwas Seltsames in der Luft lag, nicht nur hier in der Schule, sondern auch zu Hause.

Als sie gestern aus dem Stadtpark zurückgekommen war, hatte Becky denkbar schlechte Laune gehabt, und Lupi hatte sich gefragt, ob zwischen ihr und Jacob etwas vorgefallen war. Eine Antwort darauf hatte sie natürlich nicht bekommen. Stattdessen war Becky irgendwann wortlos verschwunden und erst spät in der Nacht zurückgekehrt. Außerdem hatte Lupi festgestellt, dass sie die Katze den ganzen Tag nicht gefüttert hatte, und dieses Verhalten gefiel ihr überhaupt nicht …

Auch Vincent verhielt sich seltsam. Er würdigte sie den ganzen Vormittag keines Blickes, und das machte Lupi nervös. Er hatte Rache angekündigt, und dass jetzt nichts passierte, verunsicherte sie mehr als alles andere. Vorsichtshalber blieb sie immer dort, wo sich noch viele andere Kinder und Lehrer aufhielten. Aber als es zum Schulschluss klingelte, befand sie sich in der Zwickmühle. Vincent und seine Freunde verließen Hals über Kopf das Klassenzimmer, und Lupi bildete sich ein, dass sie einander vorher heimlich zunickten. Sie würden ihr sicher hinter der Turnhalle bei ihrem Fahrrad auflauern!

Einen Moment blieb Lupi reglos im leeren Klassenzimmer zurück. Natürlich konnte sie zu Fuß nach Hause gehen – aber das wäre keine Lösung, sondern nur ein Aufschub. Vincent würde keine Ruhe geben, bevor er ihr eine Abreibung verpasst hatte, also konnte sie sich das Wegducken sparen und die Sache einfach jetzt gleich hinter sich bringen.

Mit einem Seufzen schwang sie sich den neuen Rucksack über die Schulter und ging hinaus. Draußen auf dem Schulhof schien die Sonne so hell, dass Lupi die Augen zusammenkneifen musste und das, was sie sah, zuerst für Einbildung hielt. Doch als sie genauer hinschaute, stellte sie verblüfft fest, dass sie nicht träumte: Neben dem Schultor stand Jacob und winkte ihr fröhlich zu.

Lupi war so perplex, dass sie sich keinen Zentimeter vom Fleck bewegte. Als Jacob klar wurde, dass sie nicht auf ihn zukommen würde, setzte er sich selbst in Bewegung und kam mit federnden Schritten auf sie zu. Neben sich her schob er ein Fahrrad.

»Ich dachte schon, ich hätte dich verpasst.« Strahlend nahm er Lupi den Rucksack ab, um ihn im Fahrradkorb zu verstauen. Von seiner schlechten Laune am Vortag war nichts mehr zu spüren. Lupi allerdings fühlte sich merkwürdig unwohl.

»Was machst du hier?«, fragte sie misstrauisch.

»Ich hole dich von der Schule ab«, entgegnete er fröhlich.

Plötzlich fiel es Lupi wie Schuppen von den Augen. Mit einem Stöhnen nahm sie sich den Rucksack zurück. Jacob hob verwundert die Augenbrauen.

»Ich weiß, warum du hier bist. Aber das ist nicht nötig. Vincent ist schon weg, und ich habe keine Angst vor ihm!«

Mit einem Grinsen nahm Jacob ihr erneut den Rucksack ab. »Ich bin nicht wegen Vincent hier, sondern deinetwegen.«

»Weil du mich vor ihm beschützen willst!«, gab Lupi gereizt zurück, aber Jacob schüttelte den Kopf.

»Ich will einen Ausflug mit dir machen. Ich gehe davon aus, dass du ohne Stützräder fährst?« Er schob ihr zufrieden das Rad entgegen. Erst jetzt fiel Lupi auf, dass es für ihn selbst zu klein war – und es war offensichtlich nagelneu.

»Was ist das?«

Jacob blickte sie belustigt an. »Die Frage irritiert mich etwas – dafür, dass du sonst alles besser weißt.« Er betätigte heiter die Klingel. »Das ist ein Fahrrad.«

»Aber nicht meins.«

»Jetzt muss ich dich schon wieder korrigieren.« Er klingelte ein zweites Mal. »Ich hab das Ding für dich gekauft.«

Wie bitte? Er hatte ihr ein Fahrrad gekauft? Einfach so? Lupi starrte ihn sprachlos an. »Ich hab schon eins.«

»Aber dieses hier hat die richtige Größe. Und es ist auch nicht kaputt!«

Lupi musste nicht genauer hinsehen, um zu erkennen, dass er recht hatte. Dieses Rad war perfekt. Aber es war eben nicht ihres. »Ich will es nicht«, erklärte sie.

Jacob sah sie verblüfft an. »Wieso nicht?«

»Weil ich keine Geschenke will.«

»Die Brille hast du aber auch angenommen.«

»Weil ich ohne Brille so gut wie blind bin!«, entgegnete sie wütend.

Jacob runzelte die Stirn. »Das ist ungerecht. Den Rucksack von Rosa benutzt du, aber mein Fahrrad willst du nicht.«

»Das ist etwas anderes!« Obwohl sie sich dabei wie ein trotziges Kleinkind vorkam, verschränkte Lupi die Arme vor der Brust.

»Also gut«, gab Jacob schließlich nach und zuckte mit den Schultern. »Dann fahre ich halt mit dem Ding.« Bevor Lupi etwas sagen konnte, schwang er sich auf den niedrigen Sattel und trat in die Pedale. Es sah vollkommen lächerlich aus, wie er da auf dem viel zu kleinen Rad über den Schulhof raste, aber noch peinlicher war, dass er dabei immer wieder klingelte und jauchzte. »Aus dem Weg! Gott fährt Fahrrad!«

»Jacob!« Lupi versuchte, unauffällig hinter ihm herzulaufen, aber es war kaum möglich, keine Aufmerksamkeit zu erregen. Wie ein betrunkenes Huhn schlingerte er zwischen den verbliebenen Schülern hindurch und schien sich nicht bewusst zu sein, in welche Lage er sie damit brachte.

»Jacob! Bleib endlich stehen!«

In diesem Moment blieb er tatsächlich stehen – aber nicht, weil er Lupi gehört hatte, sondern weil er um Haaresbreite in Doktor Dosetier hineingefahren wäre! Der Direktor konnte sich nur mit einem Sprung zur Seite retten, während Jacob mit einem Aufschrei vom Rad fiel.

»Sind Sie verrückt geworden?« Für gewöhnlich bewahrte Herr Dosetier stets die Fassung, aber jetzt wurde er rot wie eine überreife Tomate. »Es ist verboten, auf dem Schulhof Rad zu fahren!«

»Tut mir leid, ich ...« Benommen richtete sich Jacob vom Boden auf und zog das Fahrrad hoch.

»Wer sind Sie überhaupt?«

Jacob zögerte einen Augenblick, dann zeigte er auf Lupi. »Ich bin Lupis Onkel.«

Doktor Dosetier brauchte offenbar einen Moment, bis er die Worte erfasste. Überrascht blickte er von Jacob zu Lupi. »Du hast einen Onkel?«

Lupi schloss die Augen und hoffte, alles um sie herum würde sich einfach in Luft auflösen. Doch als sie die Lider wieder öffnete, war es noch genauso wie zuvor. Seufzend nickte sie.

Auf dem Gesicht des Direktors zeichnete sich ein Lächeln ab. »Warum hast du das der Frau vom Jugendamt denn nicht gesagt?«

»Jugendamt?« Überrascht starrte Jacob den derangierten Schulleiter an, doch bevor dieser noch etwas sagen konnte, hatte Lupi schon Jacobs Hand gepackt und zog ihn samt dem neuen Fahrrad vom Schulhof.

Jacob hatte sein eigenes Rad vor der Schule angeschlossen. Er ließ Lupi keinen Moment aus den Augen, während er sich zum Schloss hinunterbeugte, um es aufzuschließen.

Resigniert ließ Lupi die Schultern hängen. »Wenn ich dein Geschenk annehme, können wir die Sache dann einfach vergessen und nie wieder darüber reden?«

»Verdammt, Lupi, das ist nicht lustig!« Ungehalten wickelte er das Schloss um den Lenker. »Warum war das Jugendamt hier?«

Als sie nicht sofort antwortete, ging er vor ihr in die Hocke und nahm ihre Hände in seine. »Wenn du es mir nicht sagst, rede ich mit deiner Mutter!«

»Nein!« Erschrocken riss Lupi die Augen auf. Er durfte nicht mit Becky über die Sache reden, das würde alles nur schlimmer machen. Sie musste ihm eine Antwort geben, mit der er sich zufriedengab, irgendeine!

»Ich hab … Vincent verprügelt«, murmelte sie schließlich und blickte schuldbewusst auf ihre Schuhe.

»Du hast was?« Mit dieser Antwort hatte Jacob offenbar nicht gerechnet.

»Ich hab ihn verprügelt. Jetzt hat er ein blaues Auge, und seine Braue musste genäht werden.« Trotzig fuhr sie mit der Schuhspitze durch den Kies. »In solchen Fällen schicken sie immer das Jugendamt …« Obwohl das nicht ganz der Wahrheit entsprach, kam es ihr doch am nächsten.

Jacob hielt einen Moment inne. Anscheinend wusste er nicht, wie er mit dieser Information umgehen sollte. Doch dann kicherte er leise.

»Du hast den Kerl verhauen?« Beinahe stolz boxte er Lupi seine Faust in die Seite. »Dann hast du also doch was von deiner Mutter!« Dieser Gedanke schien ihm zu gefallen, Lupi allerdings jagte er einen ordentlichen Schrecken ein. So hatte sie die ganze Sache noch gar nicht gesehen. Konnte es sein, dass Jacob recht hatte – hatte sie Vincent verprügelt, weil sie Becky eben doch ähnlicher war als angenommen?

»Wirst du es Becky sagen?« Unsicher biss sie sich auf die Unterlippe.

Jacob richtete sich grinsend auf. »Ich schweige wie ein Grab. Aber dafür nimmst du mein Geschenk an!«

Lupi betrachtete den glänzenden Fahrradrahmen, die neuen Reifen und die blitzende Klingel. Mit einem theatralischen Seufzen schwang sie sich auf den Sattel und grinste. »Wenn es unbedingt sein muss!«

47

Ihre gute Laune verflog schlagartig, als sie am See von ihren Rädern stiegen. Jacob konnte zusehen, wie ihr Lächeln verschwand und einem Ausdruck von Entsetzen wich.

»Was machen wir hier?«, fragte sie, obwohl er sich sicher war, dass sie seinen Plan längst durchschaut hatte.

»Wir gehen schwimmen.«

Lupis Finger schlossen sich derart fest um den Fahrradlenker, dass ihre Knöchel weiß hervortraten. »Ich kann nicht schwimmen!«, protestierte sie.

»Noch nicht.« Jacob warf ihr den Schlüssel für das neue Fahrradschloss zu, das an ihrem Lenker baumelte. »Ich bring es dir bei.«

Ihr Gesicht war plötzlich kreidebleich. »Aber … ich hab keinen Badeanzug dabei.«

Auch daran hatte er gedacht. Er hatte keine Ahnung gehabt, welche Kleidergröße Lupi trug, aber die nette Verkäuferin im Kaufhaus war ihm behilflich gewesen. Am Ende hatte er sich nur noch für ein Modell entscheiden müssen, und obwohl ihn die Vorstellung von Lupi in einem glitzernden Prinzessinnenbadeanzug amüsierte, hatte er sich schließlich für ein schlichtes Exemplar entschieden, das er jetzt aus dem Beutel zog, der an seiner Lenkstange hing.

»Da hinten gibt es Umkleiden«, erklärte er, während er ihr das schlaffe Stück Stoff in die Hand drückte.

Als Lupi sich auf den Weg machte, fragte er sich kurz, ob sie einfach klammheimlich das Weite suchen würde, aber tatsächlich stand sie wenige Minuten später im Badeanzug vor ihm. Unruhig trat sie von einem Fuß auf den anderen.

»Es ist ganz einfach, du wirst schon sehen.« Aufmunternd winkte er sie ans Ufer.

»Das haben sich Siegfried und Roy sicher auch gesagt – und dann wurde einer von ihnen von einem Tiger zerfleischt!« Trotzig verschränkte Lupi die blassen Arme vor der Brust, aber Jacob konnte sehen, dass sie mit sich rang. Sie wollte schwimmen können, das spürte er, sie fürchtete sich nur vor dem Weg dorthin. Er ging ein paar Schritte zurück und streckte ihr vorsichtig die Hand entgegen.

»Ich habe einen Absturz vom Himmel überlebt. Glaubst du ernsthaft, ich schaffe es nicht, dir das Schwimmen beizubringen?«

Sie zögerte und schien den Gedanken abzuwägen. Dann reichte sie ihm tatsächlich ihre kleine, schweißnasse Hand.

Erstaunlicherweise lernte Lupi nicht so schnell, wie er es von einem Kind mit ihrer Auffassungsgabe erwartet hatte. Sie bewegte sich viel zu hektisch und schluckte dabei literweise Wasser. Jacob hatte ihr geraten, die Brille abzunehmen, aber sie weigerte sich beharrlich und kämpfte sich stattdessen mit beschlagenen Brillengläsern durch die Wellen. Als sie endlich ein paar Meter selbständig auf ihn zuschwimmen konnte, waren mehrere Stunden vergangen und ihre Fingerkuppen schrumpelig wie kleine Rosinen. Aber obwohl sie offensichtlich fror, strahlte sie mit der Sonne um die Wette und wollte partout nicht aus dem Wasser kommen.

Jacob beobachtete vom Ufer her, wie sie ausgelassen durch die Wellen planschte und dabei fast wirkte wie ein ganz normales Kind. Plötzlich musste er lächeln. Er war stolz auf sie, keine Frage, aber irgendwie war er auch stolz auf sich. Er hatte ihr etwas beigebracht, das sie derart glücklich machte. Vor allem aber würde sie nie in einem Kanal ertrinken – und das war sein Verdienst!

Sein Leben lang war Jacob davon ausgegangen, dass es große Taten und Leistungen erforderte, um die Welt zu verändern, dass man wichtige Verträge abschließen und Preise gewinnen musste. Jetzt aber saß er hier an einem See, frierend und nass, und sah einem Mädchen zu, dessen Welt er durch eine kleine Geste verändert hatte, und dieses Gefühl war wertvoller als jeder Preis, den er hätte gewinnen können.

»Ich hab's geschafft!«, freute sich Lupi, als es Jacob endlich doch gelang, sie aus dem Wasser zu holen. »Ich kann schwimmen!«

»Wenn du dich jetzt nicht abtrocknest, bringt dir das aber nicht viel«, erwiderte er. »Dann stirbst du nämlich an einer Lungenentzündung, und darauf kann ich gut verzichten!«

Verschmitzt blickte Lupi ihn an. »Weil du mich ins Herz geschlossen hast?«

»Nein, weil deine Mutter mich dann auf einen Besenstiel spießt und über dem offenen Feuer grillt!« Jacob fischte ein Handtuch aus seiner Tasche und hielt es ihr hin. Sie zögerte einen Moment, aber dann lächelte sie und trocknete sich ohne Widerworte ab.

Als sie sich umgezogen hatte, spendierte Jacob ihr beim Kiosk eine Portion Pommes. Sie setzten sich auf eine Bank, und Jacob betrachtete sie von der Seite. Im Licht der tiefstehenden Sonne hoben sich die Sommersprossen deutlich von ihrer hellen Haut ab. Plötzlich drehte sie ihr Gesicht zu ihm.

»Dein Sohn hatte echt Glück.«

Jacob spürte, wie das Lächeln aus seinem Gesicht wich und sein Herz zu pochen begann. Was hatte das hier mit Jimmy zu tun?

Lupi sah ihn ernst an. »Er hatte einen Papa, der ihm das Schwimmen beigebracht hat.«

Jacob seufzte. »Ich hab es Jimmy nicht beigebracht«, murmelte er und hoffte, das Gespräch wäre damit beendet.

Aber Lupi sah ihn überrascht an. »Warum nicht?«

»Es … hat sich einfach nicht ergeben«, sagte er so entschlossen wie möglich. In Wahrheit wusste er nicht einmal, ob Jimmy überhaupt hatte schwimmen können.

Obwohl er starr nach vorne auf den See blickte, merkte er, dass Lupis Blick auf ihm lastete.

»Hat es dir denn dein Vater beigebracht?«, fragte sie.

»Was?«

»Schwimmen.«

Jacob holte tief Luft. Er wollte auf keinen Fall wütend werden, nicht nach diesem schönen Tag. »Ich rede nicht über meinen Vater.«

Verblüfft hob Lupi die Augenbrauen. »Aber du kennst ihn, oder?«

Jacob stöhnte leise auf. »Ich wünschte, ich täte es nicht …«

Seine Worte verwirrten sie. Natürlich war für ein Mädchen, das seinen Vater nicht kannte, nur schwer nachvollziehbar, dass er seinen eigenen lieber niemals kennengelernt hätte. Aber immerhin schien sie zu verstehen, dass er nicht weiter über die Sache sprechen wollte.

Schweigend hielt sie ihm ihre Pommes hin, und sie aßen gemeinsam, während sich die Sonne über dem See tiefer senkte.

Bis sie vor Lupis Haus von ihren Rädern stiegen, sagte die Kleine nichts mehr. Stumm schloss sie ihr Rad an, aber als er sein eigenes auf die andere Straßenseite schieben wollte, rannte sie plötzlich hinter ihm her und schlang die Arme um ihn.

»Danke.«

»Schon gut«, murmelte er und legte unbeholfen seinen Arm um ihre Schultern.

Bevor Lupi in ihren Hauseingang einbog, drehte sie sich noch einmal zu ihm um. »Wenn du nicht *über* ihn reden möchtest, solltest du vielleicht *mit* ihm reden.«

»Wie bitte?« Verständnislos sah Jacob sie an.

»Mit deinem Vater«, antwortete sie. »Egal, was zwischen euch vorgefallen ist: Vergebung kann es nicht wiedergutmachen – aber sie kann das verbessern, was noch kommt.«

Jacob wartete darauf, dass sie grinste, aber ihr Gesicht blieb ernst, und so zwang er sich selbst zu einem kurzen Lachen. »Hast du das wieder in einem deiner Bücher gelesen?«

Lupi blickte ihn nachdenklich an. »Spielt das denn eine Rolle?«, fragte sie leise und verschwand dann im dunklen Treppenhaus.

Er versuchte sich einzureden, dass sie nur ein Kind war und keine Ahnung hatte, aber es funktionierte nicht. Lupi war nicht einfach nur ein Kind, und vor allem traf sie mit dem, was sie sagte, ziemlich oft ins Schwarze.

Wie viele Jahre war er nun schon wütend auf seinen Vater? An wie vielen Tagen hatte er bei jedem Gedanken an ihn mit Hass und Verachtung gerungen?

Er hatte sein Elternhaus vor etwas mehr als siebzehn Jahren verlassen. Seitdem hatte er die Auseinandersetzung mit seinem Vater und auch mit Carla vor sich hergeschoben. Es war wie bei einem Brief, den man nicht öffnen wollte, weil man nicht wusste, ob man hinterher noch derselbe war. Die Wut war nicht nur schlecht gewesen. Sie hatte ihn auch vorangetrieben, hatte ihn an einer anderen Front zum Kämpfer gemacht. Er hatte Sarah erobert, ein Kind gezeugt, er hatte Karriere gemacht.

Jetzt aber, wo er alles verloren hatte, fühlte sich seine Wut auf einmal merkwürdig an. Sie war immer noch da, aber plötzlich kam sie ihm nicht mehr vor wie ein Teil von ihm, sondern eher wie ein Rucksack, den er trug und der viel zu schwer für ihn war.

Jacob seufzte. Sein Vater hatte ihn betrogen und verraten, und er hatte sicher nicht vor, ihm zu verzeihen. Aber war es nicht an der Zeit, den Rucksack endlich abzustreifen?

Jacob war müde, nicht nur körperlich, sondern auch geistig. Die Tage mit Lupi waren schön gewesen, es fühlte sich gut an, dem Leben etwas zurückzugeben. Umso mehr störte ihn der alte Groll. Schlaflos lag er auf seinem Bett. Sarahs Fehlen war hier zu seinem festen Begleiter geworden. Er hatte als Ehemann versagt, und schlimmer noch, er war seiner Frau kein Freund gewesen. Wie gern hätte er sie um Verzeihung gebeten, jetzt, da er all das erkannte. Aber das war nicht möglich. Er konnte nicht Abbitte leisten, denn es gab niemanden, der ihm verzeihen konnte.

Und wieder wanderten seine Gedanken zu dem, was Lupi gesagt hatte. Die Vergangenheit konnte er nicht ändern – aber gab es nicht Dinge, die er tun konnte, um die Zukunft zu verbessern?

Noch bevor am nächsten Morgen die Sonne aufging, saß Jacob in seinem Auto. Genau genommen war es Sarahs Wagen, er selbst hatte sich meist ein Taxi gerufen. Jetzt aber wollte er alleine sein.

Es war noch nicht mal halb acht, als er vor dem Haus hielt, das achtzehn Jahre lang sein Zuhause gewesen war. In den Büschen ringsum hing noch der Nebel der Nacht fest. Diese Art von Nebel gab es in der Stadt nicht, stellte Jacob fest und war überrascht, dass er ihn in all den Jahren nicht vermisst hatte. Langsam ließ er das Fenster herunter und atmete tief ein. Er hatte nicht vor auszusteigen, wollte nur hier sein, um zu spüren, was das alles mit ihm machte. Er war verblüfft darüber, wie gleichmäßig sein Herz schlug.

Das Haus lag still am Ende der Sackgasse, als wäre es in einen Dornröschenschlaf gefallen. Jacob hatte erwartet, dass es mit all den Jahren gealtert war, aber im Grunde sah es noch genauso aus, wie er es in Erinnerung hatte. Sogar die Vorhänge waren noch dieselben. Hier war er aufgewachsen, hier hatte er seine Mutter verloren.

Hier hatte sein Vater ihn belogen …

Es war nicht leicht gewesen, ohne Mutter aufzuwachsen, und die Tatsache, dass sein Vater keine Nähe zulassen wollte, hatte seine Kindheit nicht glücklicher gemacht. Carla hatte das alles besser weggesteckt. Sie war wild und frech gewesen, ein munteres Mädchen, das immer neue Herausforderungen suchte und sich für Erfolge nie besonders anstrengen musste. Jacob hatte ihr das nie übelgenommen, vielmehr hatte er sie verehrt. Ihm selbst war es schwergefallen, Menschen für sich zu gewinnen, seine Karriere beim Fernsehen hatte ihn viel Überwindung gekostet und unzählige schlaflose Nächte. Aber er hatte es geschafft! Er hatte erreicht, dass Tausende ihn bewunderten, er hatte erreicht, dass sie über seine Schlagfertigkeit lachten und ihm Preise verliehen für die Interviews, die er führte.

Seit siebzehn Jahren hatte er nicht mit seinem Vater gesprochen, aber er hatte sich oft gefragt, ob der Alte ihn wohl im Fernsehen entdeckt hatte, ob er sich seine Sendungen ansah. Und insgeheim hatte er gehofft, dass er dabei endlich erkannte, dass Jacob kein Versager war.

Jacob war derart in seine Gedanken vertieft, dass er das Auto nicht hörte, das unmittelbar hinter ihm hielt. Erst als Carla bereits auf der anderen Straßenseite angelangt war und sich noch einmal nach dem Wagen umdrehte, der sie abgesetzt hatte, entdeckte er sie.

Im selben Moment sah auch sie ihn. Es schien, als würde sie ihren Augen nicht trauen. Jacob drehte schnell den Kopf weg und blickte starr geradeaus, aber da hörte er auch schon Carlas Absätze auf dem Asphalt.

»Was machst du hier?« Ungläubig schaute sie durch das offene Fenster.

Jacob presste die Lippen aufeinander. »Ich … hab mich verfahren.«

Aus dem Augenwinkel nahm er wahr, dass sie nickte. Dann ging sie um das Auto herum, öffnete die Tür und ließ sich auf den Beifahrersitz fallen.

Jacob zuckte zusammen. Er wartete darauf, dass Carla etwas sagte, dass sie wie immer auf ihn einreden würde, aber sie blieb stumm. Schweigend saßen sie nebeneinander und sahen hinaus auf den Nebel, der sich langsam lichtete.

»Eine Pflegekraft aus Slowenien wohnt bei ihm, aber ich sehe trotzdem regelmäßig nach, ob es ihm gut geht.«

Jacob sah sie verständnislos an.

»Papa«, erklärte Carla. »Die Demenz ist so schlimm, dass er kaum noch etwas alleine schafft.«

Jacob schnaubte. »Er würde es sicher noch immer schaffen, uns zu belügen.«

»Er wollte uns nie belügen«, sagte sie leise.

Jacob konnte nicht fassen, dass sie das Offensichtliche noch immer abstritt. »Willst du ihn etwa in Schutz nehmen?«

»Nein.« Carla schüttelte den Kopf, ohne den Blick von dem Haus zu wenden. »Aber ich habe viel mit ihm gesprochen in der Zeit, als sein Kopf anfing müde zu werden. Und ich habe ihm verziehen.«

»Verziehen?« Jacob konnte sich ein bitteres Lachen nicht verkneifen. »Was solltest du ihm schon verzeihen?«

Carla sah ihn überrascht an. »Er hat auch mir die Mutter vorenthalten.«

Jacob kniff die Augen zusammen und funkelte sie an. »Aber du wusstest es!«, zischte er. »Du kanntest die Wahrheit!«

Carla musste schlucken. »Nur ein paar Wochen lang, Jacob. Ich habe es nur ein paar Wochen vor dir erfahren!«

Obwohl er auf keinen Fall die Fassung verlieren wollte, spürte er plötzlich, dass sich Tränen in seinen Augenwinkeln sammelten. »Warum hast du mir nichts davon gesagt?«

»Ich wollte dich beschützen. Genau wie Papa …«

»Beschützen?« Jetzt konnte Jacob nicht mehr verhindern, dass ihm die Tränen über das Gesicht liefen.

Carla holte tief Luft.

»Er wollte nicht, dass wir denken, sie hätte uns nicht geliebt«, flüsterte sie und legte ihre Hand auf seine. Auch ihre Augen glitzerten nun feucht. »Es ist ihm nicht leichtgefallen, uns zu belügen. Er dachte, es wäre der richtige Weg.«

Jacob schüttelte heftig den Kopf. Das alles war zu viel für ihn! »Ich kann ihm nicht verzeihen. Ich kann nicht mit ihm sprechen – selbst wenn er mich noch erkennen würde.«

Carla wischte sich die Tränen mit dem Handrücken weg. »Machst du niemals Fehler?«

Natürlich machte er Fehler, sein halbes Leben war ein Fehler gewesen. »Doch«, murmelte er und griff nach dem Taschentuch, das sie ihm reichte. »Ich mache Fehler, viele sogar.«

Erstaunt sah sie ihn an. »Willst du darüber reden?«

Jacob zögerte. »Ja, ich will darüber reden«, sagte er plötzlich und wunderte sich über seine eigenen Worte. Auf einmal verspürte er tatsächlich das Bedürfnis, all die Dinge auszusprechen, die auf seiner Seele lasteten.

»Ich will reden«, wiederholte er und sah seiner Schwester in die Augen. »Aber nicht mit dir.«

Elisabeth wirkte nicht einmal überrascht, als er vor ihrer Tür stand. Dabei war er in all den Jahren höchstens fünf Mal hier gewesen.

»Wilhelm schläft noch«, entschuldigte sie sich, während sie Jacob in die Küche führte. »Nachts macht er oft kein Auge zu, seit …«

»Lass ihn ruhig schlafen«, murmelte Jacob und fuhr sich über die kurzen Haare. Jetzt erst schien Elisabeth seine neue Frisur zu bemerken. Sie lächelte, aber es wirkte müde.

»Setz dich doch. Ich mache uns einen Kaffee.«

Jacob wollte ihr Angebot ablehnen, aber auf einmal fehlte ihm die Kraft dazu. Erschöpft ließ er sich auf einen Stuhl sinken und strich vorsichtig mit dem Finger über die alte Tischplatte. Dieses Haus trug die Spuren von vierzig Jahren Familienleben, und es strahlte so viel mehr

Wärme aus als das Haus, in dem er selbst aufgewachsen war.

Schweigend sah er zu, wie Elisabeth Kaffee aufsetzte. Erst als sie zwei Tassen auf den Tisch stellte und sich auf dem Stuhl neben ihm niederließ, spürte er, dass er etwas sagen musste. »Sarah war gerne hier.« Seine Stimme klang rau, aber das schien Elisabeth nicht aufzufallen.

Sie lächelte und ließ ihren Blick nachdenklich durch den Raum schweifen. »Ich vermisse sie.« Jacob konnte sehen, wie sich ihr Brustkorb schwer hob und senkte. »Manchmal wache ich morgens auf und denke, dass das alles nur ein Traum war. Aber dann drängt sich die Wirklichkeit zurück in mein Bewusstsein, und das fühlt sich an, als müsste ich alles noch einmal durchmachen.« Plötzlich wanderte ihr Blick wie ertappt zu Jacob. »Aber wem sage ich das.« Sanft legte sie ihre Hand auf seine. »Schön, dass du da bist.«

Es war schwer, das alles zu ertragen. Am liebsten hätte Jacob sich in Luft aufgelöst. Warum war er nur hergekommen? Er konnte das nicht, er war nicht stark genug!

Doch dann dachte er plötzlich an Lupi und an Carla und an all die Fehler, die er gemacht hatte, und er spürte, dass er es endlich hinter sich bringen musste. Sein Herzschlag beschleunigte sich, und er umklammerte die heiße Kaffeetasse.

»Es tut mir leid …«

Jacob war sich nicht sicher, ob er überhaupt laut genug gesprochen hatte, aber Elisabeth lächelte ihn an.

»Du musst dich nicht entschuldigen.«

»Doch, das muss ich.« Jacobs Stimme brach, und ehe er sichs versah, strömten wieder Tränen aus seinen Augen.

Elisabeth stand auf und kam mit einem Taschentuch zurück. Jacob nahm es dankbar an und versuchte, seine Stimme wiederzufinden.

»Ich … hab sie nicht glücklich gemacht – Sarah und Jimmy.«

»Das stimmt doch nicht«, versuchte Elisabeth ihn zu beruhigen. »Sie haben dich beide sehr geliebt.«

»Aber ich hab sie betrogen!«, platzte es auf einmal aus ihm heraus. Es ging nicht anders, er musste es aussprechen. Er konnte nicht länger mit seiner Schuld leben. »Ich habe Sarah betrogen! Ich habe mit meiner Assistentin geschlafen, während meine Frau sich zu Hause um Jimmy gekümmert hat. Ich habe sie im Stich gelassen, und es gibt nichts, wofür ich mich mehr hasse!« Die Worte sprudelten nur so aus ihm heraus, Jacob schluchzte und hustete und rang nach Luft. »Ich würde alles tun, um es wiedergutzumachen, aber es geht nicht! Ich habe sie verloren, und auch daran bin ich schuld, denn nur meinetwegen sind sie in dieses Ding gestiegen – und jetzt sind sie tot!« Je länger er sprach, desto geringer wurde seine Anspannung. »Sie sind tot!« Er schluckte und sah seiner Schwiegermutter direkt ins Gesicht. »Und ich würde ihnen so gern sagen, dass … Ich würde sie so gern um Verzeihung bitten.«

Stille legte sich über den Raum.

Insgeheim hatte Jacob damit gerechnet, dass Elisabeth anfangen würde zu weinen oder ihn zu beschimpfen, vielleicht würde sie ihn sogar rauswerfen, aber nichts davon geschah. Jetzt fragte er sich, ob sie überhaupt verstanden hatte, was er gesagt hatte. Hatte sie verstanden, dass er Sarah mit einer anderen Frau betrogen hatte? Dass er die Schuld an ihrem Tod trug?

Elisabeth saß eine Weile regungslos da. Dann stand sie auf, ging zum Küchenschrank und kam mit einer Flasche Schnaps zurück. Ihre Bewegungen waren langsam wie in Zeitlupe, als sie ein kleines Glas füllte und es ihm zuschob. »Ist gut für die Nerven.«

Jacob sah sie erstaunt an. In ihrem Gesicht war keine Ablehnung oder Ekel zu erkennen, wie er es erwartet hatte. Stattdessen nickte sie ihm aufmunternd zu, als er sein Glas endlich leerte. Das Zeug brannte wie Feuer, und Jacob fragte sich kurz, ob sie ihn vielleicht vergiften wollte, aber dann verschwand das Brennen, und es breitete sich eine tröstende Wärme in ihm aus.

»Sie hat es gewusst«, sagte Elisabeth ruhig.

Erst dachte Jacob, er hätte sich verhört, doch als er Elisabeth fragend anstarrte, wiederholte sie ihre Worte. »Sie wusste das mit dieser Frau.«

Sarah hatte von Meggie gewusst? Jacob konnte es nicht glauben. »Aber ...«

»Auch Sarah war nicht perfekt«, murmelte Elisabeth. »Sie hatte Angst vor einer Entscheidung, deshalb wollte sie, dass du sie triffst. Ich habe ihr oft gesagt, dass ich das feige finde.«

Jacob sackte auf seinem Stuhl in sich zusammen. In seinem Kopf drehte sich alles. Der Alkohol in seinem Blut machte es unmöglich, die Informationen angemessen zu verarbeiten.

»Sarah ist freiwillig in diesen Hubschrauber gestiegen, genauso wie sie aus freien Stücken an deiner Seite gelebt hat – also mach dich dafür nicht verantwortlich.« In Elisabeths Stimme schwang weder Zorn noch Verbitterung mit, es schien, als hätte sie tatsächlich ihren Frieden damit geschlossen.

Und dann legte sie behutsam ihre Hand auf Jacobs Schulter. »Ich verzeihe dir«, flüsterte sie und strich ihm über die tränennasse Wange. »Ich verzeihe dir, weil Sarah es nicht mehr tun kann.«

48

Am Sonntagmorgen wurde Lupi von der Türklingel aus dem Schlaf gerissen. Müde schlurfte sie in den Flur. In der Wohnung war es still, Becky schien noch zu schlafen. Als Lupi die Tür öffnete, stand Jacob davor und strahlte.

»Lust auf eine Schwimmstunde?« Er hielt eine Sporttasche in die Höhe und lächelte sie auffordernd an.

»Hast du mal auf die Uhr geschaut?« Lupi unterdrückte ein Gähnen.

»Es ist fast acht«, erwiderte Jacob. »Das ist die beste Zeit zum Schwimmen! Ich wette, wir haben den See für uns allein.«

Lupi blinzelte ihn verschlafen an. Jacob wirkte ausgelassen und geradezu vergnügt. Was hatte wohl zu diesem plötzlichen Wandel geführt? Irgendetwas musste passiert sein. Gestern Vormittag hatte sie bei ihm geklingelt, um mit ihm über die Begegnung mit Rosa zu reden, aber er hatte nicht geöffnet. Wo er auch gewesen war, und was auch immer er erlebt hatte – es musste seine Stimmung massiv verbessert haben.

Doch bevor Lupi der Sache auf den Grund gehen konnte, hörte sie, wie hinter ihr eine Tür geöffnet wurde.

»Kann man nicht mal am Sonntag in Ruhe ausschlafen?« Missmutig lehnte sich Becky an den Türrahmen ihres Schlafzimmers.

Plötzlich kam Lupi eine Idee. »Jacob möchte mit uns an den See fahren«, erklärte sie unschuldig.

»Was?«, platzte es aus beiden gleichzeitig heraus. Becky und Jacob starrten Lupi derart entgeistert an, dass sie grinsen musste.

»Ist doch eine super Idee!«, fuhr sie fort. »Um diese Uhrzeit müssen wir uns nicht um die besten Plätze streiten. Und wenn ihr mich fragt, könnt ihr beide ein bisschen Sonne gebrauchen – ihr seid ganz blass um die Nasenspitzen.«

Weder Jacob noch Becky schienen begeistert von der Idee, den Tag miteinander zu verbringen. Dennoch traten sie eine halbe Stunde später mit gepackten Taschen vor die Haustür. Die Sonne stand noch niedrig, aber die milde Luft ließ bereits erahnen, wie warm der Tag werden würde.

»Am besten fährst du hinten auf Jacobs Gepäckträger mit, zu Fuß dauert es ewig«, schlug Lupi vor, und Becky stöhnte.

»Auf keinen Fall! Ich nehme einfach dein Rad, und du setzt dich bei mir hinten drauf.«

Lupi deutete verlegen auf ihr neues Kinderfahrrad, das sie an einem Laternenpfahl angeschlossen hatte. »Ich glaube nicht, dass das bequem für dich ist«, sagte sie.

Becky blickte verdutzt von dem Rad zu Lupi und

wieder zurück. »Wo ist das Fahrrad, das ich dir besorgt habe?«

»Steht noch an der Schule. Jacob hat mir das hier geschenkt.«

Becky fuhr zu Jacob herum und starrte ihn wütend an. »Du hast ihr ein Fahrrad gekauft?«

Einen kurzen Moment befürchtete Lupi, dass er nun erzählen würde, wie er sie am Freitag von der Schule abgeholt hatte, und dann würde er bestimmt Vincent erwähnen. Aber Jacob zuckte nur mit den Schultern. »Das alte war viel zu groß für Lupi. Und außerdem war es kaputt.«

Lupi merkte, dass Becky versuchte, ein Schnauben zu unterdrücken. »Ist ja super!«, erklärte sie wütend. »Dann musst du ihr wenigstens nichts mehr zum Geburtstag schenken!«

»Du hast Geburtstag?« Überrascht wandte sich Jacob an Lupi.

»Erst in zwei Wochen.« Auffordernd sah sie zu ihrer Mutter. »Becky wollte dich noch einladen.«

Am Abend zuvor hatte Lupi ihrer Mutter erklärt, dass sie sich zum Geburtstag nur eins wünschte: dass Jacob mit ihnen feierte. Natürlich hatte Becky protestiert, und ihre Stimmung hatte sich gewaltig verschlechtert, aber am Ende hatte sie nachgegeben und Lupi versichert, dass sie Jacob höchstpersönlich einladen würde. Natürlich tat sie nun trotzdem so, als hätte sie Lupi nicht gehört.

Doch Lupi ließ sich davon nicht beirren. Sie starrte Becky erwartungsvoll an, bis sie schließlich einknickte.

»Du bist eingeladen!«, zischte sie in Jacobs Richtung, ohne ihn dabei anzusehen.

»Im Ernst?« Jacob sah sie verblüfft an. »Ihr wollt mich dabeihaben?«

Lupi hob die Augenbrauen und sah Becky wieder so lange an, bis sie weiterredete. »Ja, wir wollen dich unbedingt dabeihaben!« So, wie sie das sagte, bestand zwar kein Zweifel daran, dass sie ihren Kopf lieber in einen Eimer mit heißem Teer gesteckt hätte, aber Lupi war dennoch zufrieden.

»Dann hätten wir das ja geklärt«, sagte Jacob und zwinkerte Lupi zu. »Ich komme natürlich sehr gerne!« Doch als er Becky zu sich winkte und ihr bedeutete, auf seinen Gepäckträger zu steigen, schüttelte sie entschieden den Kopf.

»Vergiss es! Ich fahre, und du setzt dich hinten drauf. Aber wehe, du fasst mich an!«

Lupi runzelte die Stirn. »Und woran soll er sich dann festhalten?«

»Ich dachte, er hat Zauberkräfte«, erwiderte Becky und grinste genüsslich. »Dann wird er sich ja wohl auf einem Gepäckträger halten können, oder?«

Bei dem Tempo, in dem sie vorankamen, hätten sie auch zu Fuß gehen können. Dennoch war die Fahrt amüsant.

Mit großem Vergnügen beobachtete Lupi, wie Becky und Jacob sich gegenseitig aufzogen und wie Jacob verzweifelt versuchte, Becky die Verkehrsregeln zu erklären, die sie geflissentlich ignorierte.

Als sie den See endlich erreichten, waren schon etliche andere Badegäste da. Trotzdem fanden sie einen schönen Platz unter einem alten Baum und breiteten die Decken aus, die Jacob eingepackt hatte.

Obwohl Becky einen Badeanzug aus dem Schrank der Ärztin trug, zierte sie sich zunächst, ins Wasser zu gehen. Schließlich spritzten Jacob und Lupi sie so lange nass, bis sie endlich nachgab.

Dann durfte Lupi ihrer Mutter endlich beweisen, dass sie schwimmen konnte. Ihr Herz klopfte wie verrückt, und einen kurzen Augenblick fürchtete sie, sie könnte es über die letzten Tage wieder verlernt haben – aber dann schloss sie einfach die Augen, ließ sich ins Wasser gleiten und schwamm los. Heute klappte es sogar noch besser als beim letzten Mal! Als Lupi zur Seite sah, erkannte sie in den Augen ihrer Mutter erst ungläubiges Staunen, das im nächsten Moment einem Ausdruck von Stolz wich. Und dann stieß Becky sogar einen kleinen Schrei aus und hüpfte im flachen Wasser auf und ab, dass es nur so spritzte.

»Das da ist meine Tochter!«, rief sie und bildete mit den Händen einen Trichter vor dem Mund, damit es auch alle Leute hören konnten: »Meine Tochter! Und sie geht nie wieder unter!«

Selten hatte Lupi sich so leicht gefühlt.

Jacob hatte einen alten Ball von Jimmy mitgebracht. Becky ließ sich zu einer Runde Wasserball überreden, hatte aber ganz offensichtlich nicht vor, nach den Regeln zu spielen. Stattdessen versuchte sie ganz ungeniert, Jacob abzuschießen. Ein harter Ball nach dem anderen prallte an ihm ab, bis er irgendwann genug hatte und sich mit Gebrüll auf sie stürzte, um sie unter Wasser zu ziehen.

Lupi betrachtete ihr wildes Treiben eine Weile. Dann merkte sie, dass der Ball abtrieb. Eigentlich wusste sie, dass sie noch nicht alleine rausschwimmen sollte ins tiefere Wasser, aber Becky und Jacob alberten so ausgelassen herum, dass sie es nicht übers Herz brachte, die beiden zu unterbrechen. Sie würde den Ball selber zurückholen, sie konnte das!

Trotzdem war ihr etwas mulmig zumute, als sie spürte, dass sie plötzlich keinen Boden mehr unter den Füßen hatte. Auch das Wasser fühlte sich mit einem Mal kälter an.

Lupi gab sich große Mühe, ruhig zu bleiben und ihre Bewegungen zu kontrollieren. Sie würde es schaffen! Dennoch war sie erleichtert, als eine ältere Dame, die ihre Morgenrunden durch den See zog, den Ball ergriff und ihr entgegenschwamm.

»Das ist sicher deiner, oder?« Ihre Stimme klang freundlich, und obwohl sie offenbar schon länger im See schwamm, war sie kein bisschen außer Atem. Ganz im Gegensatz zu Lupi.

»Ich …«, japste sie und deutete hilflos auf Becky und Jacob, die noch immer herumalberten. »Wir haben gespielt.«

Die Dame betrachtete die beiden und lächelte milde.

»Da hast du aber Glück«, sagte sie, während sie Lupi das Spielzeug zurückgab.

Lupi blickte sie überrascht an, dann erst verstand sie, worauf die Frau hinauswollte. »Ja, ohne Sie hätte ich den Ball vermutlich nie eingeholt, vielen Dank!«

Die Dame schüttelte lächelnd den Kopf. »Das hab ich gar nicht gemeint, aber gern geschehen. Eigentlich meinte ich die beiden.« Mit einem freundlichen Nicken deutete sie zu Becky und Jacob. Beckys Kreischen war mittlerweile lautem Gelächter gewichen, während sie prustend versuchte, nun Jacob unter Wasser zu drücken.

»Die beiden?« Lupi runzelte irritiert die Stirn.

Die Frau nickte und lächelte. »Heutzutage ist es nicht selbstverständlich, so eine nette Familie zu haben.« Und dann drehte sie sich auf den Rücken und zog weiter ihre Bahnen durch den See.

49

Natürlich hätte Becky niemals zugegeben, dass ihr die Sache Spaß machte, aber Jacob spürte ganz deutlich, dass sie den Vormittag am See genoss.

Nachdem sie sich im Wasser gründlich ausgetobt hatten, schlug Lupi vor, wieder gemeinsam zu essen. Jacob bot an, eine Runde Pommes zu spendieren, aber Becky schmetterte den Vorschlag ab: »Pommes sind viel zu ungesund!«

Lupi runzelte die Stirn. »Mit Sicherheit nicht ungesünder als dein Gänsebraten.«

Aber Becky drängte darauf, nach Hause zu fahren. Jacob merkte, dass Lupi enttäuscht die Schultern hängen ließ. »Kein Grund zum Schmollen«, munterte er sie auf, während er ihr mit seinem Handtuch die nassen Haare trocken rieb. »Wenn du willst, schenke ich dir einen Jahresvorrat Pommes zum Geburtstag.«

»Das wirst du schön bleiben lassen!«, protestierte Becky und klatschte ihm mit ihrem Handtuch auf die Schulter.

»Du wirst mich nicht davon abhalten können«, erwiderte er trocken. »Ich habe dein Pfefferspray und deine Gummigans überlebt, so leicht haut mich nichts mehr um!«

Becky warf ihm einen warnenden Blick zu, aber dann musste sie grinsen und verzichtete auf weiteren Protest. Sie ließ sogar zu, dass diesmal Jacob auf dem Fahrradsattel Platz nahm, und klemmte sich selbst hinten auf den Gepäckträger.

Es fühlte sich seltsam an, ihre schlanken Arme um seinen Brustkorb zu spüren. Während er in die Pedale trat und ihm die Sommerluft ins Gesicht wehte, spürte er eine angenehme Wärme durch seinen ganzen Körper strömen. *Alles ist gut,* schoss es ihm durch den Kopf. Es dauerte einen Augenblick, bis er diesen Gedanken tatsächlich akzeptieren konnte. Natürlich waren die schrecklichen Tage und Wochen, die hinter ihm lagen, immer noch präsent, und er wusste nicht, was morgen kommen würde – aber das war in diesem Moment nebensächlich. Hier und jetzt war alles gut – und das war vollkommen in Ordnung.

Beckys Flüstern riss ihn aus seinen Gedanken. »Schluckauftage …«

»Was?«, fragte er verwirrt.

Er spürte, wie sie ihren Griff um seinen Brustkorb verstärkte. »Du hast Schluckauf«, stellte sie fest.

Tatsächlich. Jacob hatte gar nicht gemerkt, dass sein Zwerchfell zuckte. »Bedeutet das nicht, dass eine Frau an mich denkt, aber einen anderen küsst?«

Er hörte, wie Becky hinter ihm leise auflachte. »So gut siehst du nun auch wieder nicht aus!«, spottete sie.

Jacob wollte protestieren, aber da redete Becky schon weiter.

»Schluckauftage«, murmelte sie nachdenklich, »das sind die Tage, an denen dein Herz wächst.«

Jacob war so verblüfft, dass er an einer Straßenkreuzung anhielt. Vorsichtig drehte er sich zu ihr um. Becky biss sich ertappt auf die Unterlippe, dann hob sie warnend die Augenbrauen.

»Bild dir ja nichts darauf ein!«, fuhr sie ihn an. »Das war nur die Theorie meiner Großmutter – und die hatte nicht alle Tassen im Schrank!«

Trotzdem musste Jacob lächeln, und das entging auch Becky nicht. Doch bevor sie etwas sagen konnte, hielt Lupi neben ihnen und deutete aufgeregt in eine Seitenstraße.

»Vor der Kirche ist ein Jahrmarkt!«, rief sie. »Können wir da hingehen?«

Becky stöhnte auf. »Ein andermal, Lupi, nicht jetzt.«

Lupi verzog die Lippen zu einem Schmollmund. »Aber du weißt doch gar nicht, wie lange der noch da ist«, protestierte sie. »Vielleicht ist heute der letzte Tag!«

Jacob ahnte, dass Becky hinter ihm bereits neue Argumente sammelte. »Wer ist dafür, dass wir jetzt sofort hinfahren?«, sagte er deshalb schnell und hob im selben Moment die Hand.

Lupi strahlte und streckte ebenfalls die Hand hoch.

Mit einem entschuldigenden Blick drehte er sich zu

Becky um. »Tut mir leid! Wie es aussieht, wurdest du überstimmt.« Ohne ihr die Zeit für eine weitere Widerrede zu geben, trat er in die Pedale und radelte in Richtung Kirchplatz. Lupi fuhr kichernd hinterher.

Es machte ihm Spaß, die Kleine zu verwöhnen. Sie scheiterte kläglich am Dosenwerfen, fuhr zwei Runden auf einem Karussell, für das sie eigentlich viel zu groß war, und vergrub dann ihr Gesicht in einer riesigen rosafarbenen Zuckerwatte.

Becky zeigte ihnen deutlich, dass sie den Abstecher hierher für mehr als überflüssig hielt, aber nach einer Weile verschwand ihre Anspannung, und sie ließ das bunte Treiben protestlos über sich ergehen.

Schweigsam blieb sie trotzdem. Erst als Lupi Jacob ihre Zuckerwatte in die Hand drückte und auf einer kleinen Hüpfburg verschwand, fand sie ihre Stimme wieder.

»Trotzdem danke …«, murmelte sie und ließ sich auf einer Bank in der Sonne nieder.

Jacob runzelte belustigt die Stirn und setzte sich kopfschüttelnd neben sie. »*Trotzdem danke?* Das klingt wie: *Schade, dass du immer noch atmest!*«

Becky funkelte ihn derart finster an, dass er entschuldigend die Hände hob und sie ernst ansah. »Okay, okay. Wofür danke?«

Sie zögerte. Jacob merkte, dass sie mit sich rang.

»Für das alles hier«, sagte sie nach einer Weile. Wieder

hielt sie inne, dann sah sie ihm direkt in die Augen. »Und dafür, dass du ihr nichts gesagt hast.«

Ihre letzten Worte waren fast ein Flüstern, und Jacob wusste nicht, was er erwidern sollte. Natürlich, sie hatte recht. Er hatte Lupi nichts gesagt.

Nachdenklich ließ er sich auf der Bank zurücksinken und beobachtete, wie die Kleine auf der Hüpfburg herumtollte. Ausgelassen sprang sie zwischen den anderen Kindern umher, und dabei wirkte sie wie ein ganz normales achtjähriges Mädchen. Jacob gefiel diese Vorstellung, aber er wusste, dass sie nicht die Wirklichkeit widerspiegelte. Lupi war nicht normal, und ihr Leben war weit davon entfernt.

»Als ich ein Kind war, hat mein Vater uns erzählt, meine Mutter sei nach der Geburt meiner Schwester gestorben«, begann er plötzlich. Er wusste selbst nicht, woher die Worte kamen.

Becky sah ihn überrascht an. »Und ... sie war gar nicht tot?«

»Nein, sie war nicht tot«, fuhr er traurig fort. »Sie hatte ihn verlassen. Aber uns hat er erzählt, sie sei gestorben. Später haben wir herausgefunden, dass sie uns Briefe geschrieben hat, aber er hat sie alle verbrannt.« Auf einmal drängte sich all der Schmerz von damals zurück in sein Herz. »Als ich endlich die Wahrheit erfahren habe, war sie tatsächlich verstorben ...« Jacob versuchte, den Kloß in seinem Hals zurückzudrängen. »Ich hab meine

Sachen gepackt und bin nie wieder nach Hause zurückgekehrt.«

Obwohl er sie nicht ansah, bemerkte er, dass Becky neben ihm die Luft anhielt.

»Ich habe nicht behauptet, ihr Vater sei tot«, stieß sie schließlich hervor.

Jacob wandte sich zu ihr und schämte sich nicht einmal, dass sie nun die Tränen in seinen Augen sehen konnte. »Sie denkt, ihr Vater wäre ein spanischer Austauschstudent. Wie soll sie denn jemals nach Hause kommen, wenn sie nicht weiß, wer sie ist?«

Becky kniff die Lippen zusammen. »Sie ist schon zu Hause. Ich bin ihr Zuhause!«

Jacob schüttelte ungläubig den Kopf. »Ihr habt ja nicht mal eine eigene Wohnung!«

»Lupi braucht keine Wohnung«, fauchte Becky. »Und sie braucht auch keinen Vater!«

Jacob starrte sie sprachlos an. Glaubte sie das wirklich? Eine Weile betrachtete er sie schweigend, dann lehnte er sich erneut auf der Bank zurück und nickte. »Vermutlich hast du recht. Sie braucht das alles nicht. Aber sie wünscht es sich.«

Überrascht starrte Becky ihn an. »Hat sie … hat sie das gesagt?«

Jacob schüttelte den Kopf. Nein, Lupi hatte das nicht gesagt, aber er hatte es gespürt – viel stärker, als er jemals die Bedürfnisse von Jimmy und Sarah gespürt hatte.

»Du musst ihr die Wahrheit sagen, Becky. Sie hat es verdient zu wissen, wer …«

»Jetzt fängt das wieder an«, unterbrach Becky ihn und verdrehte die Augen. »Und das sagt ausgerechnet der Mann, der sich seinen eigenen Lügen nicht stellt!«

Jacob zögerte. Er wusste, dass die Sache Becky im Grunde nichts anging, aber vielleicht würde sie ihm endlich richtig zuhören, wenn er es ihr erzählte? »Ich war bei Sarahs Mutter«, sagte er schließlich.

Tatsächlich machte sich auf ihrem Gesicht Verblüffung breit. »Du meinst … die Frau am Telefon neulich?«

Jacob nickte gedankenversunken. »Sie hat mir verziehen«, murmelte er und holte noch einmal tief Luft, bevor er Becky erneut in die Augen sah. »Ich habe mich bei Sarahs Mutter entschuldigt, und sie hat mir verziehen.«

Insgeheim rechnete Jacob mit einem bissigen Kommentar, aber Becky blieb still und wirkte geradezu nachdenklich. Doch dann lachte sie plötzlich auf. Es klang beinahe hilflos.

»Und du denkst, Lupi würde mir verzeihen, wenn ich ihr jetzt die Wahrheit sage? Wenn ich ihr sage, dass ich sie jahrelang belogen habe? Wenn sie erfährt, dass ihr Vater nicht einmal wollte, dass sie existiert?«

Jacob konnte die Angst sehen, die in ihrem Blick aufflackerte. Er drehte den Kopf und entdeckte Lupi, die ausgelassen auf der kleinen Hüpfburg herumsprang. Und plötzlich musste er lächeln.

»Weißt du, Lupi hat neulich was Interessantes gesagt.«

»Lupi sagt ständig interessante Dinge.« Becky lachte halbherzig, aber er ging nicht darauf ein.

»Sie hat gesagt: Du kannst die Vergangenheit nicht ändern, aber wenn du nicht Frieden mit ihr schließt, zerstört sie deine Zukunft.«

Wieder sah er Becky direkt in die Augen. Erst als Lupi von der Seite herangestürmt kam, lösten sich ihre Blicke voneinander.

»An meinem Geburtstag will ich auch hierherkommen!«, rief Lupi, und ihre Wangen glühten vor Begeisterung. »Und dann will ich mit euch zusammen auf die Hüpfburg!«

Becky sah ihre Tochter nachdenklich an, dann lächelte sie. »Erstens bist du viel zu alt für eine Hüpfburg. Und zweitens ist der Jahrmarkt zu deinem Geburtstag schon wieder weg. Der bleibt nur ein paar Tage.«

Jacob sah, wie sich Enttäuschung in Lupis Gesicht breitmachte. »Ich finde nicht, dass man zu alt sein kann für eine Hüpfburg«, sagte er und grinste. »Wenn du willst, gehe ich jetzt gleich mit dir hüpfen.«

»Wirklich?« Lupi konnte es kaum glauben, und auch Jacob war sich nicht sicher, ob er es wirklich ernst gemeint hatte. Doch bevor er es sich anders überlegen konnte, nickte er.

»Geh schon mal vor, ich komme in einer Minute.«

Aufgeregt hüpfte Lupi davon.

Jacob sah Becky an. »Ich war kein guter Ehemann und auch kein guter Vater, und jetzt habe ich keine Möglichkeit mehr, meine Fehler wiedergutzumachen.« Er atmete tief durch. »Aber du hast die Chance noch. Also denk zumindest darüber nach.«

50

Familie. Die alte Frau im See hatte Jacob, Becky und sie für eine Familie gehalten. Lupi trug diesen Gedanken mit sich herum wie einen kostbaren Schatz.

Als sie mit Jacob von der kleinen Hüpfburg zurückkehrte, durchgerüttelt und verschwitzt, war Becky seltsam still, aber zwischen Jacob und ihr lag nichts Feindseliges in der Luft. Wir könnten eine Familie sein, dachte Lupi, während sie ihre Räder aufschlossen. Immerhin wirken wir nach außen hin wie eine.

Eine Familie. Lupi schloss die Finger um ihren Anhänger. Sie hatte auf ein Wunder gehofft, und dem kam die Idee von einer Familie schon ziemlich nahe. Vielleicht war es gar nicht wichtig, ob Jacob Gott war oder nicht. Viel entscheidender war womöglich, wer er stattdessen für sie sein konnte …

Während der Heimfahrt ertappte sie sich immer wieder dabei, wie ihr Bilder durch den Kopf gingen, Bilder von glücklichen Familien, die sie nur aus Zeitschriften oder Werbeanzeigen kannte, und sie musste sich mächtig am Riemen reißen, um trotzdem noch auf den Straßenverkehr zu achten.

Als Jacob nach ihrer Rückkehr nicht mit ihnen nach

Hause ging, sondern in seinem eigenen Hauseingang verschwand, war Lupi beinahe erleichtert. Sie konnte sich schließlich nicht den ganzen Tag irgendwelchen Träumen hingeben.

Becky wirkte noch immer seltsam nachdenklich. Als Lupi sie fragte, ob alles in Ordnung sei, nickte sie nur und schob die Schuld auf ihre Schulter, die immer noch wehtat.

»Ihr hättet nicht so wild durchs Wasser toben sollen«, sagte Lupi mit einem Grinsen. Dann fügte sie unvermittelt hinzu: »Ich glaube, Jacob mag dich.«

»Unsinn, er mag *dich*, das ist alles«, widersprach Becky, aber es klang weniger energisch, als Lupi es erwartet hätte.

Während Becky in der Küche das Abendessen zubereitete, kümmerte sich Lupi um die nasse Wäsche. Vor einer Woche noch hätte ich nie gedacht, dass ich jemals freiwillig in einen Badeanzug schlüpfen werde, dachte sie, als sie den nassen Stoff auf den Wäscheständer hängte. Jetzt aber spürte sie Stolz und Zufriedenheit. Sie konnte schwimmen! Selbst wenn ihr das Wasser noch manches Mal im Leben bis zum Hals stehen würde, würde sie doch nie wieder untergehen!

Beschwingt hängte sie das letzte Stück auf die Leine. Auf einmal störte sie nicht einmal mehr, dass Becky sich am Kleiderschrank der Ärztin bedient hatte. Sie würde den fremden Badeanzug gründlich waschen und wieder zurücklegen, und niemand würde etwas merken. Vielleicht beurteilte sie ihre Mutter manchmal zu streng. Was machte es schon, wenn man gelegentlich die Grenzen überschritt, solange etwas derart Gutes dabei herauskam wie der heutige Tag?

Als Becky zum Essen rief, hatte Lupi einen Bärenhunger. Sie hatte auf dem Jahrmarkt nur diese riesige Zuckerwatte verdrückt, und jetzt brauchte sie dringend etwas Richtiges. Glücklichsein machte ziemlich hungrig!

Während sie den Löffel in die Hand nahm und hastig anfing zu essen, spürte Lupi, dass Beckys Blick auf ihr ruhte.

»Was wünschst du dir eigentlich zum Geburtstag?«, fragte ihre Mutter und ließ einen Löffel Tiefkühlschnittlauch in ihre Suppe rieseln.

Lupi sah überrascht auf. »Das hab ich dir doch schon gesagt: Ich wünsche mir nur, dass Jacob mitfeiert.«

Becky verdrehte die Augen. »Ich rede von echten Geschenken«, murmelte sie unwillig.

Lupi zuckte nachdenklich mit den Schultern. »In letzter Zeit habe ich so viele Sachen bekommen, eigentlich brauche ich nichts mehr.«

»Komm schon, du bist ein achtjähriges Mädchen«, wandte Becky ein. »Da braucht man doch immer etwas!« Als Lupi ihr Lächeln nicht erwiderte, seufzte sie. »Jacob hat dir all diese Dinge gekauft: die Brille, das Fahrrad, den Rucksack. Ich will dir auch was schenken.«

Auf einmal tat Becky ihr leid. Dass Jacob nun ein Teil von Lupis Welt geworden war, musste schwer für sie sein. Becky fiel es nie leicht, etwas mit anderen zu teilen. Trotzdem bereitete ihr die Vorstellung, dass ihre Mutter ein Geschenk für sie besorgte, Bauchschmerzen. Dass sie kein Geld für große Überraschungen hatte, war klar, und Lupi wollte auf keinen Fall riskieren, dass sie wieder etwas klaute. Die Schulter war doch gerade erst verheilt …

»Vielleicht backst du mir einfach einen Kuchen?«, schlug sie vor.

»Nur einen Kuchen?« Becky wirkte geradezu empört.

Jetzt verdrehte Lupi die Augen. »Es soll was Persönliches sein, nichts Gekauftes.«

Becky dachte über ihre Worte nach und nickte dann. »Ich überlege mir was.« Gedankenversunken legte sie ihren Suppenlöffel auf den Teller. »Hast du … also wünschst du dir manchmal, dass …«, stammelte sie und brach ab.

Verständnislos blickte Lupi sie an. »Dass was?«

Becky lehnte sich auf dem Stuhl zurück. »Na ja, ich habe mich gefragt, ob du … dir manchmal eine Wohnung wünschst.«

Eine Wohnung? Verblüfft ließ auch Lupi ihren Löffel sinken. »Wir sind doch in einer Wohnung.«

»Ja, aber … es ist nicht unsere eigene. Wir ziehen ständig um, und …« Becky rieb sich über das Gesicht, dann nahm sie ihren Löffel wieder auf. »Vergiss es einfach«, seufzte sie. »War 'ne blöde Idee.«

»Nein«, erwiderte Lupi leise. Sie musste schlucken. Fand dieses Gespräch wirklich statt, oder träumte sie? »Ich würde mich sehr freuen, wenn wir endlich irgendwo bleiben könnten.«

»Wirklich?« Becky blickte sie überrascht an.

»Wirklich«, bestätigte sie. Sie wollte sich nicht anmerken lassen, wie aufgeregt sie war. Eine Wohnung, nein, mehr noch: ein Zuhause! Nie hätte sie sich getraut, diese Sache mit Becky zu besprechen, und jetzt hatte ihre Mutter das Thema selbst auf den Tisch gebracht.

Fieberhaft griff Lupi nach ihrem Anhänger. Sie konnte das alles nicht glauben. Vor ein paar Tagen noch hatte sie Angst gehabt, in einer Pflegefamilie zu landen, und heute saß sie hier mit Becky und sprach über eine eigene Wohnung, ein eigenes Zuhause. Jacob hatte einen guten Einfluss auf ihre Mutter, das stand fest.

Er hatte einen guten Einfluss auf alle.

51

Er musste es tun, das war ihm klar – aber musste es wirklich heute sein – jetzt? Schon seit Stunden strich Jacob unentschlossen um das Telefon herum. Kannte er ihre Nummer überhaupt noch? Was, wenn sie gar nicht mehr stimmte, oder schlimmer noch: Wenn eine fremde Person sich meldete?

Jacob atmete tief durch und ließ die Schultern kreisen. Draußen verfärbte sich der Himmel bereits rötlich. Wenn die Sonne erst untergegangen war, würde er sich nicht mehr trauen, das wusste er. Sobald er müde war und die Dunkelheit der Nacht um sich griff, wäre auch sein letzter Funken Mut verschwunden. Nein, er musste es jetzt gleich erledigen! Warum schlug sein Herz nur so verflucht schnell?

»Ich bin's …«, murmelte er schließlich in den Hörer.

Eine ganze Weile blieb es still in der Leitung. Dann schien Carla zu begreifen, dass sie sich seine Stimme nicht nur eingebildet hatte.

»Ich habe nicht damit gerechnet, dass du …«

»Lupi hat recht gehabt«, platzte er heraus. Er musste das, was er sagen wollte, schnell loswerden, sonst würde er es sich am Ende doch noch anders überlegen. Dieser Tag heute hatte ihm gutgetan, er hatte sich merkwürdig normal angefühlt, viel normaler als alles, was er in den letzten Jahren erlebt hatte, und diese Normalität verlieh ihm Kraft.

»Sie hat gesagt, dass es besser ist, Frieden mit der Vergangenheit zu schließen.« Er holte Luft und schloss die Augen. »Und deshalb verzeihe ich dir.«

Wieder blieb es still am anderen Ende der Leitung. Dann sagte Carla mit belegter Stimme: »Du verzeihst mir?«

»Dass du mir das mit Mama nicht gesagt hast«, erklärte er. »Ich verzeihe dir nicht, damit du dich besser fühlst, sondern weil ich es dann tue.«

»Okay, das ist … wow.« Carla verstummte.

Jacob musste lächeln. Er hatte seine Schwester noch nie sprachlos erlebt, aber jetzt hatte er sie völlig unvorbereitet erwischt. »Ein Danke hätte es auch getan, aber fürs Erste reicht mir das Wow.«

Carla schwieg noch immer. Langsam wurde Jacob die Sache unheimlich. »Lebst du noch?«

»Ja«, stieß sie atemlos hervor, »ja, ich …«

»Ein Glück«, unterbrach Jacob sie übermütig. »Wäre doch echt schade, wenn ich dir endlich vergebe und du im selben Moment den Löffel abgibst.« Jetzt endlich hörte er Carlas Lachen, und er konnte nicht anders, als miteinzustimmen.

»Wenn wir schon mal dabei sind: Ich verzeihe dir auch«, sagte sie schließlich.

Jacob wurde schlagartig ernst. »Was willst du mir denn bitte verzeihen? Ich hab dein Leben nicht ruiniert!«

»Ich verzeihe dir, dass du dich jahrelang nicht gemeldet und mir deine Familie vorenthalten hast«, erklärte sie ruhig.

Jacob hielt ertappt inne. Sie hatte recht. Er hatte ihr Sarah und Jimmy vorenthalten, und Carla hatte allen Grund, ihm das übelzunehmen.

»Du könntest mir auch verzeihen, dass ich mich in den letzten Wochen wie ein Arsch verhalten habe …«, murmelte er leise.

»Nein«, erwiderte sie. »Das muss ich dir nicht verzeihen. Das war völlig in Ordnung.«

Einige Augenblicke herrschte Stille, aber Jacob hatte das Gefühl, dass ihr Schweigen mehr sagte, als es tausend Worte hätten tun können.

»Willst du … möchtest du Papa sehen?«, fragte Carla schließlich.

Er zuckte überrascht zusammen. »Papa?«

»Vermutlich wird er dich nicht erkennen«, fuhr sie fort. »Aber vielleicht … vielleicht tut es euch beiden gut.«

Jacob zögerte. Dann nickte er, als könnte Carla ihn sehen. »Vielleicht. Aber noch nicht jetzt. Ich brauche noch ein bisschen Zeit.«

Und jetzt hatte er das Gefühl, dass auch Carla ihm zunickte.

In dieser Nacht träumte er von Jimmy. Am nächsten Morgen konnte er sich nicht mehr an Details erinnern, aber das Gefühl, das der Traum hinterließ, war nicht mehr bitter und schmerzhaft, sondern warm und versöhnlich.

Mit einer Tasse Kaffee setzte Jacob sich im Wohnzimmer an das heile Fenster und blickte hinaus in den kleinen Garten. Wie friedlich alles wirkte. Noch vor wenigen Tagen hatte er diesen Frieden als Hohn empfunden, jetzt aber fühlte er sich tröstlich an. Erst jetzt konnte er glauben, was er in den letzten Wochen nicht für möglich gehalten hatte: das Leben ging weiter – auch wenn Jimmy und Sarah für immer darin fehlen würden …

Die Türklingel riss Jacob aus seinen Gedanken. Er schaute auf die Uhr unter dem Aquarium. Wer konnte das sein? Es war bereits neun, und Lupi musste längst in der Schule sein. Irritiert ging er in den Flur, aber als er die Tür öffnete und sah, wer davorstand, hätte er beinahe seine Kaffeetasse fallen lassen.

»Markus?«

Sein ehemaliger Chef trat unsicher von einem Bein aufs andere. »Ist es vielleicht okay, wenn … kann ich reinkommen?«

Während Jacob frischen Kaffee durchlaufen ließ, sah Markus sich schweigend in der Küche um. Erst als er ihm die heiße Tasse in die Hand drückte, rang er sich ein Lächeln ab und wagte es, wieder zu sprechen. »Steht dir gut, die neue Frisur und der Bart.«

Jacob setzte sich ihm gegenüber an den Küchentisch. »Und du bist hergekommen, um mir das zu sagen?«

»Nein.« Markus schüttelte nachdenklich den Kopf. »Ich bin hier, weil ich dir einen Job anbieten will.«

Sollte das ein Scherz sein? »Ich weiß nicht«, murmelte er. »Ich glaube nicht, dass ich schon bereit bin, wieder zu arbeiten, und ...«

»Es wäre ja nicht hier«, unterbrach ihn Markus. »Der Posten in New York ist immer noch frei.«

»Du willst mich nach New York schicken?« Jacob sah ihn misstrauisch an. »Warum?«

Markus hob die Augenbrauen und trank einen Schluck Kaffee. »Weil ich dir helfen will.«

Natürlich, sie hatten Mitleid mit ihm, vielleicht auch ein schlechtes Gewissen! Ungläubig schüttelte Jacob den Kopf. »Ich brauche keine Hilfe.«

»Du musst Geld verdienen, Jacob.«

»Ich habe Ersparnisse!«

»Und wie lange reichen die? Zwei, drei Jahre vielleicht.« Markus stellte seine Tasse auf dem Tisch ab. »Die Sache mit Richard war ein schlimmer Ausrutscher. Trotzdem gehörst du vor die Kamera! Du könntest da drüben noch mal von vorne anfangen, ganz neu beginnen, ohne ...« Er verstummte mitten im Satz.

»Ohne Sarah und Jimmy«, setzte Jacob den Satz tonlos fort.

Markus seufzte und stand auf. »Denk darüber nach. Ich

habe noch bis Ende der Woche Zeit, dann muss ich die Stelle besetzen.« Mit schweren Schritten ging er hinaus auf den Flur und verschwand grußlos aus der Wohnung.

Jacob saß da wie erstarrt. *Du könntest da drüben von vorne anfangen,* hatte Markus gesagt. Aber war das wirklich das, was Jacob wollte?

Nach der Schule kam Lupi vorbei. Während Jacob sich an den Herd stellte und ihr ein Spiegelei zubereitete, redete sie von ihrem Geburtstag.

»Meinst du, wir könnten eine kleine Hüpfburg mieten und in deinen Garten stellen?«

»Klar«, murmelte er, aber es fiel ihm schwer, sich auf ihre Worte zu konzentrieren. Immer wieder drifteten seine Gedanken ab zu dem, was Markus gesagt hatte.

New York.

Er könnte in seiner Karriere dort weitermachen, wo er aufgehört hatte.

Aber gab es diese Option überhaupt noch: weitermachen?

Plötzlich stand Lupi neben ihm und schüttete Wasser aus ihrem Glas in die Pfanne, dass es zischte.

Jacob schreckte aus seinen Gedanken auf. »Hey! Was soll das?«

Vorwurfsvoll sah sie ihn an. »Du hörst mir überhaupt nicht zu!«

»Natürlich höre ich dir zu!«

Lupi hob fragend die Augenbrauen. »Also gut. Was habe ich gerade gesagt?«

Konzentriert presste er die Lippen zusammen. Verflucht. Was hatte sie nur gesagt? »Du ... du wünschst dir ...«

Lupi stöhnte enttäuscht und ließ sich zurück auf ihren Stuhl sinken. »Vergiss es einfach.«

»Nein, ich höre dir zu, ehrlich!« Jacob entsorgte das Ei im Mülleimer, holte eine Tüte Kartoffelchips aus dem Schrank und setzte sich ihr gegenüber an den Tisch. »Wirklich. Ich will alles wissen.«

Aber offensichtlich hatte Lupi keine Lust mehr, über ihren Geburtstag zu reden. Stattdessen wanderte ihr Blick zu den zwei benutzten Tassen im Spülbecken.

»Hattest du Besuch?«

Jacob hielt erschrocken inne, dann sprang er auf. »Mein Chef war hier. Mein Ex-Chef.«

Lupi runzelte misstrauisch die Stirn. »Und was wollte er?«

»Nichts«, erwiderte er und begann hektisch, das Geschirr zu spülen.

»Wegen nichts kommt man doch nicht her«, hakte Lupi skeptisch nach, und Jacob ließ resigniert die Schultern sinken.

»Er hat mir einen Job angeboten. Aber dafür müsste ich weggehen.«

Lupi starrte ihn alarmiert an. »Wo ist weg?«

»New York«, gab er kleinlaut zu.

Entsetzt riss Lupi die Augen auf. »New York ist nicht nur weg, sondern *weit weg*!«

Jacob nickte erschöpft. »Aber es spielt keine Rolle, weil ich nicht daran denke, das Angebot anzunehmen.«

Lupi sackte auf ihrem Stuhl zusammen. Misstrauisch blinzelte sie ihn an. »Bist du sicher?«

Jacob hielt die Luft an. Sie hatte Angst, das konnte er sehen. Er beugte sich zu ihr und legte seine Hand auf ihre. »Ganz sicher«, flüsterte er und spürte in diesem Moment, dass er eine Entscheidung getroffen hatte. Diesmal würde er sein Versprechen nicht brechen.

Als er am nächsten Morgen vor der Haustür auf Lupi wartete, war sie natürlich überrascht, aber damit hatte er gerechnet.

»Ich bring dich heute in die Schule«, verkündete er fröhlich und schwang sich auf sein Fahrrad.

Misstrauisch verzog Lupi das Gesicht. »Und wieso?«

»Weil ich Lust darauf hab! Außerdem muss ich fit bleiben, da kann eine kleine Radtour am Morgen nicht schaden.« Beschwingt nahm er ihr den Turnbeutel ab und verstaute ihn auf seinem Gepäckträger.

Während der Fahrt redeten sie kaum miteinander, aber Jacob nahm aus dem Augenwinkel wahr, dass Lupi ihn immer wieder neugierig von der Seite ansah.

Als er vom eigentlichen Schulweg abwich und in eine

Seitenstraße bog, protestierte sie erwartungsgemäß, aber er winkte sie einfach weiter. »Ich will dir was zeigen.«

Lupi schnaubte. »Aber dann komme ich zu spät!«

Jacob trat fester in die Pedale. »Es dauert nicht lange, versprochen!«

Einen Moment fürchtete er, dass sie ihn einfach ignorieren und allein weiter zur Schule fahren würde, aber dann hörte er wieder ihr Keuchen in seinem Rücken.

Als sie endlich auf dem Kirchplatz vom Rad stiegen, war Lupi völlig außer Atem. Missmutig betrachtete sie die Buden des Jahrmarktes, die um diese Uhrzeit natürlich geschlossen hatten. »Jetzt ist nicht der richtige Zeitpunkt für Zuckerwatte.«

Doch Jacob hatte sie bereits am Handgelenk gepackt und zog sie weiter. »Was sagst du dazu?«, verkündete er schließlich und deutete auf den zusammengefallenen Haufen Plastik, der vor ihnen lag.

»Die Hüpfburg?«, fragte Lupi irritiert.

Jacob nickte begeistert.

Die Kleine rückte sich verstört die Brille zurecht. »Du weißt schon, dass da Luft reinmuss, damit man drauf rumspringen kann, oder? Und die werfen die Maschinen erst wieder an, wenn die Buden öffnen.«

Jacob rollte mit den Augen. »Sieh mal genauer hin!«

Irritiert ging Lupi näher an den Plastikberg heran – und dann bemerkte auch sie das Schild: *VERKAUFT*.

Ungläubig starrte sie Jacob an. »Du hast …?«

»Ich hab das Ding gekauft, ja!« Plötzlich konnte er die Begeisterung über seine spontane Aktion nicht mehr zurückhalten. »Pünktlich zu deinem Geburtstag steht das Teil bei mir im Garten!«

Lupi starrte ihn fassungslos an. »Bist du verrückt geworden?«

Für einen kurzen Moment hielt Jacob unsicher inne, dann zuckte er die Achseln. »Du hast gesagt, du willst an deinem Geburtstag auf die Hüpfburg – und ich musste dir schließlich beweisen, dass ich eben doch zuhöre!« Zufrieden verschränkte er die Arme vor der Brust.

Lupi schüttelte sprachlos den Kopf. Dann schwang sie sich wieder auf ihr Rad und grinste ihn ungläubig an. »Du hast echt nicht mehr alle Tassen im Schrank!«

52

Eine Hüpfburg! Wer war denn bitte so verrückt, eine Hüpfburg zu kaufen? Natürlich, sie hatte davon geträumt, so ein Teil für ihren Geburtstag zu mieten, aber deswegen musste man doch nicht gleich tief in die Taschen greifen. Lupi schüttelte immer wieder den Kopf und lachte ungläubig, während sie allein zur Schule radelte. Selbst wenn Jacob wirklich Gott sein sollte – er hatte eindeutig den Verstand verloren!

Als sie endlich auf dem Schulhof ankam, waren die Fahrradparkplätze alle besetzt – natürlich, schließlich hatte der Unterricht längst begonnen. Hastig schob sie ihr neues Rad über den Hof. Vielleicht war hinter der Turnhalle noch eine Lücke frei?

Angespannt bog Lupi in den kleinen Weg ein, der vom Schulhof zur Rückseite des Schulgebäudes führte – da nahm sie aus dem Augenwinkel auf einmal eine Bewegung schräg hinter sich wahr. Erschrocken drehte sie sich um.

»Müsstet ihr nicht in der Klasse sitzen?«, rief sie Marcello und Julian zu. »Der Unterricht hat schon angefangen.« Sie merkte selbst, dass ihre Stimme dabei nicht halb so selbstbewusst klang, wie sie gehofft hatte.

Die beiden Jungs antworteten nicht, sondern grinsten

nur, und als Lupi sich wieder nach vorne drehte, um ihr Fahrrad weiterzuschieben, sah sie auch, warum. Vincent.

Sie hatte ihn nicht kommen hören, und jetzt stand er unmittelbar vor ihr. »Wir haben heute hitzefrei«, flüsterte er, zog ein Feuerzeug aus der Hosentasche und ließ die Flamme direkt vor ihrem Gesicht aufzüngeln.

Lupi schluckte. Hilflos blickte sie sich nach allen Seiten um, aber außer Vincent und den Jungs war weit und breit niemand zu sehen.

»Mit Feuer spielt man nicht«, murmelte sie und kniff die Augen zusammen.

»Das hier ist auch kein Spiel«, antwortete Vincent und nickte seinen Klassenkameraden zu. Blitzschnell schossen Julian und Marcello vor, packten Lupi unter den Achseln und zerrten sie an die Wand.

Ihr Fahrrad fiel krachend zu Boden, und ihr Rucksack kippte aus dem Korb. Lupi stieß einen Schrei aus, der sogleich von Marcellos fleischiger Hand erstickt wurde.

»Wir haben noch eine Rechnung offen«, zischte Vincent und ließ erneut die Flamme vor ihrer Nasenspitze aufflackern. »Auge um Auge.«

Erschrocken hielt Lupi die Luft an. Wollte er etwa ihre neue Brille kaputtmachen?

»Wobei …«, fuhr Vincent grinsend fort, »wenn ich es mir recht überlege, brennen Haare viel besser als Augen.« Entschlossen führte er das Feuerzeug an ihre Haarspitzen. Lupi versuchte freizukommen, aber sie konnte sich nicht bewegen. Obwohl Marcellos Hand noch immer ihren Mund und ihre Nase bedeckte, roch sie verbranntes Haar. Hoffentlich wollte Vincent ihr nur ein bisschen Angst machen, hoffentlich trieb er es nicht zu weit!

Doch als sie seinen boshaften Blick unter der genähten Braue sah, wusste sie, dass er sie nicht nur einschüchtern wollte. Er meinte es ernst, todernst sogar.

Ängstlich schloss Lupi die Augen. Am liebsten hätte sie sich an ihrem Anhänger festgekrallt und um ein Wunder gebetet, aber die Jungs hielten sie fest an die Wand gepresst. Sie hatte keine Chance, das wusste sie, sie würde Vincents Rache über sich ergehen lassen müssen.

»Hey! Was macht ihr da?« Plötzlich vernahm sie eine Stimme, die hier nicht hingehörte, dann spürte sie einen Ruck. Erst konnte sie die Bewegung nicht richtig einordnen, doch dann merkte sie, dass die Jungs sie losgelassen hatten. Und im nächsten Moment hörte sie auch schon ihre Schreie.

Als Lupi die Augen öffnete, sah sie Marcello und Julian am Boden liegen. Keuchend versuchten sie, sich hochzurappeln und wegzukommen. Vincent hingegen stand neben ihr an die Wand gedrückt. Sein Feuerzeug fiel zu Boden und landete direkt zu Jacobs Füßen.

Jacob? Tatsächlich, Jacob war hier! Er hatte Marcello und Julian von ihr weggerissen, und jetzt hielt er Vincent am Kragen in die Höhe und drückte ihn gegen die kalte Backsteinwand.

»Bist du Vincent?«, fragte er drohend und rückte näher an ihn heran, bis Lupis Mitschüler atemlos nickte.

»Du fasst Lupi nie wieder an, hast du verstanden?«, knurrte Jacob. Der Zorn in seiner Stimme ließ keinen Zweifel an seiner Entschlossenheit. »Du kommst nicht mal mehr in ihre Nähe, denn sonst komme ich – und ich schwöre dir: Wenn ich mit dir fertig bin, weißt du nicht mal mehr, wie man deinen Namen buchstabiert!«

»Das … dürfen Sie nicht!« Vincent versuchte, trotzig zu klingen, aber er hatte Angst, daran gab es keinen Zweifel.

»Ich bin ein Mann, der nichts mehr zu verlieren hat«, fauchte Jacob. »Und das heißt, dass ich so ziemlich alles machen kann, was ich will!«

Vincent hielt die Luft an.

»Du lässt Lupi in Ruhe?«

Vincent nickte hektisch, doch Lupi konnte sehen, dass Jacob seinen Griff noch einmal verstärkte. »Du lässt Lupi in Ruhe!«, wiederholte er.

»Ja«, keuchte Vincent. »Ich lasse Lupi in Ruhe, versprochen.«

Jacob zögerte einen Moment, dann ließ er Vincent los. Lupi sah sprachlos zu, wie der Junge auf die Knie fiel, sich aufrappelte und blitzschnell in Richtung Schulhof verschwand.

Jacob schüttelte sich kurz und hob das Feuerzeug auf.

Nur Lupi konnte sich nicht bewegen. Sie konnte ja nicht einmal richtig atmen. Ungläubig blinzelte sie Jacob an.

Offenbar machte ihn ihr Blick nervös. Verunsichert fuhr er sich mit der Hand über die Haare.

»Ich … du hast deinen Turnbeutel auf meinem Gepäckträger vergessen«, stammelte er und deutete auf sein Rad, das er am Ende des Weges hatte fallen lassen.

Doch Lupi konnte den Blick nicht von seinem Gesicht wenden. Fassungslos starrte sie ihn an. Und dann schossen plötzlich Tränen aus ihren Augen. Mit einem heftigen Ruck stieß sie sich von der Wand ab und schlang schluchzend die Arme um ihn.

Es dauerte eine Ewigkeit, bis ihre Tränen getrocknet waren und sich ihr Herzschlag wieder beruhigt hatte. Jacob wollte, dass sie mit ihm nach Hause fuhr, aber Lupi bestand darauf, am Unterricht teilzunehmen.

Bevor sie ins Klassenzimmer ging, bog sie auf die Mädchentoilette ab und betrachtete sich im Spiegel. Ihr Gesicht sah aus wie ein Schwamm, aufgequollen und rot vom Weinen, aber immerhin hatte sie noch Haare auf dem Kopf.

Jacob hatte sie wieder einmal gerettet. Er hatte sie vor Vincent beschützt, und obwohl Lupi die Dinge eigentlich gerne selbst regelte und keine Freundin von Gewalt war, spürte sie, wie gut es tat, wenn jemand anderes Verantwortung für sie übernahm.

Sie wusch sich das Gesicht mit kaltem Wasser, bis es wieder halbwegs normal aussah. Als sie ins Klassenzimmer trat und sich für die Verspätung entschuldigte, stellte sie fest, dass auch die Jungs auf ihren Plätzen saßen. Aber weder Vincent noch Marcello oder Julian wagten es, sie anzusehen. Zum ersten Mal in ihrem Leben fühlte Lupi sich unbesiegbar.

In der Pause kam Rosa zu ihr. »Warum bist du zu spät gekommen?«

Lupi überlegte kurz, ihr eine Lüge aufzutischen, um alles nicht noch komplizierter zu machen, aber dann entschied sie sich dagegen. Rosa war keine Fremde mehr, sie war jetzt ihre Freundin.

Lupi holte noch einmal tief Luft, und dann erzählte sie ihr die ganze Geschichte.

Rosa glaubte nicht daran, dass Jacob Gott war. »Höchstens so was wie 'ne Zweitagsfliege«, sagte sie, während sie sich neben Lupi unter den alten Baum hinter den Tischtennisplatten setzte.

»Eine Zweitagsfliege?« Lupi hatte diesen Begriff noch nie gehört.

»Meine Oma hat mir immer eine Geschichte erzählt«, erklärte Rosa und hielt Lupi eines ihrer Pausenbrote hin. Lupi zögerte zuerst, griff dann aber doch hungrig zu. »Sie handelt von einer Eintagsfliege, die einen Haufen Fehler macht. Als der Tag zu Ende geht, setzt sie sich traurig auf ein Blütenblatt, um zu sterben. Doch am nächsten Morgen wacht sie wieder auf.«

Irritiert schluckte Lupi einen viel zu großen Bissen herunter. »Aber das geht nicht, sie ist doch eine Eintagsfliege.«

»Eigentlich schon.« Rosa seufzte. »Aber aus irgendwelchen Gründen, die kein Mensch auf der Welt verstehen kann, kriegt sie einen zweiten Tag geschenkt. Und so wird aus ihr eine Zweitagsfliege.«

»Und an diesem zweiten Tag macht sie alles richtig?«

»Nein.« Rosa grinste frech. »Aber sie gibt ihr Bestes. Und das ist meistens schon gut genug.«

Obwohl Lupi nicht wusste, was sie von der Geschichte halten sollte, ging ihr das Gespräch mit Rosa nicht mehr aus dem Sinn. Sie konnte sich nicht auf die Matheaufgaben konzentrieren, und im Kunstunterricht ließ sie den Pinsel abwesend über das Papier fahren.

Selbst als es endlich zum Unterrichtsende klingelte und Lupi sich auf ihr Rad schwang, hallte das Wort in ihrem Kopf nach. *Zweitagsfliege.*

Vermutlich hatte Rosa recht. Jacob war wirklich nicht Gott, sondern hatte einfach nur Glück gehabt und einen zweiten Tag geschenkt bekommen, eine zweite Chance.

Als sie ihr Rad an einer Laterne festschloss und auf die Haustür zuging, war sie noch immer derart in ihre Gedanken versunken, dass sie die zwei Polizistinnen erst viel zu spät bemerkte.

»Bist du Lupi?«, fragte die eine unvermittelt und sah ihr direkt in die Augen.

Lupi spürte, wie ihr das Blut in den Adern gefror. Was war hier los? Kamen die beiden etwa wegen Doktor Dosetier? Hatte er Frau Hofmeyer tatsächlich berichtet, dass sie Vincent verprügelt hatte?

Lupi versuchte sich zu beruhigen und eine Antwort zu geben, aber sie brachte kein Wort heraus. Irgendetwas stimmte hier nicht …

»Wir bringen dich zu deiner Mama«, sagte nun die andere Polizistin und kam einen Schritt auf sie zu.

Instinktiv wich Lupi zurück. Die beiden waren wegen Becky hier! »Wo … wo ist sie?«

Die beiden Polizistinnen warfen sich einen Blick zu, dann ging die erste vorsichtig vor ihr in die Hocke. »Sie ist auf dem Revier.«

Lupi zuckte zusammen. Plötzlich rauschte es in ihren Ohren, und die Welt geriet vor ihren Augen ins Wanken.

»Hat sie … hat sie wieder was angestellt?«

Die Polizistinnen sahen einander überrascht an, dann richtete sich die erste wieder auf und streckte ihr freundlich die Hand entgegen. »Sie kann nicht herkommen, deshalb bringen wir dich erstmal zu ihr.«

Erstmal? Lupi hörte zu gut zu, als dass ihr dieses entscheidende kleine Wort entgangen wäre. Man würde sie vielleicht kurz zu Becky auf die Wache bringen, aber dann würde man ihr die Mutter wegnehmen! Becky war bei irgendetwas erwischt worden, das war klar, und diesmal war sie nicht mit einer verletzten Schulter davongekommen! Wenn ihre Mutter aber im Gefängnis landete, dann konnten sie unmöglich zusammenbleiben! Man würde sie ins Heim stecken, in eine Pflegefamilie, so wie Frau Hofmeyer es hinter der halb geschlossenen Bürotür gesagt hatte.

Pflegefamilie! Das Wort kreiste in Lupis Kopf wie ein Raubvogel am Himmel.

Sie konnte nicht in eine Pflegefamilie gehen, nicht nach allem, was in den letzten Tagen passiert war. Sie hatte gekämpft und gehofft, hatte Jacob zurück ins Leben geholt und Becky auf den rechten Weg gebracht. All diese Mühen konnten doch nicht umsonst gewesen sein!

»Kommst du?«, fragte die Polizistin sanft und holte sie damit zurück ins Hier und Jetzt.

Lupi hätte beinahe gelacht. Dachte diese Frau wirklich, sie würde einfach so mitkommen? Nein, sie würde jetzt nicht aufgeben! Sie musste weg von hier, einfach nur weg – und zwar so schnell wie möglich.

53

Jacob betrachtete sein Spiegelbild in der Scheibe des Küchenfensters. Draußen im Vorgarten wiegten sich die Büsche im sanften Sommerwind. In seinem Kopf drehten sich die Gedanken.

Er konnte noch immer nicht glauben, dass er diesen Jungen am Kragen gepackt hatte. Was war nur in ihn gefahren? Eigentlich hatte er Lupi doch nur den Turnbeutel bringen wollen, den sie auf seinem Gepäckträger vergessen hatte! Aber dann hatte er ihren Schrei gehört.

Es war eine Kurzschlussreaktion gewesen, natürlich, diese Jungs hatten Lupi schließlich wehgetan. Aber er war erwachsen! Hätte er nicht vernünftiger handeln sollen?

Am merkwürdigsten war, dass er sich nicht einmal schlecht fühlte nach alledem. Er hatte sich für Lupi entschieden und gegen New York, das hatte ihm die Begegnung auf dem Schulhof mehr als deutlich gemacht. Lupi brauchte ihn, und er fühlte sich gut bei dieser Erkenntnis.

Auch Sarah und Jimmy hatten ihn gebraucht. Er würde nicht zweimal denselben Fehler machen! Er würde Markus absagen.

Gerade als er zum Telefon greifen wollte, klingelte es an

der Tür. Nicht ein- oder zweimal wie sonst, sondern viele hektische Male, rastlos und immer schneller.

Verwundert öffnete Jacob die Tür, und Lupi stürmte an ihm vorbei. Ihr Atem ging stoßweise, und auf ihrer Stirn glänzten feine Schweißperlen, sie musste gerannt sein. Völlig erschöpft sank sie im Flur auf den Boden.

Sofort schoss ein Gedanke durch Jacobs Kopf, der ihn augenblicklich rasend wütend machte.

Angespannt ging er vor Lupi in die Knie. »War das Vincent?«, stieß er hervor. »Hat er dir wehgetan?«

Lupi schüttelte atemlos den Kopf. »Becky …«, keuchte sie leise, dann brach sie ab.

Becky? Jacob runzelte die Stirn. »Was ist mit ihr?«

Lupi schloss die Augen, und mit einem Mal strömten Tränen über ihr Gesicht. Zwischen ihren hemmungslosen Schluchzern fiel es Jacob schwer, ihre Worte zu verstehen. »Sie … sie haben sie verhaftet.«

»Verhaftet?« Jacob schüttelte ungläubig den Kopf. »Unsinn, das ist sicher nur ein Missverständnis.«

Aber Lupi schluchzte weiter, hilflos und verzweifelt. »Sie hat wieder was gestohlen, und jetzt kommt sie ins Gefängnis – und ich …« Sie holte Luft. »Mich stecken sie in eine Pflegefamilie!«

»In eine Pflegefamilie?« Was redete Lupi da für wirres Zeug? Fürsorglich legte er den Arm um sie und half ihr auf die Beine. »Niemand kommt in eine Pflegefamilie! Und deine Mutter hat sicher nichts geklaut.«

»Doch, das hat sie«, wimmerte Lupi und wischte sich den Rotz von der Nase. »Sie macht das nämlich ständig.«

Jacob hatte Schwierigkeiten, diese Informationen zu verdauen. Das alles ergab überhaupt keinen Sinn! Er beugte sich zu Lupi hinunter und nahm ihr Gesicht in beide Hände. »Egal, was passiert ist: Becky kriegt das schon hin, meinst du nicht? Und du wirst nirgendwo hingehen, vor allem nicht in irgendeine Pflegefamilie.«

Lupi schluckte und sah ihn verzweifelt an.

Und plötzlich spürte Jacob, dass hier noch viel mehr nicht stimmte. Die Panik, die in Lupis Augen lag, war echt. Außerdem war sie einfach zu schlau, als dass das alles nur ein blöder Irrtum sein konnte.

Auf einmal fiel es ihm wie Schuppen von den Augen. »Das Jugendamt …«, murmelte er und sah, wie Lupi vorsichtig nickte. Ungläubig nahm er seine Hände von ihrem Gesicht. »Die waren gar nicht da, weil du Vincent geschlagen hattest. Sie hatten andere Gründe …«

Lupi schloss die Augen, und Jacob wurde bewusst, wie schwer das alles auf ihr lastete.

»Ich … ich dachte, du kannst mir ein Wunder schenken«, stammelte sie, während sie betreten auf ihre Füße starrte.

Ein Wunder schenken? Natürlich, jetzt machte plötzlich alles Sinn! Alle Einzelteile fügten sich wie von selbst zu einem Puzzle zusammen, und Jacob konnte nicht glauben, dass er das Offensichtliche nicht längst gesehen hatte.

»Dein Anhänger …«, murmelte er mit tonloser Stimme. »Du dachtest, ich sei Gott, weil du ein Wunder gebraucht hast.« Wie hatte er nur so blind sein können? Lupi hatte ihn gerettet, weil sie sich Hilfe von ihm versprochen hatte. Weil Becky das Jugendamt im Nacken saß, man wollte ihr Lupi wegnehmen!

Mit einem Mal fühlte Jacob sich vollkommen leer. Wie hatte er nur so naiv sein können, so verblendet, so dumm?

Unsicher griff Lupi nach seiner Hand und schniefte. »Hilfst du mir?«

»Und wie stellst du dir das vor?« Resigniert fuhr er sich mit den Händen übers Gesicht. »Ich gehe jetzt zur Polizei und erzähle denen, dass ich Gott bin?«

»Ich weiß, dass du nicht Gott bist.« Lupis Lippen zitterten. »Aber du musst mir trotzdem helfen! Du musst meine Mama aus dem Gefängnis holen. Bitte!«

Jacob ließ sich müde im Flur auf den Boden sinken. Wie hatte das alles nur passieren können? Hatte er denn gar nichts dazugelernt? *Manchmal muss man nur genau hinsehen.* Das hatte Lupi gesagt, als sie mit Rosa in den Park gegangen war. Warum zum Teufel hatte er das nicht getan? Er hatte versagt, schon wieder …

»Bitte!« Lupi klammerte sich an seinen Ellenbogen. »Du musst sie da rausholen!«

Als Jacob die Verzweiflung in ihren Augen sah, verschwand sein Anflug von Selbstmitleid. Mit einem Mal wusste er, was zu tun war. *Ich lass dich nicht allein* – das waren mehr als nur fünf Worte, es war eine Verantwortung. Egal, wie enttäuscht er auch sein mochte, er war ein Teil der ganzen Geschichte.

Und deshalb musste er jetzt handeln.

»Du wartest hier«, befahl er ihr, als er den Wagen vor dem Revier abgestellt hatte. Lupi wagte nicht zu protestieren und machte sich auf der Rückbank klein. Entschlossen zog er die Fahrertür hinter sich zu und betrat die Wache.

Es waren ein paar Telefonate nötig gewesen, bis er herausgefunden hatte, wo Becky war. Zuerst hatte er es selbst versucht, aber bald gemerkt, dass er nicht schnell genug vorankam. Deshalb hatte er schließlich Carla angerufen, und die hatte ihren Polizistenfreund mit ins Boot geholt.

»Wusstest du, dass diese Frau schon mehrfach mit einem Bein im Gefängnis stand?«

Nein, natürlich hatte Jacob das nicht gewusst, er hatte nicht die leiseste Ahnung von dem gehabt, was sich bei Lupi und Becky hinter der Fassade abspielte. Und jetzt klärte Carla ihn auch noch darüber auf, dass Beckys Diebstahl diesmal tatsächlich Konsequenzen haben könnte. Wenn sie keinen erstklassigen Anwalt fand, würde sie mit großer Wahrscheinlichkeit eine Haftstrafe antreten müssen, und was dann mit Lupi geschehen würde, war ungewiss.

»Ganz unwahrscheinlich ist die Sache mit der Pflegefamilie jedenfalls nicht«, hatte Carla ihm erklärt.

Jacob konnte sich nicht erinnern, wann er sich das letzte Mal so hilflos gefühlt hatte. Wie hatte er sich nur dermaßen in den beiden täuschen können? Natürlich, ihm war von Anfang an klar gewesen, dass irgendwas mit ihnen nicht stimmte. Becky war ungewöhnlich in jeder Hinsicht. Aber dass sie das Wohl ihrer Tochter derart aufs Spiel setzte …

Und Lupi! Warum hatte sie ihm nicht längst die Wahrheit erzählt? Dann hätte er vielleicht etwas tun können, er hätte …

Hin- und hergerissen zwischen Enttäuschung, Angst und Empörung trat Jacob an den Empfangstresen der Polizeiwache. »Wo finde ich Becky Brockmann?«

Die diensthabende Polizistin musterte ihn stirnrunzelnd. »Gehören Sie zur Familie?«

»Ist das hier ein Krankenhaus?«, entfuhr es Jacob. Im nächsten Moment erkannte er am Blick der Beamtin, dass er sich im Ton vergriffen hatte. Er atmete tief durch. »Entschuldigung. Ich kümmere mich um ihre Tochter. Sie sitzt draußen im Auto. Und ich habe den Reisepass von Frau Brockmann dabei, den lassen wir als Sicherheit hier.« Genau so hatte er es mit Clemens und dem Richter besprochen, mit dem Carlas Freund regelmäßig Tennis spielte.

Die Polizistin zögerte einen Augenblick und tippte dann auf ihrer Tastatur herum. »Rebecca Brockmann?«

»Genau.« Unruhig trat Jacob von einem Bein aufs

andere. »Man sagte mir, ich könnte sie mitnehmen, wenn ich den Pass hinterlege.«

Die Polizistin griff nach Beckys Pass und prüfte ihn sorgfältig. Dann blickte sie Jacob an. »Sie muss sich regelmäßig bei der Polizei melden. Und sie muss eine Meldeadresse vorlegen.«

Jacob nickte eifrig. »Sie wird die Stadt nicht verlassen, versprochen.«

Die Polizistin seufzte, notierte sich Jacobs Adresse und schob ihm einen Stapel Papier über den Tresen.

Es dauerte fast eine Stunde, bis Jacob alle Formulare ausgefüllt hatte und man ihn zu Becky führte. Sie wich seinem Blick aus, und auch er hatte keine große Lust, mit ihr zu reden. Was sollte er auch sagen? Er hätte ihr nur Vorwürfe an den Kopf werfen können, und dafür war hier wohl kaum der richtige Ort.

Doch als sie gemeinsam auf den Flur traten, griff Becky plötzlich nach seiner Hand. Im Bruchteil einer Sekunde kam Jacobs Enttäuschung zurück. »Was ist?«, zischte er und erschrak selbst, dass er auf einmal so wütend war. »Willst du mir wieder weismachen, dass ich mich nicht einmischen soll und du es alleine schaffst?«

Becky hielt einen Augenblick inne, dann schüttelte sie den Kopf. »Ich wollte mich bedanken.«

»Bedanken?« Jacob konnte es nicht fassen. »Erklär mir lieber, warum du durch die Gegend läufst und stiehlst, was dir gefällt!« Er drehte sich um und marschierte den Flur entlang. Becky folgte ihm.

»Ich habe es nur getan, weil ich Lupi zu ihrem Geburtstag überraschen wollte.«

»Überraschen?« Jacob konnte sich nicht länger zusammenreißen. »Etwa nach dem Motto: *Überraschung, du kommst ins Heim, weil ich wieder mal Dinge eingesteckt hab, die mir nicht gehören?* Verdammt, Becky! Du bist für sie verantwortlich, nicht andersrum!«

»Ich wusste nicht, dass sich das Jugendamt eingeschaltet hatte!«

»Das wundert mich nicht«, blaffte Jacob. »Eine Sache habt du und Lupi nämlich gemeinsam: Ihr macht euch die Welt so, wie sie euch gefällt – und was nicht reinpasst, wird einfach unter den Teppich gekehrt! Wusstest du, dass deine Tochter in der Schule von anderen Kindern tyrannisiert wird?«

»Was?« Auf einmal wirkte Becky noch blasser als zuvor.

»Natürlich wusstest du das nicht«, warf Jacob ihr an den Kopf. »Weil sie es dir nicht erzählt hat! Und dass sie mich nur deshalb für Gott hält, weil sie sich erhofft hat, ich könnte sie vor einer Pflegefamilie bewahren und dich irgendwie aus dem Dreck ziehen, hat sie selbstverständlich auch nicht erzählt – weder dir noch mir!« Er kniff die Augen zusammen und funkelte sie enttäuscht an. »So seid ihr eben. Alle beide.«

Jetzt schoss Becky an ihm vorbei und verstellte ihm den

Weg. In ihren Augen blitzte Entschlossenheit. »Ich mach es wieder gut, versprochen.«

Jacob lachte zynisch auf. »Was meinst du damit jetzt genau? Die Sache mit dem Diebstahl und der Pflegefamilie – oder die Tatsache, dass sie denkt, ihr Vater wäre ein spanischer Austauschstudent?«

»Ich … ich …«, stammelte Becky. Aber Jacob war noch nicht fertig.

»Verdammt, Becky! Ihr müsst endlich anfangen, euch gegenseitig die Wahrheit zu sagen. Sie muss wissen, dass der Anhänger nur vom Flohmarkt ist, und dann müsst ihr über die Schule reden und über … über alles! Sonst nimmt das alles nie ein Ende, hörst du? Und das hat sie nicht verdient!«

Erschöpft ließ Jacob die Schultern hängen. Er rechnete damit, dass sie widersprechen und ihn beschimpfen würde, aber Becky stand nur wie erstarrt da und hielt den Blick auf einen Punkt hinter ihm gerichtet. Sie wirkte plötzlich wie versteinert.

Irritiert drehte Jacob sich um – und da sah er sie.

Wie sie da im Türrahmen stand, wirkte sie winzig klein. Sie rührte sich nicht vom Fleck, und hätten ihre Schultern nicht so heftig gezittert, hätte Jacob geglaubt, sie wäre gar nicht echt, sondern nur eine Illusion.

»Lupi …«, murmelte er erschrocken.

Aber da war es schon zu spät.

54

Lupi fühlte sich, als würde sie fallen, immer tiefer, jede Sekunde in Erwartung des großen Aufpralls. Ungefähr so musste Jacob sich gefühlt haben, als er vom Himmel gestürzt war.

Eigentlich hatte sie vorgehabt, im Wagen zu warten, doch dann hatte ihre Blase gedrückt, und sie wusste, dass sie es nicht aushalten würde, bis sie wieder zu Hause waren. Außerdem war nicht abzusehen, wie lange Jacob noch brauchen würde, um die Sache zu klären und Becky herauszuholen. Deshalb war sie schließlich doch ausgestiegen, um auf die Toilette zu gehen.

Was sich hier gerade abspielte, kam Lupi vor wie ein Film, und sie stellte mit Entsetzen fest, dass sie eine der Hauptrollen darin spielte.

Becky hatte sie belogen.

Ihr Vater und die Geschichte von dem silbernen Anhänger waren nichts als eine Lüge? Ungläubig starrte sie ihre Mutter an. Sicher würde sich das alles als ein Missverständnis entpuppen …

Aber Beckys Blick verriet ihr das Gegenteil.

»Lupi …«, murmelte Jacob.

Becky tat einen Schritt auf sie zu, doch da drehte Lupi

sich bereits auf dem Absatz um und stürmte zur Tür hinaus.

Zum zweiten Mal an diesem Tag rannte sie schneller, als sie es für möglich gehalten hätte. Sie rannte und rannte, stolperte über die Stufen des Polizeireviers nach draußen und rannte weiter. In ihrem Rücken hörte sie Beckys Schritte und ihre Stimme, aber ihre Worte drangen nicht zu ihr durch. Viel zu laut rauschte das Blut in ihren Ohren.

Ihr Papa.

Gott …

Alles, woran sie ihr Leben lang geglaubt hatte, war falsch gewesen, eine große, furchtbare, gemeine Lüge!

Lupi lief wie von selbst, ihre Füße brauchten keine Befehle mehr, sie machten einfach immer weiter, einen Schritt nach dem anderen. Erst als Lupi sich ganz sicher war, dass sie Becky abgeschüttelt hatte, kam sie zum Stehen, ließ sich an einer Mauer auf den Boden fallen und begann zu weinen.

Sie weinte so heftig, dass sie kaum Luft bekam. Eine Lüge, Becky hatte sie die ganze Zeit angelogen … Lupis Schultern zitterten, nein, eigentlich bebte ihr ganzer Körper. Sie konnte nicht denken, sie konnte nicht atmen, sie war sich nicht einmal sicher, ob sie überhaupt noch etwas fühlte. Da waren nur Tränen, Tränen, die aus ihren Augen stürzten und ihren ganzen Körper schüttelten.

»Hey, alles in Ordnung mit dir?«

Lupi hob den Kopf und erkannte durch den Tränenschleier, dass ein Junge vor ihr stehen geblieben war. Er war ein paar Jahre älter als sie, vielleicht dreizehn oder vierzehn, und führte einen kleinen Hund an der Leine.

Am liebsten hätte sie ihn angeschrien, er solle verschwinden, sich zum Teufel scheren und sie in Ruhe lassen, aber stattdessen nickte sie nur, stand auf und lief davon.

Erst als die Sonne längst untergegangen war, ging sie zurück nach Hause. Nein, es war eigentlich kein Zuhause, das wusste sie genau.

Bereits im Treppenhaus stürzte Becky auf sie zu und zerrte sie in die Wohnung. Lupi konnte sehen, dass ihre Mutter geweint hatte, aber sie spürte kein Mitleid.

»Es tut mir leid«, schluchzte Becky, »es tut mir so leid! Ich werde dir alles erklären, ja? Ich lüge dich nie wieder an!«

Aber Lupi löste sich aus ihrem Griff und verschwand mit einem Türenknallen in ihrem Zimmer. Becky folgte ihr und versuchte, sie mit furchtbar vielen Worten niederzureden, aber Lupi schaffte es, die meisten davon an sich abprallen zu lassen. Sie hatte nicht vor, sich die Ausreden ihrer Mutter anzuhören, und noch weniger hatte sie vor, mit ihr zu reden.

Natürlich war Becky viel zu hartnäckig, um aufzugeben. Sie brachte ihr Essen ans Bett, das Lupi wortlos von sich schob, und setzte sich zu ihr auf die Bettkante.

»Ich weiß, du bist mir böse, und du hast auch allen

Grund dazu. Aber ich will trotzdem, dass du weißt, dass ich eine Wohnung für uns gefunden habe.«

Lupi hielt die Luft an. Hatte sie richtig gehört?

»Eigentlich wollte ich dich damit zum Geburtstag überraschen«, fuhr Becky leise fort. »Zusammen mit einem Kuchen. Im Kaufhaus habe ich eine Backform gesehen, die aussah wie ein Haus, aber sie war so unverschämt teuer, und da …« Sie seufzte und strich Lupi eine Strähne aus der Stirn. »Du hättest mir sagen müssen, dass das Jugendamt in der Schule war.«

Lupi zuckte zusammen und starrte ihre Mutter an. Wollte Becky ihr jetzt auch noch Vorwürfe machen?

»Ich habe Fehler gemacht, viel zu viele.« Becky massierte sich erschöpft die Schulter. »Und du hast was Besseres verdient, das weiß ich. Ich verspreche dir, dass alles wieder gut wird. Glaubst du mir?«

Lupi musste schlucken.

Plötzlich spürte sie, wie wieder Tränen in ihre Augen stiegen – doch dann wurde sie auf einmal wütend. Zornig stieß sie Becky vom Bettrand und zog sich die Decke über den Kopf.

Sie würde nicht mit ihr reden und ihr auch nicht verzeihen! Vor allem aber würde sie ihr nie wieder auch nur ein einziges Wort glauben.

In der folgenden Zeit hatte Lupi Schwierigkeiten, sich zu konzentrieren. Die Schultage zogen wie ein eintöniger

Film an ihr vorbei. Obwohl sie gerade erst so viel erfahren hatte, war ihr Kopf leer, und ihre Glieder fühlten sich furchtbar schwer an.

Becky ließ natürlich nicht locker. Sie wollte alles wiedergutmachen, das spürte Lupi, aber sie war noch nicht bereit, ihrer Mutter zu verzeihen. Dabei gab Becky sich wirklich die allergrößte Mühe. Sie hinterließ ihre neue Meldeadresse bei der Polizei, führte ein langes Gespräch mit Doktor Dosetier und schmierte plötzlich sogar Schulbrote für Lupi.

Und sie erzählte ihr von ihrem Vater. Ihrem echten Vater. Er lebte in Deutschland. Nicht in Hamburg zwar, aber im benachbarten Lüneburg, und unterrichtete dort an der Universität – wenn Becky denn diesmal die Wahrheit sagte. Auch wenn Lupi nicht mit ihr sprach, hörte sie ihr aufmerksam zu. Ihr Papa war also ein Professor, und noch dazu keine Stunde mit der Bahn entfernt. Aber er wollte sie nicht sehen, daran änderte auch die neue Wahrheit nichts.

Jeden Morgen, wenn sie zur Schule fuhr, sah Lupi hinüber zu Jacobs Wohnung, aber irgendwie traute sie sich nicht, bei ihm zu klingeln. Mit einem Mal war es ihr furchtbar peinlich, dass sie ihn in die ganze Sache hineingezogen hatte, und schlimmer noch: dass sie ihn für Gott gehalten hatte. Er musste sie für schrecklich dumm halten, für kindisch und hysterisch, die Tochter einer krankhaften Lügnerin.

Erst als er an einem sonnigen Nachmittag Kartons aus seiner Wohnung trug und ihr unsicher zulächelte, fasste sie sich ein Herz und ging zu ihm hinüber.

»Hey. Wie geht's dir?«, fragte er. Seine Stimme klang etwas rau, aber er hatte sich rasiert und sah auch sonst nicht ungepflegt aus.

Lupi zuckte mit den Schultern und deutete auf die Kartons. »Ziehst du aus?«

Jacob zögerte einen Moment. Dann stellte er die Kisten ab und vergrub die Hände in den Hosentaschen. »Ich … ich gehe nach New York.«

Lupi stockte der Atem. Damit hatte sie nicht gerechnet. Dann hatte er den Job also doch angenommen! Sie wusste nicht, was sie sagen sollte. Die neue Information verwirrte sie, aber noch mehr wunderte sie sich über die Gefühle, die plötzlich über sie hereinbrachen. Dass Jacob tatsächlich wegging, tat weh und schien ihren Verstand einmal mehr außer Betrieb zu setzen.

Offenbar merkte Jacob, dass sie verstört war. »Ich komme aber zwischendurch immer wieder nach Hause, und es ist ja auch nicht für immer …«, versicherte er ihr.

Aber Lupi wollte seinen Trost nicht. Sie atmete tief durch und presste kurz die Lippen zusammen. »Ist doch schön für dich«, sagte sie steif. »Wir ziehen ja auch bald um.« Dann drehte sie sich um und verschwand grußlos auf die andere Straßenseite.

Toni half ihnen dabei, das Nötigste für die neue Wohnung zu besorgen. Sie war klein und etwas dunkel, aber Lupi stellte keine hohen Ansprüche. Bisher hatte sie immer gedacht, dass es das war, was sie glücklich machen würde: endlich ein richtiges Zuhause, eines, wo sie immer bleiben würden, und Becky, die sich wie eine echte Mutter benahm. In der Schule ließ man sie in Ruhe, und in Rosa hatte sie sogar eine echte Freundin gefunden. Entsprach das nicht genau der Vorstellung vom Glück, die Lupi jahrelang mit sich herumgetragen hatte?

Doch nichts von alledem machte sie nun wirklich froh. Sie fühlte sich leer und unendlich schwer zugleich.

Am Tag ihres Geburtstags überraschte Becky sie mit einem Kuchen voller Wunderkerzen, aber Lupi war nicht nach Feiern zumute. Auch wenn sie immer mal wieder ein paar Worte mit ihrer Mutter wechselte, wollte sie nicht mehr als das Nötigste mit ihr teilen. Becky sollte nicht das Gefühl haben, dass alles gut war, denn das war es nicht. Ihr Leben war eine Lüge, und außerdem war noch immer nicht klar, wie es weitergehen sollte. Zwar hatten sie jetzt einen festen Wohnsitz, und Becky gab sich große Mühe, alles richtig zu machen, aber die Strafanzeige schwebte noch immer über ihnen wie eine große schwarze Gewitterwolke. In ein paar Wochen würde sich Becky vor Gericht für wiederholten Diebstahl verantworten müssen, und die Anwältin hatte ihnen wenig Hoffnung gemacht, um eine Haftstrafe herumzukommen, auch wenn diese nur kurz ausfallen würde. Was sollte mit Lupi geschehen, wenn ihre Mutter im Gefängnis landete?

Eines stand jedenfalls fest: Niemals würde sie in eine Pflegefamilie gehen, nicht mal für einen einzigen Tag! Es musste eine andere Lösung geben, Lupi wusste nur nicht, wo sie danach suchen sollte.

Vor kurzer Zeit noch hätte sie einfach nach ihrem Anhänger getastet und auf ein Wunder gehofft, aber damit war es vorbei. Das Ding hatte nichts mit ihrem Vater zu tun, und auch nichts mit ihr selbst. Es war nur ein wertloser Flohmarktfund, an den Becky eine zentnerschwere Lüge geheftet hatte. Nach der Offenbarung auf dem Polizeirevier hatte Lupi den Anhänger abgenommen und in die kleine Bonbondose gesteckt, in der sie auch ihr Taschengeld aufbewahrte. Jetzt holte sie die Kette nachdenklich wieder hervor und rieb den kalten Anhänger zwischen ihren Fingerspitzen.

Jacob würde weggehen. Er würde nach New York verschwinden und sich ein neues Leben aufbauen, eines, in dem kein Platz für sie war. Und auch Becky würde nicht mehr für sie da sein, wenn sie tatsächlich ins Gefängnis musste. Der Gedanke daran, allein zurückzubleiben, versetzte Lupi einen Stich. Sie wollte nicht alleine sein, das hatte sie nicht verdient! Irgendwo musste es doch jemanden geben, der für sie da war!

Eine Träne rann an ihrem Kinn hinab und tropfte auf den Anhänger in ihrer Hand. Und plötzlich kam Lupi ein

Gedanke. Was, wenn Becky auch dieses Mal ein bisschen geflunkert hatte?

Vielleicht wollte er sie ja doch kennenlernen …?

55

Es fühlte sich seltsam an, all seine Sachen in Kisten zu packen. Markus hatte zunächst überrascht gewirkt, ihn dann aber zu seinem Entschluss beglückwünscht und sofort alles in die Wege geleitet. In ein paar Tagen schon würde er in New York seinen Dienst antreten.

Ein Neuanfang, das war es ohne Zweifel, auch wenn Jacob noch immer nicht wusste, ob es die richtige Entscheidung war.

Vor ein paar Tagen noch hatte er gedacht, er bräuchte keinen Neuanfang, er hatte geglaubt, dass es hier einen Platz für ihn gab. Aber nach dem Streit auf dem Revier hatte sich eine seltsame Leere in ihm ausgebreitet. Auch wenn er Becky dazu gedrängt hatte, Lupi endlich die Wahrheit zu sagen, hatte er doch nicht gewollt, dass die Kleine es auf diese Art erfuhr! Als er das Entsetzen und die Enttäuschung in ihren Augen gesehen hatte, war er nicht einmal mehr im Stande gewesen, ihr nachzulaufen. Wer war er überhaupt, dass er sich in ihr Leben eingemischt hatte? Nur weil er sie ins Herz geschlossen hatte, konnte er noch lange nicht beurteilen, was das Beste für sie war! Nein, er hatte es nicht besser gemacht, sondern alles nur noch schlimmer …

Nachdem er das erkannt hatte, hatte sich die Einsamkeit wieder in sein Herz geschlichen. Sarah und Jimmy waren nicht mehr da, und es gab niemanden, der ihre Plätze jemals würde einnehmen können. Lupi und Becky hatten jeden Grund, ihn nicht mehr sehen zu wollen. Auf einmal fühlte Jacob sich überflüssig, und da es keine Option mehr war, sein Leben einfach zu beenden, war New York wohl die beste Lösung.

Nur die blöde Hüpfburg stellte ihn vor ein Problem. Sie wurde wie vereinbart am Dienstag vor Lupis Geburtstag geliefert, aber Jacob hatte sie völlig vergessen.

»Können Sie sie nicht einfach wieder mitnehmen?«, fragte er den Lieferanten, aber der schüttelte nur lustlos den Kopf und ließ das Ding von seinen Männern in Jacobs Vorgarten ablegen.

Obwohl es nur eine kleine Hüpfburg war, türmte sich nun ein gigantischer Haufen Plastik vor Jacobs Wohnzimmerfenstern. Er hatte für die Nachmieter das kaputte Fenster reparieren lassen und nun die volle Aussicht auf den größten Fehlkauf seines Lebens. Sogar eine Luftmaschine war dabei.

Was sollte er mit dem Teil nur anfangen? Eine Verschiffung nach New York kam nicht in Frage, und für die Mülltonnen vor dem Haus war der Plastikberg viel zu groß.

»Kannst du zufällig eine Hüpfburg gebrauchen?«, fragte er Carla am Telefon, aber sie lachte nur.

»Du hast eine Hüpfburg gekauft?«

»Für Lupis Geburtstag. Ich weiß, ich bin ein Idiot …«

Doch Carla bestätigte seine Selbsteinschätzung nicht. Stattdessen verstummte sie für einen Moment am anderen Ende der Leitung.

»Bist du dir sicher, dass du die richtige Entscheidung getroffen hast?«, fragte sie schließlich.

»Klar, das Teil muss weg. Ich kann ja wohl schlecht eine Hüpfburg als Handgepäck mitnehmen.«

»Ich meine deinen Umzug nach New York, Jacob.«

Natürlich meinte sie New York. Jacob zögerte. »Ich kann dort drüben ganz neu anfangen. Das ist eine Riesenchance.«

Am anderen Ende der Leitung herrschte wieder einen Augenblick Stille. »Aber das Mädchen …«

»Es geht nicht, verstehst du das nicht?«, fiel er ihr ins Wort. »Es ist zu viel passiert. Ich kann nicht einfach eine Taste drücken und alles wieder auf Anfang setzen.« Er seufzte. »Wir haben zu viele Fehler gemacht …«

Carla wollte ihm widersprechen, das spürte er, aber dann ließ sie es doch sein. Stattdessen versprach sie, ihn am Abreisetag zum Flughafen zu fahren.

Jacob legte auf und sah sich nachdenklich um. Bald schon würde er all das hinter sich lassen. Seltsam eigentlich – wo er sich doch zum ersten Mal seit Jahren wohlfühlte in dieser Wohnung …

Lupis Geburtstag fiel auf einen Donnerstag. Obwohl ihre letzte Begegnung kurz und unpersönlich gewesen war, stand für Jacob außer Frage, dass er ihr gratulieren würde. Er hatte Fehler gemacht, und er hatte Angst, dass seine Entscheidungen nicht die richtigen waren, ja, aber er besaß auch immer noch einen Funken Anstand. Sie war ein Kind, und sie hatte Geburtstag – das war Grund genug, über seinen Schatten zu springen.

In der Bäckerei am Ende der Nebenstraße kaufte er einen ganzen Kuchen und ließ eine Kerze hineinstecken. Doch als er mit klopfendem Herzen an der Wohnung gegenüber auf die Klingel drückte, öffnete ihm nicht Becky oder Lupi, sondern ein junger Mann. Er hatte strahlend weiße Zähne und ein faltenloses Hemd, und als Jacob irritiert an ihm herabsah, bemerkte er, dass auch seine Turnschuhe makellos glänzten.

Jacob war viel zu perplex, um einen vernünftigen Satz hervorzubringen.

»Falls Sie Becky suchen«, half ihm der Mann und fuhr sich mit einem Pflegestift über die Lippen, »die wohnt nicht mehr hier. Sie hat was Eigenes gefunden.«

»Die neue Wohnung, klar ...«, stotterte Jacob und kam sich sogleich unfassbar dämlich vor. Lupi hatte ja gesagt, dass sie umziehen würden. Er hatte nur nicht damit gerechnet, dass es so schnell ging – und dass sie sich nicht verabschieden würde.

Der Turnschuhmann schob seinen Pflegestift in die

Hosentasche. »Ich kann Ihnen gerne die Adresse geben, wenn Sie wollen.«

Aber Jacob lehnte dankend ab. Wenn Lupi und Becky ihm die neue Adresse nicht gegeben hatten, dann sollte dieser Fremde es auch nicht tun.

Gedankenversunken überquerte er die Straße und ließ den Geburtstagskuchen in die Mülltonne vor seinem Haus fallen. Der Gedanke, die Kleine und ihre Mutter nie wiederzusehen, versetzte ihm einen schmerzhaften Stich.

Zum Glück gab es genug Aufgaben, mit denen er sich ablenken konnte. Beinahe täglich telefonierte er mit der Redaktion in New York und kümmerte sich um alle Formalitäten, die für das Arbeitsvisum erforderlich waren. Außerdem beglich er seine Schulden bei dem kleinen griechischen Imbiss und sortierte zu Hause ordentlich aus. Einen Großteil der Dinge, die er nicht mehr brauchen würde, brachte er in den *Suppenkeller*. Ein paar Möbel und Erinnerungsstücke, an denen er hing, ließ er einlagern für den Fall, dass er irgendwann zurückkehren würde. Am Ende passte alles, was er behalten und mitnehmen wollte, in drei Koffer.

Zuallerletzt löste Jacob das verwackelte Bild von Jimmy, Sarah und sich von der Wand und schob es behutsam in seinen Handgepäckkoffer.

Die letzten zwei Tage vor der Abreise schlief er auf einer alten Matratze auf dem Wohnzimmerboden. Er traf sich noch ein paarmal mit Elisabeth und suchte Fotos und Blumenschmuck für die Beisetzung aus. Jacob versicherte seiner Schwiegermutter, dass er zur Trauerfeier wieder zurückreisen und ihr zur Seite stehen würde.

Elisabeth wirkte müde und alt, aber sie strahlte auch eine seltsame Ruhe aus und griff immer wieder dankbar nach Jacobs Hand. Offenbar hatte sie ihren Frieden mit dem Leben geschlossen. Es war die Art von Frieden, die auch Jacob in seinem Inneren fühlte, auch wenn in seinem Leben nun eine Lücke klaffte, die sich nie wieder füllen würde.

Seinen Vater wollte er nicht sehen, er brauchte noch etwas Zeit, und Carla war erstaunlich verständnisvoll. Am Tag der Abreise stand sie abends pünktlich um halb sieben vor seiner Tür.

Jacob hatte den letzten Flug nach London gebucht. Von dort würde er um kurz vor Mitternacht Richtung New York weiterfliegen. Ein letztes Mal ging er durch die leere Wohnung. Dann zog er leise die Tür hinter sich ins Schloss.

Draußen lehnte Carla an der Fahrertür. »Bist du bereit?«

Es dauerte eine Weile, bis Jacob den letzten schweren Koffer im Wagen verstaut hatte, aber dann nickte er.

Er war bereit, ja.

Schweigend ließ er sich auf den Beifahrersitz sinken, und Carla startete den Wagen. Während der Fahrt sagte keiner von beiden ein Wort, doch nach einer Weile fiel Jacob etwas auf.

»Das ist nicht der Weg zum Flughafen.«

Carla ignorierte seinen Einwand, doch als Jacob sie von der Seite ansah, konnte er erkennen, dass ein Lächeln ihre Mundwinkel umspielte.

Energisch legte er seine Hand auf ihren Unterarm. »Wo fahren wir hin, Carla?«

Sie zögerte und schüttelte seine Hand ab. »Lass dich überraschen.«

Jacob fuhr sich fassungslos durch die Haare. »Ich hab aber keine Zeit für Überraschungen! Ich verpasse meinen Flug!«

»Das tust du nicht«, fiel Carla ihm ins Wort. »Es dauert nicht lange.«

Im nächsten Moment bog sie in eine Seitenstraße, trat auf die Bremse und schaltete den Warnblinker an.

Jacob blickte irritiert aus dem Fenster. Hinter einer Reihe heckenloser Vorgärten reihte sich ein Backsteinhaus an das andere. Weil die Sonne schon so tief stand, wirkten die dunklen Ziegelsteine geradezu unheilvoll. Jacob konnte sich nicht erinnern, schon einmal hier gewesen zu sein.

»Wo sind wir hier?«

Carla blickte ihn stirnrunzelnd an. »Das weißt du genau. Ich lasse nicht zu, dass du dich nicht wenigstens verabschiedest.«

Verdammt, das konnte doch nicht wahr sein! Jacob schloss die Augen und rieb sich stöhnend über die Lider.

»Komm schon«, sagte Carla leise und stieß ihn von der Seite an. »Du weißt, dass es das Richtige ist.«

Natürlich wusste er das. Aber das machte die Sache nicht leichter.

»Woher hast du ihre Adresse?«

Carla grinste. »Es hat durchaus seine Vorzüge, einen Freund bei der Polizei zu haben. Sie wohnen in der Nummer 68 …«

Jacob starrte sie sprachlos an, doch dann erwiderte er ihr Lächeln. Sie war schon immer unglaublich gewesen, und daran würde sich vermutlich nie etwas ändern. Mit einem Seufzen löste er seinen Gurt und öffnete die Beifahrertür.

»Danke«, flüsterte er, lächelte seine Schwester an und ging auf die Haustür zu.

Auf dem Klingelschild stand tatsächlich *Brockmann*, und seltsamerweise erfüllte Jacob diese Tatsache ein klein wenig mit Stolz. Er freute sich für Becky und Lupi, dass sie endlich ein Zuhause gefunden hatten.

Kaum hatte er die Klingel betätigt, surrte auch schon der Türöffner, und im Hochparterre wurde eine Wohnungstür aufgerissen. Becky schoss aufgeregt ins Treppenhaus, doch als sie Jacob unten in der Haustür stehen sah, hielt sie enttäuscht inne. Ihre Haare wirkten noch etwas wilder als sonst, und in ihren Augen spiegelte sich Panik. Irgendetwas stimmte hier nicht!

»Ist sie … ist sie bei dir? Bitte sag, dass sie bei dir ist!«

Jacob hatte keinen blassen Schimmer, wovon sie sprach.

Becky stürzte hektisch die Stufen hinab. »Lupi! Deswegen bist du doch hier, oder? Sie ist zu dir gekommen, und jetzt bringst du sie zurück!«

Was redete sie da? Warum um Himmels willen sollte Lupi bei ihm sein?

»Ich wollte mich eigentlich nur verabschieden …«

»Nein!« Becky packte sein Handgelenk. »Du kannst nicht gehen, du …« Jetzt erst sah Jacob, dass in ihren Augen Tränen schimmerten. »Lupi ist weg!«, schluchzte sie und rieb sich mit dem Handrücken über das fleckige Gesicht.

Jacob hielt die Luft an. »Was soll das heißen, sie ist weg?«

»Weg eben, einfach weg!« Jetzt konnte Becky die Tränen nicht mehr zurückhalten. Sie war völlig aufgelöst, das konnte Jacob sehen.

Entschlossen nahm er ihr Gesicht in seine Hände und zwang sie, ruhig durchzuatmen. »Seit wann ist sie verschwunden?«

»Sie war heute in der Schule«, stammelte Becky. »Aber danach ist sie nicht nach Hause gekommen.«

Verdammt, das konnte doch nicht wahr sein! Die Schule endete um ein Uhr, und Lupi hatte sich ganz sicher nicht verlaufen. Jacob schloss einen kurzen Moment die Augen und konzentrierte sich. »Hast du die Polizei angerufen?«

Becky nickte aufgelöst. »Sie haben alles aufgenommen, aber eine Vermisstenanzeige kann ich erst nach vierundzwanzig Stunden stellen.«

Jacob presste die Kiefer aufeinander. Sollte das ein Scherz sein? Welche Mutter konnte schon vierundzwanzig Stunden warten, bis man nach ihrem Kind suchte? »Ich rufe Clemens an, okay? Der Freund meiner Schwester ist Polizist, und …«

In diesem Augenblick klingelte im Hochparterre das Telefon. Becky riss sich los und stürmte zurück in die Wohnung. »Das ist bestimmt Rosa!«, rief sie Jacob atemlos zu. »Ich habe ihre Eltern angerufen, und sie wollten mit ihr reden.«

Jacob folgte Becky in die kleine Wohnung. Rosa würde bestimmt wissen, wo Lupi war! Immerhin waren die beiden Freundinnen.

»Ja?« Während Becky hektisch den Hörer an ihr Ohr riss und lauschte, trat Jacob unruhig von einem Bein aufs andere. Rosa musste etwas wissen, sie musste einfach! Er spürte, dass er die Hände unwillkürlich zu Fäusten geballt hatte. *Bitte,* schickte er ein stummes Stoßgebet gen Himmel, *bitte lass alles gut sein!*

»Was?« Becky hielt am Telefon die Luft an. »Okay. Danke. Danke!«, stammelte sie dann und ließ den Hörer zurück auf die Station sinken. Wie in Zeitlupe drehte sie sich zu Jacob um. Hatten ihre Wangen eben noch vor Aufregung geglüht, war sie jetzt auf einmal leichenblass.

Jacob musste schlucken und sah sie gespannt an.

»Sie ... sie ...« Becky setzte zweimal an, bevor sie die Worte endlich herausbrachte. »Sie will zu ihrem Vater.«

Carla wirkte nicht einmal überrascht, als Jacob gemeinsam mit Becky auf den Wagen zustürmte.

»Kannst du dir vielleicht ein Taxi nehmen? Im Moment ist im Auto nur für zwei Personen Platz.« Ohne ihre Antwort abzuwarten, zog er seine Schwester vom Fahrersitz und setzte sich selbst ans Steuer, während Becky auf dem Beifahrersitz Platz nahm. Bevor Carla etwas erwidern konnte, startete er den Motor und trat aufs Gaspedal. Im Rückspiegel meinte er noch ein verblüfftes Lächeln auf Carlas Gesicht zu erkennen.

Becky legte sich den Gurt an, und als ihr Blick dabei auf die Rückbank fiel, stutzte sie. »Was zum Teufel ist das?«, fragte sie und deutete auf den großen Haufen Plastik.

»Eine Hüpfburg«, erklärte Jacob und fuhr noch schneller.

»Du fährst eine Hüpfburg im Auto spazieren?«

Jacob zuckte unsicher die Achseln. Jetzt war nicht der passende Moment für witzige Anekdoten. Tatsächlich hatte er bis zum Schluss keine Ahnung gehabt, was mit dem gigantischen Gummihaufen passieren sollte, und so hatte er das Ding kurzerhand auf die Rückbank des Wagens verfrachtet. Dort sollte es auf ihn warten, bis er sich beim nächsten Heimatbesuch um eine bessere

Lösung kümmern konnte. »Willst du dich jetzt über mich lustig machen, oder willst du deine Tochter zurückholen?«

Becky schüttelte ungläubig den Kopf, wischte sich mit dem Handrücken ein paar Tränen aus dem Gesicht und richtete den Blick wieder auf die Straße. »Mit einem hatte Lupi jedenfalls recht: Normal bist du nicht.«

Jacob musste lächeln.

»Wir finden sie«, versicherte er Becky und legte seine Hand auf ihre. Becky zögerte, dann erwiderte sie seinen Händedruck.

»Wirst du … wirst du nicht deinen Flug verpassen?« Unsicher deutete sie auf die Koffer hinten im Wagen.

Jacob atmete tief durch. Ja, das würde er.

Aber auf einmal war ihm das egal.

56

Becky hatte ihr seinen Nachnamen nicht genannt, aber für Lupi war es kein Problem herauszufinden, wie ihr Vater hieß. Sie hatte sich in der Pause mit Rosa an den Computer im Klassenraum gesetzt und die Webseite der Universität Lüneburg besucht. Da sie wusste, dass er im Bereich Kulturwissenschaften arbeitete, und seinen Vornamen kannte, war es ein Kinderspiel, auch den Rest herauszufinden.

Professor Doktor Martin Ballhaus, das war also ihr Papa. Als Lupi sein Foto auf der Homepage seines Fachbereiches sah, verschlug es ihr für einen Moment die Sprache.

Rosa hingegen fand sofort die richtigen Worte. »Wow, der sieht ja aus wie du …«

Tatsächlich bestand nicht der geringste Zweifel, dass dieser Mann ihr Vater war. Natürlich, er war größer und viel älter, aber er hatte die gleichen strohblonden Haare wie Lupi, die gleichen wasserblauen Augen und sogar eine ziemlich ähnliche Brille auf der Nase.

Für einen kurzen Augenblick verließ Lupi der Mut. Sie sah ihm ähnlich, ja, aber wollte sie ihn wirklich kennenlernen? Was, wenn er sie tatsächlich so ablehnte, wie Becky es behauptet hatte?

Aber dann riss sie sich zusammen. Was hatte sie schon zu verlieren?

Rosa schlug vor, sie zu begleiten, aber das wollte Lupi nicht. Sie war zwar dankbar für das Angebot, wollte aber nicht riskieren, dass ihre Freundin Ärger bekam – schließlich hatte sie zu Hause ihre eigenen Probleme.

Dafür drückte Rosa ihr am Schulmorgen vor Lupis Abreise eine Tüte Weingummis in die Hand. Es waren kleine bunte Schmetterlinge aus der Firma ihres Vaters.

»Die Zweitagsfliegen waren aus«, sagte sie und grinste verschmitzt. »Aber ich glaube, Schmetterlinge bringen auch Glück.«

Lupi fiel ihrer Freundin dankbar um den Hals.

Am Hauptbahnhof löste sie von ihrem letzten Taschengeld eine Fahrkarte. Der Waggon war doppelstöckig, und Lupi setzte sich oben an eines der Fenster. Als der Zug aus der Bahnhofshalle rollte, begann ihr Herz schneller zu schlagen, und es beruhigte sich auch während der restlichen Fahrt nicht. Machte sie einen Fehler? War es vielleicht besser, *Professor Doktor Martin Ballhaus* nicht zu treffen?

Nervös zog Lupi ihren Anhänger aus dem Schulrucksack. Sie vermisste das Gefühl, auf etwas hoffen zu können, sich an dem Glauben an etwas festzuklammern. Wie gern hätte sie jetzt einfach auf ein Wunder gehofft, darauf, dass ihr Papa sie erkannte und in die Arme schloss, um sie nie mehr loszulassen. Stattdessen musste sie ihrer Angst jetzt ohne jede Unterstützung entgegentreten. Seufzend fischte sie Rosas Weingummischmetterlinge aus dem Rucksack und begann zu essen.

Als sie in Lüneburg aus der Bahn stieg, war die Weingummitüte leer und ihr Mut komplett erloschen. Was tat sie hier? Sie war noch nie alleine verreist, noch dazu mit einem Ziel, das mit einem großen Fragezeichen versehen war.

Lupi zögerte, kramte nach ihrem Taschengeld und zählte nach. Es reichte nicht mehr für eine Rückfahrkarte. Sie würde die Sache also durchziehen müssen, einen Plan B gab es nicht.

Im Online-Telefonbuch hatte sie wider Erwarten sogar die Privatadresse von *Professor Doktor Martin Ballhaus* gefunden. Natürlich konnte sie nicht mit Sicherheit sagen, dass es der richtige Martin Ballhaus war, aber einen Versuch war es wert. Falls die Adresse falsch sein sollte, konnte sie immer noch an der Universität ihr Glück versuchen. Gemeinsam mit Rosa hatte sie sich einen kleinen Stadtplan von Lüneburg ausgedruckt, den sie nun aus der Hosentasche zog und behutsam auffaltete.

Mit klopfendem Herzen strich sie über das Kreuz, das sie an der Stelle gemacht hatte, wo das Haus ihres Vaters lag. Die Straße befand sich in der Nähe der Universität und war auch vom Bahnhof nicht allzu weit entfernt. Lupi zog ihren Rucksack über der Schulter stramm und marschierte los.

Unterwegs nahm sie zweimal eine falsche Abzweigung, aber dann war sie endlich an der richtigen Adresse. Sie hatte erwartet, dass es sich um ein Mehrfamilienhaus mit vielen Wohnungen handelte, aber stattdessen stand sie vor einer wunderschönen kleinen Stadtvilla. Die Außenwände waren in einem zarten Rosa gestrichen, und es gab einen kleinen Turm, der Lupi sofort an ein Märchenschloss erinnerte. Wenn ihr Vater tatsächlich hier wohnte, dann musste er ziemlich reich sein.

Lupis Knie wurden weich, als sie die drei Stufen zur Haustür hinaufstieg. *Ballhaus* stand auf dem Klingelschild, allerdings ohne einen Hinweis auf den Professor oder Doktor. Lupi hielt die Luft an und drückte auf die Klingel, bevor sie es sich anders überlegen konnte. Dann wartete sie angespannt darauf, dass die Tür geöffnet wurde und sie ihrem Vater gegenüberstand.

Aber nichts davon geschah. Hinter der Haustür blieb es still, selbst als Lupi ein zweites und drittes Mal auf die Klingel gedrückt hatte.

Vielleicht war Martin Ballhaus noch an der Uni? Lupi atmete tief durch und ging die Stufen wieder hinunter. Ihr Blick wanderte die Straße auf und ab und fiel dann auf den alten Stromkasten auf der anderen Straßenseite. Dort würde sie auf ihn warten.

Als sich der Himmel langsam verfärbte und es zu dämmern begann, war Martin Ballhaus noch immer nicht nach

Hause gekommen. So ein Mist! Lupi ließ sich vom Stromkasten auf den Gehweg gleiten. Konnte es etwa sein, dass er im Urlaub war? Nervös ging Lupi zurück auf die andere Straßenseite und warf einen Blick durch das Fenster, das rechts neben der Haustür lag. Eine dünne Spitzengardine schützte den Innenraum vor neugierigen Blicken, aber trotzdem meinte Lupi, ein riesiges Bücherregal an der Wand zu erkennen. Sie rückte noch ein bisschen näher an die Scheibe, als plötzlich eine Stimme hinter ihr erklang.

»Kann ich dir irgendwie helfen?«

Lupi taumelte vor Schreck zurück und konnte nur mit Müh und Not das Gleichgewicht halten. Hinter ihr stand nicht Martin Ballhaus, sondern eine hübsche Frau mit langen, seidig glänzenden Haaren, ein bisschen älter als Becky vielleicht. Sie wirkte nicht unfreundlich, sondern eher ein wenig amüsiert, als sie Lupi ansah und ihren Schlüssel aus der Handtasche kramte.

»Ich … ich wollte nur …«, stammelte Lupi und merkte erst dann, dass die Frau nicht alleine war. Hinter ihr stieg gerade ein Mädchen aus einem großen Familienwagen. Sie war vielleicht zwölf oder dreizehn, und nachdem sie die Autotür hinter sich geschlossen hatte, half sie auf der anderen Seite einem kleinen Jungen aus dem Wagen.

Als Lupi sein Gesicht sah, stockte ihr der Atem. Jetzt gab es keinen Zweifel mehr: In diesem Haus musste ihr Vater leben! Der Junge war höchstens drei, aber er war

Professor Doktor Martin Ballhaus noch viel mehr aus dem Gesicht geschnitten als Lupi selbst.

Und auf einmal realisierte sie, was das bedeutete: Dieser Junge da, das war ihr Bruder, und das große Mädchen war ihre Schwester.

Obwohl Lupi sich immer Geschwister gewünscht hatte, versetzte ihr der Anblick der beiden nun einen Stich. Natürlich, Becky hatte ihr erzählt, dass ihr Vater schon eine Familie hatte – aber sie hatte nie daran gedacht, dass diese Familie womöglich glücklich war. Und dass dieses Glück vermutlich zerstört würde, wenn diese Menschen von ihrer Existenz erfuhren …

»Wer bist du denn?«, fragte das große Mädchen, während sie ihren kleinen Bruder auf den Arm nahm. Der Kleine vergrub sein Gesicht in ihrer Halsbeuge und kicherte.

Lupi spürte, wie ihr Tränen in die Augen stiegen. Das hier war das, was sie sich immer gewünscht, wovon sie geträumt hatte. Aber sie gehörte nicht hierher, nein, viel schlimmer noch: Sie war der Stein, der das alles zum Einsturz bringen würde.

Ich bin eure Schwester. Ich bin die Tochter von Martin Ballhaus. Wie gern hätte sie das gesagt! Aber sie schaffte es nicht. Wie auch? Keiner von den dreien würde sich über ihren Besuch freuen. Sie würde sie kaputt machen, diese kleine, heile Familie, und dafür würde sie sich selber hassen. Schließlich konnten die drei nichts dafür, dass ihr Vater vor neun Jahren einen Fehler gemacht hatte.

Ein Fehler, ja, das war sie, nichts als ein dummer Fehler. Eigentlich hätte sie gar nicht existieren sollen.

»Ich … ich hab mich verlaufen«, stieß sie schließlich hervor, und ihre Lippen zitterten. Dann rannte sie los, bevor die ersten Tränen über ihr Gesicht rollten.

Sie rannte die Straße hinab und hörte, dass die Frau ihr etwas nachrief, aber sie konnte nicht verstehen, was. Viel zu laut klang ihr eigenes Schluchzen in ihren Ohren.

Am Ende der Straße stolperte sie und flüchtete sich in ein Gebüsch. Hier würde sie warten, bis die Tränen versiegt waren und die Dunkelheit der Nacht ihr Schutz spendete. Und dann würde sie weitersehen.

Weitersehen? Beinahe musste Lupi lachen über ihre eigenen Gedanken. Was gab es denn noch groß zu sehen? Hierherzukommen war ein Fehler gewesen, ein großer, dummer Fehler!

Lupi rollte sich auf dem Boden zusammen und gab sich ihrem Schluchzen hin. Mit einem Mal fühlte sie sich furchtbar klein und einsam. »Mama …«, wimmerte sie leise. Das war tatsächlich der einzige Ort, an dem sie gerade sein wollte: bei Becky, in den Armen ihrer Mutter.

Weinend zog sie ihren Anhänger aus der vorderen Rucksacktasche und umschloss ihn mit der rechten Hand. Wieso konnte es denn kein Wunder geben für sie? Mit einem Mal wurde Lupi wütend. Sie sollte das Ding endlich wegschmeißen! Es hatte nichts als Schmerzen verursacht, sie wollte es nicht mehr!

Entschlossen richtete Lupi sich vom Boden auf und kroch aus dem Gebüsch. Sie hatte das Gefühl, dass der Anhänger in ihrer Hand glühte, und das bestärkte sie nur noch mehr darin, dass sie das Teil endlich loswerden musste!

Zornig wischte sie sich mit der linken Hand die Tränen aus den Augen und öffnete dann die rechte, um einen letzten Blick auf das wertlose Schmuckstück zu werfen.

»Es gibt keine Wunder, und es gibt keinen Gott!«, zischte sie. Doch als sie ausholte, um den Anhänger weit von sich zu werfen, bemerkte sie plötzlich einen Wagen. Mit hoher Geschwindigkeit raste er an ihr vorbei und kam mit einer Vollbremsung vor dem Haus von Martin Ballhaus zum Stehen.

Ungläubig ließ Lupi die Hand sinken. Das war doch … Nein, unmöglich! Es war tatsächlich Jacob, der jetzt auf der Fahrerseite aus dem Auto sprang – und im nächsten Moment stieg Becky vom Beifahrersitz!

Lupi lief ein paar Schritte auf sie zu, aber sie hatten sie noch nicht gesehen und stürmten auf die Haustür von Familie Ballhaus zu.

»Mama …«, flüsterte Lupi und wiederholte es dann noch einmal lauter, während sie den warmen Anhänger in ihrer Hand spürte. »Mama!«

Jetzt hatte Becky sie gehört. »Lupi!« Trotz der Entfernung konnte Lupi die Tränen erkennen, die ihrer Mutter über das Gesicht liefen. »Lupi …«, sagte sie noch einmal, und dann rannte sie los. Und obwohl Lupi nicht wusste, woher ihre Beine noch die Kraft nahmen, setzte auch sie sich in Bewegung und fiel gleich darauf ihrer Mutter in die Arme. Sie vergrub ihr tränennasses Gesicht in Beckys Locken und sog ihren vertrauten Duft ein.

Und dann spürte sie plötzlich noch ein zweites Paar Arme, das sie umschlang.

»Willkommen zu Hause«, flüsterte Jacob, und Lupi musste beinahe lachen.

Ja, er hatte recht. Das hier war ihr Zuhause.

Lupi hatte angeboten, frisches Wasser zu holen, und nun stand sie vor dem Brunnen und betrachtete das Gesicht, das sich auf der Wasseroberfläche spiegelte. Über ihrem Kopf formierten sich Schönwetterwolken wie ein Kranz. Ihr schiefer Pony war herausgewachsen und steckte ordentlich zurückgebunden in dem Zopf, den Becky ihr am Morgen gemacht hatte.

Lupi wusste, dass das Mädchen dort auf dem Brunnenwasser sie selbst war, und dennoch hielt sie verblüfft inne, bevor sie ihrem Gegenüber ein Lächeln schenkte.

Sie sah glücklich aus. Nein, sie war glücklich!

Jacob war zwar nicht Gott, aber wenigstens war er auch nicht der Idiot, für den er sich selbst lange gehalten hatte. Er hatte auf den Job in New York verzichtet und arbeitete mittlerweile für ein kleines Regionalmagazin. Mit seinen Ersparnissen hatte er einen Anwalt bezahlt, der Beckys Haftstrafe in eine Geldstrafe umverhandelt und sie damit vor dem Gefängnis bewahrt hatte.

Natürlich gab es Auflagen. Becky durfte sich keine Fehler erlauben. Einmal die Woche kam eine Dame vom Jugendamt und trank mit ihnen Tee. Manchmal war Jacobs Schwester dabei und bestätigte, wie gut Becky sich schlug, und Lupi wusste mittlerweile, dass sie niemals in eine Pflegefamilie kommen würde.

Jeden Sonntag gingen sie zu dritt auf den Friedhof, um die Blumen auf Jimmys und Sarahs Grab zu gießen. Lupi mochte die Stille. Ihr gefiel, wie friedlich hier alles war.

Mit einem Lächeln auf den Lippen ließ sie die Gießkanne ins Brunnenwasser gleiten. Als sie voll genug war, zog sie sie wieder heraus und schleppte sie zurück zum Grab.

Schon von Weitem konnte sie Becky und Jacob sehen und hören. Sie diskutierten mal wieder über irgendeine Kleinigkeit, und plötzlich lachte Becky auf und schüttelte ungläubig ihre wilden Locken. Jacob stimmte heiter in das Lachen ein.

Lupi hielt inne, als sie merkte, dass ein Marienkäfer auf ihrem Handrücken saß. Plötzlich musste sie an die Geschichte denken, die Rosa ihr erzählt hatte, die Geschichte von der Zweitagsfliege.

Jacob hatte überlebt, und er hatte eine zweite Chance bekommen. Auch jetzt machte er bei Weitem nicht alles richtig, aber er gab sein Bestes, und Lupi fand, dass das schon ziemlich viel war.

Aber jetzt erkannte Lupi noch etwas anderes: Nicht nur Jacob hatte einen zweiten Tag geschenkt bekommen, sondern auch Becky und sie selbst.

Lupi pustete den Marienkäfer behutsam von ihrer Hand und ging weiter, vorsichtig, damit nicht zu viel Wasser aus der Kanne schwappte.

Sie alle würden ihr Bestes geben.

Jeden Tag ein Stückchen mehr.

Ein Wort zum Schluss ...

Ich hätte es mir sicherlich einfacher machen können. Hätte meine rosarote Brille aufsetzen und eine lockerleichte Liebeskomödie schreiben können, eine von der Art, wie ich sie als Drehbuchautorin mit großer Begeisterung seit Jahren zu schreiben pflege.

Aber als ich mich vor etwa zwei Jahren dazu entschloss, einen Roman zu schreiben, klopften plötzlich zwei Figuren an meine Tür, dieser Mann und das Mädchen, mit all ihren Fehlern und Sorgen, und mir war augenblicklich klar, dass ich keine andere Wahl hatte: Ich musste ihre Geschichte erzählen.

Heute bin ich froh, dass ich Lupi und Jacob in mein Leben gelassen habe, und ich möchte mich dringend bei ein paar Menschen bedanken, die mich ermutigt haben, es mir eben nicht einfach zu machen.

Zuallererst danke ich meiner wunderbaren Agentin Franziska Hoffmann! Du hast schon an Jacob und Lupi geglaubt, als ich noch versucht hab, sie auf der Fußmatte abzuwimmeln. Dein Vertrauen in meine Geschichten, Figuren und in mich bedeutet mir sehr viel. Du bist eine Rakete, ach was, ein ganzes Feuerwerk!

Außerdem geht ein extragroßes Dankeschön an meine

Lektorinnen Emily Modick (dafür, dass du Lupi und Jacob mit solch ansteckender Begeisterung an Bord gezogen hast), Almuth Andreae (fürs Nachbohren und Immerbesser-machen) und Lena Schäfer (dafür, dass du das Schiff mit mir in den Hafen gesteuert hast). Ihr seid toll!

Für ihr niemals bequemes, aber stets wichtiges und rundum rundes Textlektorat danke ich Anne Fröhlich!

Danke, danke, danke auch allen anderen Heldinnen und Helden des Goldmann Verlags, die mit allergrößter Leidenschaft ihre Schwerter schwingen, um Lupi und Jacob einen stolperfreien Weg hinaus in die Welt zu bereiten, wie z.B. Katrin Cinque und Ellen Bartels.

Und dann ist da natürlich noch meine Familie. Meine Mama, die immer da ist, wenn wir sie brauchen, mein Papa, der schmerzlich fehlt und trotzdem immer an unserer Seite weilt. Und Philipp, mein Fels, mit unseren vier unglaublichen Kindern Leni, Lotti, Emil und Anton. Ich bin so glücklich, dass ich ein Teil von uns sein darf!

Und last but not least möchte ich mich bei Ihnen, den Leserinnen und Lesern, bedanken. Lupi und Jacob werden nur in Ihren Köpfen wirklich zum Leben erweckt.

Und jetzt? Jetzt gönne ich mir erst mal ein Stück Sahnetorte und denke über mein nächstes Buch nach. Wer weiß, vielleicht klopft diesmal ja George Clooney an die Tür und bringt eine zuckersüße Liebeskomödie mit? Vielleicht will der Schuft aber auch einfach nur ein Stück von meiner Torte haben …